티타임

티타임

세계인이 차를 즐기는법

헬렌 세이버리 지음 | 정서진 옮김

따비

이 책을 돌아가신 어머니, 힐다 캐닝께 바친다.

차례

서문

    이 책을 쓰는 동안 행복했던 티타임에 관한 추억들이 새록새록 떠올랐다. 1950년대와 1960년대 요크셔에서 유년기와 청소년기를 보낸 내 기억 속에는 학교를 마친 뒤 지치고 허기진 채 돌아온 내게 어머니가 차려주던 티가 고이 간직되어 있다. 그 시절 '티^{tea}'는 5시나 6시쯤, 늦은 오후에 먹는 식사였다. 점심은 오늘날 흔히 저녁식사로 통용되는 '디너^{dinner}'라고 불렸다. 이러한 관습은 오랫동안 잉글랜드 북부에 퍼져 있었고, 오늘날에도 일부 지역 사람들은 점심을 디너로, 티타임 시간대에 차와 함께 하는 식사를 티라 부른다. 어머니는 우선 짭짤한 음식을 만들었다. 내가 가장 좋아한 것은 우유를 넣고 조린 훈제 해덕대구와 버터를 바른 빵이었다. 치즈를 얹은 토스트나 마카로니 치즈, 콜리플라워 치즈, 달걀 베이컨 파이 등도 즐겨 먹었다. 여름에는 샐러드를 자주 만들어 먹었는데, 주로 콘비프 샐러드(소금에 절인 소고기인 콘비프에 비트, 양상추, 얇게 썬 삶은 달걀, 토마토, 샐러드 크림을 넣은 샐러드)나 스팸이나 햄을 넣은 샐러드였다. 어머니는 베이킹을 무척 좋아해서 집에는 후식으로 먹는 달콤한 음식이 늘 있었다. 구운 빵이나 과자를 보관하는 통에는 페어리 케이크,● 라즈베리 번빵, 잼이나 레몬 커드 타르트, 대추야자와 호두 케이크 등 갖가지 케이크며 비스킷이 늘 가득 차 있었다. 우리는 달콤한 티푸드와 함께 차를 마셨다. 우유와 설탕을 넣은 진한 인도산 홍차였다. 겨울이면 따뜻한 난롯가에 앉아, 듬뿍 얹은 버터가 녹아 흘러내리는 뜨거운 크럼핏^{crumpet}◆을 먹었

●   흔히 아이싱이나 장식을 얹은 작은 스펀지케이크를 말한다. 우리가 익히 아는 '컵케이크'를 떠올리면 된다.

◆   영국에서 전통적인 티타임 음식으로, 팬케이크의 일종이다. 다만 우리가 익히 아는 팬케이크(핫케이크)의 생김새와 달리 크럼핏에는 현무암처럼 작은 구멍이 숭숭 나 있다. 버터를 발라 먹곤 한다.

다. 특별한 날에 손님들을 초대해 함께 즐기던 애프터눈 티도 생생히 떠오른다. 어머니는 은제 티포트와 밀크 저그[우유를 담아놓는 작은 주전자], 설탕 그릇, 설탕 집게, 제일 좋은 자기 세트를 꺼냈다. 애프터눈 티를 위한 차와 티푸드는 바퀴가 달린 작은 탁자처럼 생긴 트롤리에 실어 와 거실에서 대접하곤 했다. 티 샌드위치는 잼과 버터를 곁들인 스콘과 버터플라이 케이크 혹은 마데이라 조각 케이크^{Madeira cake}● 같은 케이크와 함께 트롤리 아랫단에 놓였다. 빵 두 개 사이에 잼과 버터크림을 듬뿍 바른 빅토리아 스펀지케이크와 초콜릿 케이크를 구울 때도 있었다.

그 후로 한참이 지나 기억 속에 인상 깊게 남아 있는 특별한 티타임은 1970년대 아프가니스탄에 살던 때 경험한 티타임이다. 당시 아프가니스탄 사람과 결혼한 다양한 국적의 여성들이 '외국인 아내 티모임'을 결성했다. 매월 첫째 주 목요일마다 서로 돌아가며 집으로 초대해 작은 티파티를 열었다. 이러한 다과회는 함께 모여 대화를 나누는 기회를 선사했다. 우리 모두 자국의 전통과 별미를 선보이려고 노력했다. 가령 독일 여성들은 구겔후프^{Gugelhupf}◆와 토르테^{torte}▲ 같은 멋진 케이크를 만들었다. 스칸디나비아 여성들은 오픈 샌드위치와 페이스트리■를 만들었다. 나 같은 영국 여성들은 크림과 잼을 곁들여 내는 스콘과 초콜릿 케이크, 티 샌드위치를 만들었고, 미국 여성들은 엔젤 푸드 케이크♠와 딸기 쇼트케이크를 대접했다. 우리는 샤미 케밥^{shami kebab}(다진 고기, 감자, 양파, 쪼개서 말린 완두콩을 섞어

● 마데이라 제도에서 유래한 케이크를 연상시키는 이름이지만, 영국에서 흔히 먹는 스펀지케이크다. 마데이라에서 먹는(흔히 마데이라 케이크와 혼동되곤 하는) 케이크는 볼로드멜^{Bolo de mel}이라 하며, 마데이라 케이크와는 빛깔이나 모양이 다르다.

◆ 특정한 틀에 넣어 굽는 케이크로, 틀 모양대로 완성된 빵 모양이 무척 독특하다. 가운데에 구멍이 뚫려 있지만 도넛보다는 화산 분화구를 연상케 한다. 높고, 둥글고, 일정한 간격으로 홈이 패어 있다.

▲ 타르트를 연상케 하지만 torte는 독일어로 '케이크'를 뜻한다. 실제로 토르테는 우리가 익히 아는 케이크와 크게 다르지 않은 생김새다.

■ 밀가루 반죽에 유지를 넣고 접었다 밀대로 미는 과정을 반복해 여러 겹의 얇은 층과 결이 생기도록 반죽해 구운 과자와 빵의 총칭.

♠ 달걀흰자를 세게 휘저어 거품을 낸 다음 설탕, 밀가루 등을 넣어 만든 링 모양의 케이크로, 식감이 폭신폭신하다.

소시지 모양으로 뭉쳐 튀긴 음식), 볼라니bolani(짭짤한 소를 채워 넣고 기름에 부친 페이스트리), 파코라pakora(얇게 썬 감자나 가지 같은 채소에 향신료로 양념한 반죽을 입혀 튀긴 음식), 가볍고 바삭한 페이스트리인 고쉬 이 필gosh-e-feel('코끼리의 귀'라는 뜻) 같은 아프가니스탄의 티타임 별미도 종종 만들었다. 티파티는 다양한 문화가 어우러지는 멋진 기회였다.

이 모든 음식의 공통점은 차를 곁들인다는 것이다. 차의 역사는 오래전 중국에서 시작되었다. 중국 전설에 따르면, 야생 차나무의 이파리가 우연히 물이 끓고 있던 솥 안으로 떨어졌고, 신농 황제가 이 찻잎이 우러난 물을 맛보게 됐다. 그는 "차가 몸에 활력을 불어넣고 마음에 만족감을 선사하며 목적을 이루고자 하는 결단력을 심어준다"라고 말하며 백성들에게 차를 권했다. 찻잎은 '카멜리아 시넨시스Camellia sinensis'라는 차나무의 잎이었다. 이렇게 처음 차를 마시게 된 초기부터 여러 왕조를 거치며 중국에서는 오랜 시간에 걸쳐 차를 마시는 다양한 방식이 발달했다. 8세기 무렵, 차는 동쪽으로 전파되기 시작해 일본에서는 정교한 다도 의식이 성립되었다. 또한 차는 고대 대상로를 따라 티베트, 미얀마[버마], 중앙아시아와 그 너머 지역까지 전해졌다. 차가 유럽에 닿은 것은 이보다 훨씬 뒤였다. 17세기에 포르투갈 및 네덜란드 무역상들이 차를 비단, 향신료와 함께 사치품으로서 유럽에 들여왔다. 차를 마시는 문화는 유럽에서 아메리카로, 인도로, 세계 다른 지역으로 퍼져나갔다.

이 책은 차를 마시는 문화와 티타임의 역사를 따라가면서, 어떤 이유로 또 어떤 경로로 차가 전 세계에서 물에 이어 두 번째로 많이 마시는 음료가 되었는지 살펴볼 것이다. 더불어 차를 마시는 관습의 사회적 측면, 전 세계인들이 차를 마시는 다양한 방식을 비롯해 그들이 차에 무엇을 곁들여 먹는지에 대해서도 알아볼 것이다.

차는 단지 즐기기 위해 마시는 것만은 아니다. 갈증을 해소해줄 뿐 아니라 행복하고 조화로운 기분을 선사하며, 유쾌하고 환대받는 분위기를 조성해준다. 또한 차는 차의 종류, 지역, 개인적인 취향에 따라 수많은 방식으로 만들 수 있어 다양하게 활용 가능한 음료다. 차는 대단히 세계적인 음료로 자리 잡았다. 오늘날에는 런던, 함부르크, 파리, 뉴욕에서도 일본이나 한국에서 생산한 진귀한 차나 값비싼 보이차, 겨울이 지난 후 가장 먼저 수확한 다르질링 찻잎first flush Darjeeling을 쉽게 찾아볼 수 있다. 세계 곳곳에서 성업 중인 다양한 티룸이나 차를 마실 수 있는 공간, 이를테면 일본의 킷사텐, 홍콩·중국의 딤섬 레스토랑, 중앙아시아의 차이하나chai khana, 동아시아의 티하우스, 북미 및 유럽의 고급 호텔 등은 말할 것도 없다.

일부 특정한 종류의 차를 비롯해 차를 마시는 방식은 남성들과 관련이 있는 반면, 여성들과 관련이 있는 것도 있다. 예컨대 영국 노동계급 남성들은 우유와 설탕을 듬뿍 넣은 진한 홍차를 튼튼한 머그잔에 마시는데, 이를 '빌더스 티builder's tea'라고도 한다. 한편 캐나다에서 바느질 모임을 하는 여성들은 다르질링 같은 연한 차를 우아한 자기 찻잔에 마신다.

'티'라는 단어는 차를 마시면서 활기를 북돋는 시간, 즉 티타임을 의미하기도 한다. 이는 오전이나 오후 서너 시쯤에 비스킷이나 조각 케이크 같은 간식을 곁들여 차를 마시는 시간을 가리키기도 하지만, 오후 네다섯 시쯤에 앙증맞은 샌드위치며 작은 케이크를 곁들여 차를 마시는 '애프터눈 티'를 가리키기도 한다. 아니면 이른 저녁에 속이 든든해지는 음식과 함께 차를 마시는 시간(흔히 '하이 티'라 불린다)을 가리킬 수도 있다. 저녁식사 대신 먹는 하이 티는 차와 함께 따뜻한 요리, 고기, 파이, 치즈, 커다란 케이크, 빵과 버터로 이루어져 있다.

티는 또한 사교적 행사를 의미할 수도 있다. 수많은 다양한 방식으로 차를 마시듯이, 티타임에 관련된 풍습도 매우 다양하다. 식사를 의미하는 티는 대개 영국, 아일랜드, 캐나다, 오스트레일리아, 뉴질랜드 같은 영연방 국가들과 관련 있다. 이들 지역에서는 집에서 직접 구운 케이크며 비스킷으로 '가득 채워놓은 통'에 자부심을 갖는다. 이 책에서 중심적으로 다루는 것도 이러한 나라들에서의 티타임 역사다. 더불어 네덜란드, 독일, 프랑스, 아일랜드 등의 티타임 전통도 소개할 것이다. 미국의 티룸에서는 치킨 팟 파이 같은 정감 있는 가정식을 내놓고 아이스티를 메뉴에 올렸다. 인도에서는 영국 통치 시대에 티가 사회적으로 중요한 역할을 했으며, 이는 오늘날에까지 이어지고 있다. 인도 티타임은 동서양의 음식문화가 융합되어 향신료가 들어간 인도식 간식 옆에 영국식 케이크가 나란히 놓이곤 한다.

티베트의 버터티나 미얀마의 러펫lephet(찻잎 절임)처럼 서구와는 전혀 다른 티타임 전통을 가진 지역의 차 문화를 비롯해, 차를 만들고 대접하는 방식에 관해서도 설명할 것이다. 이를테면 러시아와 실크로드 주변 국가에서는 차를 우릴 물을 사모바르samovar●에 끓이며, 장식이 화려한 티 글라스에 낸다.

중국, 일본, 한국, 타이완은 각자 고유한 티타임 전통을 갖고 있다. 차의 역사가 시작된 중국에는 얌차yum cha('차를 마시다'라는 뜻)라는 독특한 티타임이 있는데, 이는 늦은 아침이나 한낮에 한 입 크기만 한 작고 맛있는 딤섬을 곁들여 차를 마시는 것을 가리킨다. 일본에서는 다도 의식 전에 차카이세키라는 요리를 먼저 낸다. 한국 역시 고유한 다도 의식이 있으며, 녹차나 홍차뿐 아니라 다양한 한방차와 과일차를 즐긴다. 타이완은 버블티라는 새로운 유행을 만들어냈다. 이러한 티타임에 관한 이야기는 모로코의 민트티, 칠레의 온세once, 파타고니아의 웨일스티를 비롯해 세계 각국의 티타임 전통에 대한 설명으로 끝을 맺는다.

나는 여러분이 이 책을 읽으며 티타임에 대한 기억을 꺼내 음미해보면 좋겠다. 또 과거와 현재를 넘나들며 전 세계 티타임을 다룬 이 책을 읽는 즐거움을 마음껏 누리기를 바란다. 편안한 의자에 앉아 좋아하는 차 한 잔을 마시면서 말이다.

● 러시아에서 전통적으로 차를 우릴 물을 끓일 때 쓰는 주전자로, 대단히 화려하게 장식하기도 한다.

서머싯 하우스에서 티파티를 연, 찰스 2세의 왕비인 브라간사 왕조의 캐서린. 키티 샤논 삽화, 1926.

1장
영국

차는 1650년대에 네덜란드 무역상을 통해 처음 영국 해안에 당도했고, 상류층을 중심으로 빠르게 유행했다. 하지만 대다수 사람들이 사서 마실 수 있을 정도로 차 가격이 내려가고, 부자든 빈자든 상관없이 모두가 좋아하는 음료로 자리 잡은 것은 1850년대에 이르러서였다. 차는 영국 사회 구조에서 중요한 부분을 이루며 영국인의 생활 방식을 형성했다. 패션에서 장식예술에 이르기까지 삶의 거의 모든 영역에 차가 등장하며 영국적인 것을 정의하는 상징이 된 것이다.

《어느 영국인 아편쟁이의 고백》(1821)으로 잘 알려진 영국 수필가, 토머스 드 퀸시는 영국에서 차를 마시는 기쁨을 이렇게 묘사했다.

> 분명 누구나 한겨울 불가에서 느끼는 황홀한 기쁨을 알 것이다. 4시의 어둠을 밝힌 촛불, 벽난로 앞의 따뜻한 양탄자, 차를 만드는 어여쁜 이, 굳게 닫힌 덧문과 바닥까지 드리워진 풍성하게 주름 잡힌 커튼이 주는 기쁨을. 그 사이 밖에서는 거센 비바람 소리가 들린다.

소설가 A. P. 허버트는 1937년에 차를 주제로 한 노랫말을 썼다. 헨리 설리번이 작곡한 이 노래는 엄청난 인기를 얻었는데, '한 잔의 맛있는 차'가 영국인에게 얼마나 중요한지를 단적으로 보여준다.

아침에 마시는 맛있는 차 한 잔이 좋아요.

하루를 시작하는 데 필요하니까요.

열한 시 반에도 차 한 잔을

내게 천국이란

맛있는 차 한 잔이죠.

점심을 먹을 때도 맛있는 차 한 잔이 좋아요.

저녁을 먹을 때도 맛있는 차 한 잔,

또 잠잘 시간이 되어도

할 말은 많이 남아 있어요,

맛있는 차 한 잔을 하기 위해서죠.

차를 마시는 풍습은 애프터눈 티와 하이 티라는 매우 영국적인 전통을 낳았다. 오늘날 영국 문화의 심장부를 경험하고 싶어하는 관광객에게 애프터눈 티를 즐길 수 있는 호텔이나 티룸은 놓쳐서는 안 될 필수 코스가 되었다.

차를 마시기 시작한 초기

영국에서 차에 대한 신문 광고가 처음 실린 것은 1658년이다. "중국에서는 '차 Tcha', 다른 나라에서는 '테이Tay' 혹은 '티Tee'라고 부르는 이것은 모든 의사가 효능을 인정할 만큼 대단히 훌륭한 음료입니다. 런던의 증권거래소 옆 스위팅스 렌츠 상가에 위치한 설터니스 헤드 커피하우스에서 이 차를 구매할 수 있습니다."

영국에서 차가 음료로 받아들여지기까지는 다소 시간이 걸렸지만, 결국 차는 영국 문화에 자리 잡았다. 17세기 유럽에 소개된 새롭고 이국적인 세 가지 음료, 즉 코코아, 차, 커피 중에서 영국인은 커피에 가장 먼저 맛을 들였다. 차가 대중에게 소개된 것도 새로 생겨나기 시작한 커피하우스를 통해서였다. 그 후 얼마 지나지 않아 차는 에일을 대신해 국민적 음료가 되었다. 미국 수필가인 애그니스 레플리어는 《차를 생각한다는 것!》에서 이렇게 말한다.

차는 구원이 필요한 나라에 구원자로 왔다. 고기와 에일의 나라, 과식과 과음의 나라, 잿빛 하늘과 혹독한 바람의 나라, 강한 정신력과 단호한 목적의식을 가지고 천천히 사색하는 남자와 여자가 사는 나라에 왔다. 무엇보다 아늑한 집과 따뜻한 난롯가가 있는 나라, 물이 끓는 주전자와 은은한 향기를 풍기는 차를 기다려온, 난롯가가 준비된 나라에 온 것이다.

유명한 일기 작가인 새뮤얼 피프스는 영국에 차가 들어온 초기부터 차를 즐겨 마셨다. 1660년에 그는 "한 번도 마셔본 적 없는 중국 차 한 잔을 가져오라는 명을 받았다"고 썼다. 그로부터 7년 뒤인 1667년 6월 28일자 일기에는 집에 돌아오니 아내가 차를 만들고 있었다는 내용이 나온다. "펠링이라는 약제사가 아내에게 체액 유출로 인한 병과 감기에 좋다며 차를 권했다."

1662년, 찰스 2세는 포르투갈 브라간사 왕조의 공주 캐서린과 결혼했다. 열렬한 차 애호가였던 캐서린 공주의 지참금에는 중국 차 한 상자가 포함되어 있었다. 그녀가 잉글랜드 해안에 당도해 맨 처음 청한 것도 차 한 잔이었다고 전해진다.

캐서린 왕비는 차를 마시는 유행을 선도했다. 1663년에 시인이자 정치가인 에드먼드 월러(1606~1687)는 왕비의 생일을 맞이하여 왕비와 '최고의 약초'를 찬미하는 시를 지었다.

비너스에게는 도금양 나무, 아폴로에게는 월계수가 있다네. 왕비께서 칭송하시어 하사한 차는 이 둘을 뛰어넘네. 최고의 왕비시여, 최고의 약초여, 우리는 해가 뜨는 아름다운 지역으로 가는 길을 보여준, 저 대담한 국가에 빚을 지고 있네. 우리는 그 지역에서 나는 풍요로운 산물을 마땅히 귀하게 여긴다네. 뮤즈 여신의 친구인 차는 우리에게 대단히 이롭네. 머릿속에 떠오르는 부질없는 망상을 억눌러주고, 마음의 궁전을 평화롭게 해주네. 왕비님의 탄신일을 맞이하여 그에 걸맞은 경의를 표하라.

중국에서 들여온 녹차는 값이 비쌌기 때문에 초창기에는 부유층의 전유물이었다. 모두가 이 새롭고 이국적인 재료를 어떻게 다뤄야 하는지 알았던 건 아니다. 일례로 (1685년에 처형된) 몬머스 공작의 미망인은 스코틀랜드에 사는 친척에게 차를 어떻게 만드는지 아무런 언급도 하지 않은 채 찻잎 1파운드를 보냈다. 결국 요리사는 찻잎을 물에 넣어 끓이고는 차는 따라내 버리고 찻잎만 식탁에 내놓았다. 마치 시금치 같은 채소처럼.

차는 사기나 도기로 만든 작은 티포트^{teapot}♥에 담아 손잡이가 없는 티볼^{tea} ^{bowl}♦을 함께 내왔다. 대다수 다기는 순백색의 바탕흙 위에 청색 안료로 무늬를 그린 뒤 그 위에 맑고 고운 유약을 발라 구운 자기였다. 이러한 자기는 그 기원을 반영해 흔히 차이나웨어^{chinaware}라 불렀다. 차가 향신료를 비롯한 사치품과 함께 중국에서 유럽으로 운송될 때 중국제 자기는 특별히 만든 상자 안에 담겼는데, 이 상자는 차를 싣기 위한 바닥재 역할을 했다. 물이 스며들기 마련인 목조 선박에서 티포트와 티볼은 바닷물에 젖더라도 훼손되지 않았고, 그 위에 실린 값비싼 찻잎도 마른 채로 안전하게 운송될 수 있었다.[1]

캐서린 왕비는 중국제 자기나 사기 티포트를 사용하다가 나중에는 은제 티포트를 사용했을 것이다. 1670년에 제작되어 잉글랜드에 최초로 알려진 은제 티포트는 동인도회사 위원회에 기증되었다.

도자기 제조 비법이 독일의 마이센 가마를 통해 밝혀진 것은 차가 유럽에 소개

● 차를 우릴 때 사용하는 찻주전자로, 홍차를 우리는 찻주전자는 티포트로, 녹차를 우리는 찻주전자는 다관으로 구분하곤 한다.
◆ 차를 마실 때 사용하는 사발 모양의 잔으로, 다완이라고도 한다.

"이 은제 티포트는 명예롭고 훌륭한 협회의 ……
조지 버클리가 동인도회사 위원회에 기증한
것이다, 1670"라는 문구가 새겨진 은제 티포트.

된 지 100여 년이 지나서였다. 유럽 최초의 자기는 1710 년 마이센 가마에서 생산되었고 곧 영국으로 수출되었 다. 1700년대 중반에는 제조 비법이 독일에서 유럽 전역 으로 전파되었다. 1745년 첼시 자기 공장은 자기를 제작 하는 최초의 영국 회사가 되었고 그 뒤를 이어 우스터, 민턴, 스포드, 웨지우드 등이 아름다운 다기 세트를 생 산했다.

차는 잉글랜드와 스코틀랜드의 궁중에서 계속 사 랑받았다. 스코틀랜드 왕인 제임스 7세(잉글랜드에서는 제임스 2세)의 아름다운 두 번째 아내, 모데나의 메리가 1681년 스코틀랜드에 차를 마시는 문화를 소개하자 빠 르게 유행을 타게 되었다. 제임스 2세와 첫 번째 아내인 앤 하이드 사이의 딸로, 왕위를 이어받은 메리는 잉글랜 드에서 차를 마시는 풍습을 계속 이어갔다. 1702년 언니의 뒤를 이어 즉위한 앤 여왕도 마찬가지였다. 앤 여왕 시대에 사교를 겸한 차를 마시는 풍습이 자리 잡으 면서 옮기기 편한 작은 의자와 테이블뿐 아니라 값진 다기 세트를 보관할 중국식 장식장도 필요해졌다. 다기 세트가 처음 등장한 것은 앤 여왕 통치 시대로 거슬러 올라간다.

앤 여왕은 티 테이블에서 궁중 회의를 주재했고, 잉글랜드에서 유행에 민감한 여성들은 궁중의 풍습을 모방해 자그마한 자기 티볼에 중국 차를 담아 홀짝이고 차를 내놓을 새로운 티 테이블을 주문했다. 대단한 차 애호가였던 앤 여왕은 더 많은 차를 담을 수 있다는 이유에서 작은 중국제 티포트 대신 종 모양의 큼직한 은제 티포트를 사용했다.

다구

1727년경에 리처드 콜린스가 그렸을 것이라 추정되는 이 작품에서, 화가는 티 테이블에 둘러앉은 상류층 가족을 묘사하고 있다. 그는 이들이 차려입은 좋은 옷뿐만 아니라 고가의 다구茶具를 보여줌으로써 이들의 부와 사회적 지위를 드러낸다. 이 가족은 자그마한 중국제 자기 티볼로 우아하게 차를 마시는 중이다. 티 테이블 위에는 설탕 접시, 설탕 집게, 핫 워터 저그,˙ 티스푼을 놓아둔 배 모양의 그릇, 차 찌꺼기를 담는 그릇, 티 캐니스터[찻잎을 보관하는 통], 티포트를 비롯해 그 아래에 놓여 티포트를 따뜻하게 유지시켜주는 풍로 등 당시 전형적이었던 은제 다기 세

리처드 콜린스 작으로 추정, 〈차를 마시는 영국인 가족〉, 1727년경, 캔버스에 유채.

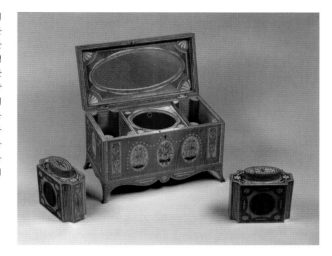

삼나무와 오크나무 소재의 아름다운 차 상자. 화려한 장식이 돋보인다. 겉에는 단풍나무, 경목, 튤립나무, 킹우드, 마호가니류, 아마란스, 호랑가시나무, 얼룩호랑가시나무의 목재를 덧붙여 장식했으며 내부 양옆에는 각각 녹차와 홍차를 보관하는 칸이 있고, 가운데에는 설탕을 보관하거나 찻잎을 섞는 용도로 추정되는 칸이 있다. 1790년경.

트가 놓여 있다.

차는 대단히 값비싸고 진귀했던 터라 중국제 항아리나 캐니스터 혹은 캐티 catty(대략 600그램을 뜻하는 말레이시아의 무게 단위)라 불리는 통에 넣어 내실이나 응접실에 보관했다.

이러한 용기는 점차 나무나 거북딱지, 종이 반죽이나 은을 소재로 한, 잠금쇠와 열쇠가 있는 우아한 상자나 장식함으로 발전했다. 상자 안은 보통 두 종류 이상의 차를 보관할 수 있도록 칸이 나뉘어 있었고, 가운데에 설탕을 넣어두는 칸이 따로 있는 것도 있었다. 이러한 차 보관함은 티 캐디tea caddy라는 이름으로 알려지게 됐다.

티 캐디 스푼은 티 캐디에 담긴 찻잎을 필요한 만큼 덜어 티포트에 넣을 때 사용했다. 차가 처음 수입됐을 때, 차 상자에는 찻잎과 함께 찻잎을 뜨는 데 사용하는 가리비 껍데기가 들어 있었다. 이것이 최초로 알려진 티 캐디 스푼의 형태였다.

● 차의 농도를 기호에 맞게 조절할 수 있도록 뜨거운 물을 넣어 내는 주전자의 일종.

그 후 얼마 지나지 않아 비교적 크고 우묵한 스푼에 어울리지 않게 짧은 손잡이가 달린 캐디 스푼이 등장했다. 오늘날에는 동물 뼈, 진주, 거북 딱지, 은 등 다양한 소재로 만든 수많은 형태의 캐디 스푼이 있다. 스푼의 우묵한 부분 역시 평범한 모양에서부터 나뭇잎, 조개, 삽, 기수 모자 등 상상력이 풍부한 디자인에 이르기까지 모양과 장식이 매우 다양하다.

은으로 도금하고 조가비 형태로 디자인한 티 캐디 스푼.

'모트 스키머mote skimmer'라고도 불리는 모트 스푼은 차 문화가 형성되던 초기에 최고급 영국 다기 세트에서 필수로 여겨졌다(모트mote는 티끌

은제 모트 스푼, 18세기.

한 점 혹은 특히 식음료에 있어 이질적인 요소를 뜻하는 고대 영어 단어다). 우묵한 부분에 작은 구멍들이 나 있으며 가늘고 긴 손잡이가 달린 은제 스푼으로, 손잡이 끝은 뾰족하다. 이 모트 스푼의 유래는 1697년으로 거슬러 올라간다. 중국에서 차를 수입하던 초기에는 크고 작은 찻잎들이 분류되지 않은 채 섞여 들어오다 보니 차를 우려 따르고 나면 찻잎들이 찻잔에서 떠다니거나 티포트 주둥이를 막곤 했다. 티타임에 손님을 초대한 안주인이 차에 티끌 몇 점이 떠다니는 것을 발견할 때면 이를 제거하는 데 쓰는 품격 있는 티 액세서리가 바로 모트 스푼이었다. 뾰족한 끝부분은 찻잎에 막힌 주전자 주둥이를 뚫는 데 썼다. 찻잎을 걸러내는 거름망인 티 스트레이너tea strainer가 1790년에서 1805년 사이에 등장함에 따라 티스푼이 모트 스푼을 대신하게 됐고, 티포트 주둥이 아랫부분에도 찻잎을 거르는 구멍이 따로 만들어졌다.

18세기 중반만 해도 차는 손잡이가 없고 작고 바닥이 얕은 사발 모양의 티볼에 담아 대접했고, 사람들은 흔히 '차 한 접시를 마신다'고 말했다. 1750년경, 로버트 애덤스라는 사람이 티볼에 손잡이를 달아 찻잔을 만들었다. 이는 티볼에 비해

더 많은 제작비가 들었고, 먼 시장까지 운송할 때는 손잡이 때문에 포장하기도 어려웠다. 하지만 티볼로 차를 마시는 데 불편함을 느끼고 때로는 뜨거운 차에 손을 데이기도 했던 차 애호가들은 손잡이가 있는 새로운 찻잔을 기꺼이 받아들였다. 애덤스는 찻잔을 티볼보다 좀 더 높게 디자인했고, 이 찻잔에는 받침 접시도 딸려 있었다. 몇몇 차 애호가들은 받침 접시에 차를 따라 식혀 마시기를 좋아했다. 이러한 습관 역시 '차 한 접시'를 마신다는 표현으로 알려졌다.

찻주전자^{tea kettle}는 차를 대접하는 동안 티포트에 넣을 뜨거운 물을 담아놓는 데 사용되었다. 풍로나 버너에는 캠포린^{camphorine}이라는 냄새가 나지 않으면서도 저렴한 연료를 사용했는데, 이는 물을 따뜻하게 유지하기 위함이었다. 경제적 여유가 있는 이들은 은제 찻주전자를 비롯해 은으로 만든 티포트, 밀크 저그, 설탕 그릇 등을 선호했다. 숯 풍로 위에서 많은 차를 끓일 수 있는 차 탕관^{tea urn}은 1760년대에 등장해 알코올버너를 사용하는 주전자를 대신하게 되었다. 은으로 도금한 셰필드 동판 탕관은 1785년에 처음 만들어졌다.

차는 티 테이블에서 대접하곤 했는데, 티 테이블이 처음 도입된 것은 17세기 말이었다. 1700년경에는 6,000개가 넘는 옻칠한 티 테이블이 영국으로 수입되었다. 18세기 중엽, 런던 가구 회사들은 수입품을 대체하고자 황동으로 상감 장식을 한 마호가니 티 테이블을 제작했다.

일부 차 애호가들은 티포이^{teapoy}라 불리는, 중앙에 다리가 하나 있는 외다리 테이블을 가지고 있었다. 윗면을 들어 올리면 뚜껑 달린 두 개의 차 수납 칸, 차를 섞는 데 사용하는, 무늬가 새겨진 유리 그릇 두 개가 있다. 티포이는 실용적인 물건인 동시에 안주인이 사교 모임에서 중심이 되어 차를 대접하며 한담을 나눌 때 유행에 민감한 취향을 드러내는 수단이기도 했다.●

하인들이 차에 관련된 모든 과정을 준비하고 안주인을 돕기는 하지만, 차를 우

● 원주 원래 티포이는 다리가 세 개 달린 보조 테이블을 가리켰다. 이 단어는 페르시아어와 힌두어로 '3'을 뜻하는 단어에서 유래했는데, 시간이 흘러 사람들이 이 단어에서 차를 연상하게 됨에 따라 다리 달린 차 상자를 가리키게 됐다.

리고 손님들에게 내는 책임은 안주인에게 있었다. 녹차와 홍차 모두 인기가 있었고, 때로 차에 설탕을 넣기도 했다(설탕도 차와 마찬가지로 값지고 새로운 수입품이었다). 차를 마시기 시작한 초기에는 우유를 넣는 경우가 드물었다. 남자들이 담배 연기로 자욱하고 소란스러운 커피하우스에서 차를 마시며 정치나 세상 돌아가는 이야기를 나눈 반면, 귀부인들은 남자들처럼 차를 마시며 이야기를 나누되 더 품위 있는 분위기 속에서 모임을 가졌다.

모두가 차를 좋아한 것은 아니었다. 1748년 감리교 운동 창시자인 존 웨슬리는 차가 "수없이 많은 신체적 이상, 특히 신경질환과 관련된 문제"를 일으킨다는 이유로 차를 완전히 삼가야 한다고 주장했다.

젤리 틀 모양을 한 발과 목각 외다리가 있는, 자단 재목으로 만든 티포이, 1820년대 즈음, 노퍽, 펠브리그 홀 소장.

스코틀랜드에서 차는 의료인과 성직자 모두에게 맹렬한 비난을 받았다. 차는 "매우 부적절한 고가의 식품이고 시간 낭비이며 사람들을 맥없고 유약하게 만들 수 있다"고 여겨졌다.[2] 스코틀랜드 국교회의 몇몇 목사들은 차가 위스키보다 훨씬 유해하다고 생각했다. 스코틀랜드 전역에서 '차라는 위협적인 기호품'을 근절하는 운동이 벌어질 정도였다. 그러나 온갖 반대에도 불구하고, 차를 마시는 문화는 특히 여성들을 중심으로 확고하게 자리 잡았다. 반면 남성들 대부분은 여전히 술을 선호했다.

잉글랜드에도 차를 반대하는 이들이 있었다. 조너스 핸웨이는 1757년에 쓴 에세이에서 차가 "건강에 해롭고 산업을 저해하며 국가를 궁핍하게" 하는 음료라는 오명을 씌웠다. 그러나 1755년에 출간된 최초의《영어사전》을 저술한 새뮤얼 존슨은 차를 옹호했다. 하루에 차를 스물다섯 잔씩 마신 것으로 알려진 그는 당시 차를 마시는 이들 가운데 가장 유명한 인물이었을 것이다. 그는 자신을 이렇게 묘사한다. "수년 동안 오직 이 환상적인 식물을 우린 차로 식사를 묽게 해왔으면서도* 부끄러운 줄 모르고 상습적으로 차를 마신다. 내 찻주전자는 식는 법이 없다. 저녁에는 차를 마시며 즐겁게 보내고, 한밤중에는 차로 위안을 받으며, 아침에는 차와 함께 새로운 하루를 맞이한다." 존슨은 런던의 이름난 커피하우스를 자주 드나든 것으로 알려져 있다. 신사들은 정치와 사업을 논하기 위해 커피하우스에 갔다.

커피하우스는 담배 연기로 자욱하고 소란스러운 장소였다. 여성은 출입이 허용되지 않았고, 상류층 여성들은 그곳에 발을 들일 생각조차 하지 않았다. 귀부인들은 집에서 차를 마셨다. 몇몇 커피하우스에서는 집에서 우려 마실 수 있도록 잎차를 용기에 넣어 팔았다. 1706년에 런던 스트랜드가에 '톰의 커피하우스'를 연 토머스 트와이닝은 여성 고객들이 커피하우스 출입을 꺼린다는 사실을 잘 알았다. 그는 1717년에 '골든 라이언'이라는 새 이름으로, 양질의 다양한 커피와 잎차를 전문으로 파는 소매점을 열었다.

이곳이 런던 최초의 티숍tea shop으로, 여성들은 아무 거리낌 없이 출입할 수 있었다. 제인 오스틴도 트와이닝스 매장에서 차를 구매했다. 그녀는 1814년 런던에서 여동생 카산드라에게 편지를 썼다. "찻값이 인상되었다는 소식을 듣게 되어 유감이야. 신선한 차를 주문할 수 있는 늦은 오후가 될 때까지 트와이닝스에 돈을 쓸 생각은 없어."³ 제인 오스틴이 스트랜드가에 있는 트와이닝스 매장에 직접 갔다면, 오늘날과 똑같이 생긴 문을 지나 매장에 들어갔을 것이다.

1784년까지 차를 마시는 문화가 주로 부유층의 취미로 남아 있었던 것은 차에 과중한 세금이 부과되었기 때문이다. 그러다 보니 밀수가 만연했고 불순물이 섞

● 당시 식사 때 주로 마시던 에일 맥주 대신 차를 마셨다는 의미다.

인 차도 유통되었다.● 온갖 밀수로 인해 수익에 심각한 타격을 입은 합법적인 차 무역상들이 정부에 압력을 가하자, 당시 영국 총리였던 윌리엄 피트 2세는 차에 부과된 세금을 119퍼센트에서 12.5퍼센트로 대폭 인하했다. 차 가격이 적정하게 내려가자 불법적인 밀무역은 사실상 하룻밤 만에 사라졌다.

티가든

이제 차를 마시는 관습은 중산층으로까지 퍼져나가 아침식사 때 마시던 에일과 하루 중 다른 시간대에 마시던 진을 차가 대신하게 됐다. 차는 영국에서 가장 대중적인 음료로 자리 잡았고, 커피하우스에서 커피를 마시는 일은 시들해졌다. 많은 커피하우스가 남성 전용 클럽으로 바뀌었는데, 그중 일부는 오늘날 폴몰가나 세인트 제임스 공원 근처에 남아 있다. 남자들은 흔히 '티가든tea garden'이라 불렸던 공원에서 여자들, 가족들과 함께 시간을 보냈다. 이 넓은 공원에는 관목이며 꽃, 연못, 분수, 조각상 등이 있었고, 사람들은 녹음이 우거진 쉼터에 앉아 차를 마시고 버터 바른 빵을 먹었다. 일찍이 1661년 런던의 템스강 남쪽 강변에 위치한 복스홀에 티가든이 조성되었다. 1732년에 티가든이 더 생겨나면서 다른 사람들을 보기도 하고 그들에게 자신을 보여주기도 하는, 사교의 장으로 거듭났다. 훗날 조지 4세가 되는 섭정 왕자는 티가든을 자주 방문했다. 소설가인 호러스 월폴, 헨리 필딩을 비롯해 새뮤얼 존슨 또한 문우들과 함께 티가든을 방문하곤 했다.⁴ 나중에는 런던에 티가든이 문을 열었으며(가령 래널러, 메릴레본, 쿠퍼스, 그리고 로더히스에 위치한 세인트 헬레나 가든과 이즐링턴에 위치한 로즈메리 브랜치), 영국 전역의 주요 도시에 티가든이 생겨났다.

● 원주 당시 차라고 팔렸던 것은 차가 아니었다. 나뭇잎, 그중에서도 야생 자두의 나뭇잎을 따 끓이고 굽고 꼬고 말려 중국의 녹차와 비슷한 색을 입힌 것이었다. 이런 찻잎은 검댕을 뜻하는 '스무치smouch'라 불렸다.

조지 몰랜드, 〈티가든〉, 1790년경. 래닐러 티가든에서 차를 마시는 중산층 가족의 풍경을 묘사하고 있다.

티가든에서는 4월부터 9월까지 모든 계층이 야외 활동을 즐겼다. 음악, 마술, 곡예, 불꽃놀이 등 여러 행사가 열렸고, 승마나 볼링을 할 수 있었다. 물론 차를 마시면서 상쾌한 기분을 만끽할 수도 있었다. 1750년대 말, 메릴레본 티가든은 작곡가 헨델을 비롯한 유명인사들의 발길을 끌었다. 레오폴트 모차르트(런던을 방문해 현지 음악 애호가들의 경탄을 자아낸 음악 신동 볼프강 모차르트의 아버지)는 래닐러 티가든에 방문했던 기록을 남긴 바 있다. "입장하자마자 모두가 2실링 6펜스를 지불한다. 그렇게 하면 버터 바른 빵을 곁들여 커피와 차를 원하는 만큼 마실 수 있다."[5]

안타깝게도 런던의 급속한 성장과 함께 늘어난 '소란 행위'로 인해 결국 티가든은 문을 닫기에 이르렀고, 차는 가정에서만 마시게 되었다.

섭정시대

영국에서 섭정시대에 해당하는 기간을 단정 짓기는 어렵다. 공식적인 섭정시대 (1811~1820)는 조지 3세 왕이 통치에 부적합하다고 판단되어 그의 아들이 섭정 왕자로서 나라를 다스리던 시기다. 1820년에 조지 3세가 죽은 뒤 섭정 왕자는 조지 4세가 되었다. 하지만 영국의 건축, 문학, 패션 등에서 독특한 경향이 드러난 1795년부터 1837년까지를 섭정시대로 간주하기도 한다. 이 시대는 윌리엄 4세의 뒤를 이어 빅토리아 여왕이 즉위하며 막을 내렸다.

섭정시대 동안 차는 아침식사 시간과 저녁식사 후 하루가 끝날 무렵에 마셨다. 당시에는 '라우트rout'라 알려진 이브닝 파티가 유행했다. 차와 함께 종종 제공되던 작은 비스킷 모양의 케이크도 '라우트'라는 이름으로 불렸다. 마리아 런델은 《새로운 가정 요리 체계》(1806)에서 라우트 케이크 요리법을 소개한다.

밀가루 2파운드, 버터 1파운드, 설탕 1파운드, 깨끗하게 씻어 물기를 잘 말린 커런트 1파운드를 잘 섞어 반죽을 만든다. 뻑뻑한 반죽에 달걀 2개, 오렌지 꽃물 1큰술, 장미수 1큰술, 단맛이 나는 포도주 1큰술, 브랜디 1큰술을 넣어 부드럽게 한다. 밀가루를 바른 틀에 반죽을 붓고 아주 짧은 시간 동안 굽는다.

제인 오스틴은 아침식사를 할 때 차를 즐겨 마셨다. 늦은 오후에 식사한 뒤 저녁에 마시는 차도 좋아했다. 저녁에는 남자들도 합류해 차에 케이크를 곁들여 먹고 대화나 카드, 음악을 즐겼다. 그녀가 쓴 소설에서도 차를 마시는 인물을 찾아볼 수 있다. 가령 《맨스필드 파크》(1814)의 한 장면에서 패니 프라이스는 차가 빨리 나오기를 간절히 기다린다. 방금 자신에게 청혼한 헨리 크로퍼드에게서 벗어나고 싶기만 한 그녀는 자신을 불편하게 하는 이 남자를 남겨두고 방으로 가버리고 싶다. 하지만 차를 다 마시기 전에 자리를 뜨는 것은 예의에 어긋나는 행동이다.

다가오고 있는 구원의 소리가, 계속해서 기다리고 있었지만 이상하리만큼 지체되고 있다는 생각이 한참 전부터 나던 바로 그 소리가 들리지 않았더라면, 패니는 더는 자리를 지키고 앉아 있을 수 없었을 것이다. 차 쟁반과 주전자, 케이크를 든 ······ 하인들의 엄숙한 행렬이 등장해 그녀를 구원해주었다. ······ 크로퍼드 씨는 그 자리에서 물러날 수밖에 없었다.

애프터눈 티

애프터눈 티로 알려진 의식에 쏟는 시간보다 더 기분 좋은 순간은 삶에 별로 없다.
헨리 제임스, 《여인의 초상》

오후에 다과를 즐기는 애프터눈 티afternoon tea의 전통은 일반적으로 베드퍼드 7대 공작부인이자 빅토리아 여왕의 시녀였던 애나 마리아로부터 시작됐다고 간주된다. 하지만 옥스퍼드나 배스 같은 주요 도시의 지역 신문에는 1750년대부터 오후에 빵과 케이크를 곁들여 차를 마신 관습이 있었음을 보여주는 광고가 실려 있다. 다음 광고는 《배스 크로니클 & 위클리 가제트》(1766)에서 발췌한 것이다.

여름 시즌을 맞이해 아침과 오후에 차를 제공하는 스프링 가든이 열립니다. 어느 때처럼 매일 아침 9시 반부터 10시 반까지는 뜨거운 롤빵과 스프링가든 케이크가 제공됩니다. 일요일은 쉽니다.

그러나 제인 오스틴이 1817년에 세상을 떠난 이후 25년이 흐른 후에도 오후 4시나 5시에 마시는 애프터눈 티는 확고한 관습으로 정착되지 않았던 것으로 보인다. 당시 영국에는 대단히 큰 사회적 변화가 일어나고 있었다. 한낮이나 늦은 오후에

토머스 롤랜드슨, 〈차를 마시는 귀부인들〉, 1790~1795년, 펜과 잉크를 사용한 수채화. '차 한 잔 더 하시겠어요'라고 쓰여 있다.

먹던 하루 중 가장 주된 식사 시간이 저녁 시간으로 훨씬 늦어졌고 밤 8시나 9시에 먹기도 했다. 낮에는 가볍게 점심을 먹었다.

전해지는 바에 따르면, 베드퍼드 공작부인은 점심과 저녁 사이의 긴 공백 시간에 허기 내지는 '축 처지는 느낌'을 호소했다. 그래서 자신의 방에 차를 끓이는 데 필요한 온갖 다구와 먹을 것(아마도 간단한 케이크나 버터 바른 빵)을 가져다놓았다. 그녀가 1841년 원저 궁에서 시동생에게 보낸 편지에는 이런 내용이 담겨 있다. "요전날 저녁 5시에 차를 함께 마셨던 내 오랜 친구인 에스테르하지 후작의 이름을 소개한다는 것을 깜빡했어요. 더 정확히 말하면 후작도 궁에 머물던 여덟 명의 귀부인들 사이에 껴 있는 내 손님 중 하나였지요." 공작부인은 비버 성에 머물 때도 차를 마셨다. 다른 귀부인들을 초대해 자신의 내실에서 차를 마신 것이다. 배우인 패니 켐블은 1882년에 출간한 자서전에서 1842년 3월에 비버 성을 방문했던 당시를 회상한다.

나는 비버 성에 방문했을 때 처음 '애프터눈 티'를 접했다. 그곳에 머무는 동안 베드 퍼드 공작부인에게 자신의 방으로 오라는 다소 은밀한 사적인 초대를 받곤 했다. 공작부인의 방에 가보니 성에 머무는 여성 손님들 가운데 '소수의 엄선된' 이들이 공작부인의 찻주전자로 차를 우리고 마시느라 여념이 없었다. 오늘날 전 세계적으로 인정받고 세계 곳곳에서 즐기는 '오후 5시의 차'를 마시는 관습이 영국 문명사에서 이토록 사적이고 다소 겸연쩍어하는 분위기 속에서 애프터눈 티를 마시던 이때보다 더 오래 거슬러 가는 것 같지는 않다.

이때로부터 약 80년 전인 1758년 10월 《젠틀맨스 매거진》의 기사를 살펴봐도 오후에 차를 마시는 관습은 오래전부터 은밀한 분위기를 풍겼던 것으로 보인다. "중산층과 하층계급에서 유행하는 애프터눈 티는 시간 낭비이자 돈 낭비라는 비난을 받고 있다. 소문을 쑥덕대고 누군가를 험담하고 때로는 부정한 관계가 이루어지는 시간인 것이다." 18세기와 19세기에 '케틀드럼kettledrum'이라 알려진 격식 없는 오후 다과회에서는 소문이나 험담이 오가기도 했고, 부정한 관계가 전혀 없었던 것도 아니다. 이러한 모임에서는 차와 초콜릿 음료, 케이크, 샌드위치 따위가 준비되었다.

당시 사람들은 차를 마시며 한담을 나누고 소문을 주고받으며 소소한 즐거움을 누렸을 것이다. 1800년대에는 찻잎을 읽어 운세를 점치는 일에 재미를 붙이기도 했다.

1850년대 중반 무렵 애프터눈 티는 영국의 전통으로 확고히 뿌리내렸다. 다른 사교 모임의 안주인들이 애프터눈 티라는 풍습을 받아들이기까지, 그리하여 차를 마시는 공간이 응접실로 옮겨 갈 만큼 애프터눈 티가 훌륭한 관습으로 자리 잡기까지는 그리 오랜 시간이 걸리지 않았다. 조지아나 시트웰은 이렇게 썼다.

1849년 혹은 1850년까지만 해도 …… 오후 5시에 응접실에서 차를 마시는 관습은

〈나이츠브리지에서 열린 케틀드럼〉, 1871. 이러한 모임에서는 신사 숙녀가 함께 모여 소문에 관해 이야기하곤 했다.

찻잎을 읽는 점술가, 1894.

찻잎점

찻잎점은 영어로는 '타시오맨시tasseomancy'라고 하는데, 잔을 뜻하는 아랍어 '타사tassa'와 점을 뜻하는 그리스어 '맨시mancy'에서 유래했다. 차와 마찬가지로 찻잎점은 고대 중국에서 비롯되었지만, 훗날 전 세계적으로 찻잎점이 확산된 것은 집시들과 관련이 있다. 찻잎점, 즉 찻잎으로 미래의 길흉을 점치는 풍습은 차가 중국에서 유럽으로 소개된 17세기에 잉글랜드에서 처음 알려졌고, 1800년대에 운수를 점치는 수단으로 인기를 얻었다. 찻잎점은 잔에 남겨진 찻잎이 만들어내는 패턴과 상징을 해석해 길흉을 읽었다.

찻잎으로 미래를 예언하기 위해서는 우선 티포트에 찻잎을 우린 다음, 스트레이너 없이 차를 잔에 따른다. 점술가는 의뢰인에게 천천히 차를 마시며 소원을 빌라고 말한다. 의뢰인은 찻숟가락으로 한 스푼 정도 되는 차를 찻잔에 남긴다. 차 찌꺼기가 남아 있는 찻잔을 왼손을 이용해 반시계 방향으로 세 번 돌린다. 그러고서 찻잔을 뒤집어 받침 위에 놓았다가, 잠시 후 찻잔을 원래대로 돌려놓는다. 이때 잔 손잡이가 의뢰인 쪽을 향하게 한다. 점술가가 양손으로 잔을 든다. 찻잎의 패턴을 살펴보고서 찻잎이 만들어내는 형태와 상징을 찾는다. 상상력과 직관을 활용해 찻잎의 형태를 해독하는 것은 바로 이 지점에서다. 잔 가장자리에 가까운 찻잎은 가까운 미래에 일어날 사건을, 바닥에 있는 찻잎은 나쁜 소식이나 먼 미래를 암시한다. 손잡이에서 가까운 찻잎은 가정과 관련된 일을 뜻한다.

찻잎의 형태나 패턴이 의미하는 바는 가까이에 있는 다른 형태나 패턴에 의해 바뀔 수 있기 때문에 모든 상징은 다른 상징과 연계해서 해석해야 한다는 사실을 명심하자. 행운을 뜻하는 상징에는 별, 삼각형, 나무, 꽃, 왕관, 원이 있다. 불운을 뜻하는 상징에는 뱀, 올빼미, 십자가, 고양이, 총, 새장이 있다.

찻잎으로 미래를 점치는 풍습은 아일랜드, 스코틀랜드, 캐나다, 미국 등지에서 여전히 인기 있으며, 찻잎점을 믿든 아니든 간에 찻잎을 해석하는 일은 친구들과 차를 마실 때 재미난 이야깃거리가 될 수 있다. 어둡고 추운 겨울날 티타임을 가질 때면 어머니는 찻잎으로 운세를 봐주며 우리 가족을 즐겁게 해주곤 했다. 어머니는 찻잎점에 일가견이 있었고, 우리 가족 모두 찻잎점을 재미있어했다.

찻잎이 보여주는 상징과 의미는 다양하다. 다음은 이 책을 쓰면서 미래를 점칠 때 나타나면 좋겠다고 생각한 상징들이다.

닻: 여행 또는 성공

책: 계시

구름: 의심 혹은 문제

십자가: 역경

말: 야망의 성취

사다리: 진전

산: 앞으로 펼쳐질 몹시 힘든 여정

별: 행운

야자나무: 창조성

바퀴: 진보의 신호

풍차: 갖은 노력을 통해 얻는 성공

없었다. 그 무렵이 되어서야 몇몇 유행에 민감한 집들이 7시 반이나 8시에 늦은 저녁 식사를 했다. 어머니는 스코틀랜드에서 처음으로 이런 관습을 받아들였다. 이는 밸모럴 성에서 우리와 함께 머물던 알렉산더 러셀 경 때문이었다. 러셀 경의 어머니인 베드퍼드 공작부인이 항상 워번[공작부인의 집]에서 애프터눈 티를 마신다고 어머니에게 말했던 것이다.[6]

애프터눈 티가 특히 여성들 간의 사회적 만남이 가능한 세련된 행사로 자리 잡게 되자, 이전보다 준비하는 데 더 많은 공이 들어갔다. 얼마 지나지 않아 상류층 전반에 샌드위치와 케이크를 곁들여 차를 마시는 풍습이 퍼졌다. 양은 대체로 저녁 전에 허기를 달래줄 정도로 적었다. 하지만 모두가 애프터눈 티에 열광한 것은 아니었다. 헨리 톰슨 경은《음식과 섭생》(1901)에 이렇게 서술했다.

> 비교적 최근에 생긴, 애프터눈 티라고 이름 붙여진 것은 식사로 간주될 수 없다. 사실 이것은 '집에서' 안주인과 사이좋게 남 이야기를 할 좋은 구실에 지나지 않는다. 소화 기능을 손상시키고 다가오는 저녁식사를 '망칠' 만큼 많은 고형 음식을 먹는다면 애프터눈 티는 바람직하지 않은 습관을 조장하게 될 것이다. 오후에 당분과 유지방이 많이 든 케이크나 버터를 바른 뜨거운 토스트나 머핀을 먹는 것보다 바람직하지 않은 습관은 없다. 그런데도 이런 간식들이 흔히 차를 마실 때 곁들여진다. 차에 대해서 한 가지 제안을 하자면, 이 시간에 찻잎을 우려낸 물 자체보다 위장에 훨씬 해로운 설탕과 크림을 피하는 게 도움이 될 것이다. 대신 반 크라운 은화보다 크지 않은, 얇게 썬 레몬 한 조각을 차에 넣어보라. 레몬의 풍미, 즉 향기로운 레몬 껍질과 희미한 신맛은 적어도 기존의 첨가물들처럼 차가 지닌 고유의 맛을 가리거나 평범하게 만들지 않으면서 훌륭한 차의 향기와 잘 섞여든다.

이러한 비판에도 불구하고 겨울에는 아삼 같은 풍미가 강하면서 풍부한 차에 곁

한 팔에 머핀 바구니를 든 머핀 장수가 손님들을 끌기 위해 손으로 종을 올리며 다니는 모습, 1841.

들여 시나몬 토스트나 버터를 바른 뜨거운 크럼핏 같은 따뜻한 음식과 유지방이 많이 든 진한 과일 케이크를 불가에 둘러앉아 먹은 것으로 보인다. 여름에는 은은한 얼그레이나 부드러운 맛의 황금빛 실론ceylon[스리랑카의 옛 이름] 차에 여러 종류의 샌드위치를 곁들이고 말이다. 그 이후에는 빅토리아 샌드위치 케이크, 즉 잼이나 버터크림을 넣은 가벼운 스펀지케이크를 함께 준비하기도 했다. 이 케이크 이름은 차와 케이크를 즐기던 빅토리아 여왕의 이름을 따서 붙인 것으로, 여왕의 취향이 애프터눈 티의 전통을 확립하는 데 틀림없이 일조했을 것이다. 차와 함께 제공되던 케이크들로는 (물결무늬의 골이 진 반원형 막사 모양의 틀로 구운) 작은 밸모럴Balmoral 케이크, 마데이라 케이크, 혹은 씨앗을 넣은 시드 케이크가 있다.

머핀● 또한 빅토리아 시대에서 제1차 세계대전까지 인기를 끌었다. 머핀 장수는 머핀이 식지 않도록 플란넬 천으로 잘 감싼 머핀 바구니를 들고 티타임 시간대에 맞춰 종을 울리며 걸어 다녔다. 스펀지처럼 가볍고 부드러운 질감을 위해 우유와 버터를 듬뿍 넣고 이스트로 발효시켜 만든 머핀은 보통 번철에 굽는다. 그로 인해 윗부분과 바닥은 납작하고 노릇노릇하며 가운데 옆면은 흰색을 띤다. 머핀을 낼 때에는 살짝 구운 다음 반으로 갈라 버터를 바른다. 반으로 가른 머핀은 식지 않도록 다시 포개놓는다.◆ 빅토리아 시대의 저명한 언론인 헨리 메이휴는《런

● 컵케이크의 일종인 미국식 머핀과는 만드는 방식도, 모양도 다르므로 이를 구별하기 위해 잉글리시 머핀이라 부르기도 한다. 다음 원주를 참조할 것.

◆ 원주 영국식 머핀은 양철 틀에 넣어 작은 컵 모양으로 굽는 미국식 머핀과는 다르며 질감도 매우 가볍다(팽창제로 이스트가 아닌 베이킹파우더를 쓴다). 흔히 블루베리 같은 과일을 넣는다.

던의 노동자와 빈민》(1851)에서 한 머핀 장수의 사례를 들며 머핀은 교외 지역에서 가장 잘 팔린다고 서술하고 있다.

> 머핀은 해크니가, 스토크 뉴잉턴, 달스턴, 볼스 폰드와 이즐링턴에서 가장 잘 팔린다. 은행에서 근무하는 신사들, 그중에서도 견실한 남자들은 차를 마시러 집에 들르며 아내들은 머핀을 준비해놓고 남편을 맞이한다.

'애프터눈 티'에 없어서는 안 되는 샌드위치는 샌드위치 가문의 4대 백작인 존 몬태규의 이름을 따서 명명되었다. 전해지는 바에 따르면, 1762년 이전의 어느 날 밤 너무 바빠 저녁식사를 하러 집에 들를 수 없게 된 백작이 빵 두 쪽 사이에 차가운 소고기를 넣어 갖다 달라고 요청했다. 당시 백작이 도박 테이블에서 샌드위치를 생각해냈다는 이야기가 흔히 전해지고 있으나 해군 장관을 역임하던 그가 책상에서 바쁘게 업무를 처리하고 있었다는 설도 있다.[7] 샌드위치가 대중화된 것은 1840년대 무렵이다. 초기 빅토리아 시대에 샌드위치는 보통 햄이나 혓바닥 고기, 소고기를 넣어 만들었다. 오이는 넣지 않았는데, 독성이 있다고 여겨졌기 때문이다. 하지만 좀 더 시간이 지나 오이 샌드위치는 '제대로 된' 애프터눈 티의 기본 메뉴로 여겨질 정도로 대중화되었다.

비스킷 또한 티타임에서 선호된다. 애프터눈 티를 마시기 시작한 초기에는 쇼트브레드Shortbread,● 라우트 비스킷Rout biscuits, 나폴리 비스킷Naples biscuit 같은 비스킷을 집에서 직접 만들거나 과자 장수를 통해 구입했지만, 19세기 중반에는 헌틀리 앤 파머 같은 공장에서 비스킷을 생산했다. 헌틀리 앤 파머 공장은 1830년대 말에 애버네시 비스킷Abernethy biscuit ◆에서부터 다양한 올리버 비스킷, 크래널crackenl,▲ 마카롱, 래터피어ratafias,■ 스펀지 티케이크에 이르기까지 약 20여 종을

● 스코틀랜드 전통 비스킷으로, 흔히 두껍고 짤막한 막대기 모양으로 만든다. 설탕, 밀가루, 버터를 쓰는데, 특히 버터를 많이 넣는다.

판매했다. 차 수입 회사와 함께 픽 브러더스 회사를 창업한 픽 프린스는 1861년에 가리발디 비스킷Garibaldi biscuit◆을 생산하기 시작했다. 공장에서 만든 비스킷은 주부들의 시간을 절약해주었을 뿐 아니라 비용도 더 적게 들었다.

애프터눈 티에는 인도 차와 중국 차를 모두 내곤 했다. 인도 차는 1839년에 처음 영국에 전해졌고 뒤이어 1879년에 실론티가 들어왔다. 차에 우유나 크림을 함께 내오기도 했지만 1720년대 전까지만 해도 흔한 풍경은 아니었다. 우유는 풍미가 강한 인도산 홍차의 떫은맛을 중화하기 위해 넣었던 것으로 보인다. 설탕도 같은 이유에서 넣었을 것이다. 홍차를 마실 때 찻잔에 우유를 먼저 넣어야 하는지, 아니면 나중에 넣어야 하는지를 두고 오래전부터 의견이 분분했다. 섬세한 자기 찻잔에 흠집이 나지 않도록 우유를 먼저 따라야 한다고 주장하는 쪽이 있었던 반면, 빅토리아 시대의 예의는 잔에 차를 미리 따라서 내고 우유나 크림은 나중에 첨가하는 것이었다. 조지 오웰은 1946년 1월, 《이브닝 스탠더드》에 〈맛있는 차 한 잔〉이라는 에세이를 기고했는데, 그는 '우유를 나중에' 넣는 게 좋다고 주장하는 쪽이었다.

찻잔에 차를 먼저 따라야 한다. 이는 가장 논란이 많은 주장 중 하나다. 실제로 영국의 가정마다 이 주제와 관련해 두 가지 관점 중 하나를 고수하고 있을 것이다. 우유를 먼저 넣어야 한다고 주장하는 쪽에서 꽤 설득력 있는 논거를 내놓을 수도 있겠지만 내 논거에 반론의 여지는 없을 것이라 단언한다. 즉 차를 먼저 붓고 우유를 넣어

◆ 애버네시 비스킷이라는 이름은 이 비스킷을 처음 고안한 사람(존 애버네시John Abernethy)의 이름을 따온 것이다. 캐러웨이 씨를 넣는다는 점이 특징적인데, 좁쌀처럼 생긴 캐러웨이 씨는 청량한 맛을 내 호밀빵이나 디저트를 만들 때 자주 쓰인다.

▲ 바삭바삭하고 가벼운 식감을 가진 비스킷으로, 오늘날에는 바삭바삭한 식감을 내기 위해 잘게 부순 시리얼로 만들곤 한다.

■ 아몬드 가루로 만든 작고 동글동글한 비스킷이다.

♣ 얇은 직사각형 비스킷으로, 커런트가 꼭 들어간다. 완성된 것을 보면 하나의 비스킷이지만, 실은 2개의 비스킷 반죽 사이에 커런트를 끼워 넣어 구운 샌드형 과자다.

1 19세기 이탈리아의 티 스트레이너. 2 샌드위치와 케이크를 낼 때 사용하는, 빅토리아 시대의 화려한 장식이
돋보이는 집게. 3 마찬가지로 빅토리아 시대의 화려한 설탕 집게.

저으면 우유의 양을 정확하게 조절할 수 있다. 하지만 반대로 하면 우유를 너무 많
이 넣는 우를 범하기 쉽다.

영국 전역에서는 여전히 이 주제와 관련해 의견이 분분하며 이 논쟁은 앞으로
도 이어질 것이다.

은이나 고급 본차이나로 만든 우아한 다구, 케이크 스탠드, 샌드위치 트레이,
설탕 집게, 티 스트레이너가 크게 유행했다. 고가의 다구를 보여주기 위해 종종
티 트롤리tea trolley(티 카트 혹은 티 왜건이라고도 불렸던)를 사용하곤 했다. 두 개의 선
반으로 이루어져 있고 아래에 바퀴가 달린 서빙용 카트인 티 트롤리는 다구를 진
열해두는 것뿐만 아니라 차나 케이크, 샌드위치 따위를 낼 때에도 사용됐다. 티
트롤리는 격식을 차린 티가 여전히 일상생활과 손님 접대의 한 부분을 차지하던
1930년대까지 널리 사용되었다.

테이블에는 자수를 놓거나 레이스로 짠 테이블보를 깔고 냅킨을 놓았다. 애프터눈 티는 사교적인 만남에서 가장 정성을 쏟아야 하는 것이 됐고, 특별한 일로 여겨졌다. 비턴 부인은 1861년 《비턴의 가정 관리》에서 하인이 해야 할 일에 대해 이렇게 서술했다.

응접실에서 티타임을 알리는 종소리가 울리자마자 하인은 미리 준비해놓은 쟁반을 들고 들어온다. 쟁반에 담긴 크림과 설탕을 모여 있는 사람들에게 돌리고 보통은 차와 커피를 잔에 따라준다. 그 사이에 다른 보조 하인은 케이크나 토스트, 비스킷을 돌린다. 안주인이 음식을 준비한 일상적인 가족 모임이라면 경우에 따라 하인은 차 탕관이나 주전자를 들고 있기도 하며, 토스트나 필요할 때 먹을 수 있는 다른 간단한 음식을 돌린다. 티타임이 끝나면 하인이 같은 방식으로 준비한 모든 것을 치운다.

5시의 티, '앳 홈' 티, 티 리셉션

빅토리아 시대에는 격식을 갖춘 티파티가 유행했다. 티파티에 누군가를 초대할 때에는 간단하게 구두로 하거나 메모나 카드를 전했다. 초대에 대한 답을 할 필요는 없었다. 초대받은 손님이 차를 마시러 올 의향이 있으면 그 시간에 나타나면 그만이었다. 애프터눈 티를 마시러 오기에 적절하다고 추천되는 시간은 있었다. 1884년, 마리 베이어드는 《에티켓 길잡이》에서 "적당한 시간은 4시에서 7시 사이"라고 조언했다. '5시'의 티가 가장 좋다고 생각하는 이들도 있었다. 손님들이 티파티 내내 자리를 지켜야 하는 것은 아니었다. 티파티로 지정된 시간 동안에는 마음대로 오고 갈 수 있었다. 대다수 손님은 약 30분 정도 머물렀다. 단 7시 이후까지 남아 있는 것은 결례로 간주됐다.

빅토리아 여왕의 티파티 관습에서 영향을 받은 것으로 보이는 부유층은 애프터눈 티보다 규모가 크고 격식을 더 갖춘, '앳 홈At Home' 티로 알려진 티파티와 티 리셉션에 사람들을 초대하기 시작했다. 이러한 행사를 위해, 때에 따라 200명에 이르는 손님을 접대할 다과를 준비하기도 했다. 보통은 오후 4시에서 저녁 7시 사이에 열렸는데, 초대된 손님들은 이 시간대에 자유롭게 오고 갈 수 있었다. 여성들은 다과가 준비된 테이블까지 신사들의 에스코트를 받았다. 더없이 정성을 들인 '티'가 준비되었다. 보통은 푸아그라나 연어, 오이가 들어간 작은 샌드위치와 마데이라 케이크, 파운드케이크, 작은 케이크, 프티 푸르petit four,♦ 마카롱 같은 다양한 종류의 케이크와 비스킷이 뷔페식으로 제공되었다. 하인들은 얼음, 레드 와인, 샴페인 컵champagne cups,♦ (그리고 물론) 차를 손님들에게 냈다. 손님을 초대하거나 행사를 연 쪽에서 즐길 거리를 선사하곤 했는데, 부유한 가정에서는 전문 음악가나 성악가를 초빙하기도 했다.

콘스턴스 스프라이는《요리사여, 정원으로 들어오라》(1942)에서 어린 시절 대가족 속에서 자라며 경험한 '앳 홈' 파티를 회상한다.

이러한 티파티는 여러 면에서 화려한 치장이 돋보이는 행사였다. 레이스 장식이 있는 도일리doily,▲ 리본을 묶어놓은 케이크 접시 받침, 불경스럽게도 부목사라는 뜻의 '큐어릿curate'이라는 별칭을 가진, 층층으로 이루어진 케이크 스탠드는 독창적인 장식을 겨루는 무대이자 바자회의 수입원이었다. 방문용 카드에 관한 복잡한 절차도 있었다. 새하얀 새끼 염소 가죽 장갑은 필수였다. 여자들이 한껏 멋을 낼 수 있는 부분은 머리 스타일이어서 머리카락의 모든 부분을 최대한 활용했다. 반질반질한 실크 페티코트들이 바닥을 휙휙 스쳤고, 머리에 쓴 베일은 어떤 뱃사람도 이름 붙일

● 프랑스어로 작은 오븐을 뜻하는 프티 푸르는 식후에 제공되는 한 입 크기의 디저트를 가리킨다. 흔히 케이크가 나오기는 하지만 초콜릿이나 푸딩, 쿠키 등이 나오기도 한다.
♦ 샴페인에 과일 등을 넣어 단맛을 내고 차갑게 해서 마시는 음료.
▲ 케이크나 샌드위치를 놓기 전에 접시 바닥에 까는 작은 깔개.

콧수염 잔

이 시대에 영국인들은 콧수염 잔을 발명했다. 빅토리아 시대 내내 콧수염이 크게 유행했는데, 위로 감기는 콧수염의 형태를 잘 유지하기 위해 왁스를 바르는 경우가 잦았다. 그런데 김이 피어오르는 차를 마시다 보면, 뜨거운 김에 왁스가 녹아내려 잔 속으로 빠지는 문제가 생겼다. 콧수염에 얼룩이 생기는 경우도 많았다. 하비 애덤스라는 도공이 이를 해결할 기발한 발상을 떠올려 콧수염 잔을 만든 것은 1860년대였다. 잔 안쪽에는 콧수염이 젖지 않도록 보호대 역할을 하는 반원형의 튀어나온 부분이 있는데, 여기에 나 있는 반달 모양의 구멍으로 차를 마신다. 이 발명품은 유럽 전역에 널리 퍼져 마이센, 리모주 같은 유명한 가마에서 제작되었을 뿐 아니라 미국으로까지 전파되었다.

프랑스, 파리 마리아주 프레르의 차 박물관에 소장된 콧수염 잔 컬렉션.

생각을 하지 못할 복잡한 매듭으로 이루어져 있었다. 그리고 여성스러운 매력을 살린 커다란 깃털 목도리가 고혹적으로 얼굴을 감쌌다.

둘째 주 화요일이나 넷째 주 목요일 혹은 어떤 성스러운 날이든 간에 그날만의 독특한 분위기가 풍겼다. 아침에 아래층으로 내려오는 찰나, 그 분위기를 감지할 수 있었다. 부엌은 분주한 움직임으로 들썩였다. 불은 맹렬히 타오르고 오븐은 뜨거워졌다. 그 어디에도 허튼소리가 끼어들 틈은 없었다.

……

주방을 지휘하는 이들은 정갈하게 단장하기 위해 다락방까지 올라갔다. 노란색 비누로 세수를 하고, 눈썹 라인이 올라갈 만큼 머리를 뒤로 끌어당겼으며, 검은색 조끼의 단추를 채웠다. 그들은 모자를 통해 차이를 드러냈다. 중요한 행사일수록 장식용 리본은 더 길었다.

……

응접실에 파견된 이들도 옷을 차려입는 데 시간을 들였겠지만, 우리가 보기에 우리 집 메리의 가장 멋진 모자만큼 맵시 나는 차림새는 없었다. 머리에 웨이브를 넣고 옷을 차려입은 여자들이 아래층으로 내려왔다. ……

예의 바른 방문객이라면 미리 도착해서는 안 되는 시간이 불문율처럼 존재했다. 그렇지만 그 불가사의한 시간이 지나고 벨 소리에 손님을 맞으러 나가는 순간이 오면 온 집안이 숨을 죽였다. 아이들은 난간에 매달린 채 귀부인들이 두른 깃털을 보고 옷자락이 삭삭 스치는 소리를 들으며 파티가 시작되는 들뜬 분위기를 감지했다.

…… 나는 꼭 끼는 장갑을 낀 여자들이 찻잔과 받침을 똑바로 허공에 든 채 장식이 많은 베일을 잘 넘기며 속재료가 떨어지기 쉬운 오이 샌드위치를 한 치의 흐트림 없이 손에서 입으로 가져가는 모습을 지켜봤다.

세심한 음식 준비와 훌륭한 품질의 다구, 우아한 테이블 세팅 덕분에 이러한 티파티는 특별한 행사가 되었다. 하지만 콘스턴스 스프라이의 글에서 짐작할 수 있듯이 한껏 차려입은 멋진 여성들 또한 티파티를 특별하게 만들었다.

티가운은 1870년대에 도입되었고, 스타일이 다소 바뀌긴 했지만 1910년대까지 계속 유행했다. 원래는 내실 같은 사적인 공간에서 입었던 티가운이 오후에 손님들을 맞이할 때도 적합한 의복으로 자리 잡았다. 《미와 패션》(1890년 12월 6일자)이라는 잡지에는 티파티를 주최하는 안주인에게 조언하는 글이 실렸다.

애프터눈 티와 관련해 안주인에게 가장 중요한 한 가지는 잘 어울리는 티가운을 선택하는 것이다. 안주인이 예술적 감각이 가미된 직물, 이를테면 거즈로 된 드레스를 입고 있다면, 차는 더 향긋하게 느껴지고 찻잔도 더 아름답게 보일 것이다. 우아한 티가운은 손님들에게 내놓는 차만큼이나 중요하며 안주인의 기분을 한층 더 좋게 한다. 안주인 자신이 옷을 잘 차려입고 있다고 자신한다면, 몇몇 친구들이 자세히 살펴도 하늘거리는 아름다운 레이스와 부드러운 실크에서 어떤 흠도 찾아내지 못하리라는 것을 확신한다면, 그녀가 주도하는 대화에는 만족감으로 충만한 유쾌한 분위기가 감돌고 그녀의 태도는 평소보다 더 사근사근하고 우아할 것이 틀림없다.

티가운과 관련해 주목해야 할 사실은 코르셋 없이 입을 수 있다는 것이다. 따라서 몸을 꽉 조이도록 끈으로 묶는, 고래수염으로 만든 코르셋을 착용해야 하는

《퀸》지 삽화. 제1차 세계대전 당시 여성들이 입던
티가운과 실내복.

디너 드레스나 데이 드레스보다 조금 더 쉽고 편안하게 입을 수 있었다. 티가운은 파티복과 평상복 사이, 네글리제와 이브닝드레스 사이, 여성의 사생활과 사교계라는 공적인 생활 사이에 위치한 옷이었다. 티가운을 입을 때 세련된 장갑과 멋진 모자를 착용하고 양산과 작은 핸드백을 들기도 했다. 이러한 행사에 장갑이 필수는 아니었으나 다수의 손님을 맞이하는 때는 장갑을 낄 때가 많았다. 특히 손이 따뜻해 땀이 잘 난다면 장갑을 끼는 게 산뜻한 느낌을 줄 수 있었다. 오후에 춤을 추는 시간이 되면 여성들은 모자와 보닛을 소지해야 했다.[8] 에드워드 시대에는 티가운을 '티지teagie'라 칭하기도 했다. 대다수 티가운은 주름진 시폰이나 실크 모슬린으로 만들어 레이스나 새틴 리본을 달거나 수정이나 흑옥, 금색 술로 장식했다. 헐렁하면서도 여성스러운 디자인 덕분에 여성들은 티가운을 입고 우아하면서도 기품 있게 움직일 수 있었다. 주말에 전원에 있는 저택에 묵을 때면 티가운은 오후에 반드시 갖춰야 할 복장이 되었다.

1914년 제1차 세계대전이 발발하면서 우아함과 화려함을 추구하던 에드워드 시대의 황금기는 서서히 막을 내렸고 생활 방식은 완전히 바뀌었다. 티가운도 점차 사라져 '애프터눈 프록frock(드레스를 가리키는 옛식 표현)'이나 칵테일 드레스와 합쳐졌다. 1930년대에 출간된《비턴 부인의 요리에 관한 모든 것》을 통해 규모가 작아진 '앳 홈' 티파티를 엿볼 수 있다.

차는 작은 테이블에 낸다. 테이블은 보통 차를 나눠주는 안주인의 편의를 위해 하인이 미리 안주인과 가까운 곳에 놓아둔다. 이런 종류의 차를 낼 때는 접시를 따로 준비하지 않는다. 모든 준비를 확인하고서 하인은 떠나고 파티에 참여한 신사들이 필요한 시중을 든다.

다구는 보통 은쟁반에 놓여 있고 뜨거운 물은 작은 은주전자나 중국제 주전자에 담아 스탠드에 올려놓는다. 찻잔은 자그마하다. 얇게 썬 빵과 버터, 샌드위치, 케이크, 프티 푸르, 때로는 신선한 과일을 함께 낸다. 티푸드는 레이스 도일리를 깔아놓은 접시 위에 예쁘게 배열한다.

하이 티

상류층이 즐기는 우아한 애프터눈 티와는 대조적으로 하이 티high tea의 전통은 중산층과 하류층에서 유래를 찾는다. 애프터눈 티와 마찬가지로 하이 티는 사회적 변화 속에서 생겨났다. 17세기와 18세기에 대다수 영국인은 농업에 종사해서 하루 중 주된 식사를 한낮에 먹었고 저녁에는 가볍게 먹었다. 하지만 산업혁명 이후에는 낮에 뜨거운 요리가 있는 식사를 하기가 쉽지 않았다. 광산이나 공장에서 길고 고단한 일과를 마치고 집에 돌아온 노동자들은 우유를 넣은 진하고 달콤한 차와 함께 푸짐한 식사가 필요했다. 1784년에 시행된 감세법 덕분에 차에 부과되던 세금이 대폭 인하되면서 누구나 차를 적당한 가격에 구할 수 있었다. 19세기 중엽에 이르면 값이 더 저렴한 인도산 홍차가 수입되면서 노동자 계층 가정도 차를 주 음료로 마실 수 있었다. 보통 저녁 6시경에 차리는 이러한 식사는 '하이 티' 또는 고기류를 함께 내기 때문에 '미트 티meat tea'로 알려지게 됐다. 공장과 탄광이 많이 밀집된 북쪽 지역에서는 하이 티를 단순히 '티'라고만 칭하기도 했다.

'하이 티'라는 용어는 어디에서 유래했을까? 음식 역사학자인 로라 메이슨은 17세기에 '하이'라는 단어에 '풍요롭다'는 뜻이 있었으며 "하이 티라는 표현은 원

비턴 부인의 티 테이블, 1907.

래 '차'만을 뜻하는 게 아니라 푸짐한 식사를 가리켰다"고 말한다.⁹ 일각에서는 '하이 티'라는 용어가 애프터눈 티를 마시는 데 관례적으로 사용한 낮은 테이블이 아니라 높은 식탁을 사용한 데서 유래했다는 설을 제시한다.

《비턴 부인의 가정 관리》(1880년판)에서는 이렇게 설명한다.

저녁을 일찍 먹는 가정의 대가족이 식사와 함께 차를 마시는 '티'와 저녁을 늦게 먹는 이들이 오후에 편안한 분위기에서 대화를 나누며 마시기 시작한 '티'가 있다. …… 가족과 함께하는 차를 곁들인 식사는 케이크와 자그마하고 달콤한 먹을거리가 나온다는 점만 제외하면 아침식사와 매우 비슷하다. '하이 티'는 고기가 좀 더 큰 비중을 차지하며, 실제로 의미하는 것은 차를 곁들인 저녁식사다. …… 애프터눈 티는 차와 버터를 바른 빵, 케이크와 과일로 아기자기하게 만든 디저트인 트라이플 trifle을 뜻한다.

하이 티에 나오는 대표적인 음식은 햄 같은 차가운 고기(달걀프라이를 곁들일 수도 있다), 소시지, 마카로니 치즈, 치즈를 녹여 바른 토스트인 웰시 래빗Welsh rabbit, 훈제 청어, 파이 같은 뜨거운 요리였다. 치즈나 케이크, 비스킷도 흔히 내는 메뉴였다. 축제나 특별한 행사, 축일에는 구운 돼지고기, 생선(보통은 연어), 트라이플, 젤리 같은 별미를 준비했다. 하이 티에 나오는 음식은 집집이 각자의 형편에 따라 달랐다. 밭에서 일하고 귀가한 농부를 기다리고 있는 것은 '농가의 티farmhouse tea'였다. 이런 티타임은 노동을 마친 이들의 왕성한 식욕을 만족시킬 정도로 푸짐하게 차려진 식탁에서 가족들과 함께 식사를 하는 따뜻한 시간이었다. 공기 중에는 빵 굽는 냄새가 진동했을 것이다. 여러 종류의 케이크와 비스킷, 스콘을 비롯해 버터나 잼, 과일 절임, 생선이나 고기를 다져 양념해 만든 페이스트를 발라 먹을 수 있는 갓 구운 빵은 물론, 햄도 식탁 위에 놓여 있었을 것이다(하이 티는 '햄 티ham tea'라고도 불렀다).

생선 요리를 곁들이는 '피시 티fish tea'도 있었다. 마거릿 드래블은 소설《바다의 여인》(2006)에서 1950년대 바닷가 마을의 전형적인 하숙집을 묘사한다. 하숙집 요금에는 아침식사와 피시 티가 포함되어 있는데, 여기서 말하는 피시 티는 생선과 감자를 튀긴 피시 앤 칩스, 혹은 으깬 감자와 파슬리 소스가 곁들여 나오는 조린 생선 요리였을 것이다.

도로시 하틀리는 저서《잉글랜드 음식》(1954)에서 잉글랜드 북부에서 먹은 '쉬림프 티shrimp tea'를 이렇게 서술한다.

'쉬림프 티'라고 쓰여 있는 작은 집이 있었다. 판석이 깔린 마당을 지나 작은 쪽문을 지났다. …… 안에는 튼튼한 원형 나무 탁자 세 개가 놓여 있고 역시나 튼튼해 보이는 네모난 나무 의자 12개가 탁자에 기대어 있었다. 탁자 위에는 하얀 테이블보가 깔려 있었다. 문 쪽에 가서 베치에게 "우리 왔어요" 하고 말했다. 그런 다음 식탁 앞에 바짝 다가앉았다.

베치는 양모로 만든 덮개인 티코지로 감싼 티포트와 설탕과 크림, 찻잔과 잔 받침, 버터를 곁들인 얇은 빵-검은 빵과 흰 빵-이 담긴 큰 접시 2개, 샐러드용 크레스가 가득 담긴 초록빛 큰 접시와 새우가 가득 담긴 분홍빛 큰 접시를 가져왔다. 강화 유리로 된 소금 통과 울새 한 마리를 제외하면 그게 전부였다. 우리는 음식을 향해 손을 뻗었다.

이내 베치 태터솔이 검은색 긴 겉옷 위에 커다란 흰색 앞치마를 두른 채 다시 나와 차를 더 채워주기 위해 티포트를 가져가며 빵이나 버터가 더 필요한지 살폈다(우리는 항상 더 필요했다). 우리는 먹는 내내 두서없는 잡담을 나눴고(쉬림프 티에는 격의 없는 대화를 끌어내는 뭔가가 있다) 울새는 식탁 위를 총총 뛰어다녔다.[10]

웨일스 지방에는 차와 함께 새조개 요리를 내놓는 '카클 티cockle tea'가 있다. 저스티나 에반스는 음식 역사가 앨런 데이비드슨과 함께 이러한 티타임 별미에 대한 유년기의 추억을 나눴다.

새조개, 경단고둥, 홍합은 티타임 음식이었다. 우리는 웨일스 남부의 카마던에서 가까운 작은 바닷가 마을, 페리사이드에서 새조개를 채취했다. 물을 채운 커다란 법랑 그릇에 새조개와 소금 한 덩이를 넣어 밤새 해감했다.

다음 날, 흐르는 수돗물로 남아 있는 모래를 깨끗이 제거했다. 그런 다음 큰 주물 냄비에 조개를 넣고 조개들이 입을 벌릴 때까지 불 위에서 끓였다. 삶은 조개를 껍데기째 그릇 하나에 담고 빈 껍데기를 담을 다른 그릇도 한쪽에 놓았다. 뜨끈한 새조개는 집에서 만든 빵과 노란 웨일스 가염 버터와 함께 먹었다.

빈 껍데기는 물에 씻어 잘 말린 다음 잘게 부수어 집집이 뒷마당에서 키우는 닭들을 위해 깔아놓은 모래에 섞어줬다.[11]

새조개 파이와 새조개 달걀 볶음도 인기 있었다.

제과류가 티타임에 필수 메뉴가 되면서 주부의 베이킹 기술이 중요한 역할을 하게 되었다. 음식 역사가인 로라 메이슨에 따르면 티타임에 내놓는 여러 음식, 이를테면 딱딱하게 잘 구운 파이, 향신료와 과일을 넣은 빵, 트라이플, 파운드케이크, 시드 케이크, 잼 타르트는 티타임이 대중화되기 훨씬 이전 시대부터 있었다.

19세기에는 기존의 제과류에 스위스 타르트, 호두 케이크, 초콜릿 롤 같은 품목이 추가되면서 메뉴가 한층 더 다양해졌다. 주부들은 집에서 굽는 다양한 제과류-애프터눈 티와 하이 티 모두에서 매우 중요한 케이크, 페이스트리, 빵-를 만드는 데 발군의 실력을 보였다.

메이슨의 이어지는 설명에 따르면, 베이킹에서 중요한 두 가지 재료인 정제 밀가루와 설탕이 저렴해지고 손쉽게 구할 수 있게 됨에 따라 홈베이킹은 19세기에 이르러 더욱 활기를 띠게 되었다. 또한 19세기 중반에 베이킹파우더가 상용화되면서 반죽을 부풀게 하는 전통적인 발효제인 이스트와 거품 낸 달걀을 사용할 때보다 홈베이킹이 쉬워졌고 시간도 적게 들었다. 홈베이킹이 활발해진 또 다른 계기는 석탄을 연료로 이용하는, 오븐이 내장된 주철 화덕이었다. 이러한 주방용 화덕이 빈곤층 가정에도 보급되면서 홈베이킹은 더욱 확산되었다. 통조림 식품이 상용화된 것도 바로 이 시기였다. 연어는 1864년에 캘리포니아에서 처음 통조림으로 만들어졌고, 19세기 말에는 다양한 종류의 통조림이 영국에 소개되었다. 연어 통조림과 복숭아 통조림은 생일이나 일요일의 티타임을 위한 별미로 여겨졌다.[12]

F. 메리언 맥닐의 저서 《스코틀랜드의 부엌》에 따르면, 스코틀랜드에서도 "티 테이블은 아침 식탁만큼 높은 완성도에 도달했다." 스코틀랜드 주부들은 배넉 bannock[오트밀이나 보릿가루를 반죽해 구운 빵], 스콘, 드롭 스콘drop scone[스코틀랜드 팬케이크], 쇼트브레드, 귀리 비스킷, 던디Dundee● 같은 케이크와 차를 마실 때 가볍게 함께 먹는 티 브레드를 가정에서 직접 구웠고, 언제나 뛰어난 베이킹 솜씨로 찬

사를 받았다. 스코틀랜드의 하이 티 테이블에서 주부들이 솜씨를 발휘한 것은 제과류만이 아니었다. 하이 티에는 커다란 티포트에 담긴 차와 함께 차가운 햄, 파이, (감자튀김을 곁들인) 블랙 푸딩과 화이트 푸딩,◆ 달걀과 베이컨, 치즈 스크램블드 에그, 오트밀 소시지, 태티tattie[감자] 스콘, 귀리 가루를 입혀 튀긴 청어, 감자튀김과 곁들여 먹는 스쿼squerr 소시지(네모난 모양으로 얇게 썬 론Lorne 소시지▲) 같은 다양한 종류의 짭짤한 요리도 나왔다. 정어리 통조림이나 별미로 여겨지는 연어 통조림은 비상용으로 구비해놓았다. 잼과 내는 흰 빵은 하이 티의 주요 메뉴였다.[13]

웨일스 또한 베이킹 기술로 유명하며, 베이킹은 웨일스 요리의 중심에 있다. 수많은 종류의 빵과 스콘, 케이크는 예나 지금이나 베이크스톤bakestone, 즉 무쇠번철에서 만든다. 티 테이블 위에는 베이크스톤 빵(바라 플랑bara planc)이나 과일이 든 빵(바라 클레두bara claddu), 웨일스의 전통적인 티 브레드인 바라 브리스bara brith('얼룩이 빵'이라는 뜻으로 과일이 점점이 박혀 있는 빵을 가리킨다) 같은 큰 사랑을 받는 홈메이드 빵들이 놓여 있을 것이다. 켈트족에서 유래한 귀리 비스킷도 인기 있다. 귀리 비스킷은 흔히 버터, 치즈와 함께 먹는다. 웨일스의 티타임은 이 지방의 전통적인 웰시 케이크(피케 아르 어 마엔pice ar y maen) 없이는 완성될 수 없다. 웰시 케이크는 반죽에 커런트와 향신료를 넣고 베이크스톤에 구운 다음 설탕을 뿌린 작고 둥글납작한 빵을 말하는데, 당시 여행자들이 여관에 도착하면 흔히 제공받던 빵이었다. 베이크스톤으로 굽는 빵 중에는 팅커스 케이크thinker's cake■도 있었다. 이 케이크의 유래는 땜장이들이 웨일스 전역을 떠돌며 농장과 오두막에 들러 솥과 냄비를 수리하던 시대로 거슬러 올라간다. 둥글납작한 빵인 팅커스 케이크는 사과를 갈아

● 아몬드, 과일 따위를 듬뿍 넣어 만드는 스코틀랜드 전통 케이크. 케이크 윗면에 아몬드를 빼곡하게 박아 넣는 점이 특징적이다.

◆ 블랙 푸딩은 돼지 피와 오트밀 또는 보리를 넣어 만든 검은빛 소시지를, 화이트 푸딩은 돼지 피를 넣지 않고 만든 연한 빛깔의 소시지를 말한다.

▲ 스코틀랜드 전통음식 중 하나인 론 소시지는 간 고기, 러스크, 향신료 등을 넣어 만든다.

■ 여기서 tinker는 과거의 떠돌이 땜장이를 뜻한다.

넣어 부드럽고 촉촉하며 시나몬을 넣어 풍미를 더한다. 차 한 잔과 함께 내는 이 빵은 틀림없이 수리를 위해 들른 땜장이를 환대하는 별미로 여겨졌을 것이다.

웨일스에서는 당밀이나 케어필리 치즈Caerphilly Cheese,● 때로는 커런트를 넣어 다양한 스콘을 만든다. 라이트 케이크는 스코틀랜드의 드롭 스콘과 비슷하지만 버터밀크와 중탄산소다를 넣어 질감이 훨씬 더 가볍다. 웨일스 사람들은 팬케이크도 무척 좋아해 생일에 먹는 특별한 음식으로 여긴다. 팬케이크에는 수많은 종류가 있으며 각기 다른 이름으로 통한다. 팬케이크가 인기 있는 이유는 물론 맛이 좋기 때문이기도 하지만 언제든 베이크스톤에서 바로 만들 수 있기 때문이다.

웨일스에서 케이크를 오븐에 굽는 것은 대체로 최근에 생겨난 전통이다. 몇몇 케이크와 번빵은 온 마을이 다 함께 수천 마리 양들의 털을 깎는 시기를 비롯해 농번기와 관련이 있었다. 100여 명의 허기진 일꾼과 방문객에게 제공할 이틀치의 음식을 준비하는 데만 해도 며칠이 걸렸다. 오후에 제공되는 애프터눈 티는 집에서 구운 빵과 버터, 치즈, 잼을 함께 내놓는 간소한 식사였을 것이다. 캐러웨이로 풍미를 더한 시어링shearing[양털 깎기] 케이크와 이스트로 발효시킨 유지방이 풍부한 과일 케이크, 구스베리 파이는 일부 지역에서 양털 깎는 시기에 만들어 먹는 별미로 여겨졌다. 저지대 지역에서도 타작하기 위해 모인 일꾼들에게 버터밀크와 여러 과일을 섞어 만든 케이크와 과일(흔히 사과)을 넣은 추수 케이크 등 비슷한 음식을 준비했다. 한 가족의 위신은 음식을 얼마나 풍족하게 대접하는지와 관련이 있었다.[14] 제임스의 케이크라 불리기도 하는 아베르프라우 케이크Aberffraw cake는 앵글시 남쪽 해안에 위치한 작은 바닷가 마을 아베르프라우에서 이름을 따온 작은 쇼트브레드 비스킷이다. 이는 전통적으로 가리비 껍데기 모양으로 만든다. 아베르프라우 근처의 드넓은 해변에서 먼 옛날부터 오늘날까지 발견되는 가리비 껍데기는 사실 큰가리비는 아니고 그보다 더 작은 국자가리비다. 이 가리비 껍데기의

● 웨일스에서 만들어지는 푸슬푸슬하고 하얀 치즈로, 맛이 담백하다. 광부들이 즐겨 먹었기 때문에 광부들의 치즈라고도 불린다.

'웨일스 티파티' 자기로 만든 선물. 빅토리아 시대 풍물 장터에서 도자기 장식품을 상품으로 나눠주었는데, 이러한 장식품이 '장터 선물fairing'로 알려지게 되었다. 이러한 선물 중 하나가 웨일스 전통의상을 입고 티 테이블에 둘러앉아 있는 여성들을 표현한 '웨일스 티파티'다. 도자기 장식품은 19세기 중반에 처음 등장했는데, 대다수가 이 사진의 장식품과 마찬가지로 특별히 영국 시장을 위해 독일 도자기 제조소인 콘타&뵈메에서 대량 생산되었다. 제1차 세계대전까지 이러한 장식품은 인기를 끌었다.

평평한 반쪽은 케이크에 조가비 무늬를 새기는 데 사용된다.

그 외에도 향신료를 가미해 구운 제과류로는 캐러웨이 소다 빵, 캐러웨이 시드 케이크, 시나몬 케이크가 있다. 포테이토 케이크는 으깬 감자를 넣은 반죽에 시나몬이나 혼합 향신료를 가미해 구운 뒤 버터를 발라 뜨거운 상태로 낸다. 허니 앤 진저 케이크, 피시가드 진저브레드 같은 생강을 넣은 빵과 케이크도 있다. 여기에 이상하게도 생강이 전혀 들어가지 않는데 올드 웰시 진저브레드라 이름 붙인 빵도 있다! 전통적으로 웨일스의 시골 장터에서 팔린 이러한 진저브레드는 늘 한결같은 방식으로 만들어졌다.

영국의 모든 티가 앞서 서술했듯 다채로운 메뉴로 이루어진 것은 아니었다. 플로라 톰슨이 자전적 소설《라크 라이즈에서 캔들포드로》(1945)에 19세기 후반 옥스퍼드셔 마을에서 보낸 유년기를 떠올리며 서술한 것처럼, 당시 수많은 노동자 계층의 가정은 세 가지 기본 재료로 만족해야만 했다. "당시 하루 중 뜨거운 요리가 나오는 식사에 사용하는 세 가지 주재료가 있었다. 바로 돼지 옆구리 살로 만든 베이컨, 텃밭에서 딴 채소, 그리고 롤리폴리roly-poly◆용 밀가루였다."

당시 노동자 계층 가정에서 애용한 티포트는 브라운 베티Brown Betty라 불리는 둥근 티포트였다. 1695년 스토크온트렌트 지역에서 발견된 붉은 점토로 만들어

◆　잼을 넣고 돌돌 말아서 만든 푸딩.

로킹엄 유약으로 알려진 독특한 갈색 유약을 칠한 이 티포트가 어째서 그런 이름을 갖게 되었는지는 아무도 모른다. 물론 티포트가 갈색이라 '브라운'이 앞에 붙었겠지만 '베티'의 어원은 오리무중이다. 어쩌면 일각에서 추측하는 것처럼 베티가 소녀나 하녀의 이름일 수 있다. 분명히 알려진 사실은 브라운 베티가 훌륭한 티포트라는 점이다. 원형 티포트는 끓는 물을 넣었을 때 찻잎이 원을 그리듯 천천히 위아래로 움직이는 점핑 현상을 활발하게 해 차의 풍미를 더욱 살리면서도 쓴맛은 줄여준다. 또한 특별한 점토 재질 덕분에 열을 효율적으로 유지해 차가 식지 않게 한다.

물론 브라운 베티에 차를 우려도 특히 겨울이면 차는 식기 마련이어서 차를 맛있고 뜨겁게 유지하기 위해 보온용 덮개인 티코지를 사용하는 경우가 많았다.

메리 엘렌 베스트, 〈차를 마시는 시골집에 사는 사람〉, 요크 혹은 요크셔, 1830년대. 부유한 시골집의 풍경을 보여준다. 시계가 5시 10분을 가리키고 주전자가 불에 올려져 있다. 티 테이블 위에 놓인 큰 그릇은 차 찌꺼기를 담아놓는 것이다. 시골집에 사는 알뜰한 이들은 같은 찻잎으로 적어도 두 번은 차를 우려 마셨다.

털실이나 천, 레이스로 만든 티코지는 애프터눈 티와 하이 티가 대중화되던 시기인 1860년대에 처음 등장했고, 그 무렵에 처음 언급된 것으로 여겨진다. 거버스 헉슬리는 《차에 대해 말하다》(1956)에서 티코지에 대한 발상은 19세기 영국에 들어온 커다란 중국제 티포트에서 비롯되었을 것이라고 말한다. 당시 티포트는 주둥이 부분에 작은 구멍이 뚫려 있고 속이 두툼하게 채워진 대나무 바구니를 씌운 채로 수입되었다. 티코지는 빅토리아 시대의 여성들이 수예 솜씨를 뽐내는 수단이기도 했다. 티코지에 유리구슬로 장식하거나 실크로 안을 댔다. 이러한 티코지는 특별한 날을 위해 따로 보관했다가 손님을 맞이할 때 '최고급' 은제 티포트나 자기 티포트와 함께 사용했을 것이다. 티코지를 만드는 데 온갖 자수 방식, 가령 니들포인트 자수, 털실 자수, 장식 자수, 리본 자수 등이 활용되었다. 티코지 중에는 코바늘로 뜨거나 손수 뜨개질해 털모자처럼 생긴 것도 있었고, 한술 더 떠 티코지 윗부분에 털실 방울이 달린 것도 있었다.

너서리 티

애프터눈 티-아이들이 공부에서 벗어나는
참으로 유쾌한 시간
다 함께 식탁에 둘러앉은
신이 난 아이들의 웃음소리가 넘쳐나는 시간
J. C. 소어비, H. H. 에머슨(1880)

빅토리아 시대와 에드워드 시대의 아이들은 오후 4시나 5시에 특별한 티타임을 가졌다. 당시 아이들은 규칙이 꽤 엄격한 생활을 해서 보모가 동행할 때만 밖에 나가거나 간혹 부모와 함께 외출하는 게 전부였다. 점심식사 후에는 보통 산책하기 전까지 휴식을 취했다. 티타임 때면 단정한 옷을 입은 아이들이 응접실에 들러 어머니와 함께 애프터눈 티를 마시고 있는 귀부인들에게 예의 바른 태도로 인사했다. 아이들은 응접실에 오래 머물지 않았다. 4시나 5시가 되면 자신들의 공간이 있는 위층으로 올라가 보모가 준비해주는 차와 음식을 편안한 분위기에서 먹었다. 아이들 방에서 마시는 차와 음식은 너서리 티$^{nursery\,tea}$, 공부방에서 마시는 차와 음식은 스쿨룸 티$^{schoolroom\,tea}$라고 불렀다. 어머니가 아이 방에서 아이들과 함께 차를 마실 때도 있었다. 이러한 티타임은 자녀에게 오롯한 관심을 쏟을 수 있는 소중한 시간이었다. 아이들은 티타임 때 악기를 연주하거나 시를 암송해 어머니를 기쁘게 했다. 휴일에는 아버지도 함께 차를 마시며 아이들과 놀아주곤 했다.

너서리 티에 준비되는 음식은 어른들의 애프터눈 티에 나오는 음식보다 속을 든든히 채울 수 있는 종류로, 하이 티에 더 가까웠다. 아이들에게는 너서리 티가 하루 중 마지막으로 먹는 식사였기 때문이다. 특히 생일이나 손님이 방문한 날에는 온갖 특별한 음식이 준비됐다. 보통 티 테이블에는 버터와 잼을 발라 먹는 빵이나 작은 손가락만 한 샌드위치, 잼이나 버터 아이싱으로 채운 스펀지케이크, 때로는 머핀이나 크럼핏이 차려졌다. 이러한 음식과 함께 흔히 '너서리' 혹은 '어린이' 티라고 불리는 케임브릭 티$^{cambric\,tea}$를 냈다. 이러한 차는 주로 뜨거운 물에 데운 우유나 크림을 넣고 때로는 설탕을 섞은 뒤 진하게 우린 홍차를 조금 넣어 만들었다.● 차를 마시지 않을 경우, 아이들은 우유나 주스, 혹은 코코아를 마셨다. 아이들은 인형들도 티파티에 초대해 차와 음식을 대접했다. 인형들의 차와 음식은 도자기 회사 외판원의 권유에 넘어가 구매한 미니어처 티세트에 차려졌다.

1929년에 K. 제임슨 부인이 "어린아이를 키우는 엄마들에게 도움이 되길 바

● 원주 케임브릭 티는 아이들의 원기를 북돋고 티타임 동안 어른이 된 느낌을 주려고 낸 것으로 보인다. 케임브릭 티는 노인층에 제공될 때도 많았다. 티의 이름은 차와 마찬가지로 색이 하얗고 매우 얇은 케임브릭 원단에서 따왔는데, 사실 케임브릭은 이 원단의 주요 생산지인 프랑스 마을 캉브레를 따라 이름 붙여진 것이다. 케임브릭 티는 19세기 후반에서 20세기 초에 인기 있었다. 이 차는 백차로도 알려져 있다. 프랑스에서 '테 데 캉브레'는 차, 크림, 끓는 물로 만들고, 설탕을 첨가한다.

〈아이 방에서 티〉, 풍자만화 잡지 《펀치》(1855). 수석 보모가 메리 양에게 촛불끄개로 차를 휘젓지 못하게 하고 있다.

라며" 저술한 《유아 요리책》에 따르면, 아이들을 위한 티타임 음식은 별달리 섬세한 손길이 필요하지 않다. 빵 껍질 부분을 잘라낸 샌드위치 대신 "꿀이나 젤리를 넣은, 껍질이 딱딱한 빵과 버터, 그것도 얇게 썬 빵이 아니라 씹을 필요가 있는 딱딱한 부분이 있는 빵"을 추천했다. 가능하면, 맷돌로 간 밀가루나 곱게 간 통밀로 직접 만든 빵이 좋다. "버터와 함께 귀리 비스킷이나 라이비타 크리스프 브레드[호밀 비스킷], 또는 피크 프린 회사에서 나오는 비타-위트를 가끔 내도 좋은데, 이것들은 모두 턱을 많이 움직여 씹게 한다." 제임슨 부인은 "꿀과 잼을 내는 대신 (집에서 만든) 간단한 케이크나 손가락만 한 작은 스펀지케이크로 간혹 변화를 주라"고 제안하면서 "순수한 꿀은 가장 좋은 천연 감미료로 혀를 세정하는 효과가 있을뿐더러 빵에 발라 먹으면 대단히 맛있고 건강에도 좋다. 꿀벌을 키우는 양봉장에서 꿀을 구할 수 있다면, 천연 꿀인 것을 믿을 수 있을 것이다"라고 덧붙인다. 차는 케임브릭 티조차 안 된다. "따뜻하게 데운 흰 우유, 혹은 오벌틴Ovaltine[맥아추출물, 탈지분유 등을 배합한 파우더]이나 코코아 가루를 탄 우유 한 컵을 준다."

몰리 킨은 저서 《유아 요리》(1985)에서 너서리 티타임에 대한 상반된 추억을 떠올린다. 어느 티파티에서는 현명한 안주인이 마법 같은 말로 "엄숙하던 아이들의 티파티를 한순간에 기쁨에 들뜨게 했다." 평소처럼 "케이크 전에 빵과 버터"로 시작하는 대신 "딸기와 크림으로 시작하자"라고 말한 것이다. 하지만 또 다른 티파티에 대한 기억은 사뭇 다르다. "의자 뒤에 서 있던 보모는 티타임의 즐거움을 그 무엇도 허락하지 않았다. 티파티에 초대한 가정의 보모가 스펀지케이크를 권하자 그녀의 보모는 단칼에 거절했다. "고맙지만 사양할게요. 속이 쓰린 증상이 있어서요. 우리는 버터를 바른 빵만 먹겠어요. 스펀지케이크는 모두 다 드세요."

티타임에 대한 또 다른 행복한 추억은 엘리자베스 여왕과 고인이 된 여왕 모후의 요리사였던 맥키 부인의 손끝에서 생생하게 살아난다. 스웨덴 태생인 그녀는 여왕의 왕위 계승 시기에 왕실 저택인 클래런스 하우스에서 여왕과 필립 공의 요리사로 일했다. 맥키 부인은《왕실 요리책》에서 엘리자베스 여왕이 공주 신분으로 느긋하게 살았던 짧은 시절을 회고한다. 여왕은 오후에 잔디밭에서 찰스 왕자, 앤 공주와 함께 놀아주다가 "차를 마실 시간이 되면 깔개를 반듯하게 접은 뒤 장난감들을 가지고 들어가곤 했다." 찰스와 앤을 위한 차는 항상 "햇빛이 잘 드는 아이 방에 준비되었고, 격의 없는 즐거운 분위기 속에서 찰스 왕자는 그날 있었던 일들을 신나게 이야기하

제임스 건, 〈윈저 왕실 별장에서 가족의 초상〉, 1950, 캔버스에 유화. 1950년에 윈저의 별장에서 조지 6세와 엘리자베스 왕비(고인이 된 여왕의 모후)가 엘리자베스 공주, 마거릿 공주와 함께 격의 없이 간소하게 차를 즐기는 모습을 가까이서 엿볼 수 있는 초상화로, 티 테이블이 우아하게 차려져 있다. 간단한 음식은 배급제도가 시행되고 식량 부족을 겪던 시대상을 반영한다.

곤 했다." 맥키 부인에 따르면 찰스 왕자는 유년 시절, 파인애플 소스를 곁들인 라이스크로켓을 좋아했다. 그녀는 진저 스펀지케이크, 커런트 케이크, 마데이라 케이크, 스펀지 샌드위치 케이크, 초콜릿 커피 케이크, 파인애플 케이크, 아몬드 비스킷 등을 만드는 법도 소개한다. 그러나 여왕의 모후와 마거릿 공주의 티타임 분위기는 이와는 사뭇 달랐다. 그들은 응접실의 새하얀 테이블보가 깔린 작은 테이블에서 차를 마셨다. 바닥에 깔린 테이블보에는 왕실의 개들을 위한 '티'가 차려졌다.

맥키 부인은 생일에 준비되는 티에 머랭 가토meringue gateau● 같은 생일 케이크가 빠지지 않았다고 말한다. 샌드위치는 버터를 바른 갈색 빵 사이에 치즈 가루와 채 썬 상추, 다진 햄, 마요네즈와 함께 얇게 썬 토마토와 오이, 크레스를 넣어 돌돌 말아 준비했다. 퍼프 페이스트리puff pastry[여러 겹으로 이루어진 얇은 페이스트리]로 만든 잼 카나페와 함께 크림 혼cream horn[원뿔 모양의 크림 과자]과 스펀지 티 케이크도 선보였을 것이다.

보모와 너서리 티는 이제 과거의 유물이 되었으나 아이들이 학교를 마치고 지치고 허기진 채 집으로 돌아오면 '티'를 차려주는 관습은 많은 가정에서 지금도 이어지고 있다. 물론 요즘에는 샌드위치, 혹은 버터나 잼을 바른 빵은 땅콩이나 초콜릿 스프레드 샌드위치, 혹은 피시 핑거fish finger◆나 작은 피자 등으로 대체되었다. 또한 작은 스펀지케이크 대신 예쁘게 장식한 컵케이크가 유행을 끌고 있다.

컨트리 티

19세기 말엽, 애프터눈 티는 모든 계층의 장벽을 뛰어넘어 시골 지역을 포함한 대다수 영국 가정에서 대중화되었다.

플로라 톰슨은《라크 라이즈에서 캔들포드로》에서 헤링 부인의 집에서 마신 차에 대해 이렇게 묘사한다. "테이블이 세팅되어 있었다. …… 찻잔 옆면에 탐스런 분홍 장미가 그려진 최고급 다기들이 놓여 있었다. 양상추 속잎, 얇은 빵과 버터, 그날 아침에 미리 구운 바삭바삭한 작은 케이크도 차려져 있었다." 또한 사전 준비 없이 갑자기 모이는 다과회에 관해서도 서술했는데, 마을 여성들은 이러한 다

● 달걀흰자에 설탕과 약간의 향료를 넣어 거품 낸 뒤에 낮은 온도의 오븐에서 구운 것. 가토는 프랑스어로 케이크를 뜻한다.

◆ 생선살을 막대 모양으로 잘라 튀김옷을 입혀 튀긴 것. 흔히 냉동식품으로 판매된다.

과회를 수시로 열었다. 때로는 젊은 여성들만이 한집에 모여 우유를 섞지 않은 진하고 달콤한 차를 홀짝이며 담소를 나누고 소문도 주고받았다. "차를 마시는 이러한 시간은 여자들만의 시간이었다."

차가 비싸고 희소해서 차를 마시는 풍습이 천천히 뿌리내린 웨일스에서는 마을 여성들이 티 클럽을 결성했다. 돈이 부족할 때가 많아 차와 음식, 다구를 각자 하나씩 맡아서 준비했다. 마리 트레블리안이 1893년에 서술했듯이, "한 여성은 차, 다른 여성은 케이크, 또 다른 여성은 차에 섞을 소량의 진 또는 브랜디를 가지고 왔다. 그들은 차례로 구성원들의 집을 방문했고, 자연스럽게 여성들의 관심거리에 대한 잡담을 나눴다." 또한 이렇게도 썼다. "[웨일스의] 구릉지에 사는 여성들은 지나치다 싶을 정도로 많은 양의 차를 즐겨 마신다. …… 티포트가 항상 벽난로 시렁에 놓여 있어 끊임없이 차를 마신다. 차를 홀짝이기에 아무런 제약이 없다."[15]

플로렌스 화이트는 《영국의 좋은 것들》(1932)에서 컨트리 티와 스쿨룸 티에 대해 이렇게 썼다.

이런 단어들은 시골에 지어진 저택인 컨트리 하우스의 대형 홀에서 펼쳐지던 풍경을 떠오르게 한다. 통나무 장작불이 타닥타닥 소리를 내며 활활 타오르는 벽난로, 자리에 앉아 버터와 집에서 만든 잼을 스콘에 바르는 애프터눈 티타임을 탐탁지 않게 여기는 남자까지 수용할 수 있는 널찍한 테이블, 칙칙 소리를 내며 끓고 있는 찻주전자, 뜨끈뜨끈한 토스트, 집에서 만든 케이크, 밖에서 들리는 익숙한 발소리에 미동할 생각조차 하지 않고 더없는 행복 속에서 불을 쬐고 있는 개들이 떠오른다. 하우스 파티에 초대된 손님들과 그 밖의 친구들이 친한 무리와 함께 한바탕 경주를 벌이거나 사격으로 하루를 보내고 난 뒤 기분 좋은 피로감을 느끼며 하나둘 줄지어 들어오는 모습도 눈앞에 펼쳐진다.

여름철에는 테니스 세트 사이에, 혹은 경기 중인 크리켓 팀들을 격려하기 위해 야외에 기다란 가대식 테이블을 놓고 티타임을 위한 찻잔과 받침 접시, 맛있는 음식을 상다리가 휘어지게 차려놓는다.

적절한 시간에 맞춰 아는 농가를 방문한다면 훌륭한 티가 테이블에 차려져 있을 것이다.

가장 맛있는-어쩌면 최상이라 할 만한?-토스트와 아무리 먹어도 질리지 않는 케이크는 도시나 시골의 스쿨룸 티에서 맛볼 수 있을 것이다.

뒤이어 화이트는 1873년, 잉글랜드의 컨트리 하우스 티를 생생하게 묘사한 레이디 래글런의《세 왕의 치세에 대한 기억》을 인용한다.

티타임! 시골에서의 티타임은 장작불이 타오르는 벽난로 옆에 모여 그날의 새로운 소식을 주고받던 언제나 즐거운 시간이었다. 어느 컨트리 하우스에서는 항상 당구장에 음식을 차렸다. 남자들은 내가 결코 상상할 수 없는 이유로 차를 마시며 당구치기를 좋아했기 때문이다.

빵과 케이크와 스콘을 비롯해 모든 것을 집에서 만들었다. 그리고 이 컨트리 하우스 하면 생각나는, 내가 특히 좋아했던 별미가 있다. 당밀처럼 끈적끈적하며 뜨거운 채로 바삭하게 내는 진저 점블ginger jumble●이었다.

플로렌스 화이트는 차를 마시면서 당구를 치는 문화를 언급했을 뿐 아니라 테니스, 크리켓, 크로케 같은 스포츠에 열중하는 오후에 차가 준비되어 있어 즐거움을 배가해주고 여름 특유의 활기를 자아냈다고 서술하고 있다. 오늘날 우리가 알고 있는 테니스 경기는 1860~1870년대에 꽃피우기 시작했고 테니스 파티는 우아한 행사로 자리 잡았다. 샌드위치, 케이크 등이 아이스티와 커피와 함께 제공되었

● 생강을 넣어 만든 비스킷으로, 비스킷에 흰색과 분홍색 아이싱icing을 입히는 것이 특징적이다.

1 운두가 높은 검은색 모자를 쓰고 민속 의상을 입은 웨일스 여성 세 명이 차를 마시는 모습을 묘사한 1920년대 혹은 1930년대의 우편엽서. 2 아이돌리스 제과 광고, 20세기, '테니스 파티, 피크닉, 앳홈 파티 등을 위해.' 한 남자가 테니스 라켓을 옆에 둔 채 접의자에 앉아 있는 여성에게 초콜릿 스위스 롤이 담긴 접시를 가져다주고 있다.

고 '테니스 컵tennis cup'이라는 음료도 선보였다. 갈증을 해소하는 시원한 음료인 '컵cup'에는 종종 차를 섞었다. 또한 다양한 행사에서 분위기를 띄우기 위해 '컵'에 알코올을 넣기도 했다.

빙과류도 인기 있었다. 마샬 부인은 《팬시 아이스》(1894)에서 테니스 파티나 무도회의 만찬에 디저트로 나오는 캐나다 티 아이스의 요리법을 소개한다.

캐나다 티 아이스

질 좋은 찻잎을 4분의 1파운드 준비해 뜨겁게 예열한 티포트에 넣고 완전히 끓은 물 1쿼트를 붓는다. 약 5분간 차를 우린 다음 찻잎은 걸러내고, 찻물은 식힌다. 바닥이 깊은 그릇에 약 5분간 거품기로 휘저어 거품을 낸 달걀 6개와 마샬의 바닐라 에센스 한 티스푼, 정제 설탕 6온스를 넣는다. 여기에 식은 차를 천천히 부으며 혼합물을 젓는다. 그런 다음 스트레이너에 걸러내고서 이것을 거품을 많이 낸 생크림인 휘핑크림 1파인트와 섞은 뒤 냉동고에 넣어 잘 얼린다. 그러고 나서 작고 예쁜 모양의 얼음 틀에 넣고, 충전된 아이스케이브에 약 한 시간 반 정도 놓아둔다. 완성된 아이스는 일반적으로 깨끗한 천에 올려놓고, 작고 화려한 누가nougat[설탕과 견과류로 만든 부드러운 캔디]로 장식하거나 종이 상자에 담아 디저트 접시 위에 올린다.

때로는 테니스 케이크도 선보였다. 테니스 케이크는 새로 생겨난 테니스 경기와 함께 처음 만들어진 과일 케이크였다. 시간이 흘러 테니스 케이크는 둥그런 모양에서 작은 테니스 코트처럼 장식 가능한 직사각형 모양으로 변했다.

맥키 부인은 《왕실 요리책》에서 오이 샌드위치(빵과 오이는 반드시 얇게 썰어야 하며, 샌드위치마다 소금을 소량 뿌리고 타라곤 식초를 한 방울씩 넣어야 한다고 강조했다), 아이스크림을 곁들인 비스킷 크런치, 부드럽고 쫄깃한 초콜릿 케이크, 아이스티, 아이스커피로 구성된 테니스 파티 메뉴를 소개했다.

1860년대 후반과 1870년대에 스포드 회사는 테니스 세트로 알려진 대단히 정교한 도자기 다기 세트를 출시했다. 이러한 티세트는 기다란 '받침 접시'에 찻잔 (혹은 커피 잔)을 올려놓고 그 옆에 섬세한 손길이 느껴지는 오이 샌드위치나 케이크, 비스킷 한두 조각을 담을 수 있는 공간이 있어 편리했다. 찻잔과 받침 접시, 간식을 담을 접시를 따로 챙겨야 하는 수고를 덜어준 것이다.

크리켓 티는 크리켓 경기의 전체 과정에서 전형적인 일부분이다. 크리켓 경기는 가능한 한 야외에서 진행된다. 햇살이 눈부시고 산들바람이 불어오는 가운데, 가죽을 씌운 공이 크리켓 배트에 '픽' 하고 맞는 소리를 들으며 접의자에 앉아 관람하는 풍경은 특히 마을 잔디밭이나 학교 운동장에서 담요나 무릎 덮개로 몸을 꽁꽁 싸매고 오들오들 떨어본 경험이 있는 이들에게는 낭만적으로 느껴질지도 모르겠다.

하지만 크리켓 티는 날씨와 상관없이 언제나 기쁨을 주며 단연 환영받는다. 커다란 티포트에는 마음까지 따뜻하게 해주는 뜨거운 차가 가득 담겨 있고 커다란 주전자에는 물이 팔팔 끓고 있다. 날씨가 온화하다면(혹은 사나운 날씨라 해도) 과일 스쿼시를 준비하기도 한다. 성인들의 크리켓 경기라면 칵테일인 펌스Pimms●를 만들기도 한다. 보통은 선수들의 엄마나 아내, 혹은 여자친구가 이러한 음료와 음식을 준비하는데, 누가 가장 맛있는 커피와 호두 케이크를 만들었는가를 두고 늘 조용한 경연이 펼쳐진다. 딸기와 크림도 크리켓 티에서 중요한 역할을 한다. 딸기, 머랭, 생크림을 층층이 담아 먹는 이튼 메스Eton Mess는 이튼 칼리지와 해로 스쿨이 오래전부터 매년 개최하는 크리켓 시합을 위한 디저트로 유명해졌다. 플로렌스 화이트는《영국의 좋은 것들》(1932)에서 티버튼의 나이트쉐이스 코트에서 열린 크리켓 티에 대해 이렇게 서술한다. "블런델스 스쿨은 크리켓 시합을 할 때마다 승패에 상관없이 크림을 얹은 커다란 빵 조각에 황금빛 시럽을 뿌려 먹는데, 학생들은 이것을 '천둥과 번개'라고 부른다."

여름날의 피크닉 티는 영국 문화에서 누릴 수 있는 즐거움 중 하나이다. 스포츠 경기와는 상관없이 날씨가 좋으면 정원이나 숲, 과수원, 바닷가 마을의 해변 같은 야외에서 피크닉 티를 즐길 수 있다. 이러한 소풍을 위해 준비하는 음식은 깔개나 담요 위에 앉아서 먹는 간단한 샌드위치에서부터 파이의 일종인 타르트나 플랜flan,◆ 샐러드, 그리고 케이크와 달콤한 디저트로 구성된 훨씬 공을 들인 메뉴에 이르기까지 상당히 다양하다. 모험 정신이 강한 이들이라면 케밥이나 소시지, 스테이크를 휴대용 바비큐 그릴에 직접 구울 것이다. 사람들이 빙 둘러앉을 수 있는 피크닉 테이블을 준비해 음식을 차릴 수도 있다. 차는 보온병에 담아 와

● 진, 레모네이드, 소다수, 민트 등을 섞은 칵테일 음료.
◆ 달걀, 치즈, 과일 등을 넣어 만든 파이. 미국에서는 우유, 달걀, 설탕으로 만들어 차갑게 먹는 디저트인 크림 캐러멜 crème caramel을 가리키기도 한다.

로얄 앨버트 올드 컨트리 로즈 테니스 티세트, 1962년경.
'호스티스 세트'라고도 칭한다.

작은 컵으로 마시거나 휴대용 석유스토브에 물을 끓여 갓 우린 차를 마실 수도 있다.

클라우디아 로덴은《피크닉》(1982)에서 카이로에서 보낸 유년 시절, 교과서에 실렸던 삽화를 떠올린다. 삽화에는 잘 정돈된 잔디밭에 우아하게 차려진 티 테이블이 그려져 있었다. 테이블에는 샹틸리 레이스▲로 만든 하늘거리는 테이블보가 깔려 있고 그 위에는 티 캐디, 은제 티포트, 크림 저그와 밀크 저그, 설탕 그릇, 그리고 은제 스트레이너가 딸린 차 찌꺼기 담는 그릇이 놓여 있었다. 로덴은 이러한 다기들에서 영국 특유의 신비로운 분위기가 물씬 풍겼다고 쓰고 있다.

영국 날씨는 상당히 변덕스럽다. 하지만 조지나 배티스컴이《영국의 피크닉》(1951)에서 말하듯이, 소풍을 즐기는 영국인들은 변덕스러운 날씨 정도는 초월한 강인한 종족이다. 해변에서 악조건을 견디며 소풍을 즐기는 영국인들을 위해 영국의 시인인 존 베처먼은 〈트레베더릭〉이라는 시에서 추억이 깃든 이런 구절을 썼다.

샌드위치에서 씹히는 모래알, 차에 빠진 말벌들,
물에 젖어 묵직한 수영복 위로 쏟아지는 햇볕,
바다를 기다리는 블래더렉[갈조류 해초의 일종] 위를 걸을 때 질벅대는 소리
능수버들 주위에 들끓는 벼룩들, 일찍부터 태우는 담배 한 대.

▲ 샹틸리Chantilly는 프랑스 북부에 자리한 도시로, 레이스 직물 산업으로 유명하다.

행복한 나날이었으리라!

수많은 장관과 의식을 보여준 가장 성대한 '피크닉'은 1860년대 빅토리아 여왕이 처음 주최해 웅장한 전통으로 남은 버킹엄 궁전 가든파티일 것이다. 여왕은 '조찬'을 주최하기 시작했지만 사실상 파티는 오후에 열렸고 차가 제공되었다. 여왕은 외교관과 정치인, 그 밖의 전문가들을 초대했다. 이러한 파티는 대단히 성공적이고 인상적인 행사로 자리 잡아 엘리자베스 2세 여왕이 전통을 계승해나가고 있다. 버킹엄 궁전의 사유 정원을 개방해 1년에 세 번 애프터눈 티파티를 개최한다. 각 파티에 8,000명의 손님이 참석하는데, 각계각층의 사람들이 초청된다. 남자들의 복장 규정은 주간 예복인 모닝 드레스, 정장, 제복 또는 민속 의상이다. 여자

훗날 〈소풍〉으로도 알려진 〈휴일〉, 제임스 티소, 1876. 프랑스 출신 화가인 제임스 티소는 1871년 영국으로 이주했다. 이 작품은 세인트존스 우드에 위치한 그의 런던 집 뒤뜰에서 즐긴 소풍을 묘사하고 있다. 남자들이 I 징가리 크리켓 클럽의 정예 아마추어 선수가 착용하는 빨간색, 금색, 검은색이 들어간 모자를 쓰고 있는 것으로 보아, 이는 평범한 피크닉 티가 아니라 크리켓 티일 것이다.

들은 보통 모자와 장갑을 착용한 애프터눈 드레스나 민속 의상을 입는다. 손님들은 오후 3시에 초대되어 티타임 전까지 왕실 정원에서 산책을 즐길 수 있다. 오후 4시가 되면 엘리자베스 2세 여왕과 에든버러 공작(필립 공)이 왕실 가족 몇몇을 동반해 손님들과 함께하는데, 이러한 행사는 영국 국가가 울려 퍼지며 시작된다. 행사 내내 2개의 군악대가 번갈아 음악을 연주한다. 고위 내빈과 인사들은 차를 마시기 위해 왕실 천막으로 향하고, 그 외의 손님들은 기다란 뷔페 테이블에서 애프터눈 티를 대접받는다. 애프터눈 티파티를 위한 계획 및 준비는 굉장한 규모로 이루어진다. 뷔페에는 다양한 티 샌드위치 2만 개, 브리지 롤빵 5,000개, 드롭 스콘 5,000개, 과일 타르트 9,000개, 핑거 버터케이크 3,000개, 초콜릿 케이크나 레몬 케이크 8,000조각, 던디 케이크 4,500조각, 마조르카 케이크 4,500조각, 초콜릿 또는 잼 스위스 롤 3,500개가 준비된다. 음료의 경우 차 2만 7,000잔뿐 아니라 아이스커피 1만 잔, 과일 스쿼시 2만 잔이 준비된다. 가든파티에서 내는 차는 메종 리옹Maison Lyons이라 불리는 특별한 블렌드 티[여러 산지의 차를 배합하여 만든 차]로, 버킹엄 궁전 가든파티를 위해 트와이닝스가 독점 생산한다. 다르질링과 아삼을 배합한 게 분명한 이 블렌드 티는 여름날의 티파티에 완벽하게 어울린다.

마을 축제와 학교 축제 티, 그리고 교회와 예배당 티

여름은 마을 축제와 학교 축제가 열리는 시기이기도 하다. 이러한 축제는 공동체가 어우러지는 좋은 기회다. 1950년대에 한 마을에서 성장한 나는 다채로운 경연과 스포츠 경기는 물론 메이폴maypole 댄스*까지 즐길 수 있는 마을 축제와 학교 축제에 참여했던 행복한 추억들을 많이 간직하고 있다. 차는 마을 회관이나 교회

● 메이폴은 흔히 5월 1일에 열리는 축제 때 세워지는 커다란 나무 기둥을 말하는데, 이 기둥 주변에서 다 함께 춤추는 것을 메이폴 댄스라 한다.

당에 준비해놓은 기다란 가대식 테이블이나 차 천막tea tent에서 제공되었다. 여자들은 케이크나 번빵, 샌드위치, 아니면 소시지 롤 같은 짭짤한 음식을 직접 만들어 오곤 했는데, 은근히 경쟁이 붙기도 했다. 가장 최근 기억으로는 아이들 학교에 가서 차를 만들었던 게 생각난다. 쉭쉭대며 김이 솟아나는 대형 보온통에 차를 우려 크고 묵직한 티포트에 차를 옮겨 담느라 애를 먹었다. 세월이 흘렀어도 축제를 위한 음식들은 크게 달라지지 않았다. 굳이 차이를 찾자면 샌드위치를 통밀빵과 더욱 다채로운 속재료로 만들고, 키시quiche●를 비롯해 사모사, 파코라 같은 짭짤한 음식들이 테이블에 올라 영국의 다문화 사회를 반영하게 되었다는 것이다. 당근 케이크처럼 예전보다 더 모험적이고 건강한 재료를 이용한 케이크도 등장했지만, 빅토리아 샌드위치 케이크는 여전히 널리 사랑받는 메뉴이며, 잼이나 크림, 버터를 곁들인 스콘도 마찬가지다.

교회와 예배당 또한 자선기금을 모으기 위해 신도들과 지역사회를 위한 다과회를 자주 열었다(지금도 열고 있다). 성령 강림절과 주일학교 여름 야유회, 추수 감사제, 크리스마스 바자회 등 정기적으로 개최되는 행사가 있었다. 이런 행사 때에는 특히 대대적으로 음식을 준비했다. 제과류는 집에서 만들어 왔는데, 여자들은 컵케이크라고도 불리는 페어리 케이크나 초콜릿 케이크처럼 각자 자신 있는 메뉴를 준비했다. 또한 통조림 고기며 어육 페이스트를 넣은 엄청난 양의 샌드위치를 만들어 왔다. 여자들은 팔팔 끓는 대형 차 보온통 준비를 비롯해 뜨겁고 습한 상황에서도 차와 음식을 잘 준비하고자 팀을 짜서 움직였다.[16]

크리스마스 티에 관련해서는 꼭 짚고 넘어가야 하는 부분이 있다. 아이들의 생일 파티에 젤리와 블랑망주blancmange◆, 페어리 케이크나 버터플라이 번빵, 생일 케이크가 꼭 있어야 하는 것처럼, 크리스마스에 차와 함께 꼭 준비해야 하는 전통

● 생김새는 파이와 흡사하다. 다만 흔히 단맛이 나는 재료(과일, 잼 등)를 넣어 만드는 파이와 달리, 키시는 짭짤한 맛이 나는 재료를 많이 쓰며, 고기, 채소, 치즈 등을 넣어 만들기 때문에 디저트라기보다는 간식이나 식사에 가깝다.

◆ 우유에 과일 향을 넣고 젤리처럼 만들어 차게 먹는 디저트.

칠면조 크랜베리 샌드위치, 가재 칵테일, 연어 블린blini[러시아식 팬케이크], 민스파이, 컵케이크, 마카롱, 차와 샴페인이 차려진 크리스마스 애프터눈 티.

음식으로는 민스파이[다진 고기가 든 파이], 트라이플, 그리고 당연히 크리스마스 테마로 장식하고 아이싱을 입힌 케이크가 있다.

'티'는 카드놀이를 즐기는 브리지 파티를 비롯한 여러 행사에도 빠지지 않았던 것으로 보인다. 엘리자베스 크레이그는《살림에 관한 궁금증》(1952)에서 오후에 다과를 하든 저녁에 커피와 샌드위치를 먹든 간에, 가벼운 식사와 함께하는 브리지 게임은 손님들과 "가장 즐겁게 시간을 보내는 방법"이라고 제안한다. 당시에 오후 시간이라고 하면 보통 3시부터 6시 30분까지를 말했다. 크레이그에 따르면 차와 함께 "다양한 종류의 작은 케이크, 에클레어, 버터를 얇게 바른 월넛레이즌▲ 빵을 내고 마지막에는 버터를 바른 토스트 빵 위에 캐비어, 푸아그라 등을 얹

▲ 레이즌raisin은 흔히 '건포도'로 번역되지만, 작고 검은 건포도인 커런트와 구분하기 위해 레이즌으로 표기했다.

은 작은 카나페"를 내는 게 좋다. 그녀는 중요한 조언을 덧붙인다. "카드놀이를 할 경우, 손에 묻을 수 있는 음식을 내기 전에 손님들에게 티 냅킨을 꼭 나눠주도록 하자." 러시아식 또는 미국식 차를 내는 게 좋으며, 따라서 중국산 차와 실론티 혹은 인도산 차를 우리고, 원하는 사람을 위해 크림을 따로 준비한다.

장례식 티

차는 슬픈 행사를 치를 때에도 의식에 없어서는 안 되는 중요한 요소다. 장례식 티는 애도를 위한 행사의 일부이며 고인의 삶의 마지막을 기리는 데 중요한 부분을 차지한다.

　많은 이들이 감당할 수 있을 만큼 차 가격이 내려가기 전인 17세기와 18세기에는 조문객들에게 맥주나 와인과 함께 케이크나 비스킷을 대접했다. 나중에는 대중적인 음료로 자리 잡은 차를 대접하게 되었으나 맥주나 와인, 셰리주를 대접하는 관습도 지속되었다. 잉글랜드 북부에서 흔히 볼 수 있는 관행은 이러하다.

　집을 나서 묘지로 가기 전에 조문객들은 상주가 마련한 가벼운 식사를 한다. 남자 조문객에게는 치즈, 향신료 빵, 맥주를, 여자 조문객에게는 비스킷과 와인을 대접하는데, 모두 다 집에서 만든 것이다. 집으로 돌아오면 장례식 연회가 준비되어 있다. …… 과거에는 연회를 준비하는 비용이 대단히 많이 들어서 장례를 치른 가정은 몇 년간 생활이 쪼들렸다.[17]

　조문객에게 내는 비스킷은 장례식 비스킷이라고도 불린 스펀지 핑거sponge finger●였다. 도로시 하틀리는《음식과 영국》에서 이렇게 서술한다. "몇몇 시골 지역에서는 조문객을 맞이하기 위해 '장례식 핑거'라는 별칭을 가진 비스킷과 함께 셰리주를 차려놓았다." 친척 아주머니가 그녀에게 해준 이야기에 따르면, "1870년대 웨일스에서는 장례식까지 가는 길고 추운 여정 동안 아이들이 먹을 수 있도록 박엽지와 검은 끈으로 깔끔하게 포장한 비스킷 한 묶음을 나눠주는 것이 관례였다."

음식 역사학자인 피터 브리어스는 《리즈의 맛》(1998)에서 모두가 "교회로 향하는 장례 행렬의 뒤를 따랐고 '차를 만드는 이들' 몇몇만이 남아 교회에서 돌아올 조문객을 위한 다과를 준비했다"고 기록했다. 또한 브리어스에 따르면, 에일과 함께 장례식 번빵은 19세기 중엽 장례식 티에 없어서는 안 되었고, "많은 양의 삶은 햄을 비롯해 티에 포함된 메뉴들은 언제나 가족이 감당할 수 있는 한 최고의 재료로 준비했기에, 그로 인해 상당한 빚을 떠안게 될 수도 있었다."

장례식 때 대접하는 햄과 관련해 요크셔에 전해 내려오는, 다소 끔찍하지만 잘 알려진 이야기가 있다. "불치병에 걸린 노인이 부엌에서 햄 삶는 냄새를 맡고 이렇게 말했다. '여보, 거 참 냄새가 좋구려. 조금 맛을 볼 수 있을까?' 그러자 노인의 마누라가 '거기 줄 거는 없어요, 당신 장례식 때 낼 거요'라고 대꾸했다."[18]

햄은 웨일스의 장례식 티에 등장하는 단골 메뉴다. 전통적으로 장례식이 끝나면 남자들만 묘지에 가고 여자들은 집으로 돌아가 티를 준비한다. 민웰 티벗은 저서 《웨일스의 가정생활》(2002)에서 19세기 후반에 한층 더 발전된 양식을 묘사한다. "장례식에 참여했던 이들은 고인의 집으로 돌아와 빵과 버터, 차, 집에서 삶은 햄, 절인 양파, 과일 케이크를 먹었다." 오늘날에도 특히 시골 지역을 중심으로 가족과 친구를 위해 준비하는 장례식 티의 전통이 이어지고 있다. 유가족을 향한 애도는 집에서 만든 케이크 같은 음식을 선물함으로써 표현할 수 있다. 19세기에는 차와 설탕 같은 값비싼 물품을 친구와 이웃들로부터 선물받았다. 이런 선물은 유가족에게 도움이 될 뿐 아니라 장례식 티에도 유용하게 사용될 터였다. 이 관습

● 스펀지케이크 반죽을 손가락 모양으로 짜서 설탕을 뿌리고 구운 과자.

데번셔 크림 티 - 크림을 얹고 그 위에 잼을 올린, 집에서 만든 스콘.

영국 잉글랜드 남서부 지역은 19세기 중반에 철도가 놓였고, 그로 인해 관광 붐이 일면서 크림 티로 유명해졌다. 크림 티를 전문으로 하는 호텔, 티룸, 카페, 농가가 생겨났다. 크림 티는 각 주의 이름을 딴 콘월, 데번, 서머싯, 도싯 크림 티가 있는데, 저마다 자기가 원조라고 주장한다. 2004년 BBC 보도에 따르면, 웨스트 데번 타비스톡 지역의 역사가들이 11세기 타비스톡 수도원에서 크림과 잼을 빵에 얹어 먹는 전통이 존재했음을 암시하는 증거를 고대 원고에서 발견했다(이는 사실 '천둥과 번개'라고 불리는 크림 티를 다소 변형시킨 디저트와 상당히 유사하다). 고대 원고에서 전해지는 이야기는 이러하다. 997년에 바이킹이 수도원을 습격했다. 그 후 수도원에 상주하던 베네딕트회 수도사들이 수도원을 복구하던 현지 일꾼들에게 빵과 클로티드 크림, 딸기잼을 새참으로 주었다는 것이다.[19] 이 원고가 잼과 크림이 곁들여진 빵에 대한 가장 오래된 기록일 수 있으나 콘월 지방 사람들은 기원전 500년경에 콘월의 주석을 거래하고자 했던 (오늘날의 레바논과 시리아 지역에서 온) 페니키아인 상인들이 클로티드 크림 제조 방법을 전해주었다고 주장한다. 원래 '크림 티'는 스플릿split으로 만들었다(콘월이나 데번에서는 '처들리chudleigh'라고 부르기도 한다). 스플릿은 이스트를 넣어 만든 달콤한 번빵의 일종이다. 두 지역은 크림을 먼저 바를지 잼을 먼저 바를지에 대해서도 의견이 갈린다. 콘월에서는 윗부분이 갈라진 스플릿 번의 안쪽에 딸기잼을 먼저 바른 다음, 그 위에 클로티드 크림을 한 스푼(혹은 두 스푼) 얹는다. 데번에서는 스플릿 번에 크림을 먼저 바르고 그 위에 잼을 얹는다. 오늘날에는 흔히 스플릿 대신 스콘을 낸다. 하지만 잼과 크림을 내는 방식은 여전히 지역마다 다르며, 전통적으로 스콘(혹은 스플릿)은 따뜻하게 낸다(갓 구운 게 가장 좋다). 크림 티의 유래가 무엇이고 크림과 잼을 얹는 방식이 어떻든, 확실한 것은 크림 티가 영국 전역의 가정은 물론 수많은 호텔과 티룸에서 빠질 수 없는 애프터눈 티의 즐거움 중 하나라는 사실이다.

은 지금까지도 웨일스의 시골 지역에 널리 퍼져 있다.

묘지에서 돌아온 조문객을 위해 케이크를 굽고, 샌드위치를 만들고, 기운을 북돋아주는 여러 잔의 차를 대접하는 모든 과정이 장례식 절차의 일부였다. 고인을 '성대하게 전송'하고 조문객들에게 '진수성찬'을 대접하는 것은 대단히 중요했다.

티를 위한 외출

19세기 초에는 간이음식점, 마부들이 머물던 여인숙, 호텔, 커피하우스에서 식사를 할 수 있었다. 하지만 이러한 곳은 점잖은 여성들이 드나들기에 부적합하다고 여겨졌다. 1860년대에 이르러 기차역 근처에 좋은 시설을 갖춘 호텔이 생겨나고 얼마 후에는 홀번, 크라이티어리언, 게이어티 같은 레스토랑이 문을 열었는데, 여성들도 마음껏 드나들 수 있었다. 음식과 오락거리를 제공하는 차와 커피 전문점도 1870년대 런던에 나타나기 시작했다. 이러한 가게들은 금주운동 단체들에 의해 운영되었지만, 경영에 서툴고 차나 커피의 품질도 떨어졌기 때문에 오래가지 못했다.[20]

차를 파는 모험적 사업이 성공한 사례는 1864년에 등장했다. 에어레이티드 브레드 컴퍼니Aerated Bread Company, ABC[빵을 대량 생산하는 제과점]의 기지 넘치는 여성 지배인이 회사 임원들을 설득해 펜처치 스트리트 기차역 안뜰에 있는 매장 뒤편에 고객들이 차와 가벼운 식사를 할 수 있는 공간을 마련한 것이다. 이 매장은 여성뿐 아니라 점원, 회사원, 일반 쇼핑객 사이에서도 인기를 끌었다. 최초의 티룸tearoom이 탄생한 것이다. 티룸에서는 여성들이 혼자 다과를 즐기거나 친구들을 만날 수 있었다. 티, 즉 홍차와 함께 가벼운 음식을 먹기 위한 외출이 새로운 유행이 되었고, 영국 전역에 찻집과 티룸이 우후죽순 생겨나기 시작했다.

1800년대 후반 무렵에는 적어도 50곳의 ABC 티룸이 성업 중이었고, 1920년대 중반에는 티룸의 인기가 절정에 이르러 ABC는 150개가 넘는 지점과 250개가 넘는 찻집을 운영하고 있었다. 1955년에 ABC의 독자적인 운영 체제는 막을 내렸고 오늘날 ABC와 관련된 흔적은 슈퍼마켓 체인점인 스트랜드 같은 상점 위의 희미해진 간판에서나마 찾아볼 수 있다.

1864년 런던에 ABC 티룸이 생겨난 지 얼마 되지 않아 스코틀랜드 글래스고의 주민들도 티룸이 주는 즐거움을 맛보게 되었다. 스튜어트 크랜스턴은 1875년 아가일 스트리트 모퉁이에 있는 퀸 스트리트 2번지에 '크랜스턴스 티룸'을 열었다. 크랜스턴은 작은 차 소매점을 운영하는 진취적인 차 상인이었다. 담배 무역이 붕괴된 이후 글래스고에서는 차와 설탕 수입품이 증가하며 교역이 활발해졌다. 알코올 중독이 심각한 문제였던 글래스고 같은 산업 도시의 경우, 주민들은 빈곤과 궁핍한 생활로 인해 큰 어려움을 겪었다. 금주운동에 적극적이었던 가정에서 자란 크랜스턴은 노동자들이 낮 동안에 차와 함께 가벼운 식사를 하며 원기를 회복할 장소가 필요하다는 생각을 하게 되었다. 차는 '여러 잔을 마셔도 기운을 북돋아줄 뿐 취하게 하지 않는다'는 생각이 그에게 영향을 준 게 분명하다.[21] 티룸을 연다는 것은 대중적인 술집, 즉 펍 대신 갈 수 있는 곳이 생긴다는 뜻이었다. 처음에 그는 찻잎을 구입하기 전에 손님이 미리 차 한 잔을 맛보는 당시의 관례를 따랐다. 그리고 얼마 후에는 차와 함께 빵과 버터, 케이크를 내기로 결정했다. 또한 남녀 고객 모두 차를 구매하기 전에 편안하게 차를 맛볼 수 있다면 좋아할 거라는 생각에 16명이 팔꿈치가 맞닿을 정도로 가깝게 나란히 앉을 수 있는 테이블을 마련했다. 그는 "설탕과 크림을 곁들인 중국 차 한 잔과 2펜스에 빵과 케이크를 추가"할 수 있다고 광고했다.

크랜스턴의 여동생 케이트 또한 티룸의 가능성을 포착해 1878년에 아가일 스트리트 114번지에 크랜스턴스 크라운 티룸을 열었다. 그녀가 운영하는 티룸은 술을 팔지 않는 호텔의 1층에 위치해 글래스고 상업 노동자들이 편하게 드나들었다. 스튜어트 크랜스턴이 글래스고에 최초로 찻집을 열었다고는 하지만 최초의 글래스고 티룸 하면 바로 떠오르는 인물은 케이트였다. '의자에서 자기 티세트까지 크랜스턴'으로 표현되는 개성으로 무장한 그녀는 1886년 사업을 확장할 준비가 되어 있었고 마침내 잉그램 스트리트 205번가에 새 부지를 마련해 티룸을 열었다. 이러한 초창기 티룸과 관련해서는 보통 모자를 갖춰 쓴 여성들을 떠올리기 쉽지만, 애초에는 남성들이 필요로 하는 것을 반영해 만든 공간이었다.

1897년, 케이트는 28세의 건축가 찰스 레니 매킨토시에게 의뢰해 뷰캐넌 스트리트에 세운 세 번째 티룸의 벽을 아르누보 양식의 벽화로 장식했다. 1903년 11월에는 최고급 백화점들이 밀집된 세련된 소키홀 스트리트에 유명한 윌로 티룸을 열었다. 우아함의 전형을 보여주는 이 티룸은 주로 유행에 민감한 고객과 여성의 발길을 끌었다.

20년간 동반자적 관계를 유지하면서, 매킨토시는 케이트 크랜스턴을 위해 대단히 인상적인 실내장식을 선보였다. 1887년에서 1917년 사이에 그는 케이트가 운영하는 글래스고의 티룸 네 곳 모두를 놀랄 만한 예술적 감각으로 디자인하거나 새로 꾸몄다. 단순히 벽을 벽화로 장식한 것뿐 아니라 실내 구조, 가구, 심지어 웨이트리스가 착용하는 멋진 유니폼과 분홍색 구슬로 만든 초커 목걸이까지 그

1902년, 에어레이티드 브레드 매장의 카페를 그린 삽화.

의 손을 거쳤다. 그들은 '신예술'을 표방하는 인테리어 양식과 '디자이너' 티룸이라 불리는 찻집을 새로이 선보였다. 케이트 크랜스턴의 티룸이 세계적으로 유명해진 것은 바로 이 두 사람의 협력에서 비롯된 것이었다.

20세기 들어서 티룸은 술집이 아니면서 집 밖에서 만날 장소가 필요한, 한층 진보된 여성들 사이에서 특히 인기를 끌었다. 상당수의 노년층 남성은 티룸이라는 발상 자체를 불쾌하게 여겼지만, 다르게 느끼는 이들도 있었다. 흔히 예술

적 성향을 가진 도시의 젊은 사무직 종사자들은 크랜스턴의 티룸에서 풍기는 분위기에 편안함을 느꼈다. 케이트는 티를 즐기며 담배를 피우고 대화를 나누고 카드나 도미노 게임을 할 수 있는 장소를 만들었다. 무엇보다 티룸은 고객과 친해지거나 더 나아가 데이트도 할 수 있는 웨이트리스를 만날 수 있는 곳이기도 했다.

1911년 글래스고에서 개최된 스코틀랜드 국립 전시회에서 크랜스턴스 티룸이 선보인 메뉴는 상당히 다양했다. 차(스몰 또는 라지 사이즈, 러시안 티나 티포트에 내는 티)와 커피, 코코아, 초콜릿 음료, 우유 같은 음료뿐 아니라 빵, 스콘, 팬케이크, 그리고 병에 담긴 잼이나 젤리, 마멀레이드가 함께 제공되었다. 또한 다양한 샌드위치와 파이, 소시

크랜스턴이 운영하는 윌로 티룸의 디럭스 룸에서 유니폼과 분홍색 진주 초커 목걸이를 착용한 웨이트리스, 1903년경.

지, 감자튀김 같은 간식도 메뉴에 있었다. 점심 혹은 하이 티를 원하는 사람들을 위해 수프, 생선, 달걀, 치즈 요리, 따뜻한 고기 요리, 파이, 짭짤한 음식, 차가운 요리viands, 커스터드 소스를 얹은 찐 과일 푸딩과 러시아식 샬럿charlotte russe●을 비롯해 따뜻하거나 차가운 디저트 등 다양한 음식이 준비됐다. 정가에 판매되는 하이 티와 플레인 티plain tea도 있었다. 가령 하이 티의 경우, 차 한 잔과 함께 버터를 바른 얇은 빵, 차갑게 식힌 청어구이와 진열대에서 판매되는 스콘이나 케이크를 9펜스에 주문할 수 있었다. 6펜스에 판매된 플레인 티는 차 한 잔과 함께 얇은 빵과 버터, 케이크로 구성되어 있었다. 또는 1실링을 내면 티포트에 담긴 차와 버터 바른 빵, 스콘, 케이크 두 종류, 잼 한 병으로 구성된 플레인 티를 먹을 수 있었다.[22]

● 스펀지케이크 속에 크림이나 커스터드를 넣은 디저트.

케이트 크랜스턴은 1917년에 남편이 죽은 이후 운영하던 티룸을 모두 매각했다. 미스 뷰익과 미스 롬바흐처럼 크랜스턴과 비슷한 유형의 여성들이 동일한 스타일의 티룸을 열어 명맥을 이어가는 한편 가족 소유의 제과점들도 티룸을 열기 시작했다. 크레이그스, 허버즈, 풀러스는 당시 업계를 선도하던 제과점들로, 티룸에서 대단히 높은 수준의 빵과 과자를 선보였다. 풀러스는 에클레어, 마지팬marzipan,◆ 토피 사탕을 올린 월넛 케이크로 유명했다. 허버즈는 '페이빙스톤 paving stone'[사전적 의미는 포장용 돌]이라는 딱딱한 아이싱을 입힌 사각형 모양의 쫄깃하고 바삭한 진저브레드를 만들었다. 제과점 체인점 중 가장 인기 있고 크게 성공한 크레이그스는 초콜릿 리큐르 케이크로 명성이 높았다. 이 제과점들은 유럽 대륙의 제빵사들을 초빙해 '프랑스 케이크'를 글래스고에 소개했다.[23]

제2차 세계대전 이후, 티룸의 경제적 성공을 뒷받침했던 저임금 여성 노동을 더 이상 활용할 수 없게 됐다. 사회적 관습도 변했다. 전쟁 이전 세대는 말끔하게 세탁된 테이블보와 훌륭한 가구에 행복을 느꼈을지 모르나 전후 젊은 세대는 현대적인 것을 선호했다. 오랜 역사를 지닌 제과점은 대기업에 인수되었고, 제과점이 운영하는 티룸 중 소수만이 오늘날까지 살아남았다.[24] 하지만 1983년 12월, 과거 월로 티룸을 재현한 찻집이 다시 문을 열었다. 1997년에는 월로 티룸이 뷰캐넌 스트리트에 생겼는데, 미스 크랜스턴의 뷰캐넌 티룸이 원래 있던 곳의 바로 옆이었다. 이 티룸은 화이트 다이닝 룸과 잉그램 스트리트 부지에 위치한 티룸의 차이니즈 룸을 그대로 재현했다.

다시 런던으로 돌아오면, 런던에서 가장 잘 알려진 성공한 티룸은 대단히 활동적인 음식 조달업자 조지프 라이언스가 운영하는 곳이었다. 그는 1894년 피커딜리 213번지에 처음 티룸을 열었고, 1895년 말에는 14개의 티룸을 추가로 열었다. 이 티룸들은 실내 장식과 흰색 바탕에 금색으로 글자를 쓴 아르누보 양식의 간판

◆ 아몬드, 설탕, 달걀을 섞은 것으로, 과자를 만들거나 케이크 위를 덮는 데 쓴다.

1926년 런던에 위치한 라이 언스의 코번트리 스트리트 코너 하우스에서 초청해 대 접한 상이군인 1,000명 중 몇몇에게 차를 서빙하고 있 는 '니피'들.

으로 유명했다. 이곳은 세련되고 깨끗한 분위기에서 적당한 가격의 맛있는 음식을 제공했다. 차 한 주전자의 가격은 2펜스였고(다른 곳에서는 차 한 잔에 3펜스였다), 번빵은 1페니, 크림 머랭은 5펜스였다. 유행을 따르면서도 편안한 스타일의 유니폼을 입은 상냥한 웨이트리스들은 효율적이고 신속한 서비스로 '날쌔다'라는 뜻의 '니피nippy'라는 별명으로 불렸다.

런던에 티룸과 찻집이 우후죽순 생겨났는데, 그중 상당수를 여성이 소유하고 경영했다. 1893년 본드 스트리트에는 차를 파는 가게이자 티룸을 겸하는 여성들의 차 협회가 문을 열었다. 곧이어 여러 티룸이 생겼는데, 케틀드럼 티룸도 그중 하나였다. 사랑스러운 분홍색과 연노랑색이 주를 이루는 장식은 여성 손님들을 매료시켰다. 케이크와 그 밖의 맛있는 티푸드는 풀러스 제과점에서 공급받았는데, 이 중에는 아이싱으로 장식한 유명한 월넛 케이크도 있었다. 풀러스 제과의 월넛 케이크는 낸시 밋포드의《추운 기후의 사랑》(1949)이나 이블린 워의《다시 찾은 브라이즈헤드》(1945) 같은 문학작품 속에 등장하기도 했다. 이 작품 속 주인공인 찰스는 옥스퍼드 대학에 진학해 사촌 형인 재스퍼를 만났던 때를 회상하는데, 재스퍼는 찰스를 방문해 티타임이 될 때까지 머물다가 "허니 번빵, 앤초비 토스트, 풀러스 제과의 월넛 케이크를 과식에 가깝게 먹어치웠다." 켄싱턴 하이 스트리트에 문을 연 풀러스의 매장은 라이언스의 매장보다 작았지만, 차에 곁들이는 페이스트리와 아이싱을 입힌 월넛 케이크 등 케이크류를 차려놓은 작은 테이블, 아늑한 벽감과 야자나무 같은 실내 장식 덕분에 많은 여성의 발길을 끌었다.[25]

그 밖에도 여러 티룸이 새로 개업했으며 주요 호텔과 백화점 내에도 티룸이 생겼다. 런던 리전트 스트리트에 있는 리버티 백화점은 동양을 테마로 장식한 티룸에서 이국적인 분위기의 휴식을 제공했다. 고객들은 차와 비스킷을 먹으며 기운을 북돋을 수 있었다. 한 사람당 가격은 6펜스, 두 사람의 경우에는 9펜스였다. 차는 이국적인 차를 배합한 블렌드 티인 인도산 블렌드와 로터스 블렌드, 음양티 블렌드 중 선택할 수 있었다. 또한 티를 위해 방문한 여성 고객들은 숙녀용 물품 보관소 같은 훌륭한 편의시설을 이용할 수 있었다.

켄싱턴에 있는 셀프리지와 데리&톰스 같은 백화점에서는 옥상 정원에서 티를 즐길 수 있었다. 또한 켄싱턴 티가든, 툭스베리 수도원 가든, 조금 더 멀리 나가면 맨 섬의 루센 수도원에도 티를 즐기는 공간이 마련되어 있었다. 루센 수도원에서는 관광객들이 아름다운 정원에 위치한 넓은 목제 무도장에 모여 춤을 추거나 혹은 춤추는 모습을 구경하거나 오케스트라의 연주를 들으며 딸기 크림 티를 즐기곤 했다.

일부 극장들도 티룸을 열었다. 콜리시엄 극장은 층마다 티룸, 즉 그랜드 티어 티룸, 발코니 티룸, 테라스 티룸을 마련했다. '적당한 가격에 맛있는 티푸드'나 오후 3시에서 5시 사이에 제공되는 오후 5시의 티를 즐기는 것 외에도 다음 공연의 입장권을 미리 구매할 수도 있었다.

티룸은 영국 전역에 확산되었다. 요크셔는 베티스로 유명하다. 최초의 베티스 카페는 1919년 7월 17일, 헤러게이트에 문을 열었다. 이 카페 운영자는 스위스 출신 사업가로 영국 시민이 되기를 바라며 프리츠 뷔체르에서 프레더릭 벨몬트로

1907년경, 맨 섬에 위치한 루셴 수도원 티룸 엽서. 원래는 1134년에 올라프 국왕이 하사한 수도원이었던 루셴
수도원은, 수도자들의 공간이었다가 침입자들에 의해 해산되었고 그 후 잼 공장을 거쳐 딸기 크림 티와 함께 무도를
즐기는 티룸이 있는 관광지가 되었다.

개명했다. 베티스 카페는 고급 목재로 만든 진열장을 짜 넣고, 벽을 유리와 거울
로 매우 아름답게 장식했다. 요크와 일클리를 비롯한 요크셔의 다른 도시에도 베
티스 분점이 문을 열었다. 베티스 카페는 정교한 스위스 과자와 케이크, 파티스리
patisserie[프랑스풍 파이와 케이크], 그리고 요크셔의 명물인 커드 타르트, 요크셔 티
로프 빵tea loaf[과일을 넣은 파운드케이크의 일종], 패트 라스칼fat rascal[스콘 식감이 나는
쿠키]로 오늘날까지 명성을 이어오고 있다.

　　티를 위한 외출은 여성의 독립과 해방에 이바지했다. 이제 여성들도 집 밖에
서 친구들을 만나는 동안 남의 눈을 의식할 필요가 없는 안전한 장소를 갖게 되
었다. 여성참정권 운동가들은 흔히 티룸이나 레스토랑에서 모임을 가졌다. 피커
딜리에 있는 크라이티어리언 레스토랑은 여성자유연맹(WFL) 회원들이 선호하
는 장소였다. 에멀린 팽크허스트가 자서전《나의 이야기》(1914)에서 여성사회정치

연합·Women's Social and Political Union(WSPU)의 조찬 모임과 티모임을 이곳에서 여러 차례 개최했다고 언급했다. WFL이 발행하는 소식지《보트the Vote》의 추천 소매점 목록인 '보트 디렉토리'에 포함된 티룸에 가디니어Gardenia가 있다. 1911년 5월 6일자에는 한 여성참정권 운동가가 쇼핑을 하러 시내에 나왔다가 가디니어에서 "향긋한 차 한 잔과 호비스 빵으로 만든 크레스 샌드위치"를 먹었다는 기고문이 실렸다.[26]

1920년대 베티스 카페 메뉴판 표지 그림.

런던 콜리시엄 극장의 티룸 엽서, 1904년.

그 밖에 여성참정권 운동가들이 자주 드나든 티룸 중에는 라이언스가 운영하는 티룸도 있었다. 하지만 이러한 체인점과는 별개로 여성 손님을 겨냥한 작은 티룸이 급증했는데, 살림 외에는 별다른 교육을 받은 적이 없는 여성들이 티룸을 운영하는 경우가 많았다. 티룸은 여성들도 사업에 뛰어들 수 있다는 가능성을 열어주었으며 동시에 여성들이 만나 가볍게 다과를 즐길 수 있는 장소로 자리매김했다. 앨런스 티룸Alan's Tea Rooms은 WSPU의 활발한 회원이었던 헬렌 고든 리들의 언니인 미스 마르게라이트 리들의 소유여서 특히 여성참정권 운동가들이 애용했다. 이곳은 옥스퍼드 스트리트 263번지 2층에 있어 여성들이 은밀히 만나기에 적당했다.

티컵 인Teacup Inn 또한 여성 운동가들이 애용하는 모임 장소였다. 이곳은 1910년 1월에 킹스웨이 바로 옆, 포르투갈 스트리트에 문을 열었다. WSPU의 소식지《여성에게 투표권을》에는 티

컵 인의 광고가 실렸다. "적당한 가격에 맛있는 점심과 애프터눈 티 판매. 가정 요리. 채식주의자 음식과 샌드위치. 운영자와 직원 모두 여성."

　런던 외곽에 사는 여성참정권 운동가들도 런던에 있는 것과 유사한 티룸이나 카페에 자주 모여 정치를 논했다. 뉴캐슬에서는 펜윅스 카페가 여성 운동가들이 자주 찾는 모임 장소였다. 노팅엄에서 활동하는 WSPU는 몰리스 카페에서 모임을 가졌는데, 이곳은 원래 술집의 대안으로 문을 연, 술을 전혀 팔지 않는 카페였다. 에든버러에서는 카페 베지테리아가 특히 현지 WFL 회원들이 애용하는 곳이었다.

티댄스(테 당상)

여성참정권 운동가들이 은밀하게 티룸에서 모임을 가졌던 것과는 대조적으로, 에드워드 시대의 영국과 유럽 대륙 그리고 미국에서는 오후에 차와 함께 춤을 즐기기 위한 외출이 크게 유행했다. 애프터눈 티는 고급 호텔의 라운지와 팜코트palm court[야자수로 장식한 아트리움]에서 음악 연주가 흐르는 가운데 제공되었다. 1913년경에는 '탱고 티'라는 새로운 유행이 런던에 상륙했다. 아르헨티나에서 시작된 이국적이고 육감적인 춤인 탱고는 이미 1912년 프랑스 무도장에 당도해 열풍을 일으켰고, '탱고 티'가 상류 사회에서 큰 인기를 끌었다. 런던의 최고급 호텔 중 몇 곳은 티댄스, 혹은 상류층이 선호하는 표현인 테 당상thé dansant● 을 매주 열었다.

　사교계의 여주인으로 티댄스를 주도하던 글래디스 크로지에는 1913년에 열린 테 당상의 한 장면을 이렇게 묘사했다.

● 테thé는 프랑스어로 티를, 당상dansant은 '춤추다'를 의미하는 프랑스어 단어 danser의 현재 분사형이다.

이를테면 따분한 겨울 오후 5시쯤, 손님들의 방문이나 쇼핑이 끝나고 난 후에 웨스트엔드 곳곳에 생겨난 유쾌하고 아담한 '테 당상' 클럽에 들르는 것보다 더 즐거운 일은 없어라. …… 자그마한 테이블에 자리를 잡고 …… 참으로 공들여 만든 맛있는 티를 즐기면서 …… 훌륭한 현악단의 음악을 감상하고 …… 춤에 합류한다.[27]

월도프 호텔은 탱고 티를 주최하는 가장 인기 있는 장소 중 하나로, 훌륭한 경관을 자랑하는 팜코트에서 열리곤 했다. 무대를 중심으로 테이블이 놓여 있고, 위층에는 관람석이 있었다. 손님들은 춤을 추는 사이사이 자리에 앉아 기운을 북돋는 차 한 잔을 즐길 수 있었다. 사보이 호텔도 인기 있었다. 수전 코언은 《차를 마실 수 있는 곳》(2003)에서 이렇게 묘사한다. "사보이 호텔에서 즐기는 티댄스는 훌륭한 취향과 스타일, 교양을 음미하는 궁극의 경험을 선사했다. 티 테이블은 사보이 호텔의 특징인 분홍색 테이블보를 깔아 멋지게 꾸며놓았고 러시안 티는 러시아 전문가가 직접 준비했으며 메뉴는 사교계가 대단히 애호하는 대륙의 느낌을 내

1928년, 사보이 호텔의
테 당상 메뉴.

파리의 유행이 런던에 상륙하다. 프린스 레스토랑의 탱고 티, 1913.

고자 프랑스어로 표기했다." 1928년의 메뉴판을 살펴보면 러시아식 티뿐 아니라 사보이 와플, 사보이 선디 아이스크림, 샌드위치, 프랑스 파티스리, 아이스크림 등이 있는데, 한마디로 티댄스를 추는 손님들의 에너지를 보충하는 맛있는 음식들이라 하겠다.

스코틀랜드에서도 티댄스가 성행했다. 엘리자베스 카시아니는 1926년 9월에 든버러에 문을 연, 티와 춤을 함께 즐기는 플라자 살롱 드 당스와 카페에 대해 설명한다. 이러한 무도회장에서 술은 금지되었지만 차, 커피, 홀릭스Horlicks,• 차갑거나 따뜻한 우유, 보브릴bovril◆은 주문 가능했다. 제공되는 음식은 양이 상당히 많은 편으로, 하이 티의 가격은 1실링 9펜스였다. 결혼식 연회를 위한 티는 1인당 4실링 6펜스로 더 비쌌는데, 이러한 행사에 나오는 일반적인 메뉴는 "차, 커피, 다

• 뜨거운 우유에 섞어 음료를 만들 수 있는 맥아 가루.

◆ 소고기에서 추출한 페이스트의 일종으로, 물에 섞어 음료(이 역시 보브릴이라 한다)로 마시기도 한다.

양한 샌드위치, 핑거 샌드위치, 머핀, 케이크, 조각 케이크, 쇼트브레드, 여러 가지 페이스트리, 비스킷과 초콜릿 비스킷, 과일 및 와인 젤리와 크림, 트라이플, 후식으로 나오는 잘게 썬 과일을 넣은 프루트 샐러드 아이스크림, 탄산수(레모네이드)"였다. 규모가 더 큰 행사의 경우, 수프나 자몽, 채소와 감자가 곁들여 나오는 구운 고기 요리나 비프스테이크 파이, 차가운 고기와 샐러드로 구성된 5실링 6펜스 상당의 메뉴도 있었다. 여기에 두 가지 달콤한 디저트를 선택할 수 있었다. 또한 없어서는 안 될 차와 커피, 비스킷과 치즈, 샌드위치와 케이크, 비스킷 다음에 나오는 아이스크림도 포함되어 있었다.[28]

　티가운은 여성스러우면서도 세련된 디자인으로 이미 대단히 유행하는 의복이었다. 하지만 테 당상을 위한 의복은 훨씬 더 자유롭게 움직일 수 있는 디자인이어야 했다. 크로지에 부인이 좋아하는 디자이너 중에는 '마담 루실'이라는 예명으로 잘 알려진, 레이디 더프 고든이 있었다. 그녀는 시폰, 벨벳, 망사, 모피 같은 고급스러운 직물에 뛰어난 디자인과 예술적 기교를 결합해 아름다운 드레스를 만들었다. 1919년 무렵 탱고슈즈는 리본을 교차해 묶어 다른 신발과 구분하기 쉬웠고, 스커트는 춤을 추기에 수월하도록 길이를 더 짧게 하거나 트임을 주는 경우도 많았다.

　탱고 티 열풍은 1920년대 초반까지 계속되었다. 그 후로 탱고에서 터키 트롯, 어깨를 번갈아 앞뒤로 흔드는 시미에서 온몸을 터는 쉐이크, 버니 허그에서 블랙 바텀, 캐슬 워크에서 린디 홉(미국 비행사인 찰스 린드버그의 이름을 딴 춤 이름)에 이르기까지 다양한 장르의 춤이 들어와 무도장을 수놓았다. 1925년 런던의 카니발 클럽에서 열린 특별 테 당상 행사에서는 찰스턴 춤이 첫선을 보였는데, 선풍적인 반응을 이끌어냈다.[29] 찰스턴 춤은 또 한 번 댄스 열풍을 불러일으켰고 유행에 민감한 젊은 세대 사이에서 차 대신 칵테일이 유행했다. 1939년 월도프 호텔의 팜코트 유리 천장으로 독일 폭탄이 떨어져 산산이 부서졌고 그때까지 지속되었던 티댄스는 중단되었다. 결국 전쟁의 포화 속에서 티댄스 같은 가벼운 행사들은 자취를 감췄다.

전시의 티타임

티댄스는 중단되었지만 두 차례의 세계대전에도 불구하고 영국인들은 차를 마시고 티타임을 즐기는 문화를 포기하지 않았다. 1914년 전쟁이 발발하자 영국 정부는 차의 공급량을 제한하는 정책에 미온적인 태도를 보였다. 영국 국민에게 차가 얼마나 중요한지 인식했기 때문이다. 하지만 전시에 해외에서 식량을 수입하기는 쉽지 않았다. 결국 1917년 겨울, 영국은 기본적인 식품마저 부족한 상황에 처했다. 식량이 충분하지 않을 거라는 불안감에 젖은 사람들은 식품을 비축하기 위해 가게 앞에서 줄을 서기 시작했다. 정부는 설탕, 마가린, 버터 같은 식품에 대해 배급제를 도입했지만, 차는 예외였다.

참혹한 전방에서 싸우는 병사들에게 차는 체온을 따뜻하게 유지해주고 영양분을 제공했다. 참호전이라는 고된 환경에서 차를 만들려면 여러 어려움이 따랐지만 병사들은 많은 양의 차를 마셨다. 봉지에 담긴 일반적인 차뿐 아니라 끓는 물에 녹여 마시는, 알약 모양으로 압축한 '타블로이드 티'가 제공되었다.[30] 우유 또한 정제 형태로 배급하거나 수분을 증발시킨 농축 우유를 양철통에 담아 제공했다. 병사들은 비스킷도 배급받았다. 비스킷은 1914년 당시 세계에서 가장 큰 비스킷 제조업체였던 헌틀리 앤 파머가 정부와 계약을 맺고 생산했다. 소금, 밀가루, 물로 만든 이 비스킷은 인내심 강한 병사들마저 개 먹이용 도그 비스킷에 비유할 정도였다. 딱딱하기로 악명 높은 비스킷을 씹다가 치아에 금이 가는 일이 없

주간지 《스피어》에 실린 필립 대드의 〈빅토리아 역에서 육군과 해군을 위한 뷔페〉, 1915. 휴가를 받아 전장에서 돌아왔거나 곧 전장으로 출발하는 군인들을 그린 삽화. 자원봉사자들이 무료로 나눠주는 차나 커피, 샌드위치, 케이크로 구성된 다과를 받고 있는 군인들. 비용은 자선기부금으로 충당했다.

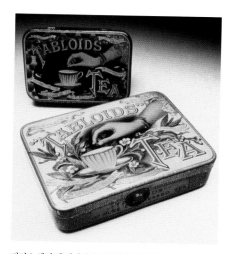

버러스 웰컴 앤 컴퍼니가 생산한 두 종류의 타블로이드 티 양철통, 1900년경.

도록 물에 불리거나 차에 적셔 먹어야 했다.

국내 전선에서도 차는 필수품이었다. YMCA는 군대 지원에 중요한 역할을 했다. 기차역을 비롯해 군인들이 집결하는 곳 근처에 휴게소를 세워 쉴 곳을 마련하고, 차와 샌드위치 등 간식을 제공했다. 적십자의 군 매점에서도 여성 전시 노동자들이 휴가를 받고 귀향한 지친 군인들을 위해 엄청난 양의 차를 끓였다. 차 한 잔과 간단한 음식은 군인들의 사기를 북돋우는 데 대단히 효과적이었다.

제1차 세계대전 당시와 그 이후에도 대다수 가정에서는 티타임 때 영양가 있는 음식을 마련하기가 어려웠다. 스프리그 박사는 전쟁 중 식량 배급을 관장하는 식품부의 의뢰로《식량 그리고 식량을 절약하는 법》(1918)을 발간했다. 그는 이 책자에서 식량 부족 및 배급이라는 전시 상황에서 어린이를 위한 식사 준비에 대해 조언했다. 오후에 먹는 티의 경우, 빵, 귀리 비스킷, 마가린, 드리핑dripping[고기를 조리할 때 나오는 지방] 토스트, 커런트 빵, 감자 스콘, 보리 스콘, 쌀가루로 만든 케이크, 귀리로 만든 진저브레드, 시럽, 잼, 샐러드 채소인 크레스와 토마토, 양상추와 래디시를 넣은 샌드위치, 채소 및 과일 샐러드, 약한 불로 찐 과일을 제안했다.[31]

제2차 세계대전이 일어나기 직전에도 어려운 시절은 이어졌다. 엘리자베스 크레이그의《1500가지 일일 식단》(1940년경)은 하이 티를 준비할 때 식욕을 돋우면서도 검소한 음식을 마련할 수 있도록 요리에 관한 폭넓은 식견과 영감을 선사했다. 또한 남은 음식을 최대한 활용하는 방법을 조언하고, 부담스럽지 않은 가격에 쉽게 구할 수 있는 재료를 활용한 식단을 소개한다. 예컨대 1월 첫째 주 일요일에는 정어리를 얹은 토스트, 흰 빵, 레이즌 브레드, 티케이크, 이클즈 케이크Eccles cake[페이스트리의 한 종류], 초콜릿 마카롱, 진저브레드, 청포도를 권한다. 6월 둘째 주 토요일에는 고기를 넣은 멜턴 모브레이 파이Melton Mowbray pie, 토마토와 양파 샐러드, 갈색 빵, 술타나sultana[씨 없는 건포도 품종] 스콘, 플랩잭flapjack,● 에클레어, 데블스 푸드 케이크devil's food cake,◆ 월넛 웨이퍼wafer[얇고 바삭하게 구운 과자], 체리 콩포트compote▲를 제안한다.

시련의 나날이 지속되던 제2차 세계대전 동안, 전쟁 결과에 큰 영향을 미친다는 주장이 제기될 정도로 차는 군인들의 사기를 진작하는 데 중요한 역할을 했다. 윈스턴 처칠은 차가 탄약보다 더 중요하다고 말하기도 했다. 1942년에 역사학자 A. A. 톰슨은 이렇게 썼다. "사람들은 히틀러의 비밀병기에 대해 수군댄다. 그런데 영국의 비밀병기는 다름 아닌 차가 아니겠는가. 차야말로 우리 - 육군, 해군, 여성단체 - 가 어려움을 헤치며 계속 전진하게 한다. 우리를 하나로 묶어주는 것은 바로 차다."[32]

그러나 1940년 7월, 차 역시 배급 품목에 들어가면서 엄격한 통제하에 놓였다. 5세 이상 국민의 주당 배급량은 차 56그램이었다. 이는 하루에 두세 잔 정도를 연하게 우리면 끝나는 적은 양이었다. 소방관이나 철강 노동자처럼 매우 중대한 직종에 종사하는 이들에게는 배급량이 추가되었다. 해군 장관을 역임했을 당시 처칠은 해군 함정에 승선한 선원들에게는 그들이 원하는 만큼 차를 지급하겠다고 선언했다. 1944년 이후로 70세 이상 영국 국민은 약 85그램까지 차를 구매할 수 있었다. 차 배급제는 종전 후에도 1952년까지 지속되었다.

적십자는 국외에 억류된 영국인 전쟁 포로들에게 구호품을 담은 소포를 보냈다. 전쟁이 끝날 무렵, 포로에게 보낸 소포는 총 2,000만 개가 넘었다. 소포에는 코코아 분말, 초콜릿바, 가공 치즈, 농축 우유, 건조 달걀, 정어리 통조림, 비누 한 개

● 귀리, 버터, 설탕, 시럽으로 만든 두툼한 비스킷.
◆ 맛과 색이 모두 진한 초콜릿 케이크.
▲ 설탕에 조려 차게 식힌 과일 디저트.

와 함께 언제나 차 1/4파운드(트와이닝스 공급)가 들어 있었다.[33]

'블리츠Blitz'['번개'라는 뜻의 독일어]라는 작전명으로 알려진 독일의 영국 대공습 당시에는 여성 자원봉사대 주도로 이동식 휴게소가 세워졌다. 자원봉사자들은 구조대원과 폭격으로 피해를 입은 수천 명의 사람에게 차와 커피, 간단한 음식을 나눠줬다. 한편 라이언스 티숍에서는 전쟁 이전에 차 1파운드(약 454그램)당 85잔을 우렸으나 전쟁 당시에는 100잔을 우리는 등 더 많은 차를 나눠줄 수 있는 방법을 강구했다.

영국에서는 1940년부터 1954년까지 식량 배급제가 시행됐다. 할당량은 변동을 거듭했지만, 최저 수준이었을 당시 성인 한 사람이 한 주에 배급받을 수 있는 양은 다음과 같았다.

베이컨과 햄 113그램

설탕 226그램

차 57그램

1실링 상당의 고기

치즈 28그램

버터 113그램

그 밖에도 요리용 기름과 마가린, 잼이 한 달에 한 번 배급되었다.

이렇게 빈약한 할당량으로 '하이 티'를 비롯해 가족을 위한 영양가 있고 맛있는 식사를 마련하는 것은 영국 주부들에게 하나의 도전이었다. 식품부는 배급량을 최대한 활용하도록 전시 요리 전단지를 발행해 도움이 될 만한 아이디어를 제공했다. 이렇게 배포된 인쇄물 중 하나인 〈No. 7: 하이 티와 저녁식사〉에서는 옛 티타임 별미들이 여럿 소개되었는데, 이를테면 연어 크로켓과 생채소 샐러드, 빵, 마가린, 잼, 또는 마카로니 치즈와 토마토나 크레스, 후식으로 잼 타르트가 있었다.

배급제가 시행 중이던 1948년에 굿 하우스키핑 연구소는 영양가 있고 맛있는 음식을 준비하는 데 길잡이가 되어주는 〈아침식사와 하이 티를 위한 100가지 아이디어〉라는 인쇄물을 발간했다. 여기에 소개된 요리법들은 특히 '든든한 하이 티'의 경우 꽤 혁신적이라 할 만한데, 커리 스파게티와 잘게 썬 양배추를 곁들여 캐서롤casserole[찜 냄비]로 찐 뇨키gnocchi●를 포함하고 있기 때문이다. 이는 집에서 채소를 재배하도록 권장되었던 전쟁 기간 동안, 텃밭에서 키운 채소를 이용해 하이 티를 위한 구미를 돋우면서도 영양이 풍부한 음식을 만들게끔 제안하는 것이었다. 가령 시금치 감자 링ring[고리 모양의 빵], 콜리플라워 파이, 콜캐넌colcannon◆이 포함되었다. 고기 요리의 경우, 육류 배급량이 "일주일 동안 다양한 고기 요리를 할 정도로 충분하지 않다. 따라서 하이 티를 준비할 때 가장 흡족한 제안이라고 한다면 통조림을 살 수 있는 '포인트'▲를 쓰거나 배급제 품목이 아닌 고기, 혹은 다진 고기나 소금에 절인 소고기 4분의 1파운드 남짓을 사용하는 것을 기본으로 해서 …… 소량이나마 고기를 최대한도로 활용하는 것이다." 이와 관련해 소개된 요리법으로는 소금에 절인 소고기튀김과 맵게 양념한 소시지가 있다. 또한 감자 치즈 토스트와 (건조 달걀을 사용한) 짭짜름한 작은 타르트 같은 치즈 요리는 영양이 풍부하면서도 빠르게 요리할 수 있다고 제안한다. 샐러드 역시 몇 분 만에 간편하게 만들 수 있어 일 년 내내 사랑받는 음식으로 권장한다.

종전 후에는 거리에서 다양한 티파티가 열렸는데, 특히 아이들을 위한 행사가 많았다. 많은 이들이 가장 좋은 옷을 차려입었던 것으로 기억한다. 샌드위치는 주로 스팸이나 고기, 어육 페이스트로 채워 만들었고 젤리에는 커스터드를 얹었다. 아이싱으로 장식한 축하 케이크도 흔히 볼 수 있었다. 거리로 쏟아져 나와 티파티

● 주로 감자 반죽에 달걀과 치즈를 넣어 만드는 이탈리아 요리.
◆ 아일랜드 전통음식으로, 으깬 감자에 버터, 우유, 케일(혹은 양배추)을 섞어 만든다.
▲ 소비자에게 배급 통장을 발행해, 각 물품에 대해 구매할 수 있는 포인트를 할당한 후, 포인트를 다 사용하면 새 쿠폰을 받을 때까지 구매할 수 없는 제도.

티 레이디와 티 트롤리

티 레이디tea lady는 군수 작업장의 효율을 높이기 위해 실험적으로 등장했다. 티 레이디의 존재가 작업장 사기에 매우 긍정적인 영향을 미치는 것으로 판명되자 전 작업장에 차와 간식을 제공하는 티 레이디가 배치됐다. 1943년 무렵에는 1만 개가 넘는 매점을 통해 양질의 음식과 충분한 차를 제공해 노동자들이 전시 중의 오랜 교대 시간을 버틸 수 있도록 도왔다.

이는 최초로 마련된 차를 마시는 공식적인 휴식 시간, 즉 티 브레이크였다. '티 레이디들'이 티 트롤리를 밀고 들어와 복도와 사무실 통로를 누볐는데, 1950~1960년대 공장과 사무실에서 익숙한 풍경이 되었다. 티 트롤리는 보통 휴식 시간에 필요한 모든 것을 갖추고 있었다. 뜨거운 물 혹은 미리 우려둔 차를 가득 채운 보온통, 케이크, 번빵, 쿠키, 그 밖의 간단한 간식이 실려 있었다.

업무 패턴이 바뀌고, 자판기나 카페테리아의 도입과 함께 티 브레이크 전통이 쇠퇴함에 따라 티 트롤리를 끌며 티 레이디들이 활약하던 시대는 1960~1970년대에 서서히 막을 내렸다.

티 트롤리는 20세기 초까지도 요크, 패딩턴, 유스턴 같은 주요 기차역에서 볼 수 있었다.

1908년 유스턴 역에서 승객들에게 차와 간식을 팔던 티 트롤리.

1940년대, 서리의 미첨에 위치한 필립스 램프 공장. 트롤리를 밀고 가는 다수의 티 레이디들이 노동자들에게 차를 가져다주는 모습.

를 벌이는 전통은 오늘날까지 이어져 1977년 엘리자베스 여왕의 즉위 25주년 기념일, 1981년 찰스 왕세자와 다이애나 왕세자비의 결혼, 2012년 여왕의 즉위 60년 기념일, 2016년 여왕의 90세 생일 같은 굵직한 공적인 행사 때에도 곳곳에서 티파티가 열렸다.

전시와 그 후 1950년대까지 티를 위한 외출은 줄어들었다. 임금과 노동조건에 관한 법률이 제정되면서 티숍을 운영하는 데에도 훨씬 큰 비용이 들었다. 반면 셀프서비스 커피바가 유행하며 인기를 끌었다. 대도시의 고급 호텔에서 즐기는 애프터눈 티는 활기 없는 행사로 전락해 특유의 매력을 잃고 말았다.

그러나 가정에서 차는 여전히 영국인이 가장 좋아하는 음료였으며 1950년대에 티백이 소개되자 차의 인기는 더욱 견고해졌다. 미국에서 처음 발명된 티백은 뉴욕에서 활동하는 차 수입업자인 토머스 설리번의 손끝에서 탄생했다. 티백은 차 산업뿐 아니라 차를 마시는 문화 전반에 혁명적인 변화를 가져왔다. 티백 덕분에 수세기 동안 이어진 차를 만드는 일련의 의식을 생략하고 빠른 시간 내에 차를 간편하게 만들 수 있게 된 것이다. 오늘날 티백은 영국의 차 시장에서 96퍼센트를 차지한다.

대관식을 기념하는 거리의 티파티, 1953년. 마을 사람들은 엘리자베스 2세의 대관식을 축하하며 게임을 즐기고, 한쪽에서는 브라스 밴드가 연주하고 있다. 당연히 아이들을 위해 맛있는 음식이 가득한 티파티도 열었다.

또한 이 무렵 식사 패턴에 또 한 번 변화가 일어났다. 오후 서너 시 무렵 차 한 잔에 비스킷이나 케이크 한 조각을 먹는 것을 제외하면 애프터눈 티는 거의 사라졌다. 영국의 여러 지역, 그중에서도 특히 북부의 상당수 노동자 계층 가정에서는 대여섯 시 무렵에 여전히 하이 티를 먹었지만, 노동 패턴이 바뀌면서 하이 티를 먹는 시간이 더 늦춰졌고, 결국은 저녁식사^{dinner}로 자리 잡았다.

1970년대에 내셔널트러스트National Trust[자연유산과 문화유산 보전을 위한 단체]가 역사적 명소를 찾은 방문객들에게 전통적인 애프터눈 티를 제공하기 시작하면서 티를 위한 외출이 다시 인기를 얻게 되었다. 오늘날 내셔널트러스트는 잉글랜드, 웨일스, 북아일랜드에 걸쳐 100여 개가 넘는 티룸과 카페를 운영하며 차와 가정식 티타임 별미를 선보이고 있다.

제인 페티그루가 1983년, 런던 교외의 클래펌에 문을 연 아르데코art deco[1920~1930년대에 유행한 장식 디자인] 티숍은 큰 성공을 거두며 인기를 끌었고, 새로운 유행을 선도했다. 오늘날 티룸은 영국 전역에서 성업 중이다. 특별한 애프터눈 티를 즐기기 위한 명소 중 하나는 서머싯 배스에 있는 펌프룸으로, 로마 목욕탕 유적과 인접해 있다. 2세기 넘게 배스의 사회적 중심지로 여겨졌던 18세기 펌프룸은 높은 창문, 코린트식 기둥, 반짝이는 크리스털 샹들리에, 광천수를 마시기 위한 음수대를 갖춘 인상적인 신고전주의 살롱이다. 여기에서는 이 지역의 전통적인 배스 번 빵을 비롯해 다양한 메뉴를 갖춘 애프터눈 티를 즐길 수 있다. 여름에는 어린이를 위해 토끼 진저브레드 비스킷, 하트의 여왕 잼 타르트, "나를 먹어요"라고 쓰여 있는 컵케이크가 나오는 '리틀 매드 해터스Little Mad Hatter's 애프터눈 티◆' 메뉴를 제공한다.

리츠, 사보이, 월도프, 도체스터, 레인즈버러를 위시한 런던의 호텔에서는 스페셜티 티◆를 선택할 수 있는 우아한 애프터눈 티를 선보인다. 원한다면 샴페인 한잔도 제공한다. 호텔에서 즐기는 티는 가격대가 높아서, 특별한 행사 때나 영국적인 티 전통을 경험해보고 싶은 관광객들이 주로 찾는다. 하지만 손님을 끌기 위한 경쟁이 대단히 치열해서 특정한 테마를 살린 애프터눈 티가 인기를 얻고 있다. 런던의 손꼽히는 명소들에서는 '색다른' 애프터눈 티를 즐길 수 있다. 일례로 별난

● 《이상한 나라의 앨리스》에 나오는 '미친 모자장수의 티파티'를 테마로 한 메뉴.
◆ 독창적이고 고유한 특성을 지닌 특산차로. 한정 수량만 생산하는 고급차를 지칭한다.

테마(매드 해터스 티), 특이한 장소(보트), 혹은 스콘과 샌드위치 대신 태국 요리나 초밥, 딤섬이나 마살라 차이masala chai● '애프터눈 티' 같은 색다른 개성이 돋보이는 세계 음식을 선보인다. 또한 앙증맞은 샌드위치나 케이크는 찾아볼 수 없는, 신사들을 위한 티가 늘어나는 경향을 비롯해 다양한 기호를 고려한 메뉴가 등장하고 있다. 이와 관련해 최근 생겨난 메뉴에는 달콤한 맛보다 짭짜름한 맛을 선호하는 이들을 위해 든든하게 배를 채울 수 있는 요리가 있는데, 이러한 구성은 하이 티에 더 가깝다. 애서니엄 티룸에는 멧돼지 소시지 롤, 미니 스테이크, 에일 파이, 체더 치즈 베이컨 스콘 같은 메뉴가 있으며 샴페인 대신 위스키를 선택할 수도 있다. 또한 이곳에서는 습관적으로 마시는 평범한 차에 영국에서 사랑받는 전통 디저트인 스티키 토피 푸딩sticky toffee pudding◆을 곁들일 수도 있다. 혹은 생텀 소호 호텔에서 잭다니엘의 프리미엄 위스키인 '젠틀맨 잭'을 홀짝이며 토끼고기와 판체타pancetta[돼지 뱃살로 만든 베이컨의 일종]를 넣은 페이스트리와 블러디 메리 소스▲를 얹은 데친 굴을 맛볼 수 있다.

● 인도어로 마살라는 향신료를, 차이는 우유를 뜻한다. 마살라 차이는 홍차 가루에 향신료, 생강, 우유 등을 넣어 진하게 끓인 것을 말한다.

◆ 토피 소스를 얹은 스펀지케이크로, 토피 소스는 버터, 크림, 설탕으로 만든 달콤하고 진득한 캐러멜색 소스다.

▲ 블러디 메리는 흔히 토마토 주스에 보드카를 섞어 만든 칵테일을 가리키는데, 블러디 메리 소스는 토마토, 우스터셔 소스, 약간의 보드카, 양파, 셀러리 등을 넣어 만든다.

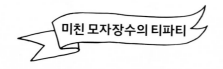

미친 모자장수의 티파티

THE MAD TEA-PARTY.

루이스 캐럴의 《이상한 나라의 앨리스》에 등장하는 '미친 모자장수의 티파티'를
묘사한 존 테니얼의 삽화.

'미친 모자장수의 티파티' 테마는 집에서 여는 파티나 티룸, 호텔 모두에서 지속적인 인기를 끌고 있다. 1865년에 루이스 캐럴이 《이상한 나라의 앨리스》에서 탄생시킨 이 티파티는 영문학 사상 가장 유명한 티파티로 자리매김했다. 이 이야기는 수수께끼와 터무니없는 말과 광기로 가득 차 있다. 미친 모자장수의 세계는 항상 티타임에 머물러 있는데, 그의 시계가 6시 정각에 맞춰져 있기 때문이다.

"차를 조금 더 마셔." 3월의 토끼가 진지하게 앨리스에게 말했다.

"난 아직 한 모금도 안 마셨어." 앨리스가 기분 나쁜 말투로 대꾸했다. "그러니까 더 마실 수 없어."

"덜 마실 수 없다는 뜻이겠지." 모자장수가 말했다. "전혀 안 마신 상황에서 더 마시기는 아주 쉽잖아."

앨리스는 차를 전혀 마시지 못한다. 앨리스가 앉은 쪽의 테이블 위에는 빵과 버터밖에 없다. 집에서 이 테마로 파티를 열 때에는 뒤섞인 도자기 그릇, 짝이 맞지 않는 찻잔과 받침, 알록달록한 테이블보와 냅킨을 사용하고, 마시멜로 '마법' 버섯, 무지개 샌드위치, 하트의 여왕 잼 타르트 같은 특이한 케이크와 페이스트리를 준비한다.

2장
유럽

대다수 유럽 국가는 커피를 마시는 문화로 더 잘 알려져 있다. 하지만 차는 일찍이 17세기 초반 네덜란드인을 통해 처음 유럽에 들어왔다. 사실 아프리카 희망봉을 돌아 최초로 아시아를 잇는 바닷길을 개척해 동아시아와의 교역을 독점한 국가는 포르투갈이었지만, 포르투갈인은 차 무역에 큰 관심이 없었다. 이러한 상황에서 포르투갈과 무역 경쟁을 벌이던 네덜란드가 1610년 일본에서 암스테르담으로 녹차를 처음 들여왔다. 네덜란드인은 독일, 프랑스, 영국 같은 다른 유럽 국가들의 시장에 차를 내놓았다(특히 영국에서는 차가 커피를 제치고 사람들이 가장 좋아하는 음료가 됐다). 폴란드를 비롯한 동유럽에서 차를 마시는 전통은 러시아를 통해 들어와 17세기에 시작되었다.

네덜란드

차가 처음 네덜란드에 소개되었을 때, 차는 값비싸고 이국적이며 진기한, 부유층의 전유물이었다. 또한 씁쓸한 맛과 건강에 좋다고 알려진 특징으로 인해 약용 음료로 여겨졌다. 1657년 ('미스터 굿 티Mr Good Tea'라는 별명으로 불린) 브론테코에 박사는 차의 경이로운 효능을 알리는 데 앞장섰는데, 고열을 내린다며 하루에 40~50잔의 차를 마시라고 처방하기도 했다.[1] 차가 소개된 초기에는 일반적인 식사 시간에 차를 내지 않았다. 그래서 아예 차와 함께 먹는 새로운 형태의 식사가 생겨났다. 도시에서는 차와 함께 케이크, 페이스트리, 비스킷을 먹었다. 시골에 사는 이들은 러스크나 빵, 치즈와 함께 차를 즐겼다.[2]

티파티는 부와 사회적 지위를 반영하는 신분의 상징이 되었다. 네덜란드 상인들은 차뿐 아니라 차와 별미들을 대접하는 데 필요한, 정교하고 값비싼 중국의 자기 다기 세트를 가져왔다. 도공들은 파이앙스faience 도기로 알려진, 주석 유약을 바른 도기를 만들어 중국의 자기 다구를 모방하기 시작했다. 네덜란드 도공들이 중국 청화백자의 색과 매력을 포착하는 데 성공했는데, 이러한 도기들은 델프트 주변에서 제조되어 델프트 도기로 알려졌다. 또한 금으로 만든 스푼과 포크뿐 아니라 일본이나 베네치아에서 만든 접시도 사용되었다.

상류층은 특별한 방을 따로 마련해 그곳에서 진귀한 차를 만들어 대접하고 마셨다. 보통은 차만큼 값비싼 설탕을 차에 넣어 마셨다. "방에 구비된 가구로는 티테이블과 의자, 찻잔과 설탕상자를 비롯해 은수저와 사프란 주전자를 넣어두는 보관장이 있었다. …… 차와 사프란은 함께 제공되었는데, 사프란을 넣어 달콤해진 차의 향이 날아가지 않도록 찻잔에 뚜껑을 덮어놓았다."[3] 차를 마실 때, 특히 기품 있는 귀부인의 경우, 받침 접시에 차를 따라 마시는 것이 에티켓이었다. 이러한 관습은 네덜란드에서 받침 접시로 마신다는 뜻의 '쇼텔 드링켄Schotel drinken'이라고 불린다. 네덜란드의 몇몇 시골 지역에서는 여전히 받침 접시에 차를 따라 마신다.[4]

차와 함께 최고의 티푸드를 대접하기 위한 치열한 경쟁이 안주인들 사이에서 벌어졌다. "컨피처confiture●는 다양한 형태로 제공되었다. 과일

얀 요세프 호레만스, 〈티타임〉, 1750~1800.

● 과육 모양이 살아 있게 만든 과일 설탕 절임.

을 설탕에 조리거나 과육에 설탕을 넣고 절인 뒤 얇은 시트 위에 펼쳐 말리거나 잼과 비슷한 설탕 조림을 찻잔이나 특별히 고안된 작은 틀에 부어서 테이블에 올렸다."[5]

오늘날 네덜란드는 차 대부분을 인도네시아(옛 식민지)에서 수입하며, 그다음으로는 스리랑카에서 차를 공수해 온다. 오늘날에는 커피를 더 많이 마시는 경향이 있지만, 차는 여전히 아침식사와 점심식사 때, 그리고 저녁식사 후에 널리 마시는 음료다. 오전에는 보통 커피를 마시며 휴식 시간을 갖지만, 오후에는 비스킷(쿠 여koekje), 초콜릿(초코라체chocolatje), 아니스 열매로 만든 사탕과자(마위셔스muisjes) 등 달콤한 티푸드와 함께 차를 마시며 테타이트theetijd, 즉 티타임을 갖는다.[6]

차는 연하게 우리는 편이며, 우유를 넣지 않는다. 향을 가미한 차나 과일차도 인기 있다. 티타임 때 내는 또 다른 티푸드로는 (캐러멜 비슷한 시럽으로 채운 얇고 바삭한 와플 '샌드위치'인) 스트룹와플stroopwafel이 있다. 이것은 네덜란드의 하우다에서 유래한 티푸드로, 1784년에 한 제빵사가 제과점에서 남은 재료를 사용해 처음 만들었다고 전해진다. 스트룹와플은 찻잔 위에 올린 채로 내는데, 뜨거운 차에서 나오는 증기로 인해 와플 속의 시럽이 부드럽게 녹아 향긋한 시나몬 향을 풍긴다. 지금도 격식을 갖춘 티타임을 가질 때면 훌륭한 자기 찻잔과 받침 접시를 즐겨 사용하며, 많은 이들이 흰 바탕에 청색 무늬가 들어간 델프트 도기를 소유하고 있다.

네덜란드 곳곳에 (보통은 '하이 티'에 해당하는) 애프터눈 티를 즐길 수 있는 장소들이 있다. 가령 델프트의 로얄 델프트에서는 델프트 도기에 차를 제공하며, 암스테르담에 위치한 가스인에서는 수프와 키시 파이, 짭짤한 맛의 슈 페이스트리와 여러 케이크를 곁들인 다양한 '하이 티'를 제공한다.

차와 함께 내는 스트룹와플.

독일

차는 1610년경 네덜란드 국경과 인접한 동프리슬란트를 통해 독일에 전래되었다. 당시 동프리슬란트 선박이 네덜란드 동인도회사와 계약을 맺으면서 차가 처음 소개되었고, 그로부터 100년도 채 지나지 않아 차는 가장 인기 있는 음료가 되었다(차는 국내에서 생산되는 맥주보다 저렴했다). 또한 독일인들은 유럽에서 최초로 중국의 자기 제조 비법을 알아냈다. 1709년 마이센 가마가 중국식 다기 세트를 제조하는 데 성공한 것이다. 다기 디자인은 중국식 모델에 기반을 두었다. 찻잔은 매우 작고 손잡이가 없었으며, 받침 접시는 얕은 그릇에 가까웠다. 이 시기 유럽에서는 중국풍이 대대적으로 유행했다. 수많은 유럽의 왕족과 귀족이 그들이 소유한 공원과 정원에 티하우스를 지었다. 이러한 티하우스를 가장 잘 보여주는 사례는 1756년 프로이센의 프리드리히 2세가 포츠담에 있는 여름 별궁인 상수시 궁에 지은 차이니즈 하우스다.

18세기 말에 차를 마시는 행위가 일상생활의 일부가 되면서 차는 당시 일반적

'차이니즈 하우스'(티하우스)는 포츠담의 상수시 공원에 세워진 이국적이고 고풍스러운 가든 파빌리온garden pavilion[공원 내 정원에 주로 쉼터로 사용되는 공간이나, 용도보다는 아름다움을 강조해 지은 건물]이다. 이 파빌리온은 프로이센의 프리드리히 2세가 꽃과 채소가 어우러진 궁정의 정원을 장식하기 위해 의뢰해 1754년에서 1764년 사이에 건축되었다. 당시 유럽인들의 마음을 사로잡으며 유행하던 시누아즈리chinoiserie, 즉 중국풍으로 지어졌다. 파빌리온의 외관에는 동화 속에 나올 법한 중국인 음악가와 차를 마시는 남녀의 조각상들이 빙 둘러져 있고 금박을 입힌 야자수 형태의 기둥이 조각상들과 어우러져 지붕을 받치고 있다.

인 아침이었던 수프 한 그릇을 대신했다. 차를 마시는 풍습은 문학계에도 널리 퍼졌다. 괴테는 티파티가 친구를 맞이하는 완벽한 방법이라고 믿었다. 시인 하인리히 하이네는 차와 페이스트리를 파는 베를린의 슈텔뤼스흐 티숍에서 차에 관한 유명한 시를 썼으며, 그곳에서 수많은 화가와 배우, 작가, 외교관 들을 만나 차를 마시며 기운을 북돋우곤 했다.[7]

> 티 테이블에 둘러앉아 차를 마시며
> 사랑에 대해 많은 이야기를 나눴다네.
> 남자들은 사랑에 대해 이성적으로 생각하고
> 여자들은 사랑을 더 섬세하게 느끼는 편이었지.[8]

오늘날 독일 하면 보통 커피를 마시는 문화를 떠올리곤 하지만, 독일인들은 차마시는 관습도 매우 중요하게 생각한다. 동프리슬란트 사람들은 여전히 하루에 서너 차례 차를 마신다. 아침식사와 저녁식사 때 마시는 차뿐 아니라 오전 11시경의 티타임, 오후 3시경의 티타임이 있다. 차는 보통 아삼과 실론을 배합하는데, 향이 풍부하고 강하면서 진한 차를 만든다. 동프리슬란트 지역 사람들은 현지 방언으로 ('클룬체Kluntje', 표준 독일어로는 '칸디스Kandis'라고 부르는) 얼음사탕rock sugar● 과 크림으로 차를 만드는 그들만의 특별한 방법을 갖고 있다. 먼저 클룬체 한 개를 유리잔인 티 글라스나 찻잔에 넣는다. 클룬체 위에 진한 홍차를 붓는다(이때 뜨거운 차에 클룬체가 갈라지는 소리를 잘 들어본다). 그런 다음 둥글고 오목한 롬레펠Rohmlepel이라는 특별한 스푼으로 조심스럽게 컵 안쪽 가장자리에 크림을 두툼하게 넣으면, 뜨거운 차 위에 크림이 구름처럼 떠 있게 된다. 차를 스푼으로 휘젓지 않으므로 차를 마시면 먼저 크림의 풍부하고 부드러운 맛이 입 안 가득 퍼진다. 그다음에는

● 설탕의 일종으로, 외견이 얼음 조각과 비슷하다.

뜨거운 차의 쓴맛, 마지막으로 클룬체의 달콤한 맛을 음미한다. 독일에서는 차를 전통적으로 석 잔 마신다. 사실 초대받은 손님이 석 잔보다 적게 마시는 것은 예의에서 어긋난다고 여겨진다. 차를 다 마셨으면 충분히 마셨다는 표시로 스푼을 찻잔에 넣어둔다. 그렇게 하지 않으면 손님을 초대한 주인은 계속해서 찻잔에 차를 따라줄 것이다.

동프리슬란트에서는 드레스덴 다기 세트Dresmer Teegood[Dresmer는 드레스덴의 옛 표기]에 차를 마시는 것을 선호한다. 드레스덴 다기 세트는 1764년 개업 이래 현재까지 성업 중인 발렌도르프 도자기 회사에서 제작한 것으로, 두 가지 무늬가 인기 있었다. 하나는 파란색 무늬인 '블라우 드레스머Blau Dresmer', 다른 하나는 유명한 붉은 모란(혹은 장미라고도 불리는) 무늬인 '루트 드레스머Rood Dresmer'다. 이 다기 세트는 크림 캐니스터, 티포트, 찻잔으로 구성되어 있다.

또한 차는 독일의 다른 지역에서도 인기가 많다. 사실 독일은 다르질링 같은 세계 최고 품질의 차를 가장 많이 소비하는 나라다. 2014년 독일의 차 수입량은 사상 최고 수준으로 증가했다. 항구도시인 함부르크는 유럽의 차 도매 거래의 중심지이며 재수출 또한 활발하게 이뤄지고 있는데, 캐나다가 재수출되는 차의 주요 수입국이다.[9] 항구도시인 브레머하펜이 있는 브레멘 또한 차 무역에서 중요한 지역이며, 수많은 티룸이 독일인의 차에 대한 수요에 부응해 성업 중이다. 그중에서도 중세 시대의 저택 내에 있는 '테스튀브헨 임 슈누어'라는 티룸에서는 80종의 차와 다양한 가정식 토르테로 이루어진 메뉴를 선보인다. 티룸 1층에서는 이 지역의 수공예품과 함께 차를 구매할 수도 있다.

유명한 루트 드레스머 찻잔과 잔 받침에 내온 동프리슬란트의 구름 같은 크림을 넣은 차.

프랑스

프랑스 또한 커피를 마시는 문화로 더 잘 알려졌지만, 17세기 중반 차가 처음 소개되었을 당시부터 차는 부유층이 애용하는 음료가 되었다. 훗날 애프터눈 티는 상위 중산층의 사회적 관습으로 자리 잡았는데, 이와 관련된 풍속은 마르셀 프루스트의 소설에 탁월하게 묘사되어 있다. 오늘날에도 프랑스는 차를 대하는 세련된 방식과 차를 마시는 예절로 명성이 높으며, 꽃이나 과일 향을 가미한 가향 블렌드 티와 정교하게 만든 파티스리, 그리고 차향을 가미한 유명한 젤리를 비롯해 차를 주재료로 사용한 요리로 대표되는 '프렌치 티French Tea'로 유명하다.

네덜란드 동인도회사가 프랑스에 최초로 차를 실어 나른 때는 1636년이었다. 처음에 차는 약이나 약물로 여겨져 약재상에서 판매했다. 의학계에서는 차의 효능을 두고 꽤 오랫동안 논쟁을 벌였다. 당시 저명한 프랑스 의사이자 작가인 가이

장-에티엔 리오타르, 〈정물화: 다기 세트〉 1783년경, 캔버스에 유화. 리오타르가 중국 다기 세트를 그린 다섯 점의 그림 중 하나다. 티타임을 마치고 어지럽게 뒤섞인 다구들을 그린 이 그림을 살펴보면, 6개의 찻잔과 받침 접시, 티포트, 설탕 그릇, 밀크 저그와 찻잎이 들어 있던 것으로 보이는 뚜껑이 달린 작은 항아리가 있다. 찻잔과 받침 접시가 담겨 있는 큰 그릇은 아마 차 찌꺼기를 담는 그릇일 것이다. 빵과 버터가 담긴 접시도 있다.

패탕은 차를 "금세기 부적절한 신상품"이라 칭했던 반면,[10] 알렉상드르 로드 신부는 "차를 귀중한 약물로 여겨야 한다. 차는 신경성 두통을 확실하게 치유할 뿐 아니라 요석증과 통풍에 특효가 있다"고 썼다.[11] 어린 나이에 즉위한 루이 14세(재임 1643~1715) 치하에서 수상을 역임한 마자랭 추기경은 차를 마시는 풍습을 프랑스 왕궁에 소개했고 통풍 증세를 완화하기 위해 차를 자주 마셨던 것으로 전해진다. 훗날 루이 14세도 통풍을 완화할 목적으로 차를 마셨다.

유명한 서간 작가인 세비네 후작부인은 1684년에 보낸 한 편지에서 이렇게 썼다. "타랑트 공작부인은 매일 12잔의 차를 마셨고, 무슈 랜드그레이브는 40잔을 마셨지요. 죽어가고 있던 그는 차를 마신 덕분에 눈에 띄게 기운을 차린 모습이었어요."[12] 1680년에 건강이 좋지 못했던 친구에게 보낸 편지에서 그녀는 우유를 마시라고 조언하면서, 차가운 우유가 혈온과 만나는 것은 피해야 하니 따뜻한 차에 우유를 넣어 마시라고 권했다. 또한 같은 편지에서 마담 드 라 사브리에르가 최근에 "우유를 넣은 차"를 마셨다고 덧붙였다.

사회 지도층뿐 아니라 극작가 폴 스카롱과 장 라신을 비롯한 많은 지식인들이 차 애호가가 되었지만, 사실상 1700년에 프랑스 선박인 앙피트리테 호가 최초로 중국까지 항해해 많은 양의 차와 함께 실크, 칠기, 자기 같은 이국적인 물품을 싣고 귀환한 때에 이르러서야 비로소 차가 프랑스에 널리 보급되며 유행하게 되었다.

상류 사회에서 약재로 애용되던 차는 루이 14세 통치 말엽에는 건강한 이들도 기분 좋게 즐길 수 있는 음료로 여겨지게 됐다. 하지만 그 후로도 오랫동안 차는 커피보다 비쌌다. 또한 새롭게 문을 열어 큰 호응을 얻은 카페에서 제공되는 커피와 달리, 차를 마시려면 값비싼 자기 및 은제 다기 세트를 구비해야 했다.

프랑스는 1745년 샤토 드 뱅센에서 연질 자기를 자체 제조하기 시작했다. 1756년 자기 제작소는 세브르로 옮겨 갔고, 1772년 리모주에서 고령토가 발견된 후, 세브르에서 훌륭한 품질로 유명한 고급 경질 자기를 생산하기 시작했다. 그 후로 정교한 아름다움이 돋보이는 식기류가 제조되었다. 다기 세트는 짙은 파란색, 청

딜 에 게라르 자기 제작소의 앙굴렘 공작을 위한 여행용 다기 세트, 파리, 1788년경.

록색, 노란색, 산뜻한 황록색, 로즈 핑크색으로 채색되었다. 이 중에서 로즈 핑크색 다기는 세브르의 가장 중요한 후원자였던 마담 드 퐁파두르의 이름을 따서 로즈 퐁파두르라고 이름 붙였다.[13]

저명한 프랑스 작가 오노레 드 발자크는 열렬한 차 애호가였다. 그는 차 마시는 습관을 우아한 삶의 방식과 어우러지게 했다. 그는 대단히 값비싼 차를 감춰놓는 작은 공간을 따로 마련했고, 아주 드물게 특별한 친구들에게만 차를 대접했다.[14] 그는 자신의 작품《잃어버린 환상》과《친척 베트》에 등장하는 인물들의 사교 생활을 통해 차를 소개하기도 했다.《잃어버린 환상》에서 차 애호가인 발자크는 앙굴렘에서 온 한 여인에 대해 이렇게 썼다. "여전히 소화불량 치료제로 알려진 차를 약재상에서 팔았던 도시에서 그녀는 전 지역 사람들에게 아이스크림, 케이크, 그리고 대단히 혁신적인 차가 나오는 이브닝 파티를 알렸다."[15]

화가 클로드 모네도 차를 좋아했다. 1883년 모네는 지베르니에 위치한 잘 알려진 집으로 거처를 옮겼다. 그는 날씨가 허락할 때마다 정원에서 애프터눈 티를 즐겼다. 모네의 일상은 온통 그림 작업을 중심으로 돌아가고, 성격 자체도 고독을 좋아하고 내성적이었지만, 친구들을 초대해 편안한 분위기에서 맛있는 음식을 즐겨 대접했다. 그의 집을 찾는 손님 중에는 르누아르, 피사로, 시슬레, 드가, 세잔을 비롯한 동료 인상파 화가들뿐 아니라 정치가인 클레망소처럼 당대의 주요 인물도 있었다. 또한 로댕, 휘슬러, 모파상, 발레리도 자주 찾아와 티타임을 함께했다. 차는 라임나무 아래나 발코니 혹은 연못 근처에서 마시곤 했다. 모네는 카도마 매장에서 판매하는 진한 차를 좋아했다. 차에는 스콘이나 밤 비스킷, 시나몬 토스트를 곁들였을 것이다. 그가 티타임 때 즐겨 먹은 티푸드로는 제노아 케이크Genoa

클로드 모네, 〈티세트〉, 1872년, 캔버스에 유화. 인상적인 붉은 칠기 쟁반과 청화백자는 모네가 아시아의 예술과 물건에 매료되었음을 잘 보여준다.

cake[건포도, 커런트, 설탕에 조린 체리 등 과일 등을 넣어 만든 케이크], 유지방이 많이 든 과일 케이크, 오렌지 케이크, 마들렌, 그리고 팽 페르뒤pain perdu[프렌치토스트]가 있었다. 차를 마신 후 손님들은 세잔, 르누아르, 피사로, 드가가 그린 회화 등 모네가 소장한 개인 소장품을 보기 위해 위층에 올라갔을 것이다. 모네는 새벽에 일어나기 위해 매우 이른 시간에 잠자리에 들었기 때문에 저녁식사 때는 손님들을 초대하지 않았다.[16]

차를 마시는 풍습은 19세기 말에 살롱 드 테salon de thé(티 살롱, 혹은 티룸)가 등장하면서 새롭게 탄생한 중산층까지 널리 퍼지게 되었다. 이 당시 차는 '5시의 차'로 알려졌다. 파리에 티룸이 처음 문을 연 것은 1880년대였다. 닐Neal이라는 성을 가진 영국인 형제가 운영하던 리볼리가에 위치한 '콩코드'라는 문구점 겸 서점에서 차와 비스킷을 팔기 시작했다. 처음에는 매장에 테이블 2개를 놓고 차와 비스킷

벨 에포크Belle Epoque ● 시대의 파리에서 '5시의 차'를 마시는 세련된 사교계의 살롱.

을 팔기 시작했지만 얼마 후 위층에 제대로 된 티룸을 만들었다. 이 가게가 훗날
티룸으로 유명해지는 영국의 고급 서점인 W. H. 스미스&선스가 되었다. 1898년
오귀스트 포숑은 파리 마들렌 광장에 '그랜드 살롱 드 테'라는 티룸을 열었다. 그
는 티룸을 개점하면서 파리의 최고 요리사와 파티시에를 고용했다.

　파리에 살롱 드 테가 문을 열자 이러한 티룸들이 곳곳에 생겨났다. 여성들은
남성 전용 구역인 카페에 가지 못하는 대신, 쇼핑을 한 뒤 살롱 드 테에서 친구들
과 만나 다과와 파티스리를 즐겼다.

　라뒤레는 파리에 개점한 초기 티 살롱 중 하나였다. 이곳은 원래 1862년에 루
이 어니스트 라뒤레가 파리의 중심부의 루아얄가 16번지에 개업한 제과점이었다.

● 　19세기 말부터 제1차 세계대전 발발까지 파리가 번성한 화려한 시대.

그런데 1871년에 일어난 화재 이후 라뒤레는 이 부지에 페이스트리 가게를 재건축했고, 그의 아내인 잔 수샤르와 함께 파리 특유의 분위기를 살린 카페에 프랑스 파티스리 같은 맛있는 케이크류를 파는 매장을 성공적으로 선보이면서 훗날 티룸으로 불리는 공간을 만들었다. 실내 장식을 맡은 쥘 쉐레가 천장에 그린 파티시에 복장을 한 통통한 아기 천사들은 라뒤레의 상징처럼 여겨진다. 벽에는 거울이 줄지어 장식돼 있어 손님들은 단장을 하고 자신의 모습을 비춰볼 수 있다. 1930년에는 라뒤레의 손자인 피에르 데퐁텐이 2개의 마카롱 셸 사이에 초콜릿 크림인 가나슈를 넣은 마카롱을 만들면서 라뒤레의 명성을 드높였다. 오늘날 라뒤레는 다채로운 색과 맛의 앙증맞고 달콤한 마카롱으로 유명하다. 당시 데퐁텐은 페이스트리 가게에 티룸을 열었다. 이 매장은 집보다는 티룸에서 친구들을 즐겨 만나게 된 여성들 사이에서 대단히 큰 인기를 끌었다.

1903년에는 프랑스 남부에서 맛있는 케이크와 페이스트리로 이름을 날린 오스트리아 태생의 제과업자 앙투안 럼플메이예가 파리의 리볼리가 226번지에 살롱 드 테를 열었다. 원래 이 살롱의 이름은 '럼플메이예'였지만 훗날 며느리의 이름을 딴 '앙젤리나'로 상호를 변경했다. 프랑스 건축가인 에두아르-장 니르망이 디자인한 '앙젤리나'의 실내 장식은 세련되면서도 중후한 멋과 우아한 분위기가 조화를 이룬다. 앙젤리나는 유행에 민감한 파리 사교계를 순식간에 매료시켰다. 당시 살롱 드 테를 자주 찾은 사교계 인사 중에는 총 7권으로 구성된 대작《잃어버린 시간을 찾아서》의 작가 마르셀 프루스트도 있었다. 이 작품은 특히 차와 마들렌을 섬세하게 묘사한 부분으로 유명하며, 1권《스완네 집 쪽으로》(1913)에서는 살롱 드 테의 유행을 정확히 포착한 장면이 등장한다.

그녀[오데트]의 표정이 심각해지고 걱정에 사로잡힌 듯 성마르게 될 때는 꽃놀이 축제를 놓칠까봐 아니면 '루아얄가 티룸'에서 머핀과 토스트를 곁들이는 티타임에 늦을까봐 우려해서였다. 오데트는 우아한 여인으로서 명성을 지키기 위해 티룸의 티

파리의 앙젤리나 티룸, 1903년경.

타임에 정기적으로 참석해야 한다고 믿었다.

또한 프루스트의 화자는 차에 적신 마들렌을 맛보고는 유년 시절의 한 장면을 회상한다.

어머니는 사람을 보내 세로로 홈이 새겨진 조가비 모양의 틀에 넣어 만든 '프티 마들렌'이라는 짤막하고 통통한 과자를 사 오게 했다. 따분했던 하루와 서글픈 내일에 대한 생각으로 기분이 울적했던 터라 나는 작은 마들렌 조각이 녹아든 홍차 한 스푼을 기계적으로 입술로 가져갔다. 그런데 따뜻한 홍차와 그 안에 녹아든 마들렌 조각이 내 입천장에 닿은 찰나, 온몸에 전율이 퍼졌다. 나는 잠시 가만히 멈춘 채로 내게 대단히 특별한 일이 일어나고 있다는 생각에 열중했다. 어떤 강렬한 기쁨이 내 감각 속에 파고들었다. …… 그러자 갑자기 추억이 떠올랐다. 그 맛은 내가 콩브레에서 일요일 아침마다(일요일에는 미사 전에 외출할 수 없었기 때문에) 레오니 아주머니 방

에드먼드 블램피드, 〈도빌에서 5시의 차〉, 1926년. 도빌에 위치한 폴로 경기장에서의 티타임을 묘사한 작품. 애프터눈 티를 마시는 것은 제1차 세계대전 이후 유럽 대륙의 상류층 사교계에서 유행했다.

으로 아침 인사를 하러 가면, 아주머니가 홍차나 보리수차에 적셔 내게 건네주던 작은 마들렌 조각의 맛이었다. 마들렌을 맛보기 전 그냥 눈으로만 봤을 때는 아무런 생각도 떠오르지 않았던 터였다.[17]

우아한 스타일로 널리 알려진 코코 샤넬은 앙젤리나의 10번 테이블에서 자주 목격되었다. 그녀는 핫초콜릿을 마시기 위해 매일 앙젤리나에 방문했다고 한다. 코코 샤넬이 앉던 테이블은 거울 바로 옆이었는데, 전기 작가들은 그녀가 거울을 무척 좋아했고 거울을 통해 자신을 둘러싼 세계를 수줍게 관찰했다고 기록했다.

파리에서도 티댄스(테 당상)가 열렸다. 1913년 3월 20일 《시카고 데일리 트리뷴》은 "사교계 사람들에게 인기 있는 파리의 티댄스"에 대해 이렇게 보도했다.

파리에 가본 적 있는 시카고인들이라면 모두 잘 알고 있을 리볼리가에 위치한 럼플

메이예의 유명한 찻집에서 오후에 행사를 열어 새로운 유행을 선도하기 시작했다. '테 당상'이라 이름 붙인 행사는 시작과 동시에 큰 성공을 거두었다. 큰 규모의 건물에 화려한 오케스트라를 갖추고 오후 3시부터 7시까지 대서양을 가로질러 전파된 미국 음악과 래그타임ragtime[20세기 초반에 시작된 초기 피아노 재즈], 다양한 왈츠, 춤곡인 갤럽과 투스텝, 행진곡을 철저하게 고수하며 연주한다. 대형 댄스홀의 가장자리에 놓인 넓은 객석에는 럼플메이예의 유명한 타르트와 케이크를 비롯해 온갖 훌륭한 제과류와 함께 차가 제공된다. 입장료는 5프랑으로, 이 금액만 내면 원하는 만큼 차를 마시고, 차와 함께 나오는 별미를 맛볼 수 있으며, 완벽한 음악에 맞춰 완벽한 댄스 플로어에서 마음껏 춤을 즐길 수 있다.

살롱 드 테를 찾는 사교계의 풍습은 파리의 리츠 같은 고급 호텔로 퍼졌지만, 모두가 환영한 것은 아니었다. 프랑스의 유명 요리사인 에스코피에는 이 관습에 대해 이렇게 반문했다. "잼과 케이크, 페이스트리를 먹은 지 한두 시간 후에 어떻게 최상의 식사라 할 수 있는 저녁을 즐길 수 있단 말인가? 어떻게 음식과 요리, 와인을 제대로 음미하겠는가?"[18] 비아리츠의 팔레 호텔과 카부르의 그랜드 호텔 같은 바닷가 휴양지의 고급 호텔에서 애프터눈 티는 햇볕이 잘 드는 테라스나 바다가 보이는 호텔 룸에서 즐길 수 있었다. 살롱 드 테의 실내 장식은 화려하게 장식된 거울과 크리스털 샹들리에, 대리석 테이블로 호화롭고 세련된 멋을 자랑했다. 이러한 살롱에서 테 당상이 열리기도 했다.

당시 프랑스에서 살롱 드 테는 담배 연기가 자욱하고 남성들의 전용 공간이었던 카페와 달리 여성들이 평판에 신경 쓰지 않고 드나들 수 있는 유일한 공공장소로서 오랫동안 여성들의 발길을 끌었다. 또한 프랑스 카페는 시끌벅적한 데다 거리에서도 안을 볼 수 있는 구조였지만 전형적인 살롱 드 테는 지나가는 사람들의 시선과 멀리 떨어진 2층에 위치해 차 애호가들이 조용하고 친밀한 분위기에서 훌륭한 티를 음미할 수 있었다. 그런데 파리 여성들이 차를 얼마나 많이 마셨는지는 논란의 여지가 있다. 상당수 프랑스인은 차보다 커피나 핫초콜릿을 선호했던 것으로 보인다. 사실, 음식 역사학자인 미카엘 크론들이 그의 저서 《달콤한 발명》(2011)에서 제시하듯, 프랑스의 유한계급 여성들에게 정말로 중요했던 것은 차와 차에 곁들여 나오는 파티스리가 아니었다. 1903년에 (피에르 드 쿨뱅이라는 필명으로 글을 썼던) 소설가 잔 필로멘 라페르슈는 이렇게 말한다.

> 지난 5년간 티룸이 우후죽순 생겨났다. 이제는 캉봉가, 리볼리가, 생토노레가, 루브르 박물관과 봉 마르셰 백화점으로 가는 큰길가를 비롯한 곳곳에서 티룸을 찾아볼 수 있다. 이 점에 있어서만큼은 파리가 런던을 뛰어넘었다. 그렇다고 해서 프랑스 여성이 차 애호가가 되었다는 의미일까? 전혀 그렇지 않았다. 더욱이 앞으로도 그럴 일은 없을 것이다. 프랑스 여성은 차를 마시는 법도, 차를 준비하고 대접하는 법도 모른다. 어떤 종류가 되었든 간에 찻잎 우린 물을 건성으로 넘길 뿐이다. 차는 프랑스 여성에게 즐거움을 선사하지 못하며, 신경을 자극하기나 한다. 프랑스 여성은 말하는 것을 너무 좋아하고 자신을 돋보이게 하는 데 관심이 많아 티포트나 사모바르, 찻주전자에 필요한 관심을 기울일 여력이 없다. 미리 정해진 질문, 이를테면 "진하게요, 연하게요?" "설탕은 몇 개?" "크림, 아니면 레몬?" 같은 질문을 여러 번 반복하는 것도 쉽지 않다. 행여 질문한다고 해도 상대방의 대답은 전혀 듣지 않는다. 자신이 너무 부르주아처럼 보이지 않을까 걱정하지 않는 여성들은 티룸을 방문해 초콜릿 음료를 마신다. 티룸은 쇼핑 중간에, 혹은 옷을 가봉하거나 입어보는 사이에 쾌적한 휴식 공간 역할을 한다. 이는 두 가지 목적, 즉 사교적이면서도 배타적인 분위기를 원하는 상류층 여성의 바람에 부합한다.[19]

프렌치 티에 독특한 개성을 부여하는 것은 차를 대하는 세련된 방식과 이국적인 블렌드 티뿐만이 아니라 차에 곁들이는 파티스리 덕분이다. 프랑스의 파티스리는 17세기 후반에 예술의 경지로 인정받을 만큼 발전했으며, 19세기 프랑스에서 가

파리 '앙젤리나'의 파티스리 판매대.

장 저명한 요리사로 등극한 파티시에인 마리-앙투안 카렘의 시대에 가장 화려하게 꽃피웠다. 그 뒤를 이어 프랑스의 여러 파티시에가 밀푀유, 타르트 타탱[사과 파이], 생토노레Saint-Honoré[슈로 만든 케이크]나 오페라opéra◆ 같은 케이크 등 정교한 기술을 자랑하는 파티스리를 탄생시켰다. 또한 티타임 때 차와 함께 내기 위해 그리 달지 않으면서도 가벼운 느낌의 마들렌, 피낭시에, 크루아상, 브리오슈, 팽 오 쇼콜라, 과일 설탕조림과 함께 내는 머핀과 토스트를 선보였다.

앙젤리나는 오늘날에도 쇼콜라 아프리캥chocolat l'africain[아프리카산 핫초콜릿]과 앙젤리나의 대표 파티스리인 몽블랑montblanc◆으로 유명하다. 라뒤레에서 사랑받는 달콤한 파티스리는 설탕에 조린 배 타르트, 오페라, 색색의 마카롱이다.

● 우리에게 익숙한 티라미수와 흡사한 케이크다. 커피 시럽에 적신 아몬드 스펀지케이크를 층층이 쌓고 그 사이사이에 초콜릿과 버터크림을 채워 만든다.
◆ 프랑스어로 몽블랑은 설산을 뜻하는데, 밤 퓌레를 가느다란 국수 형태로 짜 산 모양으로 만든 케이크를 말한다.

1970년대 이후 티룸은 점점 더 많아졌다. 1985년에 오랜 역사를 가진 마리아주 프레르 회사는 파리의 부르-티부르가에 첫 번째 대형 차 상점과 티 살롱을 열었다. 마리아주 가족은 17세기 중반부터 차 무역을 해왔고 1854년 앙리와 에두아르 마리아주 형제는 오늘날의 마리아주 프레르 차 회사를 설립했다. 이 회사는 파리에 최초의 차 도매점을 열었고 전 세계가 인정하는 최고급 차를 공급하는 업체로 명성을 쌓았다. 그로부터 약 100년 후인 1983년에 마리아주 프레르는 도매업에서 소매업으로 전환을 꾀했다. 그간 가족이 운영해오던 회사에 태국 출신의 키티 차 상마니와 네덜란드 출신의 리처드 부에노가 들어와 새로운 활력을 불어넣으며 파리 중심부에 찻집을 열기 시작했다.

1987년에는 두 사람 외에도 또 한 명의 열렬한 차 애호가인 프랑크 드센느가 합류했다. 이 세 남자는 의기투합해 '프렌치 티'로 알려진 새로운 문화를 창조했다. 프렌치 티는 차를 마시는 일상적인 절차에 미식가를 위한 접근 방식을 접목한 프랑스식 차 문화로, 이를 통해 훈연차와 가향차 같은 새로운 블렌드 티도 소개하고 있다. 또한 차향이 나는 유명한 젤리를 비롯해 차를 주재료로 한 새로운 요리를 선보였다. 현재 마리아주 프레르는 네 곳의 티 살롱을 운영한다. 차를 사랑하는 손님들은 이국적이고 우아한 분위기의 티 살롱에서 엄선된 차와 차향이 가미된 미니 비에누아즈Viennoise,• 샌드위치, 파티스리나 마들렌, 피낭시에, 스콘이나 머핀으로 이뤄진 매우 훌륭한 애프터눈 티를 즐길 수 있다. 프랑스 사람의 65퍼센트는 차에 설탕을 넣는다. 우유(보통은 뜨거운 우유)를 넣는 사람도 있지만 대다수는 레몬을 넣어 향을 내거나 아무것도 넣지 않는다.

일각에서는 살롱 드 테가 이미 오래전에 퇴색되었다거나 구식이 되었다고 주장한다. 특정 연령대의 여성들이 만나는 장소, 혹은 관광객의 요구에 부응하는 장소로 치부하면서 말이다. 그러나 이러한 이미지는 오늘날 빠르게 변하고 있다. 살롱

• 프랑스어로 (오스트리아) '빈의', '빈 사람'을 의미하는데, 여기서는 빈식 빵을 가리킨다. 빵 이름 뒤에 비에누아즈가 붙으면 좀 더 풍성하고 달콤한 맛을 낸다.

드 테가 파리를 중심으로 다시 번성하고 있다. 과거의 전통을 엄격하게 고수하던 티 살롱에서 이제는 가벼운 식사와 함께 전통적인 차를 제공하는 조금 더 캐주얼한 장소로 진화하면서 젊은 고객층의 발길을 끌어들이고 있다.

한편 1980년대에 마리아주 프레르가 선도한 '프렌치 티'라는 새로운 추세는 계속 확대되고 있다. 프랑스에서는 꽃과 과일, 향신료를 가미한 더 많은 고급 블렌드 티를 개발하면서 차를 마시는 세련된 방식을 새롭게 만들어내고 있다. 이러한 블렌드 티에는 퐁디셰리, 루아 데 시암, 그랑데 카라반, 카사블랑카, 마르코 폴로 등 이국적이면서 역사적 깊이가 느껴지는 이름이 붙여져 있다. 체인점인 르 팔레 데 테 같은 찻집들과 다만 프레르 같은 차 회사들도 확대일로에 있다. 일각에서는 이러한 상황을 프랑스의 조용한 차 혁명이라 칭했다. 프랑스는 유럽에서 차 소비가 지속적으로 증가하고 있는 몇 안 되는 나라 중 하나다.

가정에서의 차

프랑스(그리고 벨기에와 스위스)에는 '르 구테le goûuter' 때로는 '르 카트르 외르le quatre heures'(4시)라고도 불리는, 집에서 오후 간식을 준비하는 전통이 있다. 이런 간식은 하교하는 아이들이 저녁식사 전에 느끼는 허기를 달래주기 위한 것이다. 보통 바게트나 롤빵을 버터와 잼, 또는 초콜릿 스프레드와 주거나 아니면 팽 오 쇼콜라를 준비한다. 하지만 차(와 커피)는 주지 않는데, 하루를 마무리하는 시점에 "지나친 각성 효과"가 있다고 여겼기 때문이다. 대신 아이들은 핫초콜릿이나 오렌지 주스를 마신다. 반면 '테Thé'는 보통 오후 5시에서 7시 사이에 준비하는 '5시의 차'다. 이러한 오후의 차는 손님을 초대하는 격의 있는 모임일 때 준비한다. 우아한 살롱 드 테에서 차를 마시는 것과 마찬가지로, 가정에서 준비하는 티모임 때도 프랑스 특유의 스타일 감각을 살리는 것은 매우 중요하다. 손님에게 내는 차와 공들여 만든 케이크, 타르트와 타르틀레tartlet[작은 파이], 다채로운 색깔의 마카롱,

비스킷, 파티스리를 신중하게 선택하며 안주인이 소유한 최고의 은제 다기나 도자기 다기를 테이블에 차려놓는다. 과거에 이러한 모임은 주로 여자들의 주도로 열렸고 차를 마시며 카드 게임을 하는 경우도 많았다. 지젤 다사이는 《예술로 승화된 요리》(1951)에서 아무리 단순한 티모임이라고 해도 티를 내는 방식은 지키는 게 좋다고 말한다.

우리는 티타임에 맞춰 도착한다. 차와 수다, 차와 브리지 게임, 차와 카나스타 게임 등이 어우러진 모임이다. …… 차와 샌드위치, 케이크가 담긴 카트가 조용히 들어온다. 때로는 다이닝룸에 차려놓기도 하는데, 무슨 일이 있어도 티포트는 가장 마지막에 내며 옆에는 뜨거운 물을 담은 저그를 놓는다. 은제 다기나 백랍제 다기는 어떤 경우에도 반짝반짝 빛나야 하고 냅킨이나 테이블보는 수를 놓거나 레이스로 장식한 것이어야 한다.[20]

코코 샤넬은 디자이너 생활 초반에 캉봉가 31번지에 위치한 자신의 매장 위에 마련한 세련된 아파트에서 멋진 티모임을 즐겨 열었다. 언론인과 동료 디자이너를 비롯해 흥미로운 조합의 친구들을 초대해서 도금한 은제 티포트로 (레몬과 함께 내는 것을 좋아한) 실론티를 대접하곤 했다. 차에 곁들여 리츠 호텔에서 주문한 마카롱, 토스트, 잼, 꿀, 생크림을 냈다.[21]

은제 다기 세트, 마핀& 웹 엽서, 파리, 1920년대.

아일랜드

하루 중 가장 즐거운 시간 중 하나
분명 동의하겠지
찻주전자를 올려놓는 시간
차를 마시는 오후 4시.

작은 쟁반에 정성스레 올려놓은,
특별히 우리 둘을 위한
앙증맞고 맛있는 샌드위치
그리고 비스킷, 아주 조금만.

반짝이는 둥근 티포트는 기다리고 있지
찻주전자 물이 경쾌하게 끓는 소리를,
그리고 친구 하나가 함께하기 위해 왔지
행복한 오후의 한순간을.[22]

아일랜드는 세계 최대 차 소비국 중 하나다.[23] 1901년 설립된, 아일랜드의 가장 유명한 차 브랜드 중 하나인 배리스 티의 주장에 따르면, 아일랜드인은 하루 평균 최대 여섯 잔의 차를 마신다. 진한 우유에 넉넉하게 섞어 진하게 우린 차를 좋아하고(우유를 먼저 넣는 부류) 설탕도 즐겨 넣는 편이다. 아일랜드에는 '무릇 제대로 된 차 한 잔이라면 쥐가 밟고 지나갈 만큼 진해야 한다'는 속담이 있다. 아일랜드에서는 향이 풍부한 아삼에 실론이나 다양한 아프리카산 찻잎을 배합한 블렌드 티를 주로 마신다. 티타임은 크게 아침식사와 함께하는 브렉퍼스트 티, 오전 11시경에 마시는 일레븐스 티, 오후 3~4시쯤에 마시는 애프터눈 티, 6시경에 저녁식사와 함께하는 하이 티로 나뉜다.

차는 1800년대가 되어서야 아일랜드에 대량 수입되었다. 그 전까지 차는 동인 도회사의 독점하에 영국에서 아일랜드로 수입되었고 가격도 매우 비쌌다. 차는 부유층을 위한 음료였다. 1833년에 동인도회사의 독점권이 폐지되면서 상인들 은 직접 거래할 수 있게 되었다. 그리하여 1835년 프랑스 태생의 퀘이커 교도이자 성공적인 사업가인 새뮤얼 뷸리의 진취적인 아들인 찰스 뷸리는 헬라스 호를 통 해 차 2,099상자를 수입했다(전례 없이 많은 양이었다). 헬라스 호는 중국의 광둥에서 더블린까지 최초로 직항한 선박으로 알려져 있다. 몇 달 후에는 만다린 호가 차 8,623상자를 더 수송해 왔다. 이는 당시 아일랜드의 연간 차 소비량의 40퍼센트 를 차지한 것으로 추정된다. 차는 더블린, 벨파스트, 코크로 직수입되기 시작했 다. 차는 그 후로도 오랫동안 뷸리가 사업에서 주요 거래 품목이었다.[24]

1840년과 1890년 사이에 아일랜드 식단이 극적으로 변하면서 차 소비도 눈에 띄게 증가하기 시작했다. 아일랜드의 주식은 우유, 빵, 감자, 달걀, 버터, 베이컨이 었다. 그런데 감자 수확에 실패해 아일랜드 대기근이 발생하면서 식단이 크게 바 뀌었다. 아일랜드 사람들이 매우 싫어하던 옥수수를 죽으로 만들어 먹는 등 새로 운 식습관이 생겨난 것이다. 기근 이후로 설탕과 흰 빵에 대한 기호와 함께 차를 마시는 풍습이 아일랜드 전역에 빠르게 퍼져나갔다. 많은 이들이 상류층 가정에 서 하인으로 일하며 차의 맛을 알게 된 것으로 보인다. 위클로주의 엘리자베스 스 미스는 새로 고용한 하인과 관련된 고충을 일기장에 토로했다. "다른 하인들처럼 아침에 차를 마시면 얼마나 좋을까! 하루에 겨우 한 끼만 먹을 때가 많으면서 말 라빠진 감자만 고집한다."[25] 차가 전파되는 데에는 금주운동도 한몫했다. 1890년 무렵 사람들은 하루에 차 서너 잔을 마셨고, 의사들은 부실한 식사를 하면서 오 래 우린 진한 차를 많이 마시는 습관이 정신질환의 원인이 되고 있다고 지적했다. 레터케니에서 활동하는 의사인 무어는 이렇게 경고했다. "차를 마시는 습관이 저 주가 되어가고 있다. 술고래들이 술을 찾듯 사람들은 차를 갈망한다."[26] 뷸리가는

뷸리스 카페, 그래프턴 스트리트, 더블린,
1970년대.

사업을 커피 무역으로 확대했고 1894년 더블린의 조지스 스트리트에 동양적 분
위기를 살린 뷸리스 카페를 최초로 열었다. 상대적으로 잘 알려지지 않았던 커피
시장을 활성화할 목적으로 어니스트 뷸리는 매장 뒤편에서 커피를 만드는 시범
을 보였고, 그의 아내는 커피와 함께 낼 스콘과 번빵을 만들었다. 이 카페 사업은
대단히 성공적이었다. 그리하여 당시로서는 소매점과 카페를 결합한 독특한 매장
이 첫선을 보인 이후로, 뷸리스 카페는 오늘날까지 성업 중이다. 2년 후 1896년에
는 웨스트모어랜드 스트리트에 뷸리스 2호점이 문을 열었다. 카페는 사업가와 쇼
핑객을 위한 만남의 장소이자 가볍게 요기를 할 수 있는 곳이었다. 여기서 제공하
는 메뉴로는 차와 커피, 다양한 롤빵, 유럽 대륙풍의 진하고 정교한 케이크, 스티
키 번sticky bun, 달걀 요리(삶은 달걀, 수란, 스크램블드에그)가 있었다.[27] 1927년에는 플
리트 스트리트와 그래프턴 스트리트에 새 지점이 문을 열었다. 이 카페들은 밤 브
랙barm brack●을 비롯한 제과류와 케이크(가령 체리 통나무[체리를 넣어 통나무 모양으로
만든 롤케이크], 마데이라, 라즈베리 크림, 네덜란드 타르트와 레이디 케이크)를 굽는 데 사용

● 건포도나 술타나를 넣어 만든 빵. 반죽은 샌드위치 빵보다는 달지만, 케이크만큼 진하지는 않다.

하는 순수한 설탕과 버터 같은 재료의 품질이 훌륭해 명성이 높았다.

그래프턴 스트리트의 뷸리스 카페는 전설적인 장소가 되었다. 더블린의 내로라하는 문학, 문화, 예술, 건축, 사교계 인사들이 찾는 카페로 부상한 것이다. 제임스 조이스, 패트릭 캐버너, 사뮈엘 베케트, 숀 오케이시를 비롯한 아일랜드의 저명한 문예계 인사들이 이 카페의 단골들이었다. 또한 뷸리스 카페의 가장 유명한 자산 중 하나는 아일랜드의 스테인드글라스 예술가인 해리 클라크가 디자인한 여섯 개의 스테인드글라스 창이다. 이 창들은 천장이 높고 샹들리에와 그림, 조각으로 장식된 카페의 메인룸에 설치되어 있으며, 이 공간은 창을 디자인한 예술가를 기려 해리 클라크 룸이라 이름 붙여졌다. 카페 1층 앞쪽을 지나 건물 뒤쪽까지 쭉 걸어가면 해리 클라크 룸을 찾을 수 있다. 그래프턴 스트리트의 뷸리스 카페에는 '오리엔탈 룸'에 무대가 마련되어 있어서 점심시간에 올리는 연극과 저녁 시간 때 선보이는 쇼와 재즈, 코미디로 유명하다.

안타깝게도 최근 수년간 뷸리스 카페는 부침을 겪었다. 웨스트모어랜드 스트리트의 뷸리스에는 현재 스타벅스가 들어서 있다. 나는 2016년에 더블린을 방문했는데, 그래프턴 스트리트의 뷸리스 카페에 붙어 있던 '재단장으로 인해 영업하지 않는다'는 팻말을 보고 적잖이 실망했다. 당시 만난 한 인부에 따르면, '모조리' 들어내고 새로 단장 중이었다.

아일랜드 가정의 티타임은 소박한 편으로, 주로 오후 4시경에 차를 마신다. 주중에는 차 한 잔에 빵과 버터, 혹은 비스킷 한두 개 같은 간단한 요깃거리를 곁들였다. 주말에 갖는 티타임은 샌드위치를 곁들여 조금 더 풍성했다. 브리짓 해거티는 《티타임의 추억》에서 유년기를 보낸 1950년대의 티타임을 애정 어린 시선으로 기억한다. 티타임은 어린 시절 그녀가 가장 좋아했던 식사 시간이자 하루 중 마지막 식사이기도 했다. 그녀는 마마이트Marmite[이스트 추출물]를 바른 샌드위치와 크레스 샌드위치, 시팜 회사에서 나오는 페이스트를 바른 샌드위치를 추억한다. 또한 곤궁했던 시절, 일요일에 먹는 고기 요리를 할 때 나오는 기름이나 육즙으로 만든 샌드위치를 기억한다. 때로는 토스트 위에 콩을 얹거나 반숙 달걀과 토스트를 기다랗게 자른 빵인 '솔저스soldiers'를 함께 내기도 했다. 겨울에는 웰시 래빗이나 따뜻한 빵에 설탕을 뿌린 우유를 함께 먹었다. 크럼핏은 또 다른 겨울철 티타임 별미로, 따끈하게 구운 빵에 버터가 사르르 녹아내리게 발라서 먹었다.[28]

저명한 음식 작가이자 요리사, 호텔리어, 한 집안의 안주인, 그리고 밸리말로 Ballymaloe 요리학교 선생인 머틀 앨런은 어린 시절 특별히 기억에 남는 별미 중 하나로 무더운 여름날, 코크 해안의 바위가 많은 작은 만으로 소풍을 가서 먹었던 음식을 꼽는다. 바다에서 헤엄을 치고 물에 젖은 채 오들오들 떨면서 나오면, 어머니는 차갑게 식힌 닭고기, 햄, 소금에 절인 삶은 돼지고기, 샐러드, 그리고 큼직하게 자른 버터 덩어리와 함께 감자를 먹을 수 있게 준비한다. 그녀는 오후 4시 반이되면 차를 끓일 신선한 샘물을 찾아 어머니에게 가져다주곤 했다고 회상한다. 찻물을 끓일 때가 그날의 마지막 해수욕이었다. "막 버터를 바른 밤 브랙 조각을 곁들여 차를 마셨다. 비스킷이나 케이크를 함께 먹을 때도 있었다."[29] 머틀 앨런은 큰 저택에서 열린 티타임을 회상하기도 한다. "애프터눈 티로 버터가 아닌 집에서 만든 신선한 잼과 걸쭉한 크림을 곁들인 작은 스콘, 진하고 부드러운 스펀지케이크가 나왔다."[30]

일부 가정에서는 오후 6시에 티타임을 가졌다. 작가 겸 방송인인 모니카 셰리든은 삶은 달걀, 베이컨과 달걀 요리, 혹은 차가운 고기와 샐러드로 구성된 '티'를 회상하면서, 집에서 구운 다양한 종류의 빵과 번빵, 케이크가 항상 함께 나왔다고 말한다.[31] 《요리하는 여인》의 저자인 플로렌스 어윈은 농가에서 맛본 티를 이렇게 묘사한다.

태어나서 처음으로 한 끼에 달걀을 두 개씩 먹었다. 오븐에서 갓 꺼낸 빵과 스펀지케이크, 시드 케이크 모두 훌륭했다. 아이들은 간식을 곁들인 차를 마시고서 학교에서 배운 노래를 불렀다. 벽난로에서는 토탄 불이 활활 타올랐다. 거의 모든 장면이 지금까지도 생생히 떠오른다. 진정한 파티의 티에서는 닭고기와 햄, 수없이 다양한 케이크를 비롯해 뜨거운 요리와 차가운 요리가 나왔고, 아일랜드 북부의 얼스터 지방 여성들이 소중하게 생각하는 멋진 다마스크직 테이블보를 덮은 테이블에서 먹었다.[32]

빵은 아일랜드의 제빵 전통에 뿌리를 내리고 있으며 대단히 많은 종류의 빵이 아일랜드에서 진화해왔다. 음식 역사가 리자이나 섹스턴은 이렇게 서술한다.

> 소다 빵, 소다 스콘, 설탕과 버터를 넣은 컨트리 케이크, 귀리 비스킷, 사과 타르트, 감자 케이크, 감자 사과 케이크, 옥수수빵, 버터밀크 빵, 껍질이 딱딱한 밀로 만든 로프 빵, 진저브레드, 캐러웨이 케이크, 플럼 케이크, 차를 넣은 티 브랙, 밤 브랙, 심넬 케이크simnel cake[과일을 넣은 버터케이크], 팬케이크-이토록 다양한 빵들의 유래를 다른 곳에서 찾으려고 노력해도 결국은 아일랜드의 인상적인 제빵 전통 속에서 갈무리된다.[33]

〈아일랜드의 결혼 중매〉, 1908년경. 두 노파가 차를 마시며 혼담을 나누고 있다. 장래의 신랑, 신부가 관심 있게 이를 지켜보고 있다.

다양한 종류의 스콘과 비스킷도 대단히 주목할 만하다. 북부와 남부를 통틀어 시골 사람들의 주식에서 빠지지 않는 재료였던 버터밀크(버터밀크는 버터를 만들고 남은 우유다)는 아일랜드의 제빵 전통에서 중요한 역할을 한다. 버터밀크에 들어 있는 산이 알칼리 성분인 소다의 중탄산염과 만나 이스트를 넣지 않아도 빵을 부풀게 하기 때문이다. 요즘에는 우유 대부분이 유제품 제조 공장으로 보내지기 때문에 버터밀크를 구하기가 쉽지 않다. 또한 아일랜드 사람들은 음식 재료로 감자를 대단히 선호하며 의존한다. 감자는 아일랜드 식단에서 커다란 부분을 차지하며, 잘 알려진 박스티 브레드boxty bread[으깬 감자로 만든 빵], 박스티 팬케이크, 감자 팔farl[팬케이크의 일종], 덤플링을 비롯해 아일랜드의 감자 요리 하면 빼놓을 수 없는 챔프champ[파를 곁들여 섞은 으깬 감자]와 콜캐넌 등 다양한 조리 방식이 전해진다. 감자는 주된 식사뿐 아니라 티타임에서도 중요하다.

이탈리아

아일랜드가 세계에서 차를 가장 많이 소비하는 나라 중 하나라면, 이탈리아는 차를 가장 적게 마시는 나라에 속한다. 하지만 티룸에 관해서라면, 바빙턴스 티룸을 반드시 언급할 필요가 있다.

19세기 말, 이저벨 카길과 앤 마리 바빙턴이라는 두 젊은 여성이 커피를 마시는 문화가 정착된 로마에 차를 마시는 문화를 소개했다. 뉴질랜드 사람인 이저벨 카길은 10대 후반에 더니든을 떠나 영국에 갔다. 결혼식 제단에서 약혼자에게 버림받은 뒤 런던에서 일자리를 구하기 위해 영국의 친척을 방문했다고 전해진다. 카길은 런던의 한 직업소개소에서 영국 여성인 앤 마리 바빙턴을 만났고, 두 사람은 그간 모은 100파운드를 들고 로마에 가서 티룸을 열기로 의기투합했다. 로마는 당시 유럽 귀족들이 모여들던 곳으로, 영국인 방문객들에게도 인기가 높았다.

1893년 이탈리아에 티룸이 문을 열었는데, 당시만 해도 차는 약재상을 통해서만 구할 수 있었다. 로마에 처음 소개된 티룸은 곧바로 성공을 거두었다. 이듬해 산 피에트로 광장에 새로운 지점이 문을 열었고, 2년이 지난 후에도 연일 성황을 이루자 전략적으로 스페인 광장의 스페인 계단 옆에 위치한 부지로 이전을 결정했다. 바빙턴스는 매장에서 사용하는 (영국에서 수입한) 은도금 티포트와 고유한 개성이 돋보이는 리처드 지노리 자기를 통해 이탈리아 스타일과 영국의 전통을 성공적으로 결합했다. 메뉴로는 샌드위치, 버터를 바른 따뜻한 스콘, 머핀, 티케이크, 토스트, 플럼 케이크, 스펀지케이크, 초콜릿 케이크 등 전통적인 영국의 티타임 음식을 선보였다.[34] 바빙턴스는 두 차례의 세계대전과 파시즘을 비롯한 여러 역사적 풍파 속에서도 살아남았다. 1960년대에는 그레고리 펙과 오드리 헵번 같은 영화배우들이 이곳에서 차를 마셨다. 바빙턴스 티룸은 커피가 주류 문화로 자리 잡은 도시의 중심지에서 차를 마실 수 있는 매력적인 휴식처로 각광받으며 오늘날에도 작가, 배우, 화가, 정치인을 비롯해 이탈리아 사람들과 관광객들의 발길을 끌고 있다.

1893년부터 영업 중인 로마 스페인 광장에 위치한 바빙턴스.

폴란드

폴란드 사람들은 주로 커피를 마시지만 흔히 '헤르바타herbata'라 불리는 홍차도 즐겨 마신다. 헤르바타는 라틴어로 허브티를 뜻하는 '헤르바테아herbathea'에서 유래했다.

조지아(그루지야)에서 재배되는 홍차가 가장 흔히 수입되는 차다. 폴란드 사람들은 헤르바타를 진하게 우려 마시며, 구할 수 있는 경우 레몬을 곁들인다. 단맛을 내기 위해 꿀 한 스푼을 먼저 입에 넣고 차를 마시기도 한다. 차에 넣을 감미료로 시럽을 만들기도 하는데, 보통 라즈베리 시럽을 만든다. 차는 흔히 유리로 만든 티 글라스에 담아낸다. 유리잔은 손으로 그냥 잡으면 뜨거워서 보통 손잡이가 달린, 러시아 스타일의 선線 세공 홀더를 사용했다.[35]

폴란드에는 커피와 차를 마시며 페이스트리를 먹기 위해 찾는 '카비아르니아 kawiarnia'가 있다. 이러한 티 카페는 차 애호가들의 만남의 장소다. 역사적인 도시인 크라쿠프에는 주요 관광지에서 가까운, 널리 알려진 '차요브니아'를 비롯해 차를 마실 수 있는 카페들이 많다. 바르샤바의 브리스틀 호텔은 영국식 케이크와 스콘, 케이크가 나오는 전통적인 애프터눈 티를 제공한다.

메리 카사트, 〈티 테이블 앞에 앉아 있는 여인〉, 1883~1885, 캔버스에 유화. 화가 어머니의 사촌인 메리 디킨슨 리들을 그린
작품으로, 당시 중상류층 여성들의 일상적인 의식이었던 티타임을 주재하는 모습을 엿볼 수 있다. 리들 부인은 그녀의 딸이 화가
가족에게 선물한, 금박을 입힌 광둥 청화백자 다기 세트의 일부인 티포트의 손잡이를 쥐고 있다. 화가는 다기 세트 선물에 대한
보답으로 이 작품을 그렸다.

3장
미국

미국 하면 커피를 즐겨 마시는 모습이 떠오르곤 하지만 사실 차는 일찍이 1650년 대에 네덜란드인들을 통해 당시 그들의 교역소였던 뉴암스테르담에 들어와 13개 식민지에서 기호 음료로 자리 잡았다. 네덜란드인은 차를 마시는 관습도 전파했다. 특별한 주전자에 사프란을 우린 물로 차를 만들거나 복숭아 잎을 띄워 향미를 더했고, 부유층 여성은 중국에서 수입한 자그마한 찻잔을 사용해 티파티를 열었다.

남녀 모두 차를 즐겨 마셨다. 미합중국 초대 대통령인 조지 워싱턴도 차 애호가였다. 그의 사저인 마운트 버넌의 버지니아 농장에서 기록한 초창기 장부를 살펴보면, 1757년 12월에 영국에서 최상급 시춘熙春[중국산 녹차의 일종] 6파운드(2.7 킬로그램)와 당시 구매할 수 있었던 또 다른 최고급 차 6파운드를 주문한 내역이 있다. 구매 내역에는 그 밖에도 차를 보관하는 캐디와 테이블, 잔과 받침, 티스푼, 은으로 도금한 탕관 같은 인상적인 다구가 포함되어 있었다.[1] 음식에 대한 애정이 남달랐던 것으로 유명한 토머스 제퍼슨도 차 애호가였다. 그는 파리에 거주했던 시기(1874~1889)에도 차를 즐겨 마셨다. 가령 남아 있는 기록에 따르면, 1780년에 리치몬드 상인을 통해 고가의 소우총小種과 시춘을 주문했다. 임페리얼 티 또한 그가 좋아하는 차였다.[2]

런던의 티가든 이름을 딴 복스홀과 래닐러 같은 인상적인 티가든이 뉴욕에 조성되었으며 그 뒤를 이어 여러 티가든이 문을 열었다. 18세기에는 뉴욕에만 200

여 개의 티가든이 있었다. 런던의 티가든과 마찬가지로 이곳에서는 대중을 위해 저녁에 즐길 수 있는 오락거리를 선사했다. 불꽃놀이와 음악회가 열렸고, 복스홀 가든에서는 춤을 출 수도 있었다. 아침식사는 물론이고 하루 중 언제든 티가든에서 차와 커피, 따뜻한 롤빵을 먹을 수 있었다. 그 당시 뉴욕의 수질은 나쁘기로 악명이 높았다. 물에 염분이 섞여 있어 불쾌한 맛이 났기 때문이다. 그러다가 1700년대 초, 담수가 솟는 천연 샘이 발견되었다. 이 샘물은 특히 차를 만드는 데 적합한 것으로 여겨져 티 워터 펌프Tea Water Pump로 알려지게 되었다. 훗날, 이 샘물이 나오는 인근 지역은 티 워터 펌프 가든으로 알려진, 부유층이 찾는 휴양지가 되었다. 그 후로 여러 샘물이 발견되면서 이와 관련된 장사가 성행했다. 행상인들은 '티 워터'라는 물을 가지고 다니며 도시 곳곳에서 판매했다.

하지만 식민지 미국에서 차를 마시는 관습이 순탄하게 전파된 것은 아니었다. 당시 인기를 끌었던 차에 부과된 높은 세금으로 인해 1773년에 '티파티' 중에서도 가장 유명한 보스턴 티파티 사건이 발생했다. 자칭 티파티 애국자들은 지나친 세금 징수에 반발해 보스턴항에 정박한 배에 실려 있던 홍차 342상자를 바다에 내던졌다. 차가 탄압의 상징이 되면서 차 소비량은 곤두박

시춘 찻잎을 보관하는 캐디로, 불투명한 유리에 에나멜 장식. 1760~1770년대에 영국 브리스톨에서 만들어진 것으로 추정.

'보스턴 티파티.' 1773년 12월 16일, 세 척의 선박에 실린 차가 담긴 화물이 파손되었다. 1903년경 출판된 인쇄물.

질쳤다. 애국자들은 좁쌀풀(야생화) 잎이나 라즈베리 잎, 캐모마일, 세이지를 우린 '자유의 차liberty tea'를 마셨다. 상당수는 차 대신 커피를 택했다.

차 소비는 미국 독립전쟁(1775~1783) 이후에 다소 회복되었다. 조지·마사 워싱턴 부부는 계속해서 최상급 차를 대접했다. 워싱턴 부부를 따라 하는 이들도 생겨났다. 차가 도입된 초기의 영국과 마찬가지로 차를 마시는 관습은 상류층을 중심으로 확산되었다. 저녁식사 후 차를 마시는 영국의 전통을 모방하기도 했다. 1800년대 초에는 오후 혹은 저녁에 티파티를 열었는데, 영국의 섭정시대를 연상시킬 만큼 형식을 대단히 중시했다. 등받이가 높은 의자를 원형으로 배치하고 의자에 앉은 손님들은 초상화 화가 앞에 앉아 있는 것처럼 등을 꼿꼿이 세운 채 경직된 자세를 유지해야 했다. 문이 벌컥 열리며 차와 케이크가 들어올 때까지 모두 침묵을 지켰다. 차와 케이크를 먹는 동안에는 대화가 허용되었지만, 나직하게 속삭이는 정도였다. 차를 다 마신 안주인은 피아노 연주를 하기도 했다. 그러면 다 함께 노래를 부른 뒤 집으로 돌아갔다.[3]

미국 마호가니 틸트탑 파이 크러스트 티 테이블tilt-top pie crust table[위판을 수직으로 세울 수 있고, 가장자리가 파이 껍질처럼 생긴 테이블], 1765년. 차를 내고 마실 때 사용한 이런 테이블은 18세기 말 상류층이 즐기는 티파티에 없어서는 안 되는 가구였다. 3개의 다리로 지지되는 단일 기둥을 가지고 있는 이런 테이블은 위판이 수직으로 세워져 사용하지 않을 때는 벽에 바짝 붙여 보관했다.

고가의 고급 도자기와 은제 다기, 도구들은 보통 영국에서 수입했는데, 값비싼 차는 양철 캐니스터나 캐디에 저장했다. 18세기 말 다기 세트는 티포트와 손잡이가 없는 12개의 잔과 받침 접시, 크림 저그, 설탕 그릇, 차 찌꺼기를 담는 그릇으로 구성되어 있었다. 19세기 중반에 네바다주 광맥에서 은 매장층이 발견돼 은 도금 산업이 번성하면서 정교한 세공이 돋보이는 찻주전자, 버터 접시, 스푼 받침, 설탕 집게, 케이크 바구니

등 세분화된 다구들이 제작되었다.

애프터눈 티와 하이 티의 전통은 19세기 중반에 확립되었다. 애프터눈 티는 '로 티'라고 불릴 때도 있었고, 하이 티는 이브닝 티, 혹은 저녁식사라 불리기도 했다. 차와 함께하는 이러한 식사는 상당 부분 영국과 비슷했지만, 미국만의 독특한 특징을 갖고 있었다. '로 티low tea'라는 이름은 보통 응접실 소파나 의자 옆에 놓인 낮은 테이블에 차와 음식을 차리기 때문에 붙여졌다. 반면 '하이 티high tea'라는 이름은 높은 식탁에 차와 음식을 차리기 때문에 붙여진 것이었다. 뜨거운 요리가 나올 때도 많았고, 로 티보다 더 많은 음식을 내기 때문에 부득이하게 높은 식탁을 이용했던 것으로 보인다. 또한 '5시'의 티라고 불리는 티타임도 있었는데, 영국 못지않게 하나의 관습으로 자리 잡았다.

C. M. 매킬레니, 〈5시의 티〉, 1888년경, 판화. 여름 무렵인 듯 야외 정원에서 티모임을 열고 있다. 테이블 위에 찻잔이 놓여 있지 않은 듯하지만, 자세히 들여다보면 뒤편의 여성(안주인?)이 다기 세트를 앞에 두고 모임을 주재하고 있는 것처럼 보인다.

티파티

애프터눈 티파티는 가정에서나 공회당에서 유행했다. 티파티는 보통 중상류층 여성들의 행사로, 오후 4시경에 시작해 두 시간 정도 진행되었다. 여성들은 주로 교회 혹은 마운트 버넌과 기타 낡은 건축물 복원 같은 자선사업 기금을 모으기 위해 티파티를 열었다. 1875년에서 1877년 사이에 미국 독립 100주년을 기념하는 티파티들이 열리면서 차를 마시는 문화에 활기를 불어넣었다. 일부 행사는 손님들이 아름다운 역사적 의상을 차려입고 참여하는 화려한 행사였다. '마사 워싱턴 티파티'라는 행사도 있었다. 1874년 11월 23일자《뉴욕 타임스》에는 이 행사에 관한 기사가 실렸다.

이미《타임스》를 통해 알려진 대로 내일 저녁, 브루클린 어머니회를 후원하기 위한 '마사 워싱턴 티파티'가 브루클린 음악원에서 개최된다. 이 도시의 명문가에 속한 여성 후원자들은 도움받아 마땅한 어머니회를 위해 '티파티'를 완벽한 성공으로 이끌겠다는 의지를 표명했다. 지금까지 후원자들의 노력은 대단히 만족스러운 결과를 얻었다. 한 장당 5달러인 입장권이 1,500장 넘게 팔렸다. 브루클린에서 '티파티'는 이번 시즌의 가장 큰 사교 행사로서 큰 기대를 받고 있다. …… 이번 행사에서는 워싱턴의 공회당 연회를 최대한 재현할 계획이다. 브루클린 사교계에서 잘 알려진 숙녀와 신사가 조지 워싱턴과 그의 부인 역을 맡을 예정이다. 이날 저녁의 권장 옷차림은 1778년의 궁중 연회 드레스로, 가능한 한 많은 손님이 연회 드레스를 입고 오길 바란다. …… 마사 워싱턴 의상을 착용한 13명의 부인이 테이블에서 전체적인 진행을 도울 것이다. 이번 행사를 위해 우아하고 고풍스러운 자기 찻잔과 받침으로 구성된 세트를 1,000개나 준비했다. 금박 장식과 채색이 돋보이는 찻잔에는 마사 워싱턴의 초상이 그려져 있다. 테이블에는 동시에 300명이 앉을 수 있고, 저녁은 7시부터 12시까지 제공되며, 그 시간대에는 밴드(콘테르노 밴드)가 '즐거운 나의 집'을 연주할

예정이다⋯⋯.

메뉴는 다음과 같다.

    차와 커피

    굴튀김   치킨 샐러드

    샌드위치   티 비스킷

    다양한 종류의 케이크

1883년 2월 16일에 창간된 미국의 대중 잡지《레이디스 홈 저널》은 훌륭한 티파티를 여는 방법에 대한 조언을 싣기도 했다. 1892년에는 뉴욕의 젊은 사교계 명사가 할머니를 기리며 개최한 고풍스러운 분위기의 성대한 티파티에 관한 글이 실렸다.

손님들은 머리에 파우더를 뿌려 다듬고 옛날식 그물 핸드백을 든 채 고풍스러운 시대 의상을 입고 등장했다. 얼굴에는 17~18세기에 유행했던 아주 작은 장식용 패치를 붙였고 엄선한 레이스 장식도 잊지 않았다. 차는 다이닝룸에서 제공되었다. 눈처럼 하얀 다마스크직 테이블보가 덮여 있는 테이블 상석에는 커다란 은색 쟁반이 놓였는데, 이 쟁반에는 흰색과 금색이 섞인 우아한 디너 찻잔과 받침 접시가 완벽한 대칭을 이루며 놓여 있었다. 테이블 양옆에는 앤 여왕 시대의 양식으로 제작된 예스러운 은제 다기 세트가 놓여 있는데, 특히 우아하게 곡선을 이룬 홈이 새겨진 손잡이가 돋보인다. 새로 유행하는 종이 갓을 씌우지 않고서 흰색 양초를 꽂아둔 나뭇가지 모양의 옛날식 촛대가 진홍색 달리아 꽃을 가득 꽂아놓은 도자기 화병 옆 레이스 매트 위에 놓여 있다. 초대 손님은 총 10명이었다. 자리마다 흰색에 금색 테가 둘러진 접시와 완벽한 정사각형으로 접힌 큼직한 다마스크직 테이블 냅킨, 상아색 손잡이가 달린 나이프와 두 갈래 포크, 묵직한 은제 디저트 스푼이 놓여 있었다. 테이블 말석 쪽에는 한련으로 가장자리를 장식한 차가운 닭고기 슬라이스가 가득 담긴, 금테를 두른 커다란 흰 접시가 놓여 있고, 그 옆으로는 햄과 혓바닥 고기를 얇게 썰어 담아놓은 비슷한 크기의 접시들이 놓여 있었다. 빵은 얇게 썰어 버터를 발라 제공하므로 버터 접시는 따로 필요하지 않다. 딸기와 구스베리 잼이 담긴 자그마한 하얀 단지와 오렌지 마멀레이드 병, 벌집 꿀을 담은 예쁜 자기 접시가 일정한 간격으로 놓여 있다. 맛있는 티푸드가 담긴 자그마한 접시들이 나올 것이고 제공될 작은 접시들과 디저트용 은 스푼들이 가까이 있다. 레이스가 깔린 얕은 바구니에는 금빛 스펀지케이크와 아주 진한 프루트 케이크가 담겨 있다. 레이스가 깔린 은쟁반에는 육두구nutmeg 가루를 풍부하게 뿌려놓은 커스터드로 가득 찬 작은 드레스덴 자기 잔들이 놓여 있다. 차는 뜨겁고 향긋했다. 얼음물도 없고, 차가운 디저트 역시 어디에도 없었지만, 모든 것이 시원하고 매력적이고 아름다웠다.[4]

공식적인 티파티는 엄격한 예절을 따랐지만, 형식에서 자유로운 편안한 분위기의 티파티도 있었다. 응접실이나 베란다, 마당 잔디밭에 어렵지 않게 티 테이블을 세팅했다. 이런 티파티는 한담을 나누며 즐거운 시간을 보내기 위한 모임이었다. 이런 모임은 '케틀드럼'이라 불리기도 했다. 1886년 매리언 할랜드는 케틀드럼에 대해 이렇게 서술했다.

케틀드럼이 오늘날 대단히 유행하고 있다. 냉소가들은 차가 여성들을 가볍게 취하게 하는 음료라고 말하면서, 여성들이 저녁 만찬과 그 이후에 마시는 블랙커피로 인해 차의 즐거움을 빼앗겨서는 안 된다고 비꼰다. 옛날 관습을 고수하며 모든 종류의 새로운 방식을 불신하는 사람들은 '가족 티'가 사라지면서 옛것을 그리워하는 갈망으로 인해 여성들의 흥청대는 모임이 유행한다고 주장한다. 케틀드럼을 부정적으로 보는 이들은 이렇게 말한다. "어리석은 생각들은 유행하기 마련인데, 이런 모임은 새로 생각해낼 수 있는 다른 어떤 것보다야 무해하고, 저녁 연회나 식사 모임보다는 주머니 사정과 건강 면에서 그나마 낫다고 하겠다."

이번만큼은 이런 불평가들의 의견에 동의할 만하다. '케틀드럼'은 이 우스꽝스러운 이름을 제외하면 딱히 반대할 만한 점이 없으며 미국의 파티 역사에 새로운 가능성을 보여주는 시대를 열고 있다.[5]

차를 가장 잘 준비하는 방법에 대한 조언이 요리책과 가정 지침서에 실리기도 했다. 작가 겸 편집자인 세라 조세파 헤일은 "광택제를 바른 차 탕관보다는 '연마한 탕관'을 사용하는 게 좋다"고 추천했다. "연마한 탕관은 광택제를 바른 탕관과 달리 에탄올 소독제를 사용할 수 있어 훨씬 적은 비용에 차를 오래 끓일 수 있기 때문이다."[6] 차를 성공적으로 우리려면 물을 제대로 끓여야 한다. 또 다른 작가 겸 요리책 저자인 일라이자 레슬리는 차를 진하게 우리는 게 좋다고 조언했다. 티포트는 뜨거운 물로 두 번 예열하는 게 좋은데, 물을 너무 많이 채우면 안 된다.

이상하게도 하인들 사이에는 찻잎의 향미를 모조리 날아가버리게 하는 관행이 널리 퍼져 있다. …… 티포트에 붓는 순간까지 물이 펄펄 끓어야 한다는 사실을 꼭 명심해야 하는 이들이 그렇다. 물이 아주 뜨겁지 않으면 찻잎을 아무리 넉넉하게 사용

레이디 볼티모어 케이크

레이디 볼티모어 케이크를 만드는 방법이 처음 알려진 것은 1889년 여성 잡지인 《레이디스 홈 저널》의 독자란을 통해서였다. 이 새하얗고 부드러운 케이크는 훗날 머랭처럼 푹신한 설탕옷frosting을 겉에 펴 바르고, 안에는 잘게 썬 견과류와 설탕에 조린 과일을 넣어 만든 필링으로 채운 세 겹의 케이크로 진화했다. 실제로 누가 처음 이 케이크를 만들었는지는 의견이 분분하다. 내가 좋아하는 이야기는 과거 찰스턴 지역 사교계에서 최고 미인 중 하나로 정평이 난 얼리샤 렛메이베리가 이 케이크를 처음 만들었고, 당시 인기 절정이었던 낭만파 소설가 오언 위스터에게 선물로 보냈거나 대접했다는 것이다. 오언 위스터는 이 케이크를 대단히 좋아한 나머지 《레이디 볼티모어》(1906)라는 소설을 쓰기에 이른다. 이 소설에서 레이디 볼티모어는 사람이 아니라 케이크를 가리키며, 이야기의 상당 부분이 케이크를 중심으로 전개된다. 소설 속 화자는 우먼스 익스체인지 티룸에서 한 불운한 청년이 다가오는 결혼식을 위해 케이크를 주문하는 것을 듣고 처음 이 케이크를 맛보게 된다. 레이디 볼티모어 케이크의 진짜 유래가 무엇이든 간에 이 케이크는 위스터의 묘사 덕분에 유명해졌고, 독자들은 케이크 만드는 방법을 수소문했다.

플로렌스와 니나 오토렝기가 운영하는 찰스턴의 우먼스 익스체인지는 훗날 레이디 볼티모어 티룸으로 이름을 바꿔 동명의 소설과 유명해진 케이크의 인기를 십분 활용했다. 25년 넘게 티룸을 운영하면서 오토렝기 자매는 매년 크리스마스에 감사의 뜻으로 작가에게 케이크를 보냈다고 한다. 아래에 소개하는 케이크 만드는 방법은 1889년 8월 《레이디스 홈 저널》에 실린 것으로, 여기서는 설탕옷을 바르지 않는다.

K. J. H. 부인이 보낸 레이디 볼티모어 케이크 요리법

버터 반 컵을 저어 부드럽게 풀고서 설탕 1컵 반을 천천히 넣으며 섞는다. 아주 부드러운 상태가 되었을 때 차가운 물 4분의 3컵과 밀가루 2컵을 넣고 잘 젓는다. 달걀흰자 4개 분량을 세게 저어 거품을 낸 다음, 반만 섞어준다. 호두 1컵을 준비해 작게 잘라 곱게 빻은 다음 케이크에 섞고서 남은 달걀흰자를 마저 넣고 베이킹파우더 1티스푼을 첨가한다.

180도 오븐에서 50분간 굽는다.

한들 차에서는 풍미가 사라지고 제대로 된 맛이 느껴지지 않을 것이다.

레슬리는 또한 크림과 설탕을 첨가할 수 있도록 찻잔에 차를 가득 따르지 않는게 좋다고 조언했다. 그녀는 차를 진하게 마시는 것을 좋아했지만, "연한 차를 좋아하는 이들이 물을 더 넣을 수 있도록 물이 담긴 작은 주전자를 준비해 돌리라"고 제안했다.[7] 녹차나 홍차의 효능이나 부작용에 관해, 특히 각성 효과에 관해서는 의견이 분분했다. 1894년 보스턴 요리학교 교장이 되었으며, 1896년에 발간한 《보스턴 요리학교 요리책》으로 유명한 패니 파머는 녹차와 홍차 모두를 준비하는 게 좋다고 제안했다.

원래 영국에서 전래된 티코지는 이따금 차 온도를 따뜻하게 유지하기 위해 쓰였다. 매리언 할랜드는 늘 그렇듯 재치 있는 문체로 티코지를 사용해야 하는 필요성을 설파한다.

이것은 식품은 아니다. 하지만 훌륭한 차를 만들기 위해 미국에 보급되어야 마땅한, 즐거운 티타임을 위한 액세서리다. 티코지는 털실로 코바늘 뜨개질을 하거나 실크나 벨벳, 캐시미어를 바느질해 안에 솜을 채운 커버나 자루를 뜻한다. 만드는 사람 마음대로 수를 놓거나 아랫부분에 리본을 매달아 장식할 수도 있다. 티포트에 물을 넣고 바로 티코지를 씌워놓으면 한 시간 정도는 차가 따뜻하게 유지될 것이다. 빈속이나 지쳐 있는 위에 미지근한 차를 한 모금 마셨을 때 메스꺼움에 버금가는 불편함에 대해 잘 알고 있는 사람들, 혹은 테이블에 착석하기까지 다른 사람들을 기다리게 만드는 가족이나 손님이 있어서 (차가 뜨거울 때) '활기를 불어넣

티코지, 1870년경, 털실과 비단실, 코시 캔버스 천에 털실과 비단실로 수를 놓고 구슬로 장식.

는 음료'의 온도와 질이 너무 떨어져버릴까 걱정돼 부엌에서 차를 계속 대기시켜놓 거나 혹은 차를 새로이 우려야 하는 번거로움을 경험한 적이 있는 사람들은 그 즉 시 우리의 '경미한 중독성 음료'를 따뜻하게 유지해주며, 차 쟁반을 들고 있는 여주 인의 성미를 누그러뜨리는 데 이토록 간단한 도구가 얼마나 유용한지 절감하게 될 것이다.[8]

차는 보통 설탕을 넣어 달게 마셨다. 19세기에는 원뿔 모양의 백설탕, 즉 '설탕봉 Sugarloaf'을 선호했는데, 정제를 가장 많이 하고 단맛이 매우 강한 설탕이었다. 이 원뿔꼴의 설탕은 보랏빛을 띠는 짙은 청색 종이에 포장해 판매되었다. 여성들은 설탕 니퍼를 사용해 설탕봉을 작은 덩어리로 부숴 설탕 그릇에 담거나 혹은 설탕 덩어리를 고운 가루로 빻아 과일이나 달콤한 디저트에 곁들였다. 당시 설탕은 매 우 비쌌기 때문에 아껴 사용했지만 설탕봉 하나면 1년 정도 사용할 수 있었다. 설 탕봉을 구입할 여력이 없는 사람들은 황설탕이나 훨씬 저렴했던 메이플 시럽, 당 밀을 사용했다. 알갱이 형태의 백설탕이 출시된 것은 1890년대였다.

당시 미국에는 티 테이블을 세팅하는 방법이나 차에 곁들여 내는 티푸드에 관

보랏빛을 띠는 짙은 청색 종이에 포장된 원뿔형 설탕(설탕봉). 이 설탕은 서리 지방의 리치몬드 햄 하우스에 진열되어 있다.

한 지침이 수없이 많았다. 여름과 겨울에 열리 는 티파티에 관한 정확한 지침은 T. J. 크로언이 1847년 출간한 요리책에 등장한다.

여름. 테이블은 순백의 천으로 단정하게 덮고, 쟁반 에는 흰 냅킨을 깐다. 브랙퍼스트 티의 경우, 쟁반 위 에 설탕, 크림, 차 찌꺼기를 담는 그릇과 스푼, 찻잔, 받침 접시를 놓는다. …… 테이블에 필요한 만큼 작 은 접시들을 빙 둘러 배열해놓고 각 접시 앞이나 옆 에 작은 나이프를 놓는다. 쟁반 반대편, 테이블 끝쪽

에 잘 익은 과일이나 과일 스튜를 담은 접시를 놓고, 그 앞이나 옆에 큰 스푼 하나와 작은 접시를 쌓아놓는다. 과일에서 조금 떨어진 한쪽에는 8분의 1인치 정도 두께로 얇게 썬 빵이 담긴 접시를 놓고 다른 한쪽에는 뜨거운 위그wig[흔히 향신료를 넣어 만든 번빵]나 러스크, 티 비스킷이 담긴 접시를 놓는다. 테이블 중앙에는 버터를 멋들어지게 담은 접시를 놓고, 옆에 버터나이프를 둔다. 버터 접시 양쪽에는 얇게 썬 차가운 고기나 햄, 혓바닥 고기가 담긴 작은 접시(그리고 이것을 덜 때 필요한 포크 하나)와 슬라이스 치즈나 신선한 팟 치즈pot cheese ●가 담긴 접시를 둔다. 테이블 한쪽에는 차가운 물 주전자를 놓고 주전자를 빙 둘러 작은 텀블러◆들을 놓는다. 다른 한쪽에는 케이크가 담긴 바구니나 접시를 놓는다. 또는 앞서 언급한 과일 놓는 자리에 커스터드를 담은 유리 접시를 놓고 과일은 작은 접시에 담아 손님들 자리에 하나씩 놓아도 좋다. 각각의 접시 중앙에는 고운 백설탕을 수북이 쌓아놓는데, 이 설탕 접시를 큰 접시 위에 올려놓으면 테이블이 매우 예쁘게 보인다. 또 다른 방법으로는 작은 컵에 구운 커스터드를 담아 과일 접시 자리에 놓아도 된다. 차를 낼 때 훈제 소고기나 잘게 다진 소시지, 볼로냐소시지를 곁들여도 좋다. 치즈를 함께 내도 좋은데, 슬라이스 치즈나 강판에 간 치즈를 추천한다.

　겨울. 여름과 동일한 다구에 포크를 추가한다. 겨울의 티 테이블에는 커피를 담은 보온통도 준비하는 게 좋을 것이다. 차가운 고기 대신 소금과 식초에 절인 굴을, 생과일 대신 굴 스튜 혹은 생선구이나 햄, 굴튀김을 낸다. 그리고 뜨거운 티 비스킷과 러스킷이나 위그, 과일 스튜나 과일 절임, 데커레이션 케이크를 곁들인다. 과일 절임 타르트tart preserves, 커런트 젤리, 크랜베리 잼에 강판에 간 코코넛을 곁들이면 좋다. 방법을 소개하자면, 코코넛의 하얀 과육을 강판에 갈아서 납작한 유리 접시에 간 다음, 코코넛 가루 한가운데에 젤리 틀을 뒤집어 젤리를 틀에서 뺀다.[9]

● 작은 알갱이가 들어 있는 부드럽고 하얀 코티지치즈의 한 종류.

◆ 굽이나 손잡이가 없고 바닥이 납작한 큰 잔.

크로언 부인이 제안한 메뉴는 '하이 티'에 가깝다. 당시 월간지《테이블 토크》 1890년 1월호에는 '하이 티'가 친구들 몇몇을 초대해 대접하는 유쾌한 방식이라는 기사가 실렸는데, 다과는 간단하게, 각자의 소득수준에 맞게 준비하는 게 좋다는 확신을 독자들에게 심어주었다. 하이 티 에티켓도 꽤 간단한 편이었다.

초대장은 날짜와 그 아래에 '하이 티'라고 쓴 작은 카드면 족하다. 쓸 데가 있어서 카드를 만들어둔 이들도 있겠지만, 카드가 없다면 간단한 메모를 보내도 괜찮다. …… 초대는 사나흘 전에 미리 보내는 게 좋지만, 즉흥적인 티모임에서도 얼마든지 유쾌한 시간을 보내는 경우가 많다. 이런 경우에는 하루 전날에 손님을 초대한다.

이 잡지는 몇 가지 메뉴를 제안하기도 했다. 1890년 1월호에는 선택할 수 있는 네 가지 메뉴가 소개되었는데, 그중 두 메뉴에는 차가 아닌 커피가 있다는 게 흥미롭다.

메뉴 1
굴튀김, 치킨 샐러드, 얇게 자른 빵과 버터, 웨이퍼, 마카롱, 차.

메뉴 2
굴 파이, 양배추 샐러드, 치킨 샌드위치, 올리브, 소금에 절인 아몬드, 웨이퍼, 커피.

메뉴 3
치킨 크로켓, 새우 샐러드, 얇게 자른 빵과 버터, 정어리, 웨이퍼, 러시안 티.

메뉴 4
롤 샌드위치, 스캘러프드 굴 요리, 올리브, 송아지 고기 크로켓,
코코넛 볼, 웨이퍼, 커피.

같은 해 8월호에는 두 가지 메뉴를 소개했는데, 그중 하나는 테니스 티 메뉴였다.

테니스티

설탕을 친 베리, 차가운 '터키식' 혓바닥 고기, 크레스로 속을 채운 토마토, 롤빵,
달콤한 샌드위치, 레모네이드, 아이스크림.

메뉴 2

차가운 라즈베리, 게살 크로켓, 크림소스, 롤빵, 아이스크림, 케이크.

차와 함께 내는 다른 요리들도 소개했다. 그중에는 랍스터 뉴버그^{Lobster Newburg} ▲
데블드 랍스터, 랍스터 크로켓, 크랩 크로메스키[러시아식 크로켓], 스캘러프드
scalloped ■ 크랩 같은 다양한 바닷가재 및 게 요리가 있었다. 그 외에도 캐비어 토스
트, 에그 샌드위치, 카나페, 둥글게 만 롤햄, 젤리처럼 엉기게 만든 닭고기, 치즈 토
스트, 치즈 스트로[길쭉한 비스킷], 브랜디 치즈 크래커 등을 소개했다.

9월호에는 세련된 결혼식 티파티를 위한 지침이 실렸다.

먼저 테이블을 묵직한 광둥 플란넬로 덮은 다음, 그 위에 새하얀 다마스크직 테이
블보를 깔고 가운데에 수를 놓거나 아무런 장식이 없는 네모반듯한 하얀 리넨, 혹
은 차이나 실크를 놓는다. 하지만 실크는 장미 화병이나 과일이 담긴 크고 품격 있는
접시가 놓인 주변에 주름이 갈 수 있다. 리넨은 판판하게 유지될 수 있다. 테이블 가
운데에 유리 접시에 담은 과일과 결혼식에 어울리는 꽃을 놓고, 꽃 아랫부분은 실

▲ 버터, 크림, 코냑, 셰리주 등으로 만든 소스에 랍스터를 넣고 끓여 만들며, 흔히 구운 빵과 함께 낸다.

■ 스캘럽은 가리비, 스캘러프드는 '부채꼴이나 물결 모양을 덧대어 장식하다'는 뜻이지만, 스캘러프드 굴 요리가 딱히
   부채꼴이나 물결 모양을 이루고 있지는 않다. 부순 크래커와 버터, 크림, 우스터셔 소스 등을 넣고 오븐에 구운 굴 요
   리를 말한다.

크로 감는다. 테이블 양옆에는 흰색 촛대나 유리 촛대, 혹 가지고 있다면 이중 촛대를 배치하고 새하얀 양초와 흰색 갓을 사용한다. 촛대를 실크의 주름진 부분에 세워도 좋다. 테이블 반대쪽 양옆에는 소금에 절인 아몬드를 유리나 은으로 된 작고 예쁜 접시에 담아놓는다. 작은 코르사주 꽃 장식이나 결혼식에 어울리는 희고 섬세한 꽃들을 접시에 놓아도 좋다. 유리잔과 물병을 제외하고 테이블에 다른 장식은 하지 않는다. 어디까지나 결혼식 티파티라는 사실을 염두에 두면서 접시며 요리, 장식을 최대한 정갈하게 한 순백의 티를 준비하도록 한다. 메뉴로는 새우 커틀릿, 크림소스, 파커하우스 롤빵, 커피, 크림 치킨, 프랑스식 완두콩 요리, 토마토 샐러드, 웨이퍼, 브리 치즈, 아이스크림, 엔젤 푸드 케이크를 추천한다.

'하이 티'는 손님을 접대하는 행사만을 의미하지 않았다. 많은 가정에서 '티' 또는 '하이 티'라고 칭하는 풍성한 저녁식사를 했다. 보통 6시쯤 그날의 마지막 식사에 해당하는 하이 티를 준비했다. 테이블에 올리는 음식으로는 스크램블드에그, 랍스터 커틀릿, 다양한 종류의 샐러드, 크럼핏, 머핀, 토스트, 파커하우스 롤빵, 케이크, 때로는 신선한 과일이나 과일 스튜, 또는 과일 젤리가 있었으며 당연히 차를 함께 냈고, 코코아나 커피를 준비할 때도 있었을 것이다.

《1095가지 메뉴: 아침, 저녁, 그리고 티》(1891)에 폭넓은 요리가 소개되었는데, 그중 차가운 요리로는,

구운 소고기, 햄, 양고기, 훈제 혓바닥 고기, 볼로냐소시지, 소금에 절인 소고기, 향신료로 요리한 소고기, 감자와 소고기 샐러드, 스위트브레드sweetbread[송아지나 어린 양의 췌장] 마요네즈, 다져서 양념한 생선 요리 등이 있었다. 뜨겁게 내는 요리로는 랍스터 커틀릿, 구운 달걀, 최상급 굴 구이, 석쇠에 구운 훈제 연어, 뇌조 고기 코키유 coquille,● 삶은 소시지, 오믈렛을 냈다. 또한 케이크, 비스킷, 토스트, 롤빵, 핫케이크, 러스크, 쿠키, 크럼핏, 웨이퍼를 과일과 함께 내라고 추천했다.[10]

매리언 할랜드는《아침, 점심, 그리고 티》(1886)에서 옛날식 티를 회상했다.

저녁식사는, 이름을 뭐라고 부르든 간에 이 미국 땅에서 규칙으로 굳어진 세 번의 식사 가운데 가장 북적대는 식사가 되기 쉽다. 6시 정각의 식사 때는 디너^{dinner}든 서퍼^{supper}◆든 티^{tea}든 간에 이야깃거리가 저절로 생겨난다. …… 미국 가정에서 티 테이블이 사라졌다는 것은 참으로 애석한 일이 아닐 수 없다. …… 과거에는 늦은 디너나 늦은 서퍼가 유행이었는데, 좀처럼 바뀔 기미가 없다. 특히 미국 남부에서 그렇다. 여름날 늦은 저녁식사는 늘 인공조명을 켜놓고 먹었다. 겨울의 저녁식사 시간에는 디저트를 내올 때 램프도 가져왔다. 나는 거의 다 자라서야 …… '진정한 오랜 역사를 지닌 뉴잉글랜드 티 테이블'을 접했다. 나는 아주 즐거웠던 어느 휴가 때 뉴잉글랜드 티에 대해 배우고, 그것이 무엇을 뜻하는지 알게 되었다. '크림을 넣는 홍차 …… 여러 차례 접시에 채워지는 갓 구운 달콤하면서도 가벼운 식감의 갈색 빵, 앉아 있으면 매우 높아 보이고, 서 있으면 매우 낮아 보이는 높이로 쌓아올린 뜨거운 쇼트케이크, 한 시간 전만 해도 집 뒤편 창문 아래 뜰에서 자라던 라즈베리와 커런트로 채워진 커다란 유리 그릇, 당의를 입힌 케이크를 담은 바구니, (소고기 부스러기가 아니라) 함께 놓는 햄과 비슷한 두께로 썰어 준비한 소고기와 분홍빛 햄 한 접시, 그리고 세이지 치즈^{sage cheese}▲! 나는 한 번도 이런 티를 먹어본 적이 없었고, 그 어디에서도 이런 맛을 느껴본 적이 없었다. 게다가 집 서쪽에 그늘을 드리운 포도 덩굴 사이로 햇볕이 내리쬐는 널찍하고 멋진 티룸에서 티를 즐겼다. 맞은편의 여닫이 창으로는 보스턴에서만 볼 수 있는 풍경이 펼쳐졌다. 먼 바다에는 수백 개의 새하얀 돛이 흩어져 있었고 보랏빛과 장밋빛, 금빛이 출렁였다. 정말로 오래된 뉴잉글랜

● 생선, 고기, 채소 등에 소스를 치고 나서 조가비 모양의 접시에 담아 굽는 요리.

◆ 오늘날에는 거의 쓰지 않는 용어지만, 디너와 마찬가지로 저녁식사를 의미한다. 단, 우리가 흔히 아는 저녁식사를 가리킬 때는 디너를 사용하는 반면, 서퍼는 저녁에 먹는 가벼운 식사나 간식을 묘사할 때 사용되곤 한다.

▲ 샐비어 잎에서 우려낸 물로 향미를 내고 물들인 치즈.

드 농가에는 폴리가 있었다. 충직한 폴리, '대단히 기쁜proper■glad' 같은 영국식 슬랭이나 "사랑스럽게 예쁜sweet pretty" 같은 여성스러운 표현을 써서 나를 깜짝 놀라게 한 폴리, 이런 일을 '하지 않았어야 하는' 폴리, 다른 일을 '하고 싶었을' 폴리. 누구도 하인이라 부를 생각을 못 했지만 상상할 수 있는 모든 면에서 '도움'이 되었던 폴리가 "주전자를 올려놓았네. 우리 모두 차를 마셨네!"[11]

'폴리가 주전자를 올려놓았네, 우린 모두 차를 마실 거라네.' 영미권에서 사랑받는 동요. 삽화 출처는 케이트 그리너웨이의 《마더 구즈》(1881).

손님을 초대하는 티파티를 어떻게 준비하고 계획하는지에 대한 조언은 20세기 초까지도 잡지와 요리책에 계속 등장했다. 1913년에 출간된《가계 경제 관리 요리책》의 편저자들인 수지 루트 로즈와 그레이스 포터 홉킨스는 '부유한' 가정은 반드시 다기 세트를 갖춰야 하며, 한 가정의 세련된 안주인으로서 제 역할을 하고 싶은 여성이라면 차를 우려 우아하게 따르는 기술을 완벽하게 습득해야 한다고 단언했다. 빵은 가능한 한 얇게 자르되 가늘고 긴 조각, 마름모꼴, 세모, 동그라미 등 어떤 모양으로든 자유자재로 자를 수 있어야 한다. 또한 편집자들에 따르면 당시 비튼 비스킷beaten biscuit◆에 대한 수요가 항상 높았다. 좋아하는 꽃다발을 입구가 좁은 항아리에 버터를 이용해 꽂아놓는 영국식 관습을 설명하면서, 이는 장미나 바이올렛 같은 선택한 꽃의 종류에서 연상되는 섬세한 향기를 티파티에 선사한다고도 했다. 차를 선호하지 않는 사람들을 위해서 코코아나 카카오라 불리는 초콜릿 음료를 낼 수 있다. 차에 넣는 레몬은 시트르산이 차의 타닌산을 상쇄하는 역할을 해 좋다고 권한다.

■ '대단히'라는 의미를 지닌, 당시 영국에서 사용되던 속어다.
◆ 미 남부 지역의 이스트를 넣지 않은 딱딱한 소형 식빵.

레몬을 넣은 차를 좋아한다면 이 조합도 좋아할 것이다. 찻잔에 오렌지 마멀레이드를 한 티스푼 넣고 잘 저으면 맛이 매우 좋다. 레몬과 함께 파인애플 한 조각을 즐겨 넣기도 한다. 차를 따르기 바로 직전 찻잔에 정향clove[정향나무의 꽃눈을 말린 향신료] 한 개를 통째로 넣는 방식도 차에 풍미를 더해 인기가 있다.

색을 테마로 한 티파티가 유행하기도 했다. 편저자들이 "셀러리 줄기, 대추야자 샌드위치, 속을 채운 대추야자, 데블스 푸드 케이크와 함께 레몬이나 설탕에 절인 생강을 곁들인 차를 내는 '스튜디오 티Studio tea'"를 설명한 부분도 있다.

성공적인 애프터눈 티파티를 위해서는 체계적인 준비가 중요했다. 손님들은 정해진 방에서 맞이하고 차와 케이크, 샌드위치는 인접한 다른 방에서 준비했다. 적절한 때가 되면 연결된 문이 활짝 열리면서 안주인이나 하녀가 마호가니나 은제 쟁반에 놓인 다기 세트를 들고 들어왔다. 쟁반에는 찻주전자와 함께 티 캐디, 티포트, 설탕 그릇과 집게, 크림 주전자, 레몬을 담은 접시, 찻잔과 받침, 티스푼 같은 여타 필요한 다구와 물품들이 있었다. 또한 샌드위치와 작은 케이크, 쿠키는 도일리를 깐 접시에 올리는 것이 관례였다.[12] 다기와 다과를 나를 때에는 흔히 티 왜건 혹은 큐어릿이라고도 불리는 티 카트를 사용했다. 쟁반 위에 놓은 다기 세트는 티 왜건 위층에, 샌드위치와 케이크, 냅킨, 접시들은 아래층에 두었다.

3단 바구니나 3단 스탠드를 뜻하는 큐어릿은 머핀 혹은 케이크 스탠드라고도 불리는데, 빵이나 스콘(위층), 샌드위치(중간층), 케이크(아래층)를 담는 데 흔히 사용했다. 이런 방식으로 차려진 다과를 형식에 구애받지 않고 들고 다니며 손님들에게 제공했다. 바지런한 안주인은 손님 한 사람 한 사람에게 직접 차를 따라주고, 원하는 사람에게는 설탕이나 크림, 레몬을 넣어주고, 찻잔을 건네주기도 했다.

'5시' 티가 인기를 끌었던 건 비교적 간단해서였다. 음식 준비도 쉬웠고 손님들 시중을 일일이 들 필요도 없었다. 1921년에《굿 하우스키핑》잡지에 실린 기사에 따르면, 주부들은 "음식 준비와 관련된 대부분의 일을 오전에 마치기 때문에 점심식사 후 테이블 정리를 하고 나면, 오후 손님들이 아무리 일찍 도착한다고 해도 꽤 긴 시간 동안 휴식을 가질 수 있었다." 또 한편으로는 더욱 정성을 들여야 하는 것으로 보이는 애프터눈 티에 대해 기술했다.

따끈해서 맛있는 롤빵, 뜨거운 차와 커피를 제외하면 전체 메뉴는 흰 빵, 치즈, 옛날식 파운드케이크나 스펀지케이크, 애로루트^{arrowroot}[칡의 일종]나 홍조류 분말을 이용해 작은 모양으로 정교하게 만드는 블랑망주, 플로팅 아일랜드^{floating island}[커스터드의 일종], 각종 트라이플, 시트론 설탕 절임, 일렉션 케이크^{election cake}● 등 차가운 음식으로 구성되어 있다. 이들 음식은 모두 인기가 많았고, 많은 경우 안주인들은 각자 잘 만들기로 소문이 자자한 음식 한두 가지쯤은 있었기에 애프터눈 티의 메뉴가 진부하거나 단조로울 일이 없었다. 추운 계절에는 다양한 방식으로 요리한 굴을 즐겨 준비했으며, 닭튀김을 더 선호하는 가정도 있었다. 재료의 맛을 잘 살린 랍스터나 게 요리는 높은 평가를 받았다.[13]

보스턴 요리대학의 루시 G. 앨런은 《테이블 서비스》에 티파티와 관련된 조언을 많이 실었다. 그중에는 여름철 야외에서 즐기는 티파티의 경우 아이스티, 아이스 초콜릿 음료, 펀치가 준비하기에 더 편리할 뿐 아니라 뜨거운 차보다 환영받는다는 조언도 있었다. 아이스크림을 낼 때도 있었지만 "보통은 프라페^{frappé}(셔벗과 비슷한 과일 맛 혼합물)를 더 선호해 프라페 그릇에서 프라페 전용 유리잔에 덜어 먹을 수 있도록 준비했다."[14]

1932년, 코카콜라 회사는 아이다 베일리 앨런의 《손님을 접대할 때: 무엇을 어떻게 할 것인가》라는 책을 발간했다. 당시만 해도 많은 티파티에서 격식은 여전히 중요한 부분을 차지하고 있었다. 이 책은 다양한 종류의 티파티, 가령 격식을 갖

● 언뜻 보기에는 구겔후프와 비슷하게 생겼다. 당밀, 말린 과일, 브랜디, 백포도주, 향신료 등을 넣어 만드는데, 옛날 미국에서는 투표를 마치고 나면 이 일렉션 케이크, 즉 선거 케이크를 한 조각씩 받아가는 전통이 있었다고 한다.

춘 애프터눈 티 외에도 캐주얼한 티파티, 유행하는 스튜디오 티, 티 리셉션을 소개하며 각각의 성격에 맞게 준비하는 방법을 제안했다. '애프터눈 티를 위한 우아한 기술'이라는 절에서는 격식을 갖춘 티파티를 위한 지침을 제시하는데, 이러한 티파티는 많은 손님을 초대해 다과를 대접하며 딸을 사교계에 소개시킨다거나 가족의 친구들에게 새 며느리를 인사시킨다거나 혹은 새로운 이웃이나 방문객을 환영하는 기회로 활용했다.

차나 커피, 초콜릿 음료를 내면 된다. 음료는 사교계에 동반하는 여성 보호자가 따르고 사교계에 처음 나온 여성들은 샌드위치와 렐리시^{Relish,} ● 혹은 케이크와 캔디류를 내온다.

음식은 비교적 간단한 게 좋다. 손가락으로 집어 먹을 수 있는 종류여야 한다. 또한 차가운 음료를 선호하는 손님을 위한 준비도 잊지 않는다. 코카콜라 트로피컬 펀치는 새롭고 맛있다.

아이다 앨런은 이런 종류의 격식을 갖춘 티파티 때 선택할 수 있는 두 가지 메뉴를 소개한다.

작게 자른 클럽 샐러드 샌드위치
훈제 연어 롤 샌드위치
올리브, 소금에 절인 브라질너트
레몬 아이스크림, 작은 실버 케이크
코카콜라 트로피컬 펀치, 차
프렌치 버터크림

● 채소나 과일 등을 다져 식초에 절인 음식을 말한다. 가장 잘 알려진 것은 오이로 만든 렐리시인데, 흔히 핫도그나 햄버거에 곁들여 먹는다.

혹은

올리브를 곁들인 랍스터 페이스트 오픈 샌드위치,

오이 샌드위치, 파슬리 버터 롤 샌드위치

오렌지 아이스크림, 당의를 입힌 레이디 핑거Lady Finger◆

차

박하사탕, 견과류

"추수 감사절에 경기를 치르고 즐기는, 젊은 세대를 위한 풋볼 티"도 격식을 갖춰 준비한다.

대학을 상징하는 색에 맞춘 초와 황동 촛대, 밝은색 과일을 담은 그릇에 푸른색을 위해서는 월계수 잎을 준비해 계절에 어울리는 테이블을 차린다. 찻잔과 받침 접시는 러시아에서 찻물을 끓일 때 쓰는 사모바르나 다기 세트와 함께 테이블에 놓여 있어야 한다. 날씬한 유리잔, 병따개와 함께 아주 차가운 코카콜라를 쟁반에 놓아 테이블 반대편에 준비해두면, 성공적인 파티에 필요한 생기를 불어넣을 수 있다.

샌드위치는 미식축구 공 모양으로 자르고, 케이크는 미식축구 공처럼 줄무늬를 넣은 작은 타원형의 초콜릿으로 장식한다. 풋볼 티파티의 기념품으로는 가죽으로 된 소형 축구공이나 갈색 종이로 싸서 양쪽에 작은 우승기를 꽂아놓은 종이컵을 준비하는데, 이때 컵에는 동그란 초콜릿 캔디를 채워 넣는다.

메뉴

풋볼 샌드위치

달걀과 피망 오픈 샌드위치

◆   말 그대로 손가락처럼 가늘고 길쭉하게 생긴 비스킷으로, 가볍고 폭신한 식감을 낸다.

아, 참으로 많고 많은 음료가 있다,
바다를 압도할 만큼 많은 음료들.
하지만 그 무수한 음료 중에서,
최고는 아이스티라 생각한다. ……
그리고 잘 식혀서 얼음을 넣고,
셰이커에 담아 휘저으면,
크림 같은 거품이 생길 것이다. ……
그렇게 해서 복된 기쁨을 주는 음료가 될지니
아주 작은 레몬 조각을 짜서
차가운 티에 넣으면 새콤한 향이 풍기고
설탕 스푼을 잘 다루어야 할지니
가만히 있어라, 내 고동치는 심장아! ……

《데일리 피카윤》, 1897년

아이스티 만드는 방법이 미국 요리책에 등장하기 시작한 것은 1800년대 초였는데, 처음에는 알코올을 섞은 펀치 위주로 소개되었다. 이 무렵에는 대다수 가정에서 얼음을 쉽게 구할 수 있었다. 초기 펀치는 오늘날 주로 사용하는 홍차가 아닌 녹차로 만들었고 와인이나 럼주, 브랜디 같은 술을 가미했다. 1860년에 작가이자 농업 전문가이며 레이크 카운티(인디애나주) 금주협회 설립자, 그리고 《어떻게 살 것인가》의 저자인 솔런 로빈슨은 이런 견해를 밝혔다. "지난여름 우리는 차를 시원하게 해서 마시는 습관을 들였는데, 진심으로 뜨거운 차보다 낫다는 생각을 했다." 아이스티를 최초로

소개한 요리책은 보통 1879년에 출간된 《옛 버지니아의 살림》으로 여겨진다. 이 책에 소개된 방식에 따르면, 녹차를 온종일 우린 다음, "고블릿goblet[손잡이 부분과 받침 부분이 있는 잔을 말한다]에 얼음을 채우고, 그래뉼러당 2티스푼을 각각의 잔에 넣은 뒤 얼음과 설탕 위에 차를 붓는다." 또한 레몬을 곁들이면 좋다고 권한다. 하지만 최초의 아이스티는 약용으로 쓰였다. 1869년, 《메디컬 타임스 앤 가제트》에는 이러한 주장이 실렸다. "더운 날씨에 마실 수 있는 가장 맛있으면서 몸을 보하는 음료는 얼음 덩어리를 넣어 시원하게 만든 양질의 진한 차다. 우유는 넣지 않고 설탕은 조금만 넣어야 한다. 레몬을 몇 조각 첨가해 향을 내는데, 차를 처음 만들 때 레몬을 넣어 함께 우린다."

1870년대 무렵에는 호텔과 기차역에서 아이스티를 제공했다. 러시아식으로 마시는 홍차인 러시안 티가 유행했고 1883년에 매리언 할랜드는 《시골집 부엌》에서 아이스 러시안 티 레시피를 소개했다.

일반적인 방식으로 차를 만들어 찻잎이 있는 상태로 식게 둔다. 차가 식으면 피처 병에 찻물을 걸러낸다. 차 1쿼트[약 0.95리터]당 껍질 벗긴 레몬 두세 개를 썰어 넣는다. 얇게 저며야 한다. 텀블러에 설탕과 얼음을 넣고 차를 가득 채운다.

커다란 볼에 담아 내놓는, 아주 시원하고 달콤한 아이스티는 박람회, 교회 행사, 소풍에서 큰 사랑을 받으며, 와

인과 펀치가 제공되지 않는 이브닝 파티에서 유행으로 자리 잡았다.

《아침, 점심, 그리고 티》에서 할랜드는 아이스티에 샴페인 한 잔을 첨가해 만드는 러시아식 펀치를 추천하기도 한다.

아이스티는 1904년에 열린 세인트루이스 세계무역박람회에서 동인도 전시장을 담당했던 영국 차 상인인 리처드 블레친든을 통해 널리 보급되었다. 무더위에 박람회를 찾은 관람객들에게 뜨거운 차를 판매하기가 어렵겠다고 판단한 그는 차를 얼음 넣은 잔에 부어 팔았고, 관람객들은 이 시원하고 상쾌한 음료를 마시기 위해 삽시간에 모여들었다. 그 후 아이스티의 인기가 치솟으면서 미국 전역으로 퍼져나갔

다. 금주법이 시행되던 1920년대에는 와인과 맥주를 비롯한 알코올음료의 대안을 찾기 시작하면서 아이스티 소비가 증가했다.

오늘날 아이스티는 미국에서 소비되는 차의 80퍼센트 정도를 차지한다. 얼음을 넣기 전에 설탕을 먼저 넣는 미국 남부에서 특히 아이스티를 선호한다. 남부 사람들은 아이스티를 리터 단위로 마시며, 여름만이 아니라 일 년 내내 식사 때마다 거의 빠짐없이 함께 낸다. [남부의 작은 마을을 배경으로 한] 영화 〈철목련〉(1989)에서 돌리 파튼이 맡은 캐릭터는 달콤한 차를 '남부의 하우스 와인'이라 부를 정도다. 남부의 차 문화는 아이스티를 키가 큰 아이스티 전용 유리잔에 따라 테이블에 내는 세련된 관행을 만들었고, 긴 스푼과 레몬 전용 포크도 널리 사용되었다. 이러한 관습이 퍼져나감에 따라 제1차 세계대전이 끝날 무렵에는 미국 전역에서 키가 큰 크리스털 고블릿이나 유리잔에 아이스티를 마시게 되었다.

남부 레스토랑에서 차를 주문하면 달콤한 아이스티를 마시게 될 가능성이 크다. 미국의 다른 지역에서도 '차'를 주문하면 아이스티가 나오는 경우가 많지만, 대개 설탕을 넣지 않은 채 나올 것이다. '뜨거운 차'를 주문하면 흔히 아이스티를 데워서 나오는 경우가 많다. 오늘날 아이스티는 캔과 병에 담겨 판매되기도 한다.

차를 사랑하는 영국인들이 미국에 여행을 간다면 맛 좋고 진한 차 한 잔을 마시는 것이 약간 힘겨울 수 있다. 차를 주문하면, 종이컵에 티백으로 된 차가 나오는 경우가 많기 때문이다. 그렇게 만든 차는 매우 연할뿐더러 차가운 우유가 아닌 뜨거운 우유와 함께 제공될 때가 많다.

여러 가지 티 케이크

매우 시원한 코카콜라

작은 초콜릿

티를 위한 외출: 티룸, 백화점, 호텔, 티댄스

20세기 초에 티타임은 티룸과 백화점, 호텔로 퍼져나갔다. 레스토랑은 남자들의 영역이었다. 여자들은 티룸에서 만나 이야기를 나누고 쇼핑 후에 다과를 즐겼다.

티룸

미국의 티룸 열풍은 세 가지 사회적 현상, 즉 자동차의 등장과 금주법 시행, 여성 참정권 운동이 맞물려 일어났다. 오랜 세월 제약이 따르는 삶을 살았던 여성들은 독립적인 생활을 꿈꿨다. 자유롭게 여행하고 좀 더 모험적인 삶을 살고자 했다. 자동차가 보급되면서 여성들은 직접 차를 운전해 티룸을 비롯한 공공장소에 다닐 수 있게 되었고 더 나아가 티룸을 소유하거나 운영하게 되었다. 당시에는 여성 손님들을 위해 여성이 직접 운영하는 티룸이 많았다. 또한 금주법으로 인해 술을 팔지 못하게 되자 수입이 감소한 다수의 호텔과 레스토랑이 문을 닫았다. 이러한 분위기 속에서 차는 술을 대신하게 되었다.

미국에서 티룸은 영국과는 다른 길을 거쳐 발전했다. 초기 티룸 중 상당수는 주말에 여성들이 자신의 집을 개방해 지나는 여행자들에게 저렴하고 소박한 가정식 요리를 제공하면서 시작되었다. 또한 보헤미안적인 분위기가 물씬 풍기는 뉴욕 그리니치빌리지의 티룸에서부터 시카고의 고급 티룸에 이르기까지 미국 전역에 티룸이 생겨났다. 티룸이 특히 여성들의 마음을 사로잡은 건 대다수 레스토랑이나 음식점이 남성의 영역이었던 시절에 여성들이 편안하게 다닐 수 있는 예스럽고 아늑한 분위기 덕분이었다. 많은 이들, 그중에서도 젊은 세대는 호텔에서 먹는 값비싼 고급 요리보다 편안한 분위기에서 즐길 수 있는 맛있는 음식을 선호했다. 미국 티룸에서는 뜨거운 차와 앙증맞은 크기의 샌드위치, 스콘과 잼으로 구성된 전형적인 영국식 애프터눈 티 대신 커피나 아이스티를 선호했다. 차에 곁들이는 음식 또한 달랐다. 시카고에 위치한 미스 엘리스 티숍의 메뉴인 치킨 파이처럼 속을 든든히 하면서도 짭짤한 음식이 나오곤 했다. 시카고에서 활동하는 기자 존 드러리는 자신의 저서 《다이닝 인 시카고》(1931)에 이 치킨 파이에 대해 "절대 놓쳐서는 안 되는 요리"라고 표현했다. 그는 이 찻집에 대해 이렇게 기록했다. "단골손님은 주로 맵시 있게 옷을 차려입는 여성과 그런 옷을 보기 위해 오는 여성들이다. 이곳 음식 맛은 인정받아 마땅하며 오래전부터 가족 대대로 내려오는 요리법으로 선보이는 메뉴는 손님들의 발길을 유혹한다." 남부식 프라이드치킨과 대추야자 토르테, 뜨겁게 내는 남부식 비스킷 같은 미국 남부의 별미를 메뉴로 선보이는, 이스트오크 스트리트의 서던 티숍에 대해서는 "조용하고 매력적인 티룸…… 가격도 매우 합리적"이라고 서술했다.[15]

1920년대에 미국인들은 색, 특히 밝은 색채에 매료되었다. 의류에서부터 가구, 자동차, 장식, 식기류, 티룸의 유니폼에 이르기까지 검은색과 흰색, 칙칙한 색이 주조를 이루던 것들이 다채로운 색을 띠게 되었다. 사회 곳곳에서 밝은색을 섞는 방식이 유행했다. 음식 역사학자인 얀 휘터커는 명쾌한 저서 《블루 랜턴 여관의 티》(2002)에서 1920년대 초에 발표된 '티룸'이라는 시를 소개하는데, 티룸에서 선보이는 다채로운 색의 향연을 이렇게 묘사한다.

물론 접시들은 색이 제각각,
찻잔은 노랑,
접시는 풀처럼 푸른색

레몬 조각들이 붉은빛 칠기에서

빛나고, 노르스름한 크림은

땅딸막하고 우스꽝스러운 검은색 저그에,

설탕은 오렌지색 그릇에 담겨 있네.[16]

티룸의 이름에도 색을 뜻하는 단어가 포함되었다. 가장 인기 있는 색은 블루 랜턴 Blue Lantern이나 블루 티포트Blue Teapot처럼 파랑을 뜻하는 블루였다. 로라 차일 즈가 쓴 미스터리 시리즈의 배경인 찰스턴에 위치한, 가상의 찻집 이름도 남색을 뜻하는 '인디고' 티숍이다. 여주인공인 시오도시아 브라우닝이 키우는 강아지 이 름은 얼 그레이였다.

보헤미안적인 그리니치빌리지에 위치한, 자유로운 분위기의 티룸에서도 색은 중요한 부분을 차지했다. 이 지역의 티룸들은 색색의 밀랍 염색 옷과 손으로 칠한 구슬로 만든 목걸이, 스카프, 모자, 가방, 조각, 도자기, 그림을 파는 선물가게들과 나란히 붙어 운영되는 경우가 많았는데, 티룸 내부에서 이러한 선물들을 팔기도 했다.

제1차 세계대전 전에는 사회복지사, 교사, 개혁가로 일하는 다수의 전문직 여 성들이 그리니치빌리지에 살았다. 그들은 빅토리아 시대의 삶의 제약에서 벗어나 려고 애쓰는 사회의 저항 세력이었다. 1910년경에는 낮은 임대료와 특유의 자유 로운 분위기에 매료된 남녀 예술가들이 옮겨 왔다. 티룸은 이들이 만나서 차나 커 피 한 잔을 마시며 이야기를 나누고 간단한 음식을 먹을 수 있는 장소가 되었다. 아늑한 실내 장식으로 예술가와 배우들의 발길을 끈 티룸 중 하나는 메리 알레 타 '크럼피' 크럼프와 그녀의 노모가 운영하는 크럼페리라는 티룸이었다. 그들은 1917년에 처음 크럼페리를 열었고 이후 수년간 임대료가 오르면서 여러 차례 이 전했다. 손님들은 완두콩 수프, 크럼핏, '크럼플드' 에그crumpled egg[달걀을 팬에 넣 어 휘저으며 볶은 요리], 땅콩 샌드위치를 먹거나 차나 커피를 즐기며 체스 게임을 하고 친구들과 이야기를 나누곤 했다.

그 무렵(1910년대) 그리니치빌리지에는 유럽의 전운을 피해 파리에서 이주한 이민자들이 몰렸다. 수많은 작가, 급진주의자, 페미니스트들이 함께 어우러지며 이 지역 특유의 자유롭고 생기 가득한 문화를 만들어냈고, 그 중심에는 티룸이 있었다. 파리 라틴구●의 티룸을 본뜬 상당수 티룸은 다양한 사람들이 함께 어울리는 데 적합한 공간이었다.

로마니 마리스도 그리니치빌리지에서 유명한 티룸 중 하나였다. 1912년 마리 마천드가 문을 연 티룸으로, 그녀는 1901년 10대 시절에 루마니아에서 미국으로 이주한 여성이었다. 그녀의 말에 따르면, 어머니가 루마니아에서 집시들을 상대로 운영하던 여관을 본떠 선술집을 열었다고 한다(이름만 이렇게 불렀을 뿐 술을 팔지는 않았다). 마리는 종종 집시 차림을 하고서 찻잎을 읽어 운세를 봐주기도 했다.

집시는 수많은 티룸이 사용하는 인기 있는 이름이 되었다. 그중 몇몇 티룸에서는 로마니 마리스처럼 점술로 손님들을 더욱 끌어모았다. 19세기 중반에는 집시들이 영국에서 미국으로 이주했고, 얼마 후에는 세르비아와 러시아, 오스트리아-헝가리 집시들이 미국으로 들어왔다. 집시 여성들은 도시에서 점집을 했다. 관련 당국에서는 이들의 점술 행위에 난색을 표하며 복채를 받지 못하도록 법으로 금했다. 하지만 티룸은 무료로 점을 봐주며 법망을 피했고 점술가들은 손님에게서 복채 대신 팁을 받았다. 이러한 티룸들은 음식으로 이름을 날리지는 않았지만, 뉴욕, 보스턴, 클리블랜드, 캔자스시티, 로스앤젤레스, 시카고 같은 도시에서 번성했다. 시카고에 위치한 웨스트 먼로 스트리트의 집시 티숍은 이 도시에 생긴 최초의 점술 티룸이었다. 일부 티룸은 시카고의 페르시아 티룸, 잔지바르의 가든처럼 이름에서부터 이국적인 동양의 분위기를 풍겼다. 대공황 시기에 물가가 하락하면서 많은 티룸은 손님을 끌기 위해 무료로 찻잎점을 봐준다고 광고했다. 밥 크로스비

●　파리의 5·6구에 해당한다. 고등사범학교, 소르본대학 등이 위치해 학생 및 예술가들이 많이 사는 곳으로 알려져 있다.

차는 미국의 여성참정권 운동에서 중요한 역할을 했다. 차가 저항의 방편으로 활용된 가장 잘 알려진 이야기는 보스턴 티파티일 것이다. 하지만 미국 여성참정권 운동을 이끈 핵심 멤버 5명이 1848년 7월 9일 뉴욕 워털루에서 가진 간단한 티파티 또한 여성운동사에서 대단히 중요한 위치를 차지한다. 이날 여성들은 차를 마시면서 혁명적인 아이디어를 논의했고, 이 모임은 서구 세계에서 열린 최초의 여성인권 회의인 세네카폴스 회의의 발단이 되었다. 그로부터 반세기 후, 당대 전설적인 사교계 인사 중 하나였던 알바 밴더빌트

벨몬트는, 그녀의 대저택 내 부지에 중국식 티하우스를 지어 그곳에서 자신이 새롭게 눈뜬 여성참정권 문제에 열의를 불태우며 기금 마련을 위한 티파티를 열었다. 그중 두 차례의 행사에서 손님들은 '여성에게 투표권을'이라고 쓰인 찻잔세트를 선물로 받았다. 세네카폴스 회의에서 시작되어 불굴의 의지로 헌신한 수많은 여성들 덕분에 여성참정권 운동은 소기의 목적을 달성했다. 1920년, 마침내 여성들의 투표권을 보장하는 수정헌법 제19조가 통과되었다.

'애프터눈 티', 1910년 시사만화 잡지 《퍽》에 실린 앨버트 레버링의 캐리커처. 이 삽화는 여성참정권이라는 대의를 위해 싸우다 수감된 사교계 명사이자 '500번' 죄수가 된 여성이 '감방 번호 500, 우리의 고결한 순교자'라는 팻말이 붙여진 감방 밖에서 사교계 친구들과 티파티를 여는 장면을 묘사하고 있다.

의 '작은 집시 티룸에서'(1935)라는 노래에 찻잎점이 등장한다.

작은 집시 티룸이었지
울적한 기분이었어
작은 집시 티룸이었지
내가 처음 당신을 보게 된 곳

집시가 찻잎을 읽어주려고 다가왔을 때
기분이 좋아졌지
집시 여인이 말했지, 티룸에 있는 누군가가
내 마음을 훔칠 거라고

'작은 집시 티룸에서'. 한 장의 악보로 발행되는 시트 뮤직
커버. 뉴욕, 1935년.

시카고의 엘 하렘을 비롯한 일부 티룸에서는 티
댄스를 열었다. 물 담뱃대, 천장에 매달려 있는
화려한 터키식 램프, 차와 함께 제공되는 터키 요
리는 마치 술탄의 하렘 같은 이국적인 분위기를
물씬 풍겼다. 클래런스 존스가 이끄는 오케스트
라는 티댄스를 위한 음악을 연주했다.

경제적인 어려움 속에서 티룸들이 고군분투
하는 상황에서 한 용감한 여성이 모험에 뛰어들
었다. 프랜시스 버지니아 휘터커는 대공황이 절
정에 달했던 시기에 미국 최남동부 농업 지역의
중심인 애틀랜타에 프랜시스 버지니아 티룸을
열었다. 이 티룸은 크게 성공해 셰리 시폰 파이,
부드러운 와인 소스를 곁들인 진저브레드, 셰리

휘프드 크림[휘저어서 단단해진 크림]을 곁들인 호박 파이 등 달콤한 메뉴를 비롯해 갖가지 맛있는 음식을 친구들과 즐길 수 있는 장소가 되었다. 제2차 세계대전 동안에도 프랜시스 버지니아는 계속 번창해, 하루에 2,000개가 넘는 주문을 소화했다.[17]

백화점

백화점에도 티룸이 들어섰지만 그리니치빌리지처럼 편안하고 아늑한 분위기의 티룸이나 찻잎점을 보는 이국적인 느낌의 집시 티룸과는 사뭇 달랐다. 백화점 내 티룸을 찾는 여성들은 보통 모자와 장갑을 착용했고, 상류 사회에서 필요로 하는 예절과 몸가짐이 몸에 배어 있었다. 1890년, 시카고의 마셜 필드 백화점에 최초로 티룸이 문을 열었다. 당시 백화점 매니저였던 해리 고든 셀프리지(훗날 런던 셀프리지 백화점의 설립자)는 백화점 내부에 '티룸'을 열기 위해 이례적이게도 세라 해링이라는 중산층 여성에게 도움을 요청했다. 그녀가 한 일은 '맛있는 요리'를 할 줄 아는 '교양 있는 여성들'에게 매일 요리를 해서 백화점으로 가져오도록 의뢰하는 것이었다. 티룸은 모피매장 모퉁이를 돌아 한적한 곳에 있는데다 테이블은 15개밖에 없고 메뉴도 한정적이었지만 일약 대성공을 거두었다. 부유하고 영향력 있는 집안의 안주인과 딸들이 들르는 명소가 된 것이다. 개업일에 60여 명의 손님들은 손으로 수를 놓아 만든 메뉴판을 보고 주문했다. 오렌지 펀치는 청미래덩굴*로 장식한 오렌지 껍질에 담겨 나왔고, 메뉴에는 장미 한 송이를 얹은 접시에 소스를 얹은 아이스크림뿐 아니라 장미 펀치도 있었다. 샌드위치는 리본으로 묶은 바구니에 담겨 나왔다.[18] 티룸에 음식을 공급하는 이들 중 한 명이었던 해리엇 틸든

● 원주 청미래덩굴은 가시가 있는 덩굴관목이다. 어린 새싹은 샐러드로 먹거나 데쳐 먹을 수 있다. 말린 뿌리는 오스트레일리아에서 많이 마시는 사르사 차의 핵심 재료이고, 루트 비어나 청량음료, 아이스크림, 사탕, 제과류에 광범위하게 사용된다.

브레이너드는 처음에 진저브레드와 치킨 샐러드를 만들다가 나중에는 클리블랜드 크림 치킨을 새로 선보였는데, 이는 티룸에서 가장 사랑받는 요리 중 하나로 자리매김했다. 다른 여성들은 대구 케이크codfish cake♦와 삶은 콩 요리인 보스턴 베이크드 빈스를 준비했다. 소금에 절인 소고기 해시hash▲도 식을 줄 모르는 인기를 구가하는 메뉴였다. 이 모험적인 사업이 엄청난 성공을 거두면서 백화점 내에 더 많은 티룸이 들어섰다.[19]

1907년에는 사우스 티룸이 개점했다. 이 티룸은 아름다운 페르시아 호두나무로 만든 벽널로 인해 월넛 룸으로 알려지게 되었고, 1937년에는 월넛 룸이 공식 이름이 되었다. 당시 많은 사랑을 받았던 치킨 팟 파이는 오늘날에도 각광받는 메뉴다. 1920년대 무렵, 마셜 필드 백화점에는 7개의 티룸이 있었고 하루에 약 5,000그릇의 음식을 제공했다. 나르시스 샘 티룸의 손님들은 세모꼴로 자른 시나몬 토스트와 크림치즈를 바르고 후추, 다진 견과류, 파인애플, 피망 등 다양한 재료를 넣은 갖가지 빵을 맛볼 수 있었다. 1922년의 티 메뉴를 살펴보면 티 샌드위치 14종, 피클 11종, 샐러드 37가지, 즉석에서 만들어 뜨겁게 제공하는 요리 72가지가 있었다. 장미 펀치는 메뉴에서 사라졌지만, 오렌지 펀치는 여전히 남아 있었다. 전쟁이 한창이던 때 대체품으로 소개되어 인기를 끌었던 감자 가루로 만든 머핀 역시 메뉴에 그대로 있었다.[20]

마셜 필드 백화점의 티룸에 대한 최근 기록은 존 드러리의 저서에 등장한다. 그에 따르면, 가장 유명하고 우아한 분위기의 티룸은 7층에 위치한 나르시스 샘 티룸이다. 실내 장식, 분위기, 서비스, 음식 모두 고급 상점가인 미시간 애비뉴의 일류 식당이나 골드 코스트의 호텔과 견주어도 뒤지지 않는다. 오후 3시에서 5시 사이, 지친 쇼핑객들은 실내악을 들으며 샌드위치, 샐러드, 음료, 디저트로 구성된

♦ 으깬 대구 살에 삶은 감자, 달걀 등을 넣은 반죽을 동그랗게 빚어 기름에 튀긴 음식을 말한다.

▲ 고기와 감자를 잘게 다져 섞어 요리해 따뜻하게 내는 음식을 말한다.

특별한 메뉴를 즐길 수 있었다. "이렇듯 편안한 곳에서 30분 정도를 보내며 정성이 가득 담긴 가벼운 음식으로 원기를 보충하고 나면, 몸과 마음이 생기를 되찾으며 다시 한 번 쇼핑에 나설 준비가 되는 것이다." 그는 감자 가루로 만든 머핀-맛있기로 유명한-에 대해서도 칭찬을 아끼지 않았다. "어디에서도 이런 머핀을 맛볼 수는 없을 것이다. 미식가라면 최고 수준의 황홀감을 느낄 맛이다."[21]

미국 전역의 백화점에 티룸이 문을 열었다. 뉴욕의 메이시 백화점은 1904년에 일본풍 티룸을 개점했다. 1910년경 로스앤젤레스의 야마토 바자회에서는 양치식물과 등나무, 등불로 장식된 일본식 티가든에서 무료로 차와 케이크를 제공했다.

Five o'Clock Tea
✿✿✿
Served from 3.30 to 5.30 P. M.
✿✿✿
Oolong and English Breakfast Tea
Assorted Sandwiches
Marmalade
Macaroons   Lady Fingers
Uneeda Biscuit
Ice Cream

24c.

R. H. Macy & Co.
New York
7. Dec. 1905

오후 5시 티 메뉴, 메이시 백화점, 뉴욕, 1905. 유니다Uneeda 비스킷은 크래커의 한 종류였다.

백화점 내 티룸마다 고유한 특색을 살린 메뉴를 선보였고, 매니저들은 손님의 발길을 끌기 위해 늘 새로운 요리, 새로운 조합을 찾아다녔다. 필라델피아의 스트로브리지&클로시어 백화점에서는 클럽 샌드위치에 닭고기 대신 튀긴 굴을 넣었고, 이 새로운 샌드위치에 라커웨이 클럽 샌드위치라는 이름을 붙였다. 치킨 파이는 수많은 백화점에서 사랑받는 메뉴였다. 네브래스카주 링컨의 밀러&페인 티룸에서 선보인 파이의 더블 크러스트는 손님들에게 깊은 인상을 남겼다. 보스턴 파일린 백화점의 인기 메뉴는 치킨 아라킹chicken à la king, ● 춥수이chop suey, ◆ 메이

● 깍둑썬 닭고기에 크림소스, 버섯, 채소 등을 넣어 끓인 음식을 말한다. 이렇게 만들어진 소스를 흔히 밥이나 파스타 위에 끼얹어 먹거나 빵에 곁들여 먹는다.
◆ 고기, 달걀, 양배추나 셀러리 같은 채소 등에 녹말을 넣고 빠르게 볶아낸 미국식 중국 요리다.

플 레이어 파이였다. 일부 백화점은 값비싼 차를 제공했다. 라샐&코흐 백화점의 1920년 메뉴를 살펴보면, 고가의 중국 명차인 밍차 한 포트에 20센트였다. 그와 비슷한 시기에 시카고의 맨델 브라더스 백화점에서는 차 애호가들을 위해 우롱차, 잉글리시 브랙퍼스트, 무색의 일본차, 어린 입으로 만든 시춘차, 실론 오렌지 페코, 건파우더[잎이 총탄 모양으로 말린 고급 녹차인 주차珠茶] 같은 다양한 차를 구비해 놓았다.[22]

호텔과 티댄스

20세기 초 화려한 고급 호텔들이 대도시에 새로 문을 열었다. 1906년 샌프란시스코의 페어몬트 호텔을 시작으로, 1907년 뉴욕 플라자, 1920년 시카고 드레이크, 1927년 보스턴 리츠칼턴이 등장했다. 왕족, 부유층, 유명인사, 여행자를 주 고객층으로 삼은 이러한 호텔은 돌결이 나 있는 대리석 기둥과 번쩍이는 유리 샹들리에로 장식한 실내에서 오케스트라의 감미로운 연주를 배경으로 우아하고 세련된 '티'를 제공했다. 호텔 고객들은 이러한 화려한 배경에서 유럽에서 넘어온 최신 유행인 티댄스, 혹은 당시 흔히 사용되던 티댄스의 다른 표현인 테 당상을 즐겼다.

1913년 6월 1일자《시카고 데일리 트리뷴》에는 '마담 X'가 새롭게 상륙한 티댄스 열풍에 대해 쓴〈오후의 즐거운 기분 전환〉이라는 칼럼이 실렸다.

시카고는 틀림없이 '활기로 가득 차 보일 것이다!' 뉴욕은 유쾌한 대도시로서 우리보다 훨씬 앞서가고 있다. 내가 칼럼에서 여러 번 언급했던 '테 당상'이 뉴욕에서는 매우 품위 있고 점잖은 지원 속에서 하나의 풍습으로 확고하게 자리 잡았다.

현세대의 기억 속에서 각계각층 사람들을 사로잡은 춤을 향한 점점 커지는 열정보다 더 특별하고 주목할 만한 것은 없다. ……

이러한 열정이 적절한 품위 속에서 정연하게 유지될 수 있다는 사실은 지난겨울 뉴욕의 한 호텔에서 개최된 '댄싱 티'에서 증명되었다. 티룸 운영권은 남부 출신의 한 여성이 갖게 되었다. 그녀는 매일 호텔의 무도회장에서 오후 4시 반부터 7시 반까지 티룸을 운영한다. 티룸 양옆에는 기둥이 있다. 기둥과 창문 사이에 티 테이블들이 놓여 있다. 무도회장의 한편에는 오케스트라를 위한 무대가 설치되어 있고 중앙은 춤을 출 수 있도록 비어 있다. ……

여주인이 입구의 작은 책상에 앉아 1인당 1달러에 입장권을 판다. 차, 케이크, 샌드위치가 포함되어 있는 입장권을 사면 지인들과 춤을 출 수 있는 특별한 즐거움도 누릴 수 있다. …… 어떤 종류든 마시면 취하는 음료는 판매하지 않을뿐더러 금하고 있다. …… 알코올음료가 전혀 반입되지 않으므로 분위기를 흐릴 수 있는 바람직하지 않은 요소는 애초부터 차단된다.

티댄스는 초기의 티가든과 마찬가지로 젊은 남녀가 평판에 신경 쓰지 않고 어울릴 기회를 마련해주었다. 주로 상류층 여성을 사교계에 데뷔시키거나 자선기금을 모금하기 위해 티댄스를 열었다. 그러나 일각에서는 회의적인 시선을 보내기도 했고, 티댄스의 의도가 불순하다고 생각하는 이들도 있었다. 1913년 4월 5일자《뉴욕타임스》에는 〈티댄스를 비방하는 것에 대해〉라는 기사가 실렸다.

티댄스는 뉴욕에서 시작된 비교적 새로운 오락거리로, 이제 겨우 두 계절을 거친 풍습이다. 티댄스는 비공식적으로 한 예술가의 스튜디오에서 시작되었다. 다과를 준비해 친구들을 스튜디오로 초대했고 음악가들 몇 명이 양치식물과 야자나무 뒤에서 왈츠를 연주했다. 손님들은 음악에 맞춰 춤을 췄다. 그 이후로 다른 차를 마시는 모임에서도 춤을 추는 일이 늘어났고 얼마 후 쇼핑객들을 비롯한 손님들이 찾는 호텔과 레스토랑에서도 테 당상을 도입했다. 지금까지 알려진 바로는 대중적인 티댄스에서 개탄할 만한 사건이 벌어진 적은 없다. 야간에 소위 카바레를 운영하는 레스토랑에서 열리는 오후의 티댄스 또한 격의 없는 분위기이기는 하지만 정연하게 진행돼왔다. 물론 이런 공간에서 젊은 여성이 낯선 남성과 춤을 춘다면 품행이 방정하다고는 못 할 것이다. 하지만 지금까지 티댄스가 사탄의 유혹 중 하나임을 분명하게 보여주는 증거는 전혀 없다. …… 위스키와 칵테일에 대해서라면, 그런 알코올음료는 티댄스와 아무런 관련이 없다. 술을 파는 곳에서는, 장담하건대 테 당상을 열지 않는다.

미국 배우인 릴리언 러셀을 비롯한 많은 이들은 여성들이 티댄스에 가고 싶어하는 다른 이유에 대해서 의견을 제시했다. 댄스를 좋아하는 이들에게는 다행스럽게도, 러셀은 1914년 2월 13일자《시카고 데일리 트리뷴》에 다음과 같이 긍정적인 시각으로 마무리되는 기고문을 썼다.

전 세계에 주문을 건 이 새로운 열풍은 무엇인가? 애프터눈 티의 매력은 무엇인가? 단지 춤을 향한 새로운 광풍일까? 그저 그 이유뿐이라면 좋겠지만 오늘날 상당수 여성이 테 당상, 즉 오후에 춤을 추는 레스토랑에 자주 가는 진짜 동기를 감추기 위한 눈가림은 아닐까 우려스럽다. ……

물론 여러 가지 면에서 오후의 댄스 열풍에는 좋은 점이 있다. …… 일각에서는 이러한 춤을 추는 곳에 가는 여성들이 하이볼이나 칵테일 같은 술을 마시고 담배를 피운다는 잘못된 생각을 하고 있다. 안타깝게도 그런 여성들이 소수 있기는 하다. …… 하지만 보통은 최고급 차와 초콜릿 음료, 혹은 원기를 북돋는 이른바 청량음료를 마실 수 있다.

……

경제적 여유가 없는데도 돈이 오가는 브리지 게임 테이블에 앉아 있는 것보다야 오후에 춤을 추며 보내는 것이 훨씬 낫지 않겠는가. …… 이제 여성들은 테 당상에서 친구들을 만날 수 있다. 혹은 퇴근하는 남편과 만나 한두 차례 춤을 추며 즐겁고 만족스러운 오후를 보내고서 함께 서둘러 집으로 향할 수도 있지 않겠는가.

티댄스의 인기는 계속 이어져 특히 금주법이 시행되던 시기에 꽃을 피웠다. 터키 트롯, 맥시, 도발적인 버니 허그와 찰스턴 같은 새로운 춤 열풍이 불었다. 〈지그펠드 폴리스〉 공연의 스타인 버트 윌리엄스는 차를 술의 대안으로 인정하지 않았다. 그는 시미 춤이 유행했을 당시, '차를 마시며 어깨와 엉덩이를 흔드는 시미 춤을 출 수는 없어'라는 노래로 금주법에 항의한 것으로 유명하다. 하지만 티댄스를 찾아온 손님들은 차를 마시면서도 춤을 출 수 있음을 몸소 보여줬다!

1930년대에 대공황이 닥치고 금주법이 폐지되면서 티룸과 티댄스는 쇠퇴했다. 도시 인구의 교외 이동, 전국적인 체인점 등장, 빨라진 생활 속도 또한 티룸과 티댄스의 인기가 시드는 데 한몫했다. 20세기 초 많은 이들이 즐겨 찾던 티룸의 모든 특징은 구식으로 여겨지게 되었다. 백화점들이 수익에 더욱 연연하게 되면서 티룸에 할애되던 공간에 빠른 회전율을 중시하는 식당이 들어섰다. 테이블이나 의자 같은 가구는 더 이상 아늑한 느낌을 주지 못했다. 이와 관련해서 한 백화점 경영자는 1949년에 이렇게 말했다.

식당 운영에 있어 수익과 불편한 의자 사이에는 미묘한 관계가 존재한다. 등받이와 팔걸이가 없는 스툴에 손님을 앉게 하면, 샌드위치를 다 먹고 바로 자리에서 일어나므로 다른 손님을 받을 수 있다. 하지만 편안한 의자와 기분 좋은 분위기를 제공한다면 손님은 오후 내내 여유를 부리며 일어날 생각을 하지 않을 것이다.[23]

티룸의 메뉴도 줄어들었다. 애프터눈 티가 사라진 자리에 빨리 먹을 수 있는 런치 스페셜 메뉴가 들어왔다. 그리니치빌리지의 보헤미안적인 티룸도 1950~1960년대에 비트족의 커피하우스 운동이 일면서 자취를 감췄다.

그러나 최근 몇 년 사이에 티룸이 되살아나 인기를 끌고 있다. 일각에서는 차를 커피나 탄산음료를 대신할 건강에 좋은 음료로 여기고 있으며 현재 구할 수 있는 무수한 차종에 관한 관심도 매우 높다. 여러 도시에 자랑할 만한 티룸들이 생겨났으며 그중 상당수는 전 세계에서 많은 이들의 마음을 사로잡은 이국적인 요리를 선보이고 있다. 한 찻집은 샌프란시스코의 유명한 일본식 티가든에 자리 잡고 있다. 이 정원은 샌프란시스코 골든게이트 공원 한가운데에 위치해 일본식 정원의 자연미와 고요함, 조화를 경험할 기회를 선사한다. 이 정원은 원래 1894년에 개최된 캘리포니아 겨울 국제박람회의 일본 마을 전시장으로 조성된 것이었지만, 일본 전시장 책임자 마코토 하기와라는 박람회가 끝난 뒤에도 영구적인 일본식 정원을 조성해 관리하도록 허락했다.

정원은 특히 아치 모양의 다리인 드럼 브리지, 탑, 석등, 디딤돌이 놓인 길, 일본 자생식물, 코이 잉어들이 헤엄치는 평화로운 연못, 가레산스이 정원 같은 고전적인 요소들이 돋보이게 조성했다. 3월과 4월에는 활짝 핀 벚나무가 감탄을 자아낸다. 찻집에서는 센차, 겐마이차, 호우지차, 재스민차, 아이스 녹차 같은 엄선된 차를 선택할 수 있다. 또한 티 샌드위치를 비롯해 수프, 녹차 치즈케이크, 도라야키,• 달콤한 떡, 아라레◆ 찻집 쿠키(포춘쿠키)를 맛볼 수 있다. 미국에서 처음 선보인 포춘쿠키는 일본식 티가든과 관련이 있다. 마코토 하기와라의 후손들은 하기와라가 1890년대에 이 특별한 과자를 일본에서 미국으로 처음 가져왔다고 주장했다(일본에서 포춘쿠키의 역사는 1878년으로 거슬러 올라간다). 초기에는 '가타かた'라는 금속 틀을 사용해 현장에서 직접 쿠키를 만들었다. 하지만 쿠키 수요가 점차 늘어나자 하기와라는 샌프란시스코의 제과업자인 벤쿄도를 고용해 포춘쿠키를 대량으로 생산했다. 일본에서 만들어진 포춘쿠키는 원래 달지 않고 짭짤한 편이었지만, 벤쿄도가 바닐라 향료를 첨가한 레시피를 개발한 것으로 보인다. 달콤한 맛덕분에 서양인들의 입맛에 훨씬 잘 맞았던 바닐라 맛의 포춘쿠키는 지금도 미국 전역에서 인기를 끌고 있다. 오늘날 티가든에서 포춘쿠키를 주는 전통은 계속 이어지고 있어 일본식 전통 쌀 과자가 담긴 그릇 안에 하나씩 끼워 넣거나 혹은 찻집

● 원주 카스텔라로 만든 패티 모양의 작은 팬케이크 두 개 사이에 달콤한 팥소를 채워 넣은 일본의 전통 화과자.

◆ 원주 찹쌀로 만들고 간장으로 맛을 낸, 한 입 크기의 일본식 크래커의 일종.

에서 아라레 쿠키를 팔기도 한다.

샌프란시스코에서 영국식 티의 전통을 살린 찻집은 시크릿 가든이다. 이곳에서는 샐러드와 티 샌드위치를 비롯한 온갖 종류의 샌드위치, 티 스콘, 여러 종류의 페이스트리와 달콤한 디저트를 제공한다. 또한 각기 다른 취향을 고려해 다양한 '애프터눈 티', 가령 베드퍼즈 딜라이트, 얼스 페이버릿, 애프터눈 딜라이트, 가든 이스케이프, 귀족과 귀부인을 위한 크림 티, 그리고 12세 이하 어린이를 위한 프린스 앤 프린세스 티도 선보이고 있다.

뉴욕 플라자 호텔의 전설적인 팜코트에서는 음악을 들으며 다양한 종류의 애프터눈 티를 즐길 수 있다. 그중에서 '뉴요커 홀리데이 티'는 샌드위치와 키 라임 타르트, 뉴욕풍 치즈케이크 같

샌프란시스코, 골든게이트 공원의 한복판에 자리 잡은 고요하고 아름다운 일본식 티가든.

은 전통적인 달콤한 디저트로 구성된 애프터눈 티다. 또한 샴페인 티에는 플라자 호텔이 자랑하는 피키토^{Peekytoe}● 게살 샐러드, 푸아그라 토르숑,◆ 버터 바른 브리오슈와 무순을 곁들인 랍스터 롤이 나온다. 엄선된 차와 함께 나오는 달콤한 티 푸드로는 초콜릿&헤이즐넛 플레지르^{plaisir},▲ 타히티 바닐라 에클레어가 있다. 어린이를 위한 '엘루아즈 슈가 앤 스파이스 티'는 유기농 땅콩버터와 젤리, 페퍼민트 솜사탕 같은 아이들이 좋아하는 것들로 구성되어 있다. 루이보스 차나 차가운 핑

● Atlantic rock crab이라고도 불리는 게로, 게살은 살짝 분홍빛을 띠는데 맛이 좋기로 유명하다.

◆ 토르숑^{torchon}은 프랑스어로 행주를 뜻하는데, 전통적으로 푸아그라 토르숑이 푸아그라를 행주에 싸서 요리하는 음식이기 때문에 이런 이름이 붙었다.

▲ plaisir는 기쁨, 즐거움, 만족 등을 뜻하는 프랑스어 단어로, 디저트에서 이 단어가 쓰일 때에는 plaisir sucré라 불리는 케이크를 가리킨다(sucré는 '단, 달콤한, 설탕을 넣은'을 뜻한다). 헤이즐넛이 들어간 초콜릿 케이크다.

크 레모네이드, 바닐라 아이스티처럼 요즘 '핫'한 티로 갈증을 해소할 수도 있다.

시카고의 드레이크 호텔은 여전히 사회적으로 높은 관심이 집중되는 곳으로, 다이애나 왕세자비, 엘리자베스 여왕, 그리고 일본의 왕비가 모두 이 호텔의 팜코트를 다녀갔다. 오늘날에도 이곳을 찾은 손님들은 팜코트를 가득 채우는 매혹적인 하프 연주를 감상하며 애프터눈 티를 즐길 수 있다.

4장
캐나다, 오스트레일리아, 뉴질랜드, 남아프리카공화국

티타임 전통은 캐나다, 오스트레일리아, 뉴질랜드, 남아프리카공화국 같은 영국의 식민지로 퍼져나갔다. 새롭고 척박한 땅에 정착한 초기 영국인들은 그들의 과거와 계속해서 이어지길 바라며 베이킹 기술과 티타임 전통을 비롯한 식습관과 요리법, 수많은 관습을 그대로 가져왔다. 아시아에서 온 이민자들도 고유의 음식 전통을 가져왔다.

캐나다

캐나다는 서반구에서 차를 가장 많이 마시는 나라다. 차를 마시고 티타임을 갖는 캐나다 전통에는 거주민들의 다양한 출신이 반영되어 있다. 캐나다 원주민들은 고유한 티타임 전통(이를테면 이누이트족의 전통이나 북부의 허브티 같은 전통)을 갖고 있다. 또한 영국, 아일랜드, 프랑스 정착민들을 통해 전해진 각각의 전통이 존재하며, 이는 다양한 제과제빵 전통에서도 나타난다. 빅토리아와 브리티시컬럼비아에는 영국식 티룸이 자리 잡았고, 몬트리올과 퀘벡에는 프랑스에서 건너온 살롱 드 테 전통이 이어졌다. 캐나다에 정착한 새로운 이민자들도 딤섬을 비롯한 그들 고유의 차 문화를 가져왔다. 캐나다에는 약 150만 명(전체 캐나다 인구의 4.5퍼센트를 차지한다)의 중국 출신 이민자가 거주하고 있으며, 이들은 주로 토론토, 밴쿠버, 몬트리올에 밀집해 있다. 이 도시들에 생겨난 전통적인 차이나타운은 그 역사가 19세기로 거슬러 올라간다. 대다수가 홍콩이나 광둥 지방에서 온 광둥어를 사용하는 이들로, 그들에게 딤섬은 하나의 생활 방식이어서 이들 도시에는 수많은 딤섬 레스토랑이 성업 중이다.

캐나다에는 커피를 마시는 인구가 많지만 차 애호가들은 아침식사 때 차를 마시고 낮에도 여러 차례 차를 즐긴다. 국경 너머 미국에서는 아이스티가 가장 인기가 많지만 캐나다에서는 아이스티보다 '핫'티를 선호한다. 티백은 특히 티룸과 레스토랑에서 많이 사용된다. 2007년경, 캐나다의 팀 홀튼 도넛&커피 체인점은 대대적인 광고를 통해 티백이 아닌 잎차를 유서 깊은 방식으로 우린다고 홍보했다. 녹차, 백차, 가향차, 허브티도 인기를 끌었다.

허드슨 베이 컴퍼니의 기록에 따르면, 캐나다로 보낼 차가 1715년 6월 7일에 처음으로 선적되었다. 당시 조지프 데이비스 선장이 지휘하는 프리깃 범선 허드슨 베이호에 '보헤아● 3통'이 실려 있었다.[1] 하지만 안타깝게도 배는 악천후로 인해 허드슨 만에 당도하지 못했고 영국으로 뱃머리를 돌려야 했다. 불운한 데이비스 선장은 해고되었고, 이듬해가 되어서 동일한 차 3통이 다른 선장의 지휘하에 마침내 목적지에 도달했다.[2]

보헤아는 "평평한 큰 갈색 잎과 갈색빛을 띠는 녹색 잎이 먼지와 뒤섞인, 홍차 중에서도 하등품이다. 수색은 갈색빛이 도는 짙은 붉은색을 띠는데, 항상 찻잔에 검은 침전물을 남긴다"라는 설명에서 짐작할 수 있듯이, 최고급 홍차와는 거리가 멀다.[3] 그런데도 차는 덫을 놓는 사냥꾼과 원주민들 사이에서 인기를 끌었다. 이누이트족은 오늘날에도 차를 진하게 우려 우유나 설탕을 넣지 않고 마시며 소중한 음료로 여긴다.

1950년대 이전에 래브라도의 원주민인 이누Innu족은 이동 생활을 했다. 래브

● 중국 우이산 지역에서 생산된 우롱차가 전해진 것인데, '우이'를 영어식 발음인 '보히' 혹은 '보헤아'라고 불렀다.

라도 세샤추이 지역의 이누족은 사냥지로 여행을 갈 때 모두가 자기 몫의 짐을 짊어져야 했다. 아이들도 예외는 아니어서 인형 속에 약 900그램의 잎차를 채워 여행 내내 가지고 다녀야 했다. 사냥지에서 야영지를 꾸리고 난 뒤 따뜻한 음료가 필요할 때 인형 속의 차를 꺼내 우렸다. 텅 빈 인형 속은 마른 풀이나 나뭇잎을 모아 다시 채웠다.

차를 비롯한 식량이 당도하기를 기다리던 초기 이민자들은 차의 품질이 어떻든 아쉬운 대로 구할 수 있는 차에 만족해야 했다. 겨울철의 폭설과 바다의 폭풍, 내륙의 열악한 교통 상황 같은 불리한 조건들로 인해 차를 충분히 비축하기 어려웠다. 1800년대 중반 이전에는 대다수 정착민이 개척적인 생활 방식을 가지고 있었으므로 차를 우릴 마땅한 다기가 없자 임시변통으로 낡은 쇠솥을 이용했다. 찻잎을 넣은 쇠솥에 끓는 물을 가득 채웠고, 날이 갈수록 차는 점점 진해져 차의 풍미 면에서는 참으로 많은 아쉬움을 남기는 맛이었다. 당시에는 집들이 서로 멀리 떨어져 있는데다 이동도 쉽지 않았기 때문에 친구든 낯선 이든 누군가의 방문은 대단히 중요하게 여겨졌다. 많은 이들이 고립된 채 살았기에 다른 누군가와 어울릴 기회라면 언제든 환영했다. 손님에 대한 따뜻한 환대의 뜻으로 차를 대접했다. 작가인 프랜시스 호프만은《전통에 푹 빠져서》에서 다음과 같은 이야기를 들려준다.

탐험가 찰스 프랜시스 홀이 1860년대에 노섬벌랜드의 작은 만(灣)에 머물 당시, 그를 초대한 안주인이 찻잔을 건네자 홀은 기분 좋게 놀랐다. "내가 미처 알아차리기도 전에 투쿨리토는 '찻주전자'를 따뜻한 난로 위에 올려놓았고 물이 끓고 있었다. 그녀는 내게 차를 마시는지 물었다. 에스키모의 텐트 안에서 에스키모인이 던진 이 질문에 내가 얼마나 놀랐을지 상상해보라! 나는 "차를 마십니다. 하지만 여기에는 차가 없지 않습니까?"라고 대답했다. 그러자 그녀는 작은 양철통에서 손을 빼더니 좋은 향기가 나는 홍차 잎으로 가득한 통을 보여주며 "진하게 우리는 것을 좋아하는

지” 물었다. 나는 문명의 땅에서 멀리 떨어진 이곳에서 이토록 귀중한 차를 헤프게 쓰면 안 될 것 같아 정중하게 “연하게 마시겠습니다”라고 대답했다. 곧 내 앞에 뜨거운 차 한 잔이 놓였다. 대단히 잘 우린, 훌륭한 차였다. 나는 저녁으로 먹으려고 배에서 가져온 건빵을 주머니에서 꺼내 안주인과 나눠 먹었다. 찻잔이 하나밖에 없는 것을 보고 내게 준 차를 나눠 마시자고 설득했다. 눈보라가 치는 북극 한복판에 세워진 에스키모의 따뜻한 텐트 안에서 나는 처음으로 에스키모인과 함께 마음을 위로하고 유쾌하게 해주며 기운을 북돋아주는 문명의 상징인 차를 나눠 마셨다.[4]

차를 수송해오는 횟수가 점차 증가함에 따라 차 공급량이 안정되었다. 초기 정착민 중에는 고급 다기 세트와 도자기를 가져온 이들도 있었다. 또한 차 수입량이 증가하면서 다구 수입도 점차 증가했다.

뉴브런즈윅의 세인트존에는 차에 관련된 유산이 풍부하게 남아 있다. 캐나다의 유명한 차 브랜드인 레드 로즈와 킹 콜 모두 이 지역에서 탄생했다. 킹 콜 블렌드 티는 1867년 세인트존에 설립된 G. E. 바버 회사가 만들었다. 레드 로즈 블렌드 티는 시어도어 하딩 이스타브룩스가 인도산 차와 실론티를 특별히 배합해 만든 것으로, 1899년 레드 로즈라는 이름으로 출시되었다. 이 블렌드 티는 캐나다에서 지금까지도 사랑받고 있다. 또한 품질 좋은 블렌드 티를 한 팩씩 포장해 일관된 풍미를 즐길 수 있도록 판매하는 아이디어를 처음 낸 사람도 이스타브룩스였다. 이때까지만 해도 찻잎을 큰 상자에 넣고 필요한 만큼 덜어주는 방식으로 판매해 품질이 제각각이었

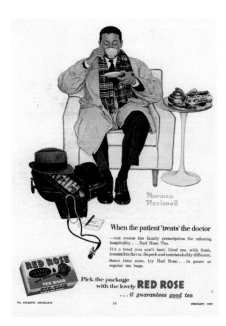

1959년, 레드 로즈 티백의 잡지 광고. 노먼 록웰의 삽화.

다. 처음에 레드 로즈 티는 캐나다의 대서양 연안 지역에서 주로 팔렸으나 곧 캐나다의 다른 지역과 미국까지 시장을 넓혔다. 레드 로즈는 1929년에 캐나다에서 최초로 티백을 도입했다.

애프터눈 티, '앳 홈' 티, 하이 티

온타리오에서는 1860년대에 손님들을 초대해 애프터눈 티를 접대하는 전통이 확립되었다. 당시에는 다른 집을 방문하거나 방문객을 접대하려면 상당한 격식을 차려야 했으며 으레 차를 대접해야 했다. 사교상의 예의범절을 갖춘 절차를 지키고 제대로 된 다기 세트와 주전자 등을 갖춰야 했다. 가령 방문할 차례를 지키지 않고 누군가를 초대하는 것은 예의에 어긋나는 것으로 여겨졌다. 훌륭한 안주인이라면 티모임을 열기 전에 자신이 초대받았던 집들을 모두 방문했는지 확인해야 했다. 어느 한 집에서 티타임을 가지면 손님은 방문용 카드를 남기고 갔고, 그러면 안주인은 다음에 손님의 집을 방문하는 것이 도리였다.

영국에서와 마찬가지로 이러한 행사에 어떠한 옷을 입을지는 중요한 문제였다. 부유층 여성들은 유행에 민감했다. 부유한 사교계 여성들은 마차 드레스(말이 끄는 마차를 타고 도착할 경우 입는 드레스), 모닝 드레스, 산책복인 워킹 드레스나 방문용 드레스(걸어서 도착할 경우 입는 드레스)에 이르기까지 선택 폭이 넓었다. '평범한' 여성이라면 단순하지만 우아한 스타일의 드레스인 오후 방문용 '애프터눈 티 프록'을 입었을 것이다.

하인들 역시 중요한 부분이었다. 티타임 준비에 도움이 되는 하인들을 확보하는 것이 최우선이었고, 하인들은 반드시 차를 준비하는 데 능숙해야 했다. 그렇지 않은 경우, 문제가 생길 수 있었다. 하지만 티파티가 점차 사회 관계망 속에 확고하게 자리 잡으면서 사교계 안주인들은 많은 손님을 초대해 정성 들여 만든 음식을 대접하기 위한 '앳 홈' 티파티를 열었다. 안주인의 딸들이 차나 커피, 코코아를 따르거나 음식 차리는 일을 돕는 경우도 많았다. 딸들이 없다면, '매력적인' 기혼 여성이 차를 따르는 역할을 했을 것이다. 손님을 맞이하고, 샌드위치와 케이크가 떨어지면 다시 내오고, 티포트를 채우는 역할을 한 사람씩 도맡았다. 안주인과 손님을 위한 조언은 1877년 출간된《가정 요리책》에도 등장한다. 토론토를 비롯한 대도시와 여러 소도시에서 살아가는 여성들이 사용하는 요리법과 민간 치료법을 모아 엮어놓은 이 책은 19세기 캐나다에서 가장 큰 성공을 거둔 요리책이었다. 다섯 집 걸러 한 집이 갖고 있을 만큼 많이 팔렸으니, 캐나다 최초의 국민 요리책이었던 셈이다. 책에 나온 요리법들은 캐나다의 영어권 지역 여성들에게, 또 병원이나 교회 자선단체, 여성 연구소 등 좋은 목적을 가진 조직에게 본보기가 되었으며, 오늘날까지도 전통으로 이어지고 있다. 이 책은 가정에서 즐기는 애프터눈 티에 대해서 이렇게 조언한다.

> 손님은 정해진 시간에서 5분 전후로 도착한다. 차는 정각에 가지고 들어와 안주인이 앉은 테이블 한쪽에 놓는다. 손님이 취향에 따라 선택하도록 홍차, 녹차, 러시안 티를 각각 담아놓은 티포트와 닭고기나 얇게 썬 고기를 넣은 샌드위치와 웨이퍼를 담은 바구니, 데커레이션 케이크를 담은 바구니를 차려놓으면 된다. 영국식 전통을 따른다면, 손님의 손이 닿는 위치에 찻잔을 올려놓는 작은 테이블을 두고 쟁반에 찻잔을 담아 손님들에게 돌린다.

이런저런 종류의 티파티가 1860년대부터 1960년대까지 유행했다. 빅토리아 시대에는 빅토리아 샌드위치 케이크가 인기를 끌었고 스콘도 많은 사랑을 받았다. 교회 주최로 기금 마련 티파티가 열렸고, '금주' 티파티는 빅토리아 시대에 여성들이 서로 만날 수 있는 '점잖은' 공간을 선사했다. 시골에서는 종종 '골무' 티모임이 열려 여럿이서 누비이불을 만들거나 바느질을 했다. 캘거리에 거주하는 노린 하워드는 요즘에도 함께 바느질하는 티파티가 열리며 자신도 참석하고 있다고 말했

다. 이러한 티파티는 집에서 가장 좋은 다기 세트를 사람들에게 선보일 기회이기도 하다.[5]

이렇게 차분하고 생산적인 성격의 티파티와는 달리 왁자지껄하게 수다를 떨고 웃음소리가 넘쳐나는 '케틀드럼' 티파티가 있는가 하면, 신혼부부가 신혼여행에서 돌아오는 날이나 때로는 결혼식 전에 신부 어머니가 준비하는 '신부의 혼수'라는 티파티도 있었다. 신부를 위한 티파티는 간소하면서도 우아하게 준비됐다. 얇게 자른 빵과 버터, 작은 샌드위치, 간단한 케이크나 조각 케이크를 한 방에 차리고 다른 방에는 결혼 선물을 진열해놓는다. 이 밖에도 교회와 여성단체, 커리큘럼에 가정학이 있는 학교에서 후원하는 '모녀' 티파티도 있었다.

1920년대 무렵에는 많은 가정이 자랑할 만한 우아한 티 카트나 왜건을 소유하고 있었다. 티 왜건에는 보통 양옆에 펼칠 수 있는 작은 보조판이 달려 있어 작지만 예쁜 테이블보를 깔면 테이블로 사용할 수 있었다. 티 왜건 위층에는 티포트, 찻잔과 받침 접시, 설탕, 크림, 티스푼, 차 찌꺼기 담는 그릇을 놓았다. 아래층에는 접시와 냅킨뿐 아니라 앙증맞은 크기의 샌드위치와 케이크가 담긴 접시를 놓았다. 이 무렵 티 카트나 티 테이블에 자주 등장했던 과자류는 엠파이어 쿠키, 멜팅 모먼트 쿠키[버터쿠키], 피칸 스노볼 쿠키와 함께 차이니즈 추Chinese chew라는 이름의 쿠키였다. 이 쫄깃쫄깃한 식감의 쿠키에 어째서 이런 이름이 붙여졌는지는 여전히 수수께끼로 남아 있다. 하지만 캐나다 횡단철도 공사가 진행되면서 상당수의 중국인 노동자가 캐나다에 들어왔고, 이후 그들의 가족이 합류해 한창 정착하던 때가 바로 이 무렵이었다. 중국인들은 소도시에서 작은 중국 식당을 열어 중국 요리에 캐나다 식재료나 요리법을 섞은 메뉴를 선보였다. 상당히 이국적인 재료(가령 호두나 대추야자)를 섞은 차이니즈 추 역시 동양적인 느낌이 나는 디저트였다. 이 쿠키를 만드는 방법은 1917년에 월간지《굿 하우스키핑》6월호에 처음 소개되었고 이후 신문에 여러 번 실리면서 널리 알려졌다.

대추야자 1컵, 다진 것

서양호두 1컵, 다진 것

설탕 1컵

페이스트리용 밀가루 3/4컵

베이킹파우더 1티스푼

달걀 2개

소금 1/4티스푼

마른 재료를 모두 섞고, 다진 대추야자와 견과류를 넣은 다음 가볍게 휘저은 달걀과 잘 섞는다. 종잇장처럼 얇게 잘 펼쳐 구운 뒤 작은 사각형으로 잘라서 둥글게 뭉친다. 그런 다음 알갱이 형태의 흰 설탕에 굴린다.

L. G. 플랫 부인, 오리건주 노스벤드 거주

• 주의: 여기에 오븐 온도나 굽는 시간에 대한 언급은 없지만 160도에서 25분 정도 굽는 것을 추천한다.

나중에는 요리법이 다양해졌다. 호두 대신 설탕에 조린 생강이나 피칸을 넣기도 했다. 코코넛이나 초콜릿 칩을 넣은 현대적인 쿠키가 등장하면서 '차이니즈 추'의 인기는 다소 시들해졌다.

그 후로도 티타임은 여성들이 서로 마음을 의지하기 위해 모이는 중요한 시간으로 남아 있었지만, 두 차례의 세계대전으로 인해 사람들의 생활 방식이 바뀌었다. 여성들이 취업 전선에 뛰어들면서 티파티를 준비할 시간과 티파티 수요 자체가 줄어들었고, 젊은 세대의 경우 미국과 마찬가지로 '최신 유행하는' 커피로 갈아타는 인구가 증가했다. 하지만 온갖 사회적 변화에도 불구하고 당시 수많은 캐나다인은 애프터눈 티타임을 고수했다. 온타리오 남부에 거주하는 에드나 맥캔은 《캐나다의 전통 요리책》에서 1930년대에 어떤 식으로 우아한 티를 준비했는지 회상한다.

결혼한 지 얼마 안 됐을 때 조지와 나는 농촌의 한 교구로 이사했다. 교회 지하실(회합실로 알려진 곳)에서 새 교구 주민을 맞이하는 작은 환영회가 열었다. 나는 좋은 인상을 주고 싶어서 수십 개의 '티' 샌드위치를 만들어 갔다. 빵을 작은 삼각형이나 사각형 모양으로 잘라 에그 샐러드로 속을 채우고 올리브 꽃으로 장식하거나 가늘고 길게 자른 빵으로 피클을 감싸 동그랗게 말아 햄 샐러드를 얹은 샌드위치였다. 당시 이러한 샌드위치는 동부 연안 도시의 품위 있는 가정에서 우아함의 극치를 보여주는 티푸드로 여겨졌다. 나는 환영회에 참여한 한 농부가 자기 아내에게 속삭이는 소리를 들을 때까지만 해도 쟁반에 놓인 내 작은 샌드위치에 엄청난 자부심을 느끼고 있었다. "놀라 자빠지겠네, 마사. 새로 부임한 목사의 월급을 논하는 회의를 여는 게 좋겠구려. 젊고 가난한 목사 아내가 만든 저 샌드위치 크기 좀 봐!" 나는 이런 농촌에서 고된 일을 하는 사람들이 기대하는 것은 영양가 높은 푸짐한 음식임을 금세 깨달았다. 우아함 따위는 필요치 않은 것이다.

추리소설 작가 게일 보언은 친절하게도 1940년대 후반 토론토의 티타임 풍경에 대한 추억을 내게 이야기해주었다.

우리는 웨스트엔드의 프레스콧가에 살았어요. 당시 그곳에는 영국인들이 모여 살았죠. 돼지고기 가게(정말 훌륭한 블랙 푸딩과 놀랄 만한 돼지고기 파이를 파는 가게)와 애프터눈 티에 내는 다양한 티푸드를 파는 제과점 두 곳이 있었어요. 제과점에서는 온갖 종류의 사랑스러운 빵과 과자를 팔았는데, 할머니가 파리식 타르트와 에클스 케이크를 좋아하셨던 게 기억나요. 방과 후면 할머니와 같이 세인트클레어가에 가서 차와 함께 먹을 맛있는 티푸드를 고르곤 했죠. 할머니는 일주일에 한 번씩 친구들과 티타임을 가지셨어요. 티타임에 초대된 할머니 친구분들은 늘 모자를 쓰셨고 서로 수십 년을 알고 지낸 사이인데도 차를 마시는 모임에서는 서로를 올레렌쇼 부인, 바르톨로뮤 부인, 엑스턴 부인 하는 식으로 예의를 갖춰 불렀어요.

그때까지만 해도 티타임은 여전히 격식을 차려야 하는 행사였다. 그러나 다른 행사에서 만나면 네스, 힐다, 에드나 하면서 편하게 이름을 불렀다고 한다. 또한 그녀의 가족은 저녁 6시에 '하이 티'나 '티'가 아닌 '서퍼'라 불리는 저녁식사를 했다. 아마도 '티'처럼 가벼운 음식이 아니라 '하이 티'에 나오는 포만감을 주는 음식, 가령 감자와 양배추 볶음, 생선 요리, 간 요리, 생선과 감자를 튀긴 피시 앤 칩스 같은 음식이었을 것이다.[6] 노린 하워드는 1965년 몬트리올에 있는 시댁에서 가진 티타임을 기억하고 있다. 매일 오후 4시가 되면 차를 만들어 쿠키나 너나이모 바 같은 스퀘어square[정사각형으로 자른 과자]를 냈는데, 특히 너나이모 바는 캐나다에서 가장 사랑받는 티타임 별미 중 하나였다.[7] 쿠키와 스퀘어를 비롯해 빵과 과자로 가득 채운 통은 캐나다 가정주부들의 자랑거리였다. 캐나다인들은 베이킹을 좋아한다. 캐서린 파 트레일은 1854년에 출간한 저서《여성 이민자를 위한 안내서》에서 "캐나다는 케이크의 땅"이라고 쓰기도 했다.

빵과 과자를 만드는 법은 당시 출간된 요리책에서 확인할 수 있다. 앞서 언급했던《가정 요리책》은 훌륭한 지침뿐 아니라 빵과 비스킷, '티를 위한 호밀 케이크', 티 케이크, 진저브레드, 도넛, 머핀과 컵케이크, 쇼트케이크, 마운틴 케이크, 화이트 마운틴 젤리 케이크, 벨벳 케이크 등 수많은 요리법을 소개했다. 여러 요리법에서 '요리사의 친구'가 재료로 등장했는데, 다름 아닌

너나이모 바. 많은 캐나다 가정에서 한 통 가득 채워놓는, 캐나다인들이 가장 좋아하는 티타임 스낵이다.

베이킹파우더였다. 당시 베이킹파우더는 요리사와 제빵사에게 상대적으로 새로운 '보조 재료'였다. 당시 베스트셀러 요리책에는《새로운 골트 요리책: 검증된 레시피 북》(개정판, 1898)도 있었다. 여기에는 빵, 롤빵, 머핀, 번빵, 비스킷(가령 젬 비스킷gem biscuit,♦ 생강 비스킷)과 스콘을 만드는 요리법이 포함되어 있다. 다양한 케이크 요리법도 소개되어 있는데, 그중에는 (적어도 내게는) 생소한 미네하하 케이크 Minnehaha cake, 젤리 케이크, 프린세스 메이 초콜릿 케이크, 스페인 번빵, 허클베리 케이크가 있다. 샌드위치를 다룬 장에는 민스미트mincemeat,♦ 대추야자나 (톡 쏘는 향이 색다른 느낌을 준다고 설명한) 한련, 데번셔 크림Devonshire cream▲같은 다소 색다른 재료를 사용한 요리법이 실려 있다.

《파이브 로지스 요리책》은 1913년에 처음 출간되었고, 1915년 판은 95만 부의 판매량을 기록해 캐나다에서 한 집 건너 한 집은 이 책을 갖고 있을 정도였다. 이 책에 소개된 요리법은 달콤한 제과류와 빵이 주를 이루었는데, 푸딩이나 파이, 비스킷보다 파이브 로지스[밀가루 제조업체] 밀가루를 사용한 케이크에 치우친 편이다. 이 책에 실린 요리법 중 중요한 것은 버터 타르트 레시피로, 많은 이들이 순수하게 캐나다에서 유래한 몇 안 되는 요리법 중 하나로 생각했기 때문이다.

베이킹은 캐나다 동부의 뉴펀들랜드와 래브라도에서 특히 중요하다. 이 지역의 많은 이민자가 영국, 스코틀랜드, 아일랜드 혈통이어서 유서 깊은 베이킹 전통을 이어오고 있다. 티 번빵(또는 티케이크)이 특히 인기 있는데, 티 케이크와 스콘의 중간 형태로 보면 된다. 만드는 법은 굉장히 다양해서 가정마다 '비밀' 레시피를 가지고 있다. 이러한 빵은 흔히 하교 후에 허기진 아이들에게 간식으로 주거나 혹은 하이 티에 나왔다. 레이즌(흔히 럼주에 담근 것)을 넣으면 레이즌 번빵이라고도 부른다. 럼주는 카리브해 지역에서 뉴펀들랜드로 들여왔다. 캐나다 상인들은 카리

●　작은 비스킷 위에 색색의 아이싱을 올린 것으로, 아기자기한 모양새가 보석gem을 연상시킨다.

◆　다진 고기에 말린 과일과 양념을 섞어 만든 음식.

▲　영국 데번셔에서 만들어지는 크림이다. 제빵에 흔히 사용되며, 아이스크림이나 퍼지를 만드는 데에도 쓰인다.

브해 지역에 소금에 절인 대구를 가져다 팔았고 그 대가로 럼주를 받기도 했다. 최고의 레이즌 번빵은 농축 우유로 만들어야 한다고 전해지지만 신선한 우유를 사용해도 된다. 뉴펀들랜드 사람들은 퍼셀사에서 출시한, 통조림에 담긴 걸쭉한 크림과 함께 내는 것을 좋아한다.

캐나다 상인들은 소금에 절인 대구를 당밀과 교환하기도 했다. 뉴펀들랜드와 래브라도에서 이어져 온 여러 전통 요리법의 뿌리를 거슬러 올라가면 당밀은 중요한 재료였다. 당밀은 일찍이 빵에 바르는 스프레드나 푸딩용 소스, 혹은 팬케이크에 뿌리는 시럽을 만드는 주재료로 자리 잡았다. 티 브레드, 진저브레드, 비스킷, 과일 케이크, 푸딩, 그리고 흔히 향신료를 넣어 특유의 향미가 나는, 달콤한 (타르트라고 불리기도 하는) 래시 번빵Lassy buns 같은 빵을 만들 때 사용하는 감미료로 당밀을 택한 것이다. 티 번빵과 마찬가지로 레이즌을 넣기도 했다. 이러한 제과류는 모두 만들어진 그대로도 맛있었지만, 약간의 버터나 잼 한 스푼을 곁들이면 더 맛있었다. 묽은 반죽으로 만드는 '크라이 베이비스Cry Babies'라는 이름의 부드러운 드롭 쿠키drop cookie●나 수분이 적은 반죽을 롤러로 밀어 모양을 찍어 만드는 팻 아치스Fat Archies 쿠키(케이프브레턴 섬에서는 무스 헌터moose hunter라 불리는 쿠키)도 당밀을 재료로 쓴다. 이러한 쿠키는 차 한 잔과 잘 어울린다.

당밀은 뉴펀들랜드의 또 다른 별미인 토턴touton에도 들어가는데, 토턴은 보통 팬케이크로 통한다. 빵 반죽은(전통적으로 남은 빵 반죽을 사용) 버터나 돼지비계를 두른 팬에 굽고 버터를 곁들이거나 검은 당밀, 메이플 시럽, 혹은 골든 시럽과 함께 낸다. 보통 토턴은 아침이나 브런치를 위해 준비하지만 티타임에 낼 때도 있다.

하이 티는 영국에서와 마찬가지로 늦게 먹는 저녁이 아니라 초저녁에 차와 함께 먹는 식사였다. 하이 티 메뉴와 관련된 제안과 요리법은 여러 요리책에 등장했다.《가정 요리책》(1877)은 다음과 같은 두 가지 티 메뉴를 제안한다.

● 스푼으로 반죽을 떠 번철 위에 떨어뜨려 구운 쿠키.

티 No.1

티　커피　초콜릿 비스킷

굴 샌드위치　치킨 샐러드

차가운 혓바닥 고기

케이크와 설탕 절임

저녁 늦게 아이스크림과 케이크

티 No.2

티　커피　코코아

스캘러프드 굴 요리나 굴튀김

머핀

얇게 저민 칠면조 고기와 햄

차게 식힌 비스킷

정어리와 레몬 슬라이스

동그랗게 말아놓은 얇게 썬 빵

얇게 저민 편육

다양한 케이크

1904년에는 세라 러벌이 쓴 요리책《오늘의 식사: 젊은 주부를 위한 안내서》가 출간되었다. 이 요리책에도 티를 위한 다양한 요리법이 실려 있다. 짭짤한 요리로는 오믈렛, 수란, 달걀프라이, 속을 채운 달걀, 스크램블드에그 같은 달걀 요리가 있었다. 또한 생선이나 고기 또는 토마토나 그레이비를 곁들인 마카로니, 치즈를 곁들여 크림소스로 요리한 마카로니, 감자 케이크 같은 감자 요리, 닭고기나 굴, 생선을 다져 틀에 넣어 구운 팀벌timbale,◆ 생선이나 닭고기, 랍스터를 곁들인 샐러드 요리법도 있었다. 샌드위치로는 햄 샌드위치, 혓바닥 고기 샌드위치, 상추 샌드위치, 퀸스 샌드위치가 소개되었다.

퀸스 샌드위치

재료 정어리 16마리, 완숙 달걀 4개, 얇게 썬 갈색 빵과 버터, 자른 양상추.

방법 정어리는 잔뼈를 제거해 반으로 가른다. 갈색 빵을 얇게 썬 다음 버터를 바른다. 삶은 달걀을 다져 빵 위에 가장 먼저 펴 바른 다음, 정어리, 양상추 순으로 올려놓는다. 빵 끝부분은 잘 다듬어 둥글게 혹은 가늘게 자른다.

달걀물에 적셔 구운 빵이나 브레드 팬케이크, 얇게 썬 토마토나 아스픽 젤리^{aspic} jelly▲를 곁들인 차가운 고기, 절인 연어나 흰살생선, '옷을 입혀 열을 가한' 훈제 청어,■ 치즈를 올린 토스트, 웰시 래빗, 잉글리시 멍키라는 특이한 이름을 가진 요리도 있다.

잉글리시 멍키

재료 묵은 빵가루 1컵, 우유 1컵, 버터 1티스푼, 잘게 썬 우유 치즈 1/2컵, 달걀 1개, 소금 1/2티스푼, 카엔 고춧가루 소량

방법 빵가루를 우유에 15분간 적시고, 버터를 녹인 다음 치즈를 첨가한다. 달걀을 풀어 살살 휘젓고 양념을 잘 섞는다. 3분간 익힌 후 구운 크래커에 붓는다.

◆ 팀벌은 본래 봉고보다 큰 드럼을 말하는데, 조리 용어로 쓰일 때는 드럼 모양의 틀을 가리킨다. 여기에 소개된 팀벌이라는 음식은 이 틀에 구워 만든다.

▲ 육즙을 젤리처럼 투명하게 굳힌 것.

■ 청어 위에 잘게 자른 채소를 데쳐서 옷을 입힌 것처럼 쌓아놓은 형태의 요리.

달콤한 요리에는 쇼트케이크와 함께 내기도 하는 과일 통조림, 과일 조림, 과일 스튜 등 과일을 재료로 한 요리가 수록되어 있다. 또한 설탕물에 조린 커런트나 정 킷junket[우유, 설탕, 향신료를 넣어 만든 디저트], 크림도 실려 있다.

1898년에 처음 출간된 《요리의 랜드마크: 수세인트마리 주부들과 함께하는 30분》의 개정 3판(1909)에는 '아침, 점심, 티'라는 제목의 장이 있는데, 여기에는 티를 위한 흥미로운 요리법들이 포함되어 있다. 여성지원단체Women's Auxiliary 회장인 애니 M. 리드가 쓴 서문은 이 책에 실린 요리법들이 '닥치는 대로 수집해놓은 요리법 모음'이 아니라 '세인트루크 여성지원단체 회원과 친구들이 실생활에서 가장 잘 활용하는 요리법을 엄선한 모음'으로 이루어져 있다고 말한다.

이 책에는 오믈렛(플레인, 새우, 굴을 곁들인 것), 커리를 넣은 달걀 요리, 토스트에 올리는 맵게 양념한 달걀, 달걀 패티, 거품 낸 달걀 요리, 달걀 범벅 요리법이 실려 있다. 또한 마카로니 치즈, 수플레, 퐁뒤, 커스터드, 스캘럽[치즈를 올려 구운 가리비], 웰시 래빗, 치즈 퍼프cheese puff,* 치즈 스트로 같은 치즈 요리도 있다. 크로켓은 감자나 햄, 쌀로 만든다. 팬케이크는 짭짤한 맛과 달콤한 맛이 나는 두 종류가 있다. 달콤한 요리로는 사과 프리터fritter[튀김], 라이스 프리터, 스노 프리터,* 벨bell[피망] 프리터가 있다. 프리터는 티를 준비할 때 양키 꿀(달걀 하나를 풀어 여기에 입자가 굵은 설탕인 그래뉼러당을 넣고 바닐라로 향을 낸 것)과 곁들여 내면 좋다고 한다. 네 가지 쇼트케이크 요리법도 소개하는데, 이 중 두 가지는 딸기 쇼트케이크, 나머지는 복숭아와 오렌지 쇼트케이크다. 빵 요리법 중에는 "티를 위한 맛있고 아름다운 빵"이라고 소개된 '트위스트Twist'라는 이름의 빵이 있다.

---

* 뻥튀기 같은 식감의 옥수수 과자로, 치즈나 치즈 향 가루를 입힌 것이다. 치즈볼과 흡사하지만, 치즈 퍼프는 흔히 바나나 모양이다.

● 직역하면 '눈 튀김'이 될 이 요리가 실재하는지는 알 수 없다. 다만 엘리자베스 엘리콧Elizabeth Ellicott이 쓴 《가정 요리Domestic Cookery》(1851)라는 책에 이 요리가 언급된다. 이에 따르면: 눈 9스푼, 차가운 곳에 두었던 진한 우유 1쿼트(약 0.94리터), 소금 1스푼, 밀가루로 반죽을 만든 다음, 돼지기름을 넣고 달군 프라이팬에 튀긴다. 이를 와인 소스나 설탕, 버터와 크림, 아니면 원하는 것에 곁들여 먹는다.

가든파티

가든 티파티는 온타리오에서 인기를 끌었다. 이러한 성대한 행사는 온타리오주 초기 부총독 관저였던 곳에서 열리곤 했다. 저명한 캐나다 인사들과 토론토의 사교계 사람들이 티파티에 초대되어 넓은 테라스와 잘 손질된 잔디밭에서 캐나다를 방문한 왕족 및 고위 인사와 어울렸다. 상당수 티파티는 최대 500명이 참석할 만큼 대규모로 이루어졌는데, 총 11명의 온타리오 부총독의 집사 겸 수석 관리인을 지낸 토머스 라이머Thomas Lymer가 훌륭하게 감독했다. 성공적인 티파티를 위해 그가 정한 규칙 중 하나는 음식이 너무 끈적이거나 잘 부서지면 안 된다는 것이었다. "찻잔을 손에 든 사람들은 잘 부서지면서 끈적끈적한 케이크를 꺼린다. 가벼우면서도 단단한 스펀지케이크와 주로 닭고기, 토마토, 크레스를 넣은 갖가지 샌드위치를 선호한다." 그는 손님들이 행사가 시작될 때 느꼈던 우아함을 끝날 때까지 유지해야 한다고 생각했다.[8]

총독 관저에서 개최된 가장 인상적인 가든파티 중 하나는 1901년 콘월 공작과 공작부인, 그리고 요크 공작과 공작부인(훗날 조지 5세와 메리 왕비)이 방문했을 때 열린 티파티였다. 온타리오주의 명사들이 모두 참석했고 날씨까지 완벽해 전설적인 파티로 길이 남았다.[9]

물론 성대함과는 거리가 먼 소박한 가든 티파티도 열렸다. 대다수 캐나다 가정은 날씨가 좋을 때면 집에 딸린 정원에서 편안한 야외 티파티를 즐겨 열었다. 빅토리아 시대 후반에 격식을 차리지 않은 티의 메뉴는 샌드위치, 데커레이션 케이크, 봉봉 캔디, 그리고 당연히 차로 이루어졌을 것이다. 조금 더 격식을 갖춘 티의 경우, 음료로는 맑은 수프인 부용bouillon●(뜨겁거나 차가운 것)이나 커피, 코코아, 러시안 티, 아이스티 펀치가 포함되었을 것이다. 아이스크림과 프라페도 인기 있었다.[10]

● 부용은 국물을 뜻하는 프랑스어로, 고기나 채소를 끓여 만든다. 수프, 소스 등을 만들 때 쓰인다.

티를 위한 외출

1901년 빅토리아 여왕이 세상을 떠난 후 화려한 취향을 가진 에드워드 7세와 아름다운 아내 알렉산드라 왕비가 즉위하면서, 영국과 영연방에는 새로운 경향과 유행이 나타나는 새 시대가 밝았다. 캐나다는 식민지 개척 국가에서 산업과 상업을 주도하는 국가로 성장했다. 인구가 늘고 캐나다 주민들은 점점 더 풍요로운 생활을 누렸다. 사회에도 활력이 넘쳐났으며 손님을 접대하는 문화에서 강조되던 지나친 격식으로부터 조금 더 자유로워졌다. 사람들은 '5시의 티'를 즐기기 위해 당시 유명했던 호텔을 방문했다. 철도가 확장됨에 따라 사람들은 도시로 쉽게 방문할 수 있었고 철도 호텔들railway hotel[기차역 주변에 지어진 호텔]이 많이 지어졌다.

온타리오주 최초의 그랜드 철도 호텔인 샤토 로리에가 1912년 오타와에 완공되었다. 호텔은 우아하고 편안한 분위기에서 차를 즐기는 사람들로 만원을 이루며 큰 성공을 거뒀다. 1920~1930년대에는 거의 모든 사람이 차를 마시기 위해 외출하는 습관을 갖게 되었다. 부유층은 고급 호텔에서 호화로운 티파티를 열었다. 화려한 티댄스가 유행했는데, 보통 오후 4시에서 6시 사이에 열렸다. 밴드 연주를 배경으로 차를 홀짝이고 앙증맞은 샌드위치를 조금씩 먹었다. 이러한 티파티는 일반적으로 격식을 차리는 행사가 아니었다. 여성들은 애프터눈 프록과 코트를 입었고 장갑은 따로 챙기지 않았다. 하지만 모자는 착용했다. 티댄스는 그 자체로 즐거울 뿐 아니라 사람들이 서로 어울릴 기회였다. 특히 남녀가 만날 수 있는 완벽한 장소였다.

19세기 후반과 20세기 초, 북미에 백화점들이 생겨나면서 새로운 종류의 레스토랑이 등장했다. 여성들은 우아한 분위기 속에서 점심을 먹거나 분주한 오후 쇼핑을 마치고 차를 마시며 휴식을 취할 수 있었다. 이튼스 회사는 캐나다 전역에 걸쳐 그들이 운영하는 백화점 여러 곳에 레스토랑을 열었다. 일례로 1905년에 개점한 위니펙의 그릴 룸과 1924년 토론토에 개점한 조지안 룸이 있다.

에너지 넘치는 레이디 이튼은 10여 개가 넘는 이튼스 레스토랑의 건축, 실내 장식, 직원 배치, 메뉴를 전부 관리 감독했다. 매력적인 실내 장식과 고급스러운 음식, 적정한 가격 책정 덕분에 여성 손님들이 몰려들었고, 일부 지점에는 하루에 (많게는) 5,000여 명이 방문하기도 했다. 조지안 룸에서 제공하는 메뉴 중 상당수가 명성을 얻었다. 특히 레드벨벳 케이크는 이튼스 레스토랑을 대표하는 메뉴로 자리 잡았다. 이 케이크는 짙은 빨강이나 밝은 빨강, 혹은 적갈색을 띠는 초콜릿 레이어 케이크로, 반죽에 비트 같은 붉은색 식재료를 섞어 빨간색을 내며, 크림 치즈로 속을 채우고 루roux[밀가루와 버터를 볶은 것] 아이싱을 겉에 발라 만든다. 이 레드벨벳 케이크는 이튼스만의 레시피로 만들어졌다고 홍보되었으며, 직원들은 요리 비법을 공개하지 않겠다는 서약을 했다. 한편 레이디 이튼이 이 케이크를 처음 만들었다고 믿는 사람들이 많은데, 이는 사실이 아니다.

이튼스에서 인기를 끈 또 다른 케이크는 퀸엘리자베스 케이크였다. 디저트 케이크로 더 많이 알려졌지만, 티타임에도 잘 어울렸다. 이 케이크의 유래에 대해서는 약간의 논쟁이 존재한다. 한쪽에서는 1937년에 열린 조지 6세와 엘리자베스 왕비의 대관식을 위해 처음 만들어졌다고 주장하지만, 다른 한쪽에서는 제2차

토론토 이튼스의 조지안 룸, 1939년.
이튼스는 레드벨벳 케이크와 퀸엘리자베스
케이크로 유명해졌다.

세계대전 당시 모금 행사로 이 케이크 레시피가 한 장에 15센트에 팔렸으며, 당시 캐나다에서 엘리자베스 여왕 모후의 인기가 매우 높아 그녀를 기리며 '퀸엘리자베스'라는 이름을 붙였을 것이라 추정한다. 분명한 것은, 1940년대 전시의 요리책에 등장했던 레시피들이 엘리자베스 2세 여왕의 대관식이 열린 1953년에 출간된 요리책들에 재등장한다는 사실이다. 어디서 유래했든 퀸엘리자베스 케이크는 대추야자와 견과류가 넉넉히 들어간, 유지방이 많고 촉촉한 케이크다. 윗부분을 버터와 설탕, 코코넛, 크림을 섞은 아이싱으로 장식한 다음 아이싱 장식이 살짝 갈색을 띠도록 오븐에 넣어 재차 굽는다.[11]

브리티시컬럼비아주 주도인 빅토리아에서 차 문화는 도시의 역사만큼이나 오래되었다. 영국인들이 빅토리아로 이주해 오면서 애프터눈 티 관습을 함께 가져온 것이다. 애프터눈 티는 그 후로 오랫동안 이어진 전통이었고, 여전히 도시의 수많은 티룸에서 큰 사랑을 받고 있다. 수십 년에 걸쳐 가장 유명한 티룸은 엠프레스 호텔의 ('인도의 여제'라는 칭호가 있는 빅토리아 여왕의 이름에서 따온) 빅토리아 룸으로, 1908년부터 차를 제공하기 시작했다. 이 티룸은 빅토리아 시대의 우아함을 모범적으로 보여주는 완벽한 본보기다. 전해지는 바에 따르면, 빅토리아 룸에서 애프터눈 티를 주문받는 횟수는 런던의 대다수 호텔보다도 많았다. 애프터눈 티 전통을 즐기고자 찾아오는 손님들이 하루 800명에서 많게는 1,000명에 이른다(엠프레스 호텔이 문을 연 이래 왕과 여왕, 유명인사들이 다녀갔다). 우아한 장식이 돋보이는 티룸의 전통적인 애프터눈 티는 제철의 신선한 베리와 크림을 먼저 낸 다음 핑거 샌드위치, 스콘, 구운 크럼핏, 페이스트리와 타르트를 내는데, 이러한 메뉴는 요즘에도 제공되고 있다. 차는 엠프레스 호텔 고유의 특별 블렌드 티가 나온다. 100년의 역사를 자랑하는, 차로 유명한 머치스에서 중국산 홍차와 실론, 다르질링을 배합한 차다(다만 안타깝게도 티백으로 차를 우린다고 한다).●

● 원주 엠프레스 블렌드라는 차로, 머치스 매장에서 틴에 담긴 차를 구매할 수 있었다. 오늘날에는 머치스 애프터눈 티라 불리며, 상자에 담아 판매된다.

머치스는 차로도 유명하지만, 짭짤한 티푸드와 케이크, 페이스트리를 곁들인 애프터눈 티를 위해 즐겨 찾는 장소이기도 하다. 머치스는 1894년 스코틀랜드에서 캐나다로 이주한 존 머치가 설립한 이후 차를 판매하는 매장으로 오늘날까지 성업 중이다. 존 머치는 젊은 시절 영국에서 명망 높은 차 수입 회사인 스코틀랜드의 멜로즈에서 일했고, 그가 맡은 업무 중 하나는 빅토리아 여왕이 밸모럴 성에 머무는 동안 성에 차를 공급하는 것이었다.

그 외에도 빅토리아에는 아브카지 가든과 티룸이 있다. 아브카지 사유지에는 1940년대 왕족과 관련된 낭만적인 이야기가 서려 있다. 당시 조지아의 자치 공화국이었던 압하스 출신의 왕자와 공주가 오랜 세월 떨어져 있다가 빅토리아에 와서 정착한 것이다. 그들은 정원에 흡사 마법을 부린 듯 아름다운 오아시스를 만들었다. 그들이

죽은 후 토지보전위원회에서 저택과 정원을 사들여, 현재는 아름다운 정원이 내려다보이는 사랑스러운 티룸이 자리하고 있다. 이곳에서는 매년 압하스 왕자와 공주의 기념일을 축하하는 티파티와 매드 해터 티를 비롯한 특별한 행사가 열린다.

캐나다에서 사랑받는 또 다른 티룸인 화이트 헤더 티룸은 모두의 기호를 고려해 제각각 양이 다른 세 종류의 티를 제공한다. 즉 여러 가지 달콤한 티푸드와 스콘이 곁들여지는 '위 티Wee Tea', '낫 소 위 티Not So Wee Tea', 마지막으로 '빅 머클 티Big Muckle Tea'가 있다.('위 티'가 양이 가장 적고, '빅 머클 티'가 양이 가장 많다). 빅 머클 티는 핑거 샌드위치, 달콤한 타르트와 짭짤한 타르트, 신선한 과일, 작은 케이크

와 쿠키, 그리고 물론 잼과 데번셔 크림을 곁들인 전통적인 스콘이 몇 개의 단으로 이루어진 트레이에 담겨 나왔다.

티룸의 새로운 경향은 현지에서 생산되는 꿀과 해초를 넣어 만든 차와 아시아의 영향을 받은 메뉴에서 보듯이 서부 해안 지역의 뚜렷한 환경적 특징을 살리는 쪽으로 나타나고 있다.

캐나다에서 애프터눈 티로 가장 잘 알려진 곳은 빅토리아지만, 티룸은 캐나다 곳곳에서 우후죽순 생겨나고 있다. 오늘날 캐나다 전역의 많은 호텔에서 애프터눈 티를 선보인다. 특히 페어몬트 호텔 체인 중 밴쿠버 지점은 아이들을 위한 땅콩버터 샌드위치와 젤리 핑거 샌드위치를 곁들인 특별한 버블검 티를 제공한다. 이곳에서 아이들은 자신이 좋아하는 동화 속 캐릭터처럼 차려입을 수도 있다. 2005년 여왕이 묵었던 페어몬트 호텔 맥도널드에서는 셰리주나 샴페인 한 잔이 포함된 '로열 티'와 로열 스위트룸 투어를 제공한다. 캐나다 태평양 철로가 개발되면서 태평양 연안에서 대서양 연안까지 이어진 캐나다 전역에 수많은 호텔이 세워졌다. 철도 회사 측에서 승객들이 긴 여행 중에 쉬어갈 곳이 필요하겠다고 생각해 호텔을 지은 것이다. 그중 하나가 1890년 앨버타의 로키산맥에 세워진 샤토 레이크 루이스 호텔이었다. 이곳에서는 루이스 호수와 빅토리아 빙하의 눈부신 풍경을 감상하며 애프터눈 티를 즐길 수 있다. 또한 아이들을 위한 테디 베어 피크닉 프로그램이 준비되어 있다. 직접 자신만의 테디 베어를 만든 다음, 테디 베어와 함께 피크닉을 즐기며 아이스티와 핑거 샌드위치를 먹다 보면 테디 베어 캐릭터 중 하나인 바우 더 베어가 아이들을 깜짝 방문한다.

루이스 호수 근처에는 캐나다 초대 총리의 부인인 레이디 애그니스 맥도널드의 이름을 딴 애그니스 호수가 있다. 1886년에 애그니스 호수를 방문했던 레이디 맥도널드는 목가적인 호수와 호수가 자리한 계곡의 아름다운 풍경에 마음을 빼앗겼다. 수정처럼 맑은 호숫가에 위치한 레이크 애그니스 티하우스는 샤토 레이크 루이스 호텔 이후 11년 만에 캐나다 태평양 철도 회사가 지은 찻집으로, 1905년부

캐나다 로키산맥의 애그니스 호수 맞은편에 보이는 레이크 애그니스 티하우스.

터 차를 제공하기 시작했다. 이곳은 외떨어진 지역 주변을 탐방하는 방문객과 등산객을 위한 휴게소로 지어졌다. 통나무로 지어진 원래 건물은 1981년에 개축되었지만 티하우스의 소박한 매력을 보전하기 위해 기존 창문과 탁자, 의자는 그대로 남겨놓았다. 현재 가족이 경영하는 이 티하우스에서는 가정식 수프, 갓 구운 빵으로 만든 샌드위치, 페이스트리와 함께 전 세계에서 수입한 100종 이상의 엄선된 잎차로 우린 차를 즐길 수 있다.

　이 밖에도 애프터눈 티를 즐길 수 있는 유명한 곳으로는 토론토의 킹 에드워드 호텔이 있다. 100년이 넘는 역사를 가진 이 호텔은 수많은 유명인사와 고위 관리가 다녀간 곳으로 '토론토에서 최고의 티'를 제공한다. 토론토의 문화적 다양성을 반영하듯 메뉴도 다양하고 차도 선택의 폭이 넓어 재스민 스노 드래건, 베르가못 장미, 마라케시 민트 등 이국적인 다양한 블렌드 티를 즐길 수 있다. '베드퍼드의 공작부인' 티는 차이 풍미의 당근 케이크와 버번에 불린 레이즌, 설탕에 조린 피칸을 곁들인 슈거섁sugar shack● 메이플 단풍나무 타르틀렛을 제공하는데, 실제 베드퍼드 공작부인이 차에 곁들이던 토스트와 버터를 바른 빵, 작은 케이크와는 거리가 멀다. '샌드위치 백작' 티는 짭짤한 맛을 좋아하는 사람들을 위해 비프 웰링턴과 봄양파를 곁들인 오향 닭고기 샌드위치 같은 핑거 샌드위치를 제공한다. 또한 '스프링 티', '가든 티'가 있으며, 아이들을 위해서는 젤리 롤 롤리팝, 블록 모양의 바나나 빵, 설탕을 뿌린 왕관 모양의 쿠키가 포함된 제스터스 티Jester's tea['어릿광대의 차'라는 뜻이다]가 있다. 하지만 이러한 어린이 메뉴에는 차가 나오지 않고 마시멜로나 사과 사이다, 우유 중에서 음료를 선택할 수 있다.

프린스에드워드 섬의 항구 도시 샬럿타운은 티타임 문화에서 중요한 곳이다. 과거에 이 도시에서 차가 수입돼 유통되었다. 안타깝게도 당시의 차 중개업체 중 살아남은 곳은 없다. 그중 한 곳이 밀턴스 티룸으로, 1930년에 출간됐던 《플린 부인의 요리책》에 광고가 실린 적이 있다. 이 책에는 힉스 앤 컴퍼니가 현지에서 배합해 판매하는 브라민Brahmin 차의 광고도 실렸다.

프린스에드워드 섬은 《빨간머리 앤》(1908)의 작가인 루시 모드 몽고메리의 고향이다. 프린스에드워드 섬의 농장에서 일을 도와줄 남자아이를 입양하려던 매슈와 마릴라 커스버트 남매에게 실수로 보내진 11살 고아 소녀 앤 셜리의 성장 과정을 담은 이 소설은, 앤이 중년의 커스버트 남매와 함께 지내는 집과 학교, 마을을 배경으로 펼쳐진다. 어느 날 마릴라는 외출하면서 앤에게 친구인 다이애나를 초대해 티타임을 가져도 좋다고 말한다. 앤은 "정말 근사하고 어른이 된 것처럼 우쭐한 기분"이 될 것 같다고 외치며 집에서 가장 좋은 장미꽃 봉오리 무늬 찻잔 세트를 사용해도 되는지 묻는다.

"아니, 절대 안 돼! 장미꽃 봉오리 찻잔 세트! 목사님이나 봉사회 사람들이 올 때가 아

● 슈거색은 사탕단풍나무sugarbush에서 나온 수액을 끓여 메이플 시럽을 만들던 건물을 가리킨다(색shack은 판잣집 혹은 오두막집을 뜻하는데, 슈거색은 대개 통나무로 지어진 오두막집 형태다).

니면 내가 사용하지 않는다는 걸 너도 알고 있잖니. 낡은 갈색 찻잔 세트를 쓰도록 해라. 하지만 체리 설탕 절임이 담겨 있는 작은 노란색 항아리는 열어도 된다. 이제 개시할 때도 됐지. 맛이 들기 시작했을 거다. 과일 케이크를 잘라서 내고, 쿠키랑 스냅 비스킷도 먹으렴."

"제가 테이블 상석에 앉아 차를 따르는 모습이 머릿속에 그려져요." 앤은 눈을 감고 도취된 표정으로 말했다. "그리고 다이애나에게 설탕을 넣겠느냐고 물어보는 거예요! 설탕을 넣지 않는다는 걸 알지만 모르는 척 물어보는 거죠. 그리고 과일 케이크 한 조각이랑 설탕 절임을 더 먹지 않겠냐고 권하고요."

앤은 마릴라가 다음과 같이 말하자 더욱 기쁨에 들뜬다.

"지난번에 교회 친교 시간에 쓰고 반 정도 남은 라즈베리 코디얼cordial● 병이 있다. 거실 벽장 두 번째 칸에 있으니 오후에 다이애나와 함께 쿠키에 곁들여 마시렴."

다이애나가 도착하고, 주스를 마실 때가 되어 벽장을 열어본 앤은 두 번째 칸이 아니라 맨 위 칸에서 병을 찾아낸다. 다이애나는 주스를 맛있어하며 "정말 훌륭한 라즈베리 주스네요, 앤" 하고 칭찬한다. 이에 완벽한 작은 안주인으로 변신한 앤은 "마음에 든다니 기쁘네요. 맘껏 드세요"라고 대답한다. 이 주스를 세 잔이나 마신 다이애나는 토할 것 같다며 아무것도 먹지 못한 채 비틀거리며 집으로 돌아간다. 다음 날 라즈베리 주스는 커런트로 담근 술이었다는 사실이 밝혀진다. 다이애나의 어머니를 비롯해 금주회 일원이었던 교회 여성 신도들은 집에서 담근 술까지도 탐탁지 않게 여긴다. 소설 뒷부분에서 앤은 주일학교 선생님 댁에 초대를 받아 훨씬 만족스러운 티타임을 가진 뒤 이렇게 말한다. "우리는 우아하게 차를

● 과일을 이용해 만든 천연 농축 주스로 물에 타서 마시는 음료.

마셨고 예의도 잘 지켰어요." 마릴라에게는 이런 말을 하기도 한다. "날마다 티타임에 초대받는다면 저도 모범적인 아이가 될 수 있을 거예요!"

오늘날 샬럿타운의 델타 프린스에드워드 호텔에서는 라즈베리 코디얼, 조각 파운드케이크, 티파티 스타일의 여러 가지 달콤한 티푸드로 구성된 '빨간머리 앤' 티파티를 즐길 수 있다. 앤으로 분장한 연주자가 라이브로 연주를 들려준다. 차를 다 마시면 가발과 모자를 쓰고 직접 앤으로 분장하거나 아니면 시대 의상을 입고 앤과 함께 사진을 찍을 수 있다. 또한 박물관 투어가 포함된 '앤의 완벽하게 근사한 들장미 티파티'에 참여해, 꽃으로 모자를 장식하고 몽고메리가의 자기 찻잔에 나오는 애프터눈 티를 마실 수 있다.[12]

최근 몇 년 동안 샬럿타운의 식민지 시대 차 역사는 다른 문화의 전통을 반영한 수많은 찻집을 통해 더욱 풍성해졌다. 그러한 찻집 중 하나가 타이완의 전통 차와 간식을 제공하는 포르모자 찻집이다. 이 도시에는 다른 아시아식 찻집도 여럿 생겨났다.[13]

프랑스 차 문화의 영향력은 퀘벡과 몬트리올에 문을 연 살롱 드 테에서 찾아볼 수 있다. 이러한 찻집은 프랑스 특유의 정교한 파티스리와 함께 내는 차보다는 주로 다양한 종류의 이국적인 차와 블렌드 티를 내놓는 데 중점을 둔 것으로 보인다. 하지만 카멜리아 시넨시스 티룸은 차와 함께 몇몇 이국적인 디저트를 선보인다.

캐나다의 수많은 티룸은 미국과 맞닿은 남쪽 지역과 마찬가지로 가정적인 분위기이며, 100~200종에 이르는 다양한 차를 제공한다. 또한 차에 케이크를 곁들이기보다는 짭짤한 요리와 디저트를 곁들이는, 점심식사와 저녁식사를 전문으로 하는 티룸이 많다. 몇몇 티룸은 선물 가게나 공예품 가게와 매장을 나누어 쓰기도 한다.

오스트레일리아

최근 오스트레일리아에서는 커피를 마시는 인구가 훨씬 많아졌지만, 영국인이 정착한 이래 차는 줄곧 전통적인 뜨거운 음료였다. 1788년 영국에서 출발해 오스트레일리아 연안에 도착한 최초의 수인 선단●에는 당시의 해군 군수부 기준에 따른 의료품과 주요 식료품이 실려 있었는데, 주로 소금에 절인 고기, 밀가루, 쌀, 말린 완두콩이었다. 차와 설탕은 이 시기에 영국 문화에 자리를 잡아 사치품이 아닌 필수품으로 여겨졌지만 정부 배급에는 포함되지 않았다. 반면 소수 특권계층은 그들이 소유한 사치품과 함께 차를 비롯한 '필수품'을 가지고 왔다.

오스트레일리아 원산인 청미래덩굴속 식물인 사르사sarsaparilla(학명 Smilax glyciphylla)를 발견해 차 대신 마셨는데, 식민지 개척자들은 이를 '달콤한 차'라고 불렀다. 이 음료는 그들에게 필요했던 '마음의 위안'을 주었을 뿐 아니라 건강에 좋은 강장제로 여겨졌다. 사람들은 일상적으로 이 음료를 마셨고 단맛 덕분에 감미료를 넣은 차 같은 역할을 했다.[14]

차는 최소 1792년부터 시드니에서 판매되었다. 시춘, 녹차, 보헤아 티 등 다양한 종류의 녹차와 홍차가 중국에서 수입되었다. 두 가지 차 모두 최고의 품질은 아니었으나 경제적이고 풍미가 강해서 차에 대한 정착민의 갈증을 해소하는 데 도움이 되었을 것이다. 이러한 차들의 판매 광고는 1803년《시드니 가제트 앤 뉴사우스웨일스 애드버타이저》창간호부터 시작해 단골로 실렸다.

19세기 후반 인도에서 상업적인 차 재배가 활발하게 이루어지면서 1880년대에는 인도산 홍차가 들어왔다. 구할 수만 있다면 차에 신선한 우유를 즐겨 넣었고

● 원주 최초의 수인 선단인 퍼스트 플리트The First Fleet는 오스트레일리아에서 최초의 유럽인 정착지가 된 범죄자 식민지를 건설하기 위해 1787년 5월 13일 영국을 떠난 11척의 배에 붙여진 이름이다. 수인 선단은 1788년 1월 중순에 보타니 만灣에 도착했다. 2척의 왕립 해군 함정과 3척의 상선, 6척의 죄인 수송선으로 구성된 수인 선단은 1,000여 명의 죄인과 해병, 선원, 그리고 엄청난 양의 물자를 수송했다.

유제품 산업이 확대되면서 우유와 설탕을 넣은 차가 국민적 음료로 자리 잡았다.

20세기 초 오스트레일리아는 인도 차와 실론티의 주요 시장이었다. 20세기부터 현재까지 립턴과 '1883년부터 이어져 온 우리의 차'라는 브랜드 슬로건을 가진 부쉘 같은 오스트레일리아의 차 브랜드는 누구나 아는 이름이었다. 현재는 다시 녹차가 틈새시장을 공략하고 있으나 상당수 오스트레일리아인은 열렬한 커피 애호가이며, 우유와 때로는 설탕을 넣은 진한 차도 여전히 많은 이들이 즐겨 마시는 음료다.[15]

오지의 거칠고 도전적인 생활 속에서 차를 마시는 나름의 절차가 생겨났다. 목축업자나 일꾼이 모닥불을 피워 '빌리billy'(철사 손잡이가 달린 단순한 형태의 깡통)에 차를 만들 물을 끓이고 댐퍼damper(간단한 빵)를 잿불에 익히는 모습은 오지의 티타임을 보여주는 상징적인 이미지다. 보통 유칼립투스 가지로 불을 피우며, 삼각대를 세워 빌리를 매달아놓는다. 빌리에 담긴 물이 끓으면 찻잎을 넣는데, 전통적으로 유칼립투스 잎을 함께 넣는다. 이러면 불에서는 향긋한 연기가 피어올랐고 찻잎과 함께 넣은 유칼립투스 잎 덕분에 특별한 풍미가 더해졌다. 차는 진하게 우렸다. 차를 다 우리고 나면 찻잎을 가라앉히기 위해 빌리를 앞뒤로 흔들거나 머리 위로 세 번 빙빙 돌리는데, 이는 어느 정도 주의를 요했다. 차를 양철 컵에 따르고서 신선한 우유 대신 (1890년대부터 사용 가능했던) 가당연유를 첨가했다.

1870년 오스트레일리아 탐방에 나선 모험심 강한 여행가 G. 어니스트는 오지에서의 여행 경험을 기술하면서, 재치 있게도 댐퍼를 다음과 같이 묘사한다.

오스트레일리아 사람들 모두 댐퍼가 무엇인지 알고 있을 테지만 나뭇재에서 갓 꺼낸 뜨거운 댐퍼를 맛보지 못했다면 댐퍼가 얼마나 맛있는지 전혀 모르는 것이다. 특히 10시간 넘게 굶었다가 처음 먹은 게 댐퍼였을 때 얼마나 맛있는지는.[16]

댐퍼는 꽤 쉽게 만들 수 있다. 밀가루와 물만 있으면 되고, 약간의 소금과 빵을 발효시키는 데 필요한 베이킹소다가 있으면 더 좋다. 반죽은 모닥불의 잿불에서 원시적인 방식으로 굽는다. 원래 댐퍼는 오랜 기간 외딴 지역을 옮겨 다니는 목축업자들이 만들어 먹던 것이다. 그들은 가장 기본적인 식량인 밀가루, 설탕, 차를 가지고 다녔고 때로는 종류에 상관없이 구할 수 있는 고기(말리거나 조리된 고기)나 '소농의 기쁨'으로 알려진 당밀을 챙겨 갈 때도 있었다.

1800년대 중반 오스트레일리아를 방문한 광물 조사관인 프랜시스 랜슬럿은 오지에서 생활하는 양치기의 단조로운 주간 메뉴를 재기발랄하게 시로 표현한다.

파리의 저명한 요리들에 대해 말해도 좋다
혹은 런던의 음식이 다양한지에 대해
그 정도의 다양성에 만족한다면, 오, 도시를 떠나도 된다
기분 전환을 위해 덤불숲으로 오라
월요일에 우리는 댐퍼와 차와 함께 양고기를 먹는다
화요일에는 차, 댐퍼, 양고기
이 정도 요리라면, 모든 사내가 동의할 거라 확신하건대
동료나 소농, 대식가에게도 적합하다
수요일에는 양고기와 차와 함께 댐퍼를 먹는다
목요일엔 차, 양고기와 댐퍼
금요일엔 양떼와 함께 언덕을 넘고 계곡을 지나며
양고기와 차, 댐퍼를 먹는다
토요일의 성찬은 다소 이상해 보일지도
차와 훌륭한 양고기와 함께 댐퍼니까
자, 분명히 나는 많은 변화를 보여주었다
덤불숲에는 친숙한 판자가 놓여 있지
하지만 이게 다가 아니니, 이제는 정말 믿어도 좋다

일주일 중 단 하루, 모든 남자를 위해

또 다른 별미가 준비되어 있으니

오지의 주민들은 모두 확신하지

일요일에는 온전한 온갖 음식을 마주하리라는 걸[17]

초기 정착민의 또 다른 간식으로는 이름에서부터 유쾌함이 느껴지는 퍼프터룬 puftaloon이 있다. 댐퍼와 스콘의 중간쯤 되는 빵으로, 댐퍼처럼 오지에서 야영을 하는 이들도 쉽게 만들 수 있다. 제과점에서 만든 '제대로 된' 빵이 도시에서나 누릴 수 있는 사치였던 식민지 초기에 퍼프터룬은 빵의 대용품으로서 탐험가, 여행자, 양치기, 개척 정착민의 양식이었다. 하지만 댐퍼와 달리 퍼프터룬은 숲에서 야영하는 이들뿐 아니라 가정에서 주부들도 만들어 먹었다. 밀가루와 소금, 버터,

〈차와 댐퍼〉, 1883년 A. M. 엡스워스가 새긴 목판화. 네 명의 남자가 덤불숲에서 모닥불을 피우고 그 주위에서 먹고 마시고 있다.

우유를 섞어 반죽해 전통적으로 고기 기름에 튀겨 만드는 퍼프터룬은 따뜻할 때 버터와 잼, 혹은 꿀이나 당밀과 함께 달콤하게 내거나 구운 토마토와 베이컨, 그레이비소스와 함께 짭짤하게 냈다.

1904년 10월 15일 뉴사우스웨일스의 《마닐라 익스프레스》에 소개된 조리법은 다음과 같다.

퍼프터룬

재료 베이킹파우더가 든 밀가루 1/2파운드, 우유 1과 1/2질gill[0.14리터], 소금

방법 밀가루와 소금을 체에 내린 다음, 우유를 넣어 촉촉한 반죽을 만들어 밀가루를 뿌린 작업대에 올린다. 반죽을 살짝 치대다가 밀대로 밀어 0.5인치 두께로 편다. 이를 커터로 작고 둥근 모양으로 찍어낸 다음 넉넉히 부은 뜨거운 기름에 노릇노릇해질 때까지 튀긴다. 잘 튀기면 저절로 뒤집어질 정도로 가벼운 상태가 된다. 완성된 퍼프터룬을 종이에 올려 기름을 제거한다. 잼이나 당밀, 꿀, 설탕과 함께 뜨거울 때 낸다.[18]

오지는 남자들의 세계였다. 육체적으로 힘든 장시간 노동을 하려면 고기가 필요했고, 오지에 따라나서는 여자는 거의 없었기 때문에 남자들은 오지에 머무는 동안 모닥불을 피워놓고서 양고기, 댐퍼(혹은 퍼프터룬)와 함께 차를 즐겼을 것이다. 가정에서 (남자들은 '진짜 음식'이라고 치지 않는) 케이크와 비스킷을 준비하는 티타임은 흔히 여자들의 영역이었다. 지구 반대편의 영국 여성들과 마찬가지로, 19세기 말 오스트레일리아 여성들은 애프터눈 티에 빠르게 익숙해졌다. 티타임을 통해 여주인은 자신이 보유한 가장 좋은 자기 그릇뿐 아니라 베이킹 실력을 자랑했으며, (1950년대 오스트레일리아에서 짧은 인기를 누린) 밸모럴 타르틀렛과 밴버리 케이크Banbury cake[안에 커런트를 채워 넣은 페이스트리] 같은 티푸드를 굽는 데 큰 자부심을 느꼈다. 다른 특별한 티푸드로는 스콘, 런던 번빵, 귀리 케이크, 록 케이크rock cake,● 크림 퍼프, 브랜디 스냅brandy snap,◆ 시드 케이크, 스파이스 케이크, 스펀지 케이크가 있었으며, 모두 영국에서 유래했다. 음식 역사학자 바버라 샌티크는 다른 티푸드는 몰라도 스펀지케이크만큼은 오스트레일리아 고유의 특징이 반영되었음을 주장하면서, 스펀지 반죽 기교가 오스트레일리아에서 최고조에 이르렀다고 서술하기까지 한다. 그녀의 주장은 사실일지도 모른다. 뒤따르는 설명에서 오스트레일리아 주부들이 가족이나 손님들에게 깊은 인상을 주기 위해 선보인 다양한 종류의 스펀지케이크를 상세히 소개하기 때문이다. 가령 '블로어웨이 스펀지blowaway sponge'는 하늘하늘한 느낌이 날 정도로 질감이 가벼워 불면 날아갈 것 같다고 한다. 이름에서부터 결코 실패할 가능성이 없음을 말해주는 '네버페일 스펀지neverfail sponge'는 달걀과 설탕을 아주 오랫동안 휘저어야 한다(과연 몇 명이나 이런 이름의 케이크를 시도해보려고 할까?). 당시 요리책들에는 오리 알 또는 하루 묵힌 달걀을 사용하라거나, 밀가루를 체에 세 번 내리라는 식의 조언이 담겨 있는데, 이는 모두 주부의 솜씨를 시험하는 일종의 테스트였다. 오스트레일리아의 스펀지케이크를 그토록 특별하게 만든 것은 필링과 토핑이었다. 생크림이나 버터크림이 있든 없든, 잼은 필링과 토핑의 주요 재료이며 위에는 가루 설탕을 가볍게 뿌린다. 종종 도일리를 활용해 예쁜 무늬를 내기도 한다. 초콜릿이나 패션프루트 아이싱으로 케이크를 장식할 수도 있다. 이어지는 설명에 따르면, 1930년대 무렵에는 스펀지 반죽 자체에 맛을 냈다. "반죽에 넣는 재료로는 초콜릿, 커피, 시나몬, 생강, 레몬이 인기를 얻었다." 때로는 스펀지 반죽을 길다랗게 구워 스위스 롤처럼 잼을 발라 돌돌 만 다음 설탕을 뿌렸다.[19]

하지만 가장 잘 알려진 오스트레일리아의 특별한 티푸드 두 가지는 래밍턴lamington과 앤잭 비스킷Anzac biscuit으로, 1900년대 초 오스트레일리아에 처음 등

● 록 번rock bun이라고도 불린다. 말린 과일을 넣은 쿠키로, 울퉁불퉁한 모양새가 돌을 닮아 이런 이름이 붙여졌다.

◆ 영국, 미국, 오스트레일리아, 뉴질랜드 등에서 인기 있는 과자로, 긴 막대 모양에 빨대처럼 속이 비어 있다. 여기에 크림이나 초콜릿 등을 채워 넣기도 한다.

장했다. 1895년에서 1901년까지 퀸즐랜드 총독을 역임한 래밍턴 경의 이름을 딴 래밍턴은 조금 오래된 스펀지케이크를 버리지 않고 활용하기 위해 처음 만들어졌다고 추정된다(일각에서는 퀸즐랜드 총독 관저의 주방에서 처음 만들어졌으며 총독의 아내 이름에서 따왔다고 주장하기도 한다). 그러나 샌티크가 언급하듯이 "1902년 최초로 소개된 요리법 중 하나는 평범한 버터 스펀지케이크를 만드는 것에서 시작한다." 스펀지케이크를 반으로

래밍턴. 역설적이게도 래밍턴 경은 그의 이름을 딴 디저트 케이크를 '솜털처럼 심하게 가벼운 털북숭이 비스킷bloody poofy woolly biscuits'이라고 부르며 싫어했다고 전해진다.

잘라 버터크림을 바른 뒤 다시 붙인다. 이를 정육면체 모양으로 잘라 초콜릿 혼합물에 담갔다가 코코넛 가루에 한 번 굴린다. 이렇게 만든 래밍턴은 큰 인기를 얻었고, 오늘날까지도 모든 오스트레일리아 사람들이 유년기에 즐겨 먹는 전형적인 케이크다. 예전에 비해 인기가 다소 식기는 했지만, 여전히 모금 행사 따위가 열릴 때면 어김없이 만들어진다. 학교, 청소년 단체, 교회 등에서 기금을 모으기 위해 케이크를 만들어 파는 '래밍턴 드라이브'라는 전통이 생긴 것이다. 케이크 주문은 지역사회 안에서 이루어진다. 행사가 개최되는 날에는 자원봉사자들이 제과점에서 공급받은 엄청난 크기의 래밍턴을 잘라 초콜릿에 담갔다가 코코넛 가루에 굴린 뒤, 쟁반에 올려놓고 판다. 여기서 난 상당한 수익이 전부 좋은 목적을 위해 쓰인다.[20]

앤잭 비스킷 또한 군인과 참전용사를 돕는 모금 행사에서 자선 목적으로 만들어졌다(오늘날에도 그렇다). 앤잭 비스킷의 유래는 복잡하다. 제1차 세계대전 당시 조직된 오스트레일리아와 뉴질랜드 연합군과 관련이 있는데, 당시 처음 만들어진 앤잭 비스킷은 이를 부러뜨릴 만큼 딱딱하고 단단했으며 오래 보관하기에 좋았다. 빵의 대용품 역할을 했던 이 비스킷은 선원용 건빵처럼 밀가루, 물, 소금만으로 만들어졌다. 그냥 먹기에는 너무 딱딱했기에 차나 다른 음료에 담가 부드럽

앤잭 기념일을 위한 앤잭 비스킷. '잊지 않기 위해'.

게 풀어서 먹었다. 앤잭 타일 혹은 앤잭 웨이퍼라고도 불렸다.

오늘날 우리가 아는 앤잭 비스킷은 밀가루, 설탕, 버터, 당밀, 베이킹소다, 끓는 물(여기에 말린 코코넛을 더하기도 한다)로 만든 달콤한 비스킷이다. 해외에서 복무하는 군인들을 위해 아내들이 앤잭 비스킷을 만들어 보냈다는 주장이 꾸준히 제기되었지만, 이러한 통념과는 달리 갈리폴리 반도에서 앤잭 비스킷의 흔적을 찾아보기는 어렵다. 납작귀리 비스킷이 독일 서부 전선에 파견된 부대에 보내졌다는 몇몇 증거가 있지만 널리 인정된 사실은 아니다.

사실 납작귀리 비스킷은 전쟁물자를 확보할 기금을 마련하기 위해 국내에서 열린 이런저런 공공 행사며 바자회, 축제, 퍼레이드에서 주로 판매되고 소비됐다. 바로 이러한 연유에서 '군인들의 비스킷'이라는 별칭이 붙은 것이다. 전쟁이 장기간 지속되자 지역 여성협회, 교회 위원회, 학교, 기타 여성 조직을 비롯한 많은 단체에서 이 비스킷을 만드는 데 전념했다.

바버라 샌티크에 따르면, 앤잭 비스킷 레시피가 등장한 때는 전쟁 직후로 여겨진다. 1919년 《위클리 타임스》의 한 독자가 다음과 같은 질문을 보냈다. "듣자 하니 앤잭 크리스피라는 새로운 비스킷이 있다는데 누가 친절하게 만드는 법을 알려주시겠습니까?" 1920년 앤잭 비스킷 또는 앤잭 크리스피 레시피가 잡지 《아르고스》에 소개되었는데, 재료에 구체적으로 존 불John Bull사에서 나온 귀리라고 명시되어 있다. 다른 재료로는 밀가루, 당밀, 설탕, 탄산소다, 소금 약간, 끓는 물, 녹인 버터가 쓰였다. 당시 코코넛은 사용되지 않았고 나중에 추가됐다.[21] 그러나 음식 역사학자 재닛 클락슨은 오늘날 우리가 알고 있는 앤잭 비스킷 제조법을 처음 고안한 것은 뉴질랜드 더니든 지역 여성들일 수 있다고 말한다. 귀리 비스킷은 스코틀랜드 전통음식이고, 더니든은 스코틀랜드에 뿌리를 둔 전통이 강한 도시다.

이러한 비스킷은 스코틀랜드에 오래전부터 존재했는데, 종종 '골든 크런치 비스킷'이나 '골든 시럽 비스킷'이라 불렸다. 전쟁 당시 누군가 한 가마분의 비스킷을 만들었고, 이것이 앤잭 비스킷으로 알려지게 되었다는 것이다.[22]

당시 요리법들은 엄격하게 비밀에 부쳐졌다. 특히 지역 교회 바자회나 농업박람회 때 펼쳐지는 베이킹 경연 때는 더욱 그러했다. 가장 가벼운 질감을 가진 최고의 스펀지케이크나 가장 촉촉하고 풍부한 맛을 자랑하는 과일 케이크 부문의 경쟁이 치열했다. 베이킹파우더는 1852년, 베이킹파우더가 든 밀가루는 1953년이 되어서야 시판되었다. 그 전까지만 해도 중탄산소다와 타르타르 크림을 혼합하거나 식초, 발효시킨 우유, 레

《뉴 선샤인 요리책》의 앞표지, 1938년경.

몬즙을 사용해 반죽을 부풀게 하는 발효제를 직접 만들어야 했다. 특히 가벼운 스펀지케이크를 만들려면 밀가루를 아주 고운체에 치고, 달걀은 손으로 직접 힘들게 휘저어 거품을 내야 했다.[23]

술타나, 레이즌, 커런트처럼 다양한 품종의 건포도를 비롯한 말린 과일은 티타임에 내는 여러 제과류는 물론 짭짤한 요리에도 넣는 중요한 재료였다. 1930년대에는 말린 과일의 소비를 권장하기 위해《뉴 선샤인 요리책》이라는 홍보 책자가 발간되었다(1886년에 처음 출간된《선샤인 요리책》의 후속 책자였다). 이 책의 목적은 오스트레일리아 주부에게 영양가 있는 말린 과일을 사용하는 요리법과 살림에 관한 조언 및 새로운 방식을 제공하는 것이었다.[24] 여기에는 손님 접대를 위한 수량 조절을 비롯해 애프터눈 티를 위한 다양한 요리법과 제안이 담겨 있다. 케이크 요리법으로는 시나몬 커피 케이크, 술타나 티케이크, 오후 5시 과일 케이크, 술타나

과일 케이크, 술타나 배스킷, 에클스 케이크, 달콤한 민스 롤리, 레이즌 파이, 사고sago[사고야자나무에서 나오는 흰 전분]와 커런트 몰드를 보여주는 《뉴 선샤인 요리책》 뒤표지.

배스킷sultana basket●이 실려 있다. 생일과 크리스마스를 위한 과일 케이크도 있다. 말린 과일과 껍질을 혼합해 만든 속을 넣은 페이스트리 턴오버[반원형으로 접어 만든 파이]인 '스터프트 멍키stuffed monkey' 같은 흥미로운 요리법도 레이즌 쇼츠, 아이스 커런트 핑거 등과 함께 비스킷을 다룬 장에 실려 있다. 또한 달걀과 상추, 달걀과 커리, 치즈와 셀러리를 넣은 짭짤한 맛의 샌드위치 요리법을 비롯해 손이 많이 가는 무지개 샌드위치, 다지거나 잘게 썬 말린 과일로 속을 채운 다소 생소하지만 달콤한 맛의 샌드위치를 만드는 법도 소개한다.

또한 젬 스콘gem scone(사실 스콘은 아니고 전통적으로 '젬 아이언'이라는 주철 베이킹 팬에 굽는 가볍고 작은 케이크다)과 레이즌 스콘 요리법도 있다. 하지만 오스트레일리아에서 가장 유명한 스콘이라 할 수 있는 호박을 재료로 한 펌프킨 스콘의 요리법은 없다. 펌프킨 스콘은 20세기 초에 처음 만들어졌지만 널리 알려진 것은 조 비엘크-피터슨 경이 1968년부터 1987년까지 퀸즐랜드 수상을 역임하던 시기로, '레이디 플로'라는 애칭으로 알려진 그의 아내 덕분이었다. 그녀 자신도 정치가였지만(1993년까지 12년 동안 퀸즐랜드의 국민당 상원의원이었다) 무엇보다도 킹가로이의 집에서 손수 만들어 손님들에게 후하게 대접하던 펌프킨 스콘으로 명성이 높았다.

스콘에는 식감과 맛을 더욱 살리기 위해 차가운 으깬 호박을 넣는다. 북쪽 해

● 이름처럼 바구니(배스킷) 모양으로 만든 빵에 술타나를 채운 듯하다. 《뉴 선샤인 요리책》 뒤표지에서 찾아볼 수 있다.

안에 호박이 풍부해서인지 펌프킨 스콘은 다른 주보다 퀸즐랜드에서 특히 인기가 많았다. 하지만 1920년대에 펌프킨 스콘의 인기가 빠르게 확산되어 이런저런 지역 박람회의 요리 경연대회 메뉴로 올랐다. 요리사들은 열매를 많이 맺지만 저평가된 작물을 최대한 활용하기 위해 펌프킨 스콘을 적극적으로 받아들였고, 1950년대에 이르면 거의 모든 요리책에 펌프킨 스콘 요리법이 실렸다.

1916년 7월 28일 《크로니클 앤 노스코스트 애드버타이저》에 실린 요리법은 이러하다.

펌프킨 스콘

카볼쳐 쇼에서 포사이스 하원의원의 칭찬 덕분에 이 요리법을 찾게 되었다. 우리에게 요리법을 제공해준 A. 벨 의원의 아내인 벨 부인에게 감사를 전한다. 다음 방법으로 스콘을 만들어 편집진의 자녀들에게 시식시켜본 결과는 대성공이었다. 호박을 싫어하는 자녀들이 호박 스콘은 맛있게 먹었다.

방법 설탕 반 컵, 밀가루 2와 3/4컵, 버터 1큰술, 잘 저은 달걀 1개, 삶아서 으깬 호박 1컵, 소다 1작은술, 타르타르 크림 2작은술. 설탕과 버터를 잘 저어 크림 상태로 만든다. 여기에 먼저 달걀을, 이어 호박을 섞는다. 그런 다음 밀가루, 타르타르 크림, 소다, 소금을 다 같이 체에 쳐서 넣는다. 마지막으로 우유를 소량 넣는다. 240도 오븐에 굽는다.

토요일은 보통 오스트레일리아에서 베이킹을 하는 날이었다. 하지만 많은 이들이 로스트 요리를 하는 일요일에 베이킹을 같이 해 연료를 절약했다. 《주철로 된 발코니 위의 관찰자》(1963)의 저자 할 포터는 1920년대 베이킹을 하는 날과 일요일의 티를 이렇게 회고한다.

토요일 오후는 베이킹에 할애된다. 이날은 다음 일주일간 식탁에 낼 알찬 음식을 준비하는 날이기 때문에 이중의 수고가 들어간다. 당시 오스트레일리아 어머니들은 균형 잡힌 영양 섭취를 위해 하루에 두 번 고기를 먹고 저녁에는 네 가지 채소, 아침에는 죽과 달걀과 토스트, 그리고 식사 때마다 차를 마시는 것이 꼭 필요하다고 여겼다. 토요일에 비스킷 통이나 케이크 굽는 틀이 비어 있다는 것은 오전 11시 전에 침대 정리를 하지 않은 것처럼 생각할 수 없는 일이었다. 그래서 어머니는 훌륭한 과일 케이크를 만들고 록 케이크, 밴버리banbury[과일과 꿀을 넣은 타원형 파이], 퀸 케이크, 대추야자 롤빵, 생강 쿠키를 각각 스무 개 이상 만든다. 관습적인 방식에 따라 실질적인 베이킹 작업을 마치고 나면, 이제는 멋진 티타임을 위해 능력을 발휘할 때다. 제단처럼 여기는 일요일 티 테이블을 원추리 꽃 같은 순간의 아름다움으로 장식하기 위해 비용은 많이 들지만 금세 동이 나고 말 아름다운 별미를 준비하는 것이다. 이제 3단으로 된 스펀지케이크가 등장할 차례다. 케이크에는 향기로운 크림이 발려 있고 매혹적인 아이싱에는 호두, 은색 설탕구슬, 설탕 절임 과일, 딸기, 오렌지 조각, 안젤리카angelica[달콤한 향이 나는 식물] 줄기가 박혀 있다.

다음으로는 아주 짧은 순간밖에 존재하지 못하는 크림 퍼프와 에클레어를 만드는데, 이들은 마치 비 오는 날을 대비해 미리 비축해두거나 사회적 과시용으로 내놓지 못하게 일부러 고안한 티푸드 같다. 일요일의 티타임은 일주일 중에서 참으로 실없이 화려하기만 한 시간이다. 돈이 맛있는 흙이라도 되는 듯 마구 써버리는 인상을 주며 실제로 사치스럽다기보다는 그런 분위기를 자아낸다. 일요일의 티타임은 무엇보다 힘들게 번 돈으로 정당하게 풍요로운 삶을 누리고 있음을 부모님이 서로에게, 그리고 자식들에게 표현하는 시간이다. 내가 바라본 풍요로움은 어머니를 바라보며 느낀, 그 안에 담긴 상징적인 충동뿐 아니라 실제적인 충동까지 의미한다.[25]

오스트레일리아에서는 영국과 마찬가지로 저녁식사를 '티'라고 하는데, 이는 정착 초기에 시작된 전통이다. 기본적인 음식은 빵, 소고기, 양고기, 돼지고기, 우유, 달걀, 과일, 채소이고, 차와 술을 곁들인다. 일하는 남자들을 위한 아침식사에는 스테이크나 찹스테이크 같은 고기 요리가 포함되었고, 점심은 (6페니 식당이라고 불린) 카페에서 먹을 수 있었다. 저녁 6시에 노동자 가정에서는 차갑거나 뜨거운 고기 요리와 함께 푸짐한 티를 먹었다. 식사 때마다 두세 잔의 차를 마셨다.[26] 식사는 주로 수프나 죽으로 시작하고, 이어 고기 파이, 리솔rissole[파이지에 고기나 생선을 다져 넣어 튀긴 음식], 찜 냄비 요리인 캐서롤, 커리, 스튜, 채소를 곁들인 구운 고기 같은 요리를 먹었다. 마지막에는 사고, 타피오카 같은 푸딩과 버터 바른 빵, 종종 커스터드를 곁들인 롤리 폴리나 과일 파이 같은 후식을 먹었다. 오늘날에는 이러한 식사를 티가 아닌 저녁식사라 하며, 사회적 변화와 노동 형태의 변화에 따라 예전보다 다소 늦게 먹는다.

손님을 (애프터눈) 티에 초대할 경우 '티'라는 단어는 오해를 불러일으킬 소지가 있다. 손님이 오후 늦게 왔다면 더 푸짐한 식사를 기대하고 왔을 것이다. 하지만 애프터눈 티를 위해 준비된 테이블을 보고서 당황한 손님들은 금세 그들의 착각을 짐작할 수 있을 것이다. 애프터눈 티는 우아한 티타임으로, 테이블에는 가장 좋은 자기 세트와 함께 정성껏 만든 차와 샌드위치, 케이크가 차려져 있다. 반면 하이 티는 더 편안한 분위기 속에서 커다란 티포트로 따라주는 진한 차와 함께 푸짐한 음식을 즐긴다.

20세기 초 무렵만 해도 오스트레일리아는 세계에서 홍차를 가장 많이 소비하는 나라였다. '모닝 티'와 '애프터눈 티'를 비롯해 하루에도 여러 번 차를 마셨는데, 주로 우유를 첨가한 진한 홍차를 즐겼다. 근무 시간대에 차를 마시며 휴식하는 '티 브레이크'나 그냥 '티'는 '모닝 티'나 '애프터눈 티' 모두를 가리켰다. 애프터눈 티는 '아르보 티arvo tea'라고 불리기도 했는데, 아르보는 오후를 뜻하는 오스트레일리아의 속어다. 이러한 휴식 시간을 아침 또는 오후 스모코smoko나 그냥 스모코라고 칭했다. 스모코는 자영업이나 건설업계에서 흔히 사용하는 용어로, 담배한 대를 피우거나 차 한 잔에 곁들여 비스킷 같은 달콤하거나 짭짤한 간식을 먹는 휴식 시간을 뜻했다. 제2차 세계대전 동안 실시된 배급제로 차 소비가 제한되면서 차를 많이 마시던 오스트레일리아 사람들은 크게 상심했다.

오늘날 집에서 즐기는 애프터눈 티타임은 드문 풍경이 되었지만, 오스트레일리아에서 가장 인기 있는 비스킷인 팀탐과 함께 오후에 차 한 잔을 마시는 모습은 심심치 않게 볼 수 있다. 팀탐은 오스트레일리아 식품 회사인 아노츠에서 만든 것으로, 1964년에 출시됐다. 영국에서 출시된 초콜릿 비스킷인 펭귄과 비슷한 팀탐은 두 개의 초콜릿 맥아 비스킷 사이에 가벼운 초콜릿 크림 필링을 넣고 질감을 살린 초콜릿으로 전체를 얇게 감싸 만든다. 이 초콜릿 비스킷으로 인해 비스킷을 차에 담그는 티타임 풍습인 '팀탐 슬램'이 생겨났다. 팀탐의 양 끝을 조금 베어 먹은 뒤 한쪽 끝을 차에 담가 빨대처럼 다른 한쪽으로 차를 빨아 마시는 것이다. 그러면 비스킷의 바삭한 안쪽이 부드러워지고 초콜릿 코팅은 녹기 시작하는데, 팀탐이 완전히 부서지기 전에 남은 부분을 빠르게 먹어야 한다. 어떤 사람들은 이 비스킷으로 케이크를 만들어 먹는데, 부드럽고 끈적거리는, 근사한 초콜릿 케이크라 할 만하다.

피크닉 티

오스트레일리아 사람들은 야외활동을 대단히 좋아해 피크닉 수준을 새로운 경지로 끌어올렸다. 19세기 초 오지의 숲을 여행하다 보면 마땅한 시설이 없었기에 야외에서 간단한 식사를 하는 것은 당연한 일이었다. 한편으로는 많은 이들이 이러한 피크닉을 즐기기도 했다. 일에서 벗어나 휴식을 취하고 기분 전환을 위해 야외에서 소풍을 즐긴 것이다. 피크닉은 상류층이 즐기는 사교적인 오락 중 하나여서 꽤 호화로운 풍경을 연출할 때가 많았다. 테이블보를 펼쳐 그 위에 샌드위치뿐 아니라 차가운 고기, 파이, 과일 등 온갖 음식과 다양한 음료수를 차렸다. 피크닉의 종류도 다양해서 점심 피크닉, 휴일 피크닉, 해변 피크닉, 그리고 당연히 피크닉 티도 있다. 피크닉으로 인기 있는 장소에서 티룸들은 피크닉에 필수적인 샌드위치, 페이스트리, 과일, 차를 광고했다. 19세기에는 샌드위치 속 재료로 주로 고기를 사용했지만 정어리와 달걀, 샐러드도 인기 있었다. 20세기 들어서는 연어와 셀러리와 마요네즈, 사과와 오이, 올리브와 크림치즈, 달걀과 그린 칠리같이 다양한 속 재료를 사용해 모험심 강한 새로운 샌드위치를 선보였다. 손으로 쉽게 집어 먹을 수 있는 다른 음식도 준비했다. 레이디 보니손은 어린 시절, 즉 20세기에 접어들 무렵 경험한 피크닉을 이렇게 회상했다.

버터 바른 프랑스 빵이 잔뜩 쌓여 있었다. 우리는 삶은 달걀을 깨 껍데기를 까서 먹고 닭다리나 닭날개를 손에 들고 뜯었으며 맛있는 차가운 고기를 야금야금 먹었다. 음료는 레몬 스쿼시를 마셨고 차를 더 좋아하는 이들은 차 한 잔을 마셨다.

그녀는 또한 어머니가 "티포트의 주둥이와 손잡이 부분이 꼭 맞게 들어가고 안에 푹신한 쿠션이 깔린 중국제 바구니 안에 중국제 티포트를 잘 포장해" 가지고 온 것을 기억했다.[27]

알코올음료나 청량음료를 마실 때도 많았지만 피크닉에서 차는 단연 가장 사랑받는 음료였다. 보통 차는 전통적인 '빌리'로 만들었다.

소녀들은 잔디 위에 눈처럼 하얀 테이블보를 펼치고 그 위에 고사리와 초록색 야자잎을 깐 다음 접시들을 늘어놓고, 장밋빛 사과와 금빛 오렌지, 신선한 바나나, 집에서 만든 작은 케이크와 앙증맞게 자른 샌드위치를 접시에 각각 담았다. 헬렌은 가지고 온 리넨 냅킨을 나눠주고 찻잔을 꺼냈다.

"남자아이들은 불을 피워라. 빌리에 차를 끓일 신선한 물을 채워 오고. 앨리슨, 너는 우유를 가져와. 배에 가면 우유 두 병이 있을 거야."[28]

피크닉 음식 메뉴는 더 정교해져서 1930년대 말에는 양고기 파이, 코니시 패스터 Cornish Pasty[영국 콘월 지방의 파이], 젤리 형태로 조리한 혓바닥 고기, 소시지 롤, 스카치 에그scotch egg[삶은 달걀을 다진 고기로 감싸 튀긴 음식], 달걀 베이컨 파이, 꼬치로 찍어 먹을 수 있는 작은 연어 볼 같은 음식을 준비했다.[29]

티룸

1895년 4월 《오스트레일리안 스타》는 이렇게 보도했다. "점심을 사 먹는 사업가들이나 애프터눈 티를 마시려는 여성 쇼핑객들 사이에서 이곳만큼 인기를 누리는 곳은 없다. 한낮에는 언제나, 저녁에도 꽤 빈번하게 이곳은 도시의 사업가와 상인, 중개상과 수많은 의회 의원들로 붐빈다." 《스타》지가 언급한 이곳은 킹 스트리트 137번가에 위치한 룽산 티하우스로, 자수성가한 중국계 기업가 큉 타트가 운영하는 티룸 체인점 중 가장 규모가 크고 화려한 티룸이다.

빅토리아 시대의 영향을 많이 받은 시드니에서 티룸은 크게 유행했다. 티룸은 수작업한 일본 미술품, 중국 목각 작품, 우아한 황금 거울, 커다란 황금 잉어가 헤엄치는 대리석 연못으로 호화롭게 꾸며졌다. 시드니의 사교계 사람들은 큉 타트 티룸에 들러 명사들과 어울리며 중국에서 수입한 고급차를 음미했다. 여성들은 1층에 마련된 서재에서 잡지를 보며 거리를 거니느라 먼지투성이가 된 지친 발을 쉬게 하고, 동시에 페이스트리와 스콘, 파이를 맛보았다. 원기 왕성한 식욕을 가진 남자들을 위한 실속 있는 요리 메뉴, 가령 포트와인 소스 토끼고기나 양고기 어깨살 요리 등도 선보였다.

큉 타트가 죽고 나서 그의 아내는 남편의 비범한 삶을 저술해 출간했다. 잉글랜드 리버풀 출신의 마거릿 스칼릿은 1886년에 그와 결혼해 슬하에 6명의 자녀를 두었다. 큉 타트는 1859년 아홉 살의 나이에 광둥에서 오스트레일리아로 입양되었다. 그는 뉴사우스웨일스주 브레이드우드에 정착한 스코틀랜드 출신의 심슨 부부 밑에서 성장했고 기독교로 개종했다. 양아버지를 통해 일찍이 금광에 눈을 떠 큰 부를 축적한 그는 시드니에서 차와 실크를 취급하는 수입상으로 입지를 굳히

기로 했다.

그는 1881년에 가족을 만나고자 중국을 방문했고 오스트레일리아로 귀환해 시드니에서 차 무역상으로 첫발을 내딛었다. 그는 시드니 아케이드에서 수입차를 팔며 홍보 목적으로 시음용 차를 나눠줬다. 오래지 않아 그의 매장이 큰 인기를 끌면서 그는 더 넓은 부지를 찾아야 했고, 차와 스콘을 함께 팔기 시작하면서 명성이 더욱 높아졌다. 1885년 무렵에는 네 곳의 티룸을 열었으며 킹 스트리트의 로열 아케이드까지 진출했는데, 이곳 티룸에서는 한 여성이 "차 한 잔과 퀸 타르트"를 주문했다는 재미난 에피소드가 전해진다. 이후 퀸 타트는 '한 판'이라는 이름의 동물원에 지어진 대나무 파빌리온에 티룸을 열었고, 1년 후 조지 스트리트 777번가에 다과를 즐길 수 있는 티룸을 또 하나 열었다.[30] 1889년에는 킹 스트리트에 룽산 티하우스를 개점했다. 이곳은 금세 유명세를 치렀으며 총독과 주지사들이 자주 방문하는 티룸이 됐다. 이후 1898년에는 퀸 빅토리아 빌딩에 500명을 수용할 수 있는 호화로운 티하우스와 레스토랑을 겸비한 엘리트 홀을 열었다.

퀸 타트의 티룸들은 주로 중국에서 수입한 엄선된 차를 장식이 돋보이는 중국제 자기 티포트에 우려 섬세한 찻잔에 제공하는 것으로 유명했다. 티룸은 실속 있는 식사 메뉴를 갖추고 있었는데, 주로 돼지고기 소시지, 소금에 절인 소고기인 콘 비프와 당근, 양고기 커틀릿, 플럼 푸딩, 애플파이 등 속을 든든하게 해주는 영국 음식을 제공했다. 커리 요리와 함께 굴과 랍스터 요리도 메뉴에 있었다. 하지만 퀸 타트의 티룸에서 가장 잘 알려진 메뉴는 버터와 설탕, 베이킹파우더로 만든 스콘으로, 버터를 듬뿍 곁들여 따뜻하게 제공했다.

퀸 타트의 티룸은 페미니즘 운동에도 이바지했다. 이전까지 시드니에는 여성들이 모일 만한 적당한 장소가 없었다(여성용 공중화장실조차 없었다). 티룸은 여성들이 만나기에 적절한 장소였다(여성용 화장실도 있었다). 많은 여성이 새롭게 생겨난 티룸을 찾았다. 메이뱅크 앤더슨과 동료 여성참정권 운동가들은 킹 스트리트에 위치한 룽산 티하우스에서 정기적으로 만났다. 시인인 헨리 로슨의 어머니, 루이

1880년대, 킹 타트의 유화 초상화.

자 로슨은 이곳에서 차를 마시며 오스트레일리아의 여성참정권 운동을 조직했다.

이러한 티룸의 인기 요인은 차의 품질과 훌륭한 음식, 고급스럽고 이국적인 실내장식뿐 아니라 킹 타트에게도 있었다. 그는 유럽식으로 옷을 입고, 노동자와 정치인을 동등하게 대우했으며, 자선활동에 적극적이었다. 또한 관대한 고용주이기도 했다. 그는 자수성가한 사람들에 대한 애정을 품고 있었고, 이러한 애정은 "시드니의 신문 배달 소년들을 향한 호의"로까지 이어졌다. 마이클 시먼스는 1893년 12월 어느 토요일 오후, 킹 타트가 시드니의 신문 배달 소년 250명을 티룸에 초대한 행사에 대해 이렇게 기록했다.

크로이든 학교 군악대를 선두로, 소년들은 신문 이름이 표기된 작은 깃발을 들고 시드니의 거리를 행진했다. 가두행진을 마친 소년들은 킹 타트의 티하우스에 마련된 다섯 개의 긴 테이블에 앉았다. 테이블에 차려진 맛있는 음식들이 순식간에 사라지면 웨이트리스는 곧바로 음식을 더 내왔다. 소년들은 테이블에 차려진 모든 음식을 다 먹어치우려다가 양이 너무 많아 실패했다고 고백했다. 식사가 끝나면 도시의 주요 인사들이 교훈적인 연설을 했고, 그 사이 차를 마시기에 적당한 상태가 된 소년들은 연설을 마음에 새겼다.[31]

애석하게도 타트의 성공적인 경력과 삶은 비극적으로 끝났다. 1902년 그는 퀸 빅토리아 마켓 매장에서 어설픈 강도 사건에 휘말려 심한 구타를 당했고 이듬해 늑막염으로 숨졌다.

오스트레일리아의 다른 도시에도 티룸이 문을 열었다. 19세기 후반과 20세기 초에는 주부단체와 다양한 지역 여성단체가 결성되었다. 이러한 단체에 소속된 여성들이 쇼핑을 하거나 친구들을 만나려면 다과를 할 공간이 필요했는데, 멜버른의 버클리앤넌 백화점에 개점한 버클리 티룸이 안성맞춤이었다. 1920년대에 티룸은 여성들이 만나는 장소로 큰 인기를 끌었다. 1919년《아르고스 멜버른》에 실린 버클리 티룸 광고다.

버클리 티룸은 세련된 취향에 잘 어울리는 매력으로 가득합니다. 정성 들여 준비한 점심 메뉴(뜨겁거나 차가운 요리)와 모닝 티, 애프터눈 티를 매우 합리적인 가격에 선보입니다. 별도 비용 없이 전화나 서면으로 예약할 수 있습니다.

티룸 - 2층
버클리
버클리앤넌 Ltd
멜버른, 버크 스트리트

당시 멜버른에는 블록 아케이드에 위치한 호프턴 티룸도 있었다. 이 티룸은 1892년 블록 아케이드 6구역에 처음 문을 열어 1년 뒤인 1893년에 12구역과 13구역으로 매장을 옮겼다. 이러한 티룸은 철저하게 금주를 지키는 여성들만을 위한 공간으로, 쇼핑을 마친 여성들이 점심이나 애프터눈 티를 즐기는 인기 있는 장소였다. 1907년까지는 빅토리안 여성노동협회가 티룸을 운영했다. 그 후 티룸은 현재 위치인 블록 아케이드 1구역과 2구역으로 이전했고, 빅토리아주 초대 주지사인 호프턴 경의 부인이자 협회 설립자인 레이디 호프턴의 이름을 따 호프턴 티룸이 되었다. 티룸은 지금까지 성업 중이지만 구세계의 매력을 간직한 채 예스러운 분위기를 풍긴다. 티룸에서는 소위 '하이 티'를 제공하는데, '애프터눈 티 스타일'의

멜버른에 위치한 호프턴 티룸의 창가에 진열된 멋진 케이크와 페이스트리.

3단 스탠드에 티푸드가 나온다. 맨 위에는 짭짤한 티푸드, 2단에는 다양한 프티 푸르, 3단에는 신선한 제철 과일과 열대 과일이 담겨 있다. 호프턴 티룸에서 제공하는 차는 유기농으로, 풍미가 진하고 풍부한 우롱차인 부다스 핑거 티, 향신료를 가미한 '차 차 차이cha cha chai'를 비롯해 다양한 차를 구비하고 있다.

뉴질랜드

뉴질랜드도 오스트레일리아처럼 차를 많이 마시는 나라다. 매 식사 후, 즉 아침, 점심, (보통 티라고 불리며 그날의 주된 식사로 알려진) 저녁을 먹고 나면 차를 낸다. 오전과 오후에는 티 브레이크가 있다(오스트레일리아처럼 '스모코'라고도 한다). 최근까지도 비스킷이나 스콘을 곁들여 마시는 차는 육체노동자들이 갖는 '스모코'에서 빠질 수 없는 중요한 일부로, 노동시간 동안 기운을 북돋아주는 데 일조했다. 뉴질랜드는 애프터눈 티와 함께 내는 여러 케이크와 비스킷을 비롯해 차를 마시는 풍습의 상당 부분이 오스트레일리아와 비슷하다.

뉴질랜드에 가장 많은 차를 수출하는 나라는 스리랑카로, 홍차가 주를 이룬다. 평범한 홍차를 '검부트 티'[검부트gumboot는 작업용 장화를 뜻한다]라고 하는데, 이는 영국에서 건설 인부들이 휴식을 취할 때 주로 마셨다고 해서 이름 붙여진 '빌더스 티'에 상응하는 말이다. 이 용어는 상당히 최근에 생겨난 것으로(1997년에 처음 언급됨), 이국적인 블렌드 티가 인기를 끌기 시작하던 때에 등장한 듯하다.

초기

19세기에 도착한 정착민들은 그들의 고향, 특히 잉글랜드와 스코틀랜드의 전통과 음식을 최대한 고수하기 위해 애썼다. 차는 그들이 뉴질랜드에 들여온 주요 식품 중 하나였고, 곧 국민 음료가 되었다. 차는 또한 바다표범과 고래 사냥꾼들과 거래를 할 때 럼주, 설탕과 함께 지불 수단으로 사용됐다. 차가 부족할 때는 마누카나무의 잎을 우려 차 대신 마셨다. 영국인 탐험가인 제임스 쿡 선장과 그의 선원들은 마누카 차를 마신 최초의 유럽인이었다.[32]

19세기에 ('카멜리아 시넨시스' 차나무에서 나온) 차의 가격이 저렴해지고 뉴질랜드 인구가 증가하면서 차는 부유층이든 빈민층이든, 사교계 여성이든 오지에서 일하는 남성이든, 누구나 즐기는 음료가 되었다. 차를 마시는 풍습은 지역 금주운동 지지자들의 호응을 끌어냈다.

보통 유원지로 더 잘 알려진 티가든은 19세기 중후반에 인기를 끌었고 영국의 티가든을 모델로 조성되었다. 더니든의 복스홀 정원은 1862년에 문을 열었는데, 런던의 복스홀 정원이 개장했던 때로부터 약 130년이 지난 후였다. 불꽃놀이나 시합 같은 오락거리는 비슷하게 제공되었다. 티가든에서 차를 홀짝이는 발상 자체는 충분히 고상해 보였음에도 런던의 유원지와 마찬가지로 더니든의 복스홀 가든 또한 문란하다는 평판이 빠르게 퍼지면서 더니든의 선량한 시민들은 그곳에서 차 이상의 무언가가 제공되고 있다고 수군대기에 이르렀다.[33]

더니든의 복스홀 정원은 뉴질랜드 전역에 문을 연 수많은 티가든 중 한 곳에 불과했다. 야외활동을 즐기는 뉴질랜드 사람들은 티가든을 적극적으로 받아들였다. 티가든에서 제공하는 오락거리는 다양했다. 그중에서도 웰링턴의 윌킨슨 티가든은 감탄을 자아내는 나무들이며 장미 정원에 "커드와 크림, 진저비어, 데커레이션 빵, 번스 케이크, 제철 과일"을 곁들여 차를 즐길 수 있는 곳이었다. 허트 계곡의 벨뷰 정원에는 농장, 부엌, 창의적인 정원을 감상할 수 있는 쇼 가든이 있으며, 차와 함께 뜨거운 스콘, 집에서 만든 버터와 잼, 과일 케이크, 시드 케이크를 제공했다. 도널드의 티가든에서는 피크닉을 즐길 수 있을뿐더러 채소 농원에서 키운 농작물을 구입할 수도 있었다. 뉴브라이턴의 블라이스 티가든은 방문객이 직접 차를 만들어 마실 수 있도록 뜨거운 물을 제공했다. 이곳에서 방문객들은

1912년, 레슬리 애드킨이 찍은 사진, 〈잔디밭에서 티〉.

새장과 양치식물 재배지를 둘러보고, 꽃과 나무를 감상하며 산책하고, 인상 깊을 정도로 길게 이어진 포도밭을 거닐며 즐거운 시간을 보낼 수 있었다. 또한 크리켓, 테니스, 양궁, 사격, 낚시 시합도 열렸다. 크라이스트처치에는 다양한 즐길 거리를 제공하는 티가든이 많았는데, 이러한 티가든들은 성공과 실패를 두루 겪었다.[34]

그러나 1920년대에 티가든의 유행은 막을 내렸다. 부분적으로는 여성 해방 기류와 맞물렸기 때문이기도 하지만 영화의 등장과 함께 여가를 즐기는 방식에 변화가 일어나던 때였다.

애프터눈 티와 '앳 홈' 티

19세기 말과 20세기 초 애프터눈 티파티는 흔히 빅토리아 시대의 사교계 규범을 지키는 매우 격식을 갖춘 행사였다. 티파티 예절을 다룬 책들도 있었다. 격식의 정도는 모임의 규모에 따라 달랐다. 1920년에 발간된 안내서 《여성이 지켜야 할 예의범절》은 손님이 10명 이하라면 응접실에서 차를 대접하는 게 좋다고 명시한다.

> 응접실 한쪽 끝에 다기 세트가 차려진 테이블을 놓고 여기에서 하녀가 시중을 드는 식으로 진행하면 된다. 손님이 도착하면 찻잔에 차를 따라 건네고 우유와 설탕은 손님이 취향대로 넣도록 쟁반에 준비한다. 그런 다음 케이크, 빵, 버터 등을 손님에게 내온다. 혹은 안주인이 직접 티 테이블에서 티타임을 주재하기도 한다. 안주인이 차를 따를 수 있도록 테이블을 안주인 앞에 가져다 놓고, 케이크 같은 티푸드는 손님이 자유롭게 가져가 먹을 수 있도록 일반 접시나 은제 케이크 접시, 혹은 이런 용도로 특별히 만들어진 3단이나 4단으로 된 케이크 스탠드에 담아 티 테이블에 차려놓는다.[35]

음식 역사학자 헬렌 리치는 노엘린 톰슨이 그녀에게 보낸 편지에서 언급한 애프터눈 티 방문용 카드에 관해 서술한다. 톰슨은 1998년(90세이던 해)에 리치에게 쓴 편지에서 과거(1930년대)에는 손님들이 초대받은 집에 도착하면 방문용 카드를 제시하는 것이 일반적이었다고 회고했다.

> 뉴질랜드의 애프터눈 티에 대해 기억을 떠올려보면 …… 초창기에는 다들 우아한 방문용 카드를 가지고 다녔는데, 대문자는 동그랗게 말아 쓰고 동판 인쇄한 것처럼 깨끗하게 인쇄된 카드였어요. 특별한 카드 케이스에 넣고 다니기도 했어요. 어머니는 현관용 가구인 홀 스탠드에 카드를 놓는 전용 그릇을 두었죠. 방문객이 기혼 여성이면 남편의 카드 두 장(한 장은 초대해준 집의 남편에게, 다른 한 장은 안주인에게 예를 표하기 위해)과 자신의 카드 한 장을 안주인에게 남겼어요. 만약 초대해준 사람이 미혼이라면 여자 손님의 카드와 그녀 남편의 카드, 이렇게 두 장을 남기고요. 미혼 여

성이 다른 미혼 여성을 방문했을 때는 어떻게 했는지 잘 모르겠지만 우리 집 서가의 '예의범절'에 관한 책을 보면 나와 있을 거예요.

노엘린은 제대로 된 애프터눈 티에 필요한 품목에 관해서도 기술했다.

어머니는 손잡이에 이름의 첫 글자인 T가 새겨진 참으로 우아한 케이크 포크와 은제 다기 세트, 크림 저그, 설탕 그릇, 각설탕용 은제 집게, 수를 놓은 (끝부분에는 주로 레이스가 달린) 테이블보와 작은 냅킨, 3단 은제 케이크 스탠드(윗단에는 샌드위치, 가운데에는 작은 케이크, 아랫단에는 크림 스펀지나 다른 큰 케이크), 물을 뜨겁게 유지하기 위해 (변성 알코올을 연료로 하는) 작은 램프가 포함된 은제 받침대와 그 위에 올려놓는 은제 물 주전자를 갖추고 있었어요. 또 1930년대에 오아마루에 사는 친구분은 아름다운 은제 차 탕관(집안의 가보였죠)을 갖고 있던 게 기억나요. 앞쪽 아랫부분을 누르면 차가 나오는 꼭지가 달려 있었죠. 탕관은 티 왜건에 놓여 있었는데, 꼭지 아래에 찻잔 세트를 차례차례 내려놓고 차를 담는 것도 나름의 간단한 격식이었어요! 또 다른 친구는 (옻칠한 것으로 생각되는) 아름다운 티 캐디를 가지고 있었는데, 다양한 차를 넣을 수 있도록 칸칸이 나뉘어 있었고 자물쇠가 달려 있었던 것으로 보아 꽤 오래된 게 틀림없어요. 3단 케이크 스탠드가 어떤 이유로 '큐어릿'이라고 불리는지 알 것 같기도 해요.[36]

가든파티

뉴질랜드 사람들은 야외에서 열리는 가든파티를 즐겼다. 이러한 풍습은 1868년경 빅토리아 여왕이 버킹엄 궁전 정원에서 애프터눈 리셉션을 열기 시작하면서 영국에 자리 잡은 가든파티에서 유래했다. 뉴질랜드에서는 총독이 여왕의 대리인으로서 웰링턴의 총독 관저에서 개최한 티파티에 손님들을 초대했다. 가장 인상적인 티파티는 1954년 엘리자베스 2세 여왕과 필립 공이 뉴질랜드에 국빈 방문했을 때 열린 티파티였다. 재임 중이던 왕이 처음으로 뉴질랜드를 찾은 것을 기념해 당시 애프터눈 티파티에 4,000명의 손님이 초대되었다. 엘리자베스 여왕과 필립 공은 "꽃으로 장식된 로열 파빌리온에서 차를 마셨고 딸기와 라즈베리 아이스크림, 시원한 음료와 차와 케이크"에 대해 짧은 언급도 했다고 전해진다.[37] 여왕을 지지하기 위해 거리로 나온 군중들의 허기를 달래기 위해 달걀 2만 다스와 버터 11,300킬로그램을 추가로 주문했다. 타라나키 스트리트에는 엄청난 규모의 카페테리아를 만들어 오전 9시부터 밤 11시까지 문을 열었다. 당시 약 1만 명의 방문객이 카페테리아를 찾아 샌드위치 2만 개, 케이크 3만 조각, 파이 1만 개, 그리고 최소 차 1만 잔을 소비할 것으로 예상되었다.[38] 국빈 방문을 기념하는 작은 규모의 티파티가 오클랜드의 총독 관저, 크라이스트처치, 더니든을 비롯한 다른 도시에서도 열렸다. 당시 보도는 이러한 티파티에서 무엇을 먹고 마셨는지에 대해 자세히 기록하지 않았다. 하지만 단순한 행사 이상의 모임으로서 사교계 사람들은 격식을 갖춰 차려입고 참석해, 다른 사람들을 보기도 하고 그들에게 자신을 보여주기도 하는 기회로 활용했다.

베이킹 기술과 요리책

뉴질랜드의 손님 접대와 베이킹 문화는 식민지 시대에 깊은 뿌리를 두고 있다. 주부들은 직접 만든 케이크와 비스킷에 큰 자부심을 느꼈다. 애프터눈 티는 베이킹 기술을 뽐낼 기회였다. 초기 요리법은 머독 부인의 저서 《진미, 또는 남편을 기쁘게 해주는 요리》(1888)에서 찾아볼 수 있는데, 21가지의 다양한 (크고 작은) 케이크, 두 종류의 비스킷, 세 가지 번빵, 두 가지 진저브레드에 대한 요리법을 소개한다. 1921년 무렵 더니든에 소재한 세인트 앤드루 장로 교회에서 출간한 《세인트 앤드루 요리책》 제9판에는 큰 케이크 56종, 작은 케이크 26종, 스콘과 빵 24종, 달걀을 넣지 않는 케이크 13종, 다양한 비스킷 22종의 요리법이 실려 있다.[39] 주부들은 '잘 채워진 통들'로 인정받는 것을 좋아했다.

> 이제 막 우리 집 통들을 채웠다. 남편은 통을 채워놓는 걸 좋아하지만 나는 가능한
> 한 그러지 않으려고 애쓴다. 우리가 이곳에 온 이후로 살이 좀 찐 것 같다. …… 하지
> 만 남편은 늘 그렇듯이 직접 차 한 잔을 만들고 번빵 하나를 가져와 먹으며 통들을
> 살펴볼 것이다.[40]

뉴질랜드의 거의 모든 집마다 손때 묻은 《에드먼즈 요리책》을 갖고 있다. 1908년 에 처음 출간된 이 요리책은 여전히 한 해에 2만 부 이상 팔린다. 책에 실린 요리는 광범위하지만 주로 에드먼즈 베이킹파우더를 사용한 베이킹에 초점을 두고 있다. 요리책의 바이블로 등극한 이 책은 케이크, 비스킷, 디저트 요리법이 궁금할 때 가 장 먼저 찾는 책으로, 바나나 케이크, 진저 크런치, 아프간afghan, 니니시neenish 타 르트, 루이스 케이크(얇은 케이크나 비스킷을 만들어 보통 라즈베리 잼을 바르고서 위에 코 코넛 머랭을 얹어 구운 것), 파이클릿pikelet[핫케이크의 일종], 앤잭 비스킷, 스콘, 상테 santé[상테는 프랑스어로 '건강'을 뜻한다] 비스킷, 요요스yoyos[커스터드 가루를 넣어 만든

비스킷], 피넛 브라우니, 레몬 머랭 파이, 마시멜 로 쇼트케이크, 벨기에 비스킷, 호키포키 비스킷 등 뉴질랜드에서 가장 많은 사랑을 받는 티푸드 요리법이 많이 실려 있다. 또한 대추야자 절임과 버터를 두툼하게 발라 만든 대추야자 빵(또는 케 이크), 진저 키스(두 개의 진저 비스킷 사이에 크림을 채 워 붙인 것), 래밍턴, 테니스 비스킷도 인기 있다.

    오스트레일리아에서도 인기 있는 니니시 타 르트는 페이스트리 베이스 타르트지에 달콤한

전형적인 초콜릿 프로스팅과 호두를 얹은 '아프간'.

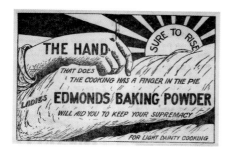
1907년경, "확실히 부풀어 올라요"라는 유명한 광고 문구와 함께 떠오르는 태양의 상표 이미지가 부각된 에드먼즈 베이킹파우더 광고.

젤라틴 크림을 채워 넣고 두 가지 색 아이싱으로 장식한 티푸드다. 보통은 흰색과 갈색, 흰색과 분홍색, 분홍색과 갈색 조합으로 만든다. 니니시라는 이름과 관련해서는 확실하게 밝혀진 게 없다. 철자도 'nenische' 혹은 'nienich' 등 다양한데, 독일에서 유래한 것으로 추정된다. 가장 널리 알려진 설에 따르면, 이 타르트는 1913년경 오스트레일리아 뉴사우스웨일스주의 작은 마을, 그롱그롱에 사는 루비 니니시Ruby Neenish라는 여성이 처음 만들었다. 코코아가 부족해서 반은 초콜릿, 나머지 반은 흰색 아이싱으로 장식한 것으로 보인다. '아프간' 비스킷의 유래 또한 수많은 추측만 난무할 뿐 여전히 오리무중이다.

테니스 케이크는 《에드먼즈 요리책》에는 등장하지 않지만 20세기 초에 많은 인기를 얻었던 것으로 보인다. 테니스 케이크는 19세기 후반, 특히 여성들 사이에서 인기를 끈 스포츠인 잔디 코트에서 하는 테니스와 관련이 있다. 테니스 중간에 갖는 티타임 때 차와 곁들이는 테니스 케이크는 가벼운 과일 케이크인 빅토리아 케이크다. 처음에는 둥근 모양이었지만 점차 테니스 코트를 닮은 직사각형 모양으로 발전했다. 장식도 테니스 코트를 축소해놓은 것처럼 매우 정교해졌다. 초기 테니스 케이크 레시피는 1910년 12월 30일자 《와이라라파 데일리 타임스》에서 찾아볼 수 있다.

테니스와 티는 떼려야 뗄 수 없는 관계이며, 좋은 케이크는 모두에게 인정받는다. 다음 요리법은 테니스 코트 회원들을 기쁘게 할 것이다. 재료는 버터 1파운드, 정제당 1과 4분의 1파운드, 달걀 12개, 밀가루 1과 4분의 1파운드, 곱게 간 아몬드 4분의 3파운드, 술타나 2분의 1파운드, 커런트 4온스, 과일 껍질 4온스, 자른 체리 4온스,

〈애프터눈 티〉 1917년 3월, 모드 허드와 그녀의 남편 레슬리 애드킨이 잔디밭에서 차를 마시는 사진. 풀을 먹이고 가장자리에 레이스가 달린 새하얀 테이블보를 깐 작은 테이블에 차와 티푸드가 우아하게 차려져 있다. 모드는 은제 티포트로 섬세한 자기 찻잔에 차를 따르고 남편은 기대에 찬 눈빛으로 바라보고 있다. 차와 함께 그리들 스콘이 놓여 있다.

바닐라 에센스. 밀가루에 먼저 버터와 설탕을 넣고, 달걀을 한 번에 2개씩 넣어 섞은 후 바닐라 에센스를 첨가해 잘 젓는다. 마지막으로 과일 전부와 잘게 자른 과일 껍질, 체리를 넣고 잘 섞어 케이크 반죽을 만들고 유산지를 깐 철판에 넣어 중간 온도의 오븐에서 굽는다. 완성된 케이크는 식힌 뒤 아몬드 페이스트를 위에 얹고, 원하는 색깔을 낸 퐁당fondant[설탕과 물을 섞어 걸쭉하게 만든 것] 아이싱을 입힌다. 이 케이크와 함께 내놓기에 좋은 차는 엠파이어 컴퍼니의 '드래건' 블렌드 티이며……

세계대전 시기

차와 비스킷은 참전한 군인들의 원기를 보충해주는 양식이었다. 1916년에서 1917년 사이에 서부 전선에서 싸운 노먼 그레이라는 뉴질랜드 군인은 일지를 써서 남겼는데, 그중 한 대목에는 차 한 잔과 비스킷이 기진맥진한 군인들에게 선사한 위안이 잘 묘사되어 있다.

이틀 넘게 비가 내렸고 지금도 퍼붓고 있다. 작업 막바지에 산을 올라야 했다. 60시간 가까이 거의 쉬지 않고 일한 끝에 우리는 완전히 녹초가 되었고 뼛속까지 흠뻑 젖은 상태였지만 어디에나 있는 진흙탕에 빠지지 않기 위해, 어떻게든 상황을 타개하기 위해 무진 애를 썼다. 주둔지에 도착하기 직전 산등성이에는 YMCA가 운영하는 매점이 마련되어 있었고, 차 한 잔과 비스킷 두 봉지가 우리를 반갑게 맞이했다.[41]

제2차 세계대전 당시와 전후에도 얼마간 배급제가 시행되었다. 차(일주일에 1인당 57그램)와 달걀, 버터, 설탕 등 베이킹에 필수적인 여러 재료가 배급제를 통해 할당되었다. 크림은 공식적인 경로를 통해서는 구할 수 없었다. 티타임에 내는 제과류를 굽는 것은 어려운 일이 되었고, 당시의 많은 요리책들은 달걀을 넣지 않는 케이크와 푸딩 요리법을 소개했다.

양차 세계대전 사이와 그 이후

1930년대에 찾아온 불황으로 인해 힘든 시기가 이어졌지만 수많은 케이크, 그중에서도 스펀지케이크는 계속해서 만들어졌다. 헬렌 리치는 대공황 시대에 임금에 큰 타격을 받지 않은 가정들은 오히려 식품 가격이 하락해 혜택을 보았다고 말한다. 또한 당시에는 뒤뜰에 닭장을 마련해 닭을 키우며 달걀을 자급자족하는 집들도 흔했다고 한다. 그녀의 설명에 따르면, 뉴질랜드 농민연합 여성부가 '케이크' 요리법이 수록된 국민 요리책 제2판을 출판했고, 거기에는 애프터눈 티에 낼 수 있는 매우 다양한 케이크 요리법이 실려 있었다. 일례로 30종의 과일 케이크와 13종의 스펀지케이크, 그 외에도 시드 케이크, 카키 케이크, 레이디스미스 케이크,* 마

---

* 각각 다른 맛을 내는 시트지(하나는 바닐라, 하나는 향신료를 넣는다) 사이에 잼을 넣어 구운 케이크로, 케이크 위에는 잘게 썬 호두를 얹는다. 보어 전쟁 중이던 1900년, 남아프리카공화국의 레이디스미스Ladysmith 마을에 대한 포위 공격이 해제된 것을 기념하기 위해 이런 이름이 붙여졌다고 한다.

블케이크,● 마데이라 케이크 등 전통적으로 사랑받은 케이크부터 핑크 코코넛 샌드위치, 파인애플 케이크, 감자 캐러멜 케이크에 이르는 33종의 케이크 요리법이 수록되었다. 또한 6종의 초콜릿 케이크 요리법도 있었다. 하지만 모두가 달걀을 쉽게 구할 수 있었던 건 아니기 때문에 달걀을 넣지 않는 진저브레드, 호두와 대추야자 케이크, 3종의 과일 케이크 요리법도 소개했다.[42]

1950년은 뉴질랜드인들에게 전과는 다른 풍요로운 반세기가 시작된 새로운 원년이었다. 마침내 배급제가 폐지되었고 니코 전자레인지와 켄우드 푸드 믹서 같은 새로운 전자제품이 출시되었다. 홈베이킹은 이러한 전자제품 덕분에 더 수월해져서 빵과 과자를 만들어 통을 채우는 풍습은 계속되었다. 하지만 시대가 변하면서 직업을 가진 여성 인구가 늘어났고 상업적으로 제조된 다양한 비스킷이 출시됨에 따라 홈베이킹 문화는 조금씩 쇠퇴했다. 은제 식기와 고급 도자기, 하얀 리넨을 갖춘 격식 있는 애프터눈 티는 유행에 뒤처진 것이 되었다. 이제 티가 아닌 디너 파티와 뷔페식 저녁식사가 손님을 접대하는 세련된 방식으로 자리 잡았다. 그러나 일부 뉴질랜드인들은 베이킹에 대한 자부심을 지켜나갔다. 시빌 에크로이드는 1980년대 오클랜드의 시어머니 집에서 가졌던 티타임을 행복한 기억으로 간직하고 있으며 시어머니 집에서 케이크와 비스킷 통이 비는 일은 거의 없었다고 전한다.

에지렛 티나 벨 티-뉴질랜드인은 에지렛 티를 마시는 사람이거나 벨 티를 마시는 사람 중 하나다-에 곁들여 내는 다양한 티푸드가 있는데, 이 두 종류의 차를 마시는 사람들은 누구나 자신이 다른 어떤 차보다 좋은 품질의 차를 마신다고 생각한다.◆

●　코코아 가루 등을 섞어 반죽해 외관과 자른 면이 대리석(마블) 무늬와 닮게 만드는 파운드케이크.
◆　원주 벨 티는 뉴질랜드에서 가장 역사가 긴 차 회사로, 1898년 노먼 하퍼 벨이 '벨 티'라는 상표를 등록해 설립한 회사다. 1936년의 광고에서 이 회사는 '티 테이블의 귀족'이라고 선전한다. 1970년대에 벨 티는 에지렛, 타이거, 앰버 팁을 비롯한 차 회사들을 인수했다.

…… 그러나 존의 어머니 집에서는 차와 함께 나오는 티푸드, 이를테면 케이크와 비스킷, 슬라이스 빵을 만들기 위해 (설탕은 말할 것도 없다) 매주 버터 1파운드, 때로는 2~3파운드를 사용했다! 집에서 만드는 티푸드로는 상테 비스킷, 스콘(말린 대추야자로 만든 가장 인기 있는 스콘)과 수많은 슬라이스 빵(가령 진저 크런치, 루이스 케이크) 등이 있었다. …… 바버라는 참으로 다양한 티푸드를 만들어서 티푸드 통을 늘 가득 채워놓았고 가게에서 비스킷을 사는 일도 드물었다.

엄청난 양의 버터와 설탕 외에도 당밀과 가당 연유가 여러 티타임 별미를 만드는 데 쓰였다. 그녀가 기억하는 티푸드로는 술타나 빵과 당근 케이크뿐 아니라 러시안 퍼지, 캐러멜 비스킷, 캐러멜 핑거, 초콜릿 캐러멜 스퀘어도 있었다.[43]

티룸

여성이라고 해서 모두가 베이킹을 즐긴 것은 아니었다. 또한 모두가 베이킹에 뛰어난 솜씨를 발휘한 것도 아니었다. 티룸에 가는 것을 더 선호하는 부류도 있었다. 19세기 여성들에게 티룸은 자유를 선사했다. 티룸은 사람들과 어울리고 쇼핑을 한 뒤 간단한 다과를 즐기며 지친 발을 쉴 수 있는 공간이었다. 경제적 여유가 넉넉지 않은 이들에게는 티룸에 가는 것이 생일을 기념하는 특별한 방법이었다. 티룸은 백화점 꼭대기 층에 있는 경우가 많았다. 새장처럼 생긴 엘리베이터에는 흰 장갑을 착용한 승무원이 각 층의 매장을 안내했고-"올라갑니다. 이번 층은 여성복 매장입니다."-맨 위층에 내리면 티룸이 있었다. 티룸은 우아하고 격식 있는 분위기로 꾸며져 있었다. 티룸의 전형적인 이미지는 높은 천장, 등가구, 야자수, 은제 다기 세트, 새하얀 테이블보, 주름 하나 없이 빳빳한 무채색 유니폼을 입은 웨이트리스였다. 차와 함께 여러 단으로 이루어진 은제 스탠드에 담긴 샌드위치, 스콘, 케이크가 제공되었다.

가장 멋진 티룸 중 하나는 뉴질랜드에서 가장 오래된 백화점인 커크칼디 앤 스테인스 내에 위치한 티룸이다. 이 백화점은 스코틀랜드 출신과 잉글랜드 출신의 두 젊은 이민자에 의해 1863년 웰링턴의 램턴 퀘이에 설립되었다. 백화점은 번창했고 1898년에는 부지를 확장해 외관을 화려하게 꾸미고 우아한 실내 가구를 들이고 숙녀용 화장실과 웰링턴에서 가장 큰 티룸을 만들었다. 티룸은 1층에 마련되었다. 손님들은 고딕 양식의 아치와 인상적인 이중 유리문, 수준 높은 그랜드 피아노 연주에 감탄했다. 웨이트리스들은 흰색 모자를 쓰고 흰색 깃과 앞치마가 달린 검은색 원피스를 입었다. 수많은 손님들이 티룸을 찾은 까닭은 물론 차와 케이크 같은 다과를 즐기기 위함이기도 했지만 더 중요하게는 티룸의 자유로운 분위기를 만끽하기 위해서였을 것이다.

티룸이 개점한 지 얼마 지나지 않아 예기치 못한 사건이 일어났다. 오후 늦은 시간, 티룸은 애프터눈 티를 마시는 손님들로 북적였다. 티룸 매니저인 엘런 딕이 주방에서 나오는 순간, 고객이었던 애니 맥윌리엄이 45구경 6연발 권총을 꺼내 엘런을 향해 세 발을 쏘았다. 엘런은 재빨리 몸을 돌려 문을 지나 주방에서 쓰러졌다. 기적적으로 두 발의 총알이 빗나가고 다른 한 발은 고래수염으로 만든 코르셋 보강재에 맞고 튕겨 나갔다. 그녀는 가벼운 타박상과 쇼크를 입었지만, 코르셋 덕분에 생명에는 지장이 없었다. 고객들은 티룸에서 도망쳤다. 맥윌리엄 부인은 겉보기에는 태연하게 계단을 내려오다가 백화점 매니저와 시드 커크칼디에게 붙잡혀 총을 빼앗겼다. 보도에 따르면 그녀는 "아, 내게 차 한 잔을 줘요. 그게 내가 여기 온 이유예요."라고 말했다." 이 사건이 있고 난 뒤에도 티룸의 인기는 식기는커녕 더 큰 성공을 거두었고, 그 어느 때보다 많은 손님들로 북적였다(하지만 아쉽게도 이 티룸은 2016년 1월에 폐점했다).

당시에는 백화점에 문을 연 티룸들이 많았다. 차의 권위자인 윌리엄 우커스는 1935년에 "유명한 직물과 의류 판매업체에는 모두 티룸이 있었다"고 기술했다. 그는 오클랜드의 밀른 앤 초이스 백화점 맨 위층에 있는 J. 밸런타인 앤 코의 티룸과

튜더 티룸을 유의미한 사례로 들었다. 튜더는 니켈 도금의 1인용, 2인용 또는 4인용 티포트에 차를 제공했을 뿐 아니라 정확한 양의 차를 내기 위한 측정기를 갖추고 있었다. 또한 정확한 온도의 물에서 찻잎을 우리도록 특별히 고안된 온수기를 사용했다.[45]

크라이스트처치에 있는 또 다른 백화점인 비스 앤 코에는 옥상 정원을 비롯해 천연 목재를 모자이크하듯이 이어 붙여 만든 오케스트라 연단과 금색 몰딩으로 마감한 청록색 벽, 청동 창살을 자랑하는 티룸이 있었다. 오클랜드의 존 코트 백화점에는 넓은 옥상에 마련된 티룸과 놀이터가 내려다보이는 옥상 정원이 있으며, 옥상에서 보이는 오클랜드시와 웨이트마타 항구의 전경은 숨이 막힐 만큼 아름답다. 티룸은 특히 모닝 티로 훌륭한 명성을 쌓았고, 오랫동안 '존 코트에서 나를 만나요'라는 백화점의 광고 문구로 사람들의 뇌리에 오래 남았다.

웰링턴 D.I.C. 백화점의 티룸은 이 도시에서 가장 훌륭하고 세련된 티룸으로 여겨졌다. 엘리자베스 여왕과 에든버러 공작은 1954년 뉴질랜드 순방 중에 이 티룸에서 열린 연회에 참석했다.

당시 모든 여성이 티룸에서 차와 케이크를 즐기며 휴식을 취할 형편은 아니었다. 상당수의 여성이 상점이나 공장에 취직하거나 가정부로 일했다. 일부 여성은 사업에 뛰어들었다. 미스 메딩스라는 여성은 1906년 크라이스트처치에서 개최된 뉴질랜드 국제박람회 1층에 마련된 체리 티룸의 성공적인 운영 입찰자로 기록되어 있다. 이 티룸은 차와 함께 작은 케이크, 블록 케이크, 스콘, 번빵, 파이, 아이스크림을 제공했다. 미스 메딩스를 도운 막후 실력자로 관련 계약 협상을 진두지휘한 여성이 있었으니, 유능한 변호사인 에셀 벤저민이었다. 그녀는 뉴질랜드 최초의 여성 변호사로, 계약서에는 "손님의 발길을 끌 수 있도록 모든 노력을 다할 것이며 구매를 촉진하기 위해 비용을 아끼지 않을 것이다"라는 내용이 명시되었다. 체리 티룸은 '최고급 버터'를 주문하고 호두나무 색과 비슷한 황갈색의 오스트리아 등의자 100개를 대여했다. '최고급 차'는 크라이스트처치의 차 도매 수입사이자 선구적인 차 포장 전문 업체인 플레처 험프리스 앤 코에서 구입했다. 6개월간 대대적으로 이어진 박람회 기간 내내 미스 메딩스와 에셀 벤저민은 티룸 고객들에게 차와 케이크를 제공했고, 크리스마스에는 따뜻한 메시지와 함께 벌집 모양의 토피사탕을 포장해 선물했다. 박람회가 끝나면서 체리 티룸도 문을 닫았다.[46]

초창기에 근면하고 강한 의지로 티룸을 성공적으로 일군 앤 클리랜드라는 여성도 있었다. 1900년에 그녀는 커피 팰리스를 임대해 오이스터 바, 식당, 빵집을 겸한 티룸을 운영했다. 매장 이름은 ACM 컴퍼니로 바꾸었다. 사업은 성공을 거두어서 1911년에는 매장과 대연회장을 갖춘 페더럴 티룸을 추가로 임대했다. 차를 판매하는 매장과 제과점, 식당을 겸한 두 곳의 티룸 모두 계속해서 손님들로 붐볐다. 제1차 세계대전 당시 일부 식자재가 부족해 임기응변을 발휘해야 하는 상황이 닥쳤을 때, ACM은 작은 티로프를 굽기 시작했다. 그러자 현지 빵집들은 샌드위치 빵을 납품하지 않는 보복을 가했다. 이에 굴하지 않고 ACM은 자체적으로 빵을 생산하는 사업에 뛰어들어 큰 성공을 거두었다.[47]

로토루아의 블루배스는 뉴질랜드에서 고전적인 티룸 중 하나다. 티룸은 로토루아 블루배스로 들어가는 화려한 정문의 위층에 자리 잡고 있어 한쪽에서는 천장이, 다른 한쪽에서는 크로켓과 볼링을 할 수 있는 잔디밭을 갖춘 가버먼트 가든이 내려다보인다. 블루배스는 국가에서 주도하는 관광 개발 프로그램의 일환으로 문을 연 관광단지의 일부였다. 1931년에 처음 대중에게 공개되었으며 1933년에 최종 완성되었다. 미국에서 교육받고 유럽에서 경력을 쌓은, 정부 소속 건축가인 존 메어가 설계를 담당했는데, 그는 전통에서 벗어난 스타일로 명성이 자자했다. 그는 로마 목욕탕의 대칭적인 배치와 스페인 식민지 시대의 건축 스타일, 현대 미술, 지중해 스타일의 이국적인 특징을 결합해 1930년대 분위기를 잘 살린 매혹적인 건축물을 완성했다.[48]

블루배스는 큰 인기를 끌었고, 수영장에서 물놀이를 하고 나서 애프터눈 티를 즐기기 위해 꼭 가봐야 하는 티룸이 되었다. 티룸은 화분에 심긴 식물들, 등받이

1930년대 스페인 건축 양식에서 영감을 받은 로토루아 블루배스의 아르데코 건축물.

가 높은 의자, 반짝이는 유리 상판 아래 풀을 먹인 도일리를 깔아놓은 네모난 원목 테이블 등 우아한 실내 장식이 돋보였다. 차는 띠를 두른 프린세스 라인의 꽃무늬 원피스와 흰색 신발을 착용한 웨이트리스가 가져다주었다(총 4명이 일했다). 웨이트리스 2명은 차를 만들고 나무로 된 3단 케이크 스탠드에 티푸드를 담는 역할을 맡았다. 스탠드 맨 위에는 샌드위치, 가운데에는 잼과 크림을 곁들인 스콘, 아래에는 핫케이크의 일종인 파이클릿이 담겼다. 다른 2명의 웨이트리스는 대다수가 관광객인 손님들에게 트롤리에 실어 온 애프터눈 티를 제공하는 역할을 맡았는데, 트롤리 위층에는 케이크 스탠드, 아래층에는 찻잔과 받침 접시, 티포트가 놓여 있었다. 차는 크롬 티포트에 담겨 크롬 설탕 그릇과 함께 나왔다. 차와 크림케이크, 치즈케이크, 잼 타르트가 나오는 세트는 9펜스, 샌드위치를 곁들인 차는 1실링이었다.[49]

1940년 제2차 세계대전 당시 블루배스 티룸은 뉴질랜드 공군에 의해 징발되어 군인을 위한 치과 진료소로 사용되었다. 수영장 중 한 곳은 폐쇄되었다. 공군이 떠나자 아이비 도슨이 다시 티룸을 운영했고 1946년에는 코니와 로이 해거트 부부가 티룸을 인수했다. 전쟁이 끝나 모두가 종전을 축하하는 분위기 속에서 티룸은 전성기를 맞이했다. 테이블을 비롯해 야자수며 짙은 푸른색 커튼도 예전 그대로였다. 크롬으로 도금된 작은 티포트에 담기는 것보다 더 많은 양을 주문하는 손님을 위해 자기로 된 큰 티포트도 준비했다. 80명을 수용할 수 있는 티룸은 만석을 이룰 때가 많았다. 여름에는 총 13명의 웨이트리스가 고용되었고 이때에는 유니폼이 아닌 흰색 앞치마만 둘렀다. 요리사도 2명 고용되어 플레인, 초콜릿, 커피 스펀지케이크와 래밍턴, 크림 퍼프, 초콜릿 에클레어를 만들었다. 코니 해거트가 직접 만든 레몬 타르트가 유명해져서, 이들 부부가 티룸을 운영한 5년 동안 그녀는 수백 개의 타르트를 만들었다.[50]

시대가 변하면서 1960년대 말 블루배스는 운영 손실을 기록했고, 1982년에 티룸과 함께 문을 닫았다. 블루배스는 황폐해졌다. 그러나 1999년 한 합작회사에 의해 블루배스 건물들이 복원되어 과거의 영광을 되찾았다. 비록 메인 풀장은 잔디밭으로 바뀌었지만 티룸도 다시 문을 열었다. 이곳을 찾은 손님들은 예전처럼 테라초 계단과 아름다운 풍경, 1930년대 분위기를 만끽하며 애프터눈 티를 즐길 수있게 되었다.[51]

특별한 날이라면 더니든의 사보이 호텔에서 최고급 애프터눈 티를 즐길 수 있다. 사보이 호텔은 더니든의 사교 생활이 이루어지는 중심지였다. 많은 이들이 어린 시절 사보이 호텔에서 애프터눈 티를 먹었던 것이 얼마나 신나는 경험이었는지를 추억한다. 스테인드글라스 창문 근처에 앉아 차를 마시고 케이크 스탠드의 여러 층에 담아 나오는 티푸드들, 그중에서도 버터플라이 케이크를 먹었던 기억을 간직하고 있는 것이다. 남부의 문화유산 신탁 프로그램인 서던 헤리티지 트러스트의 일환으로 애프터눈 티와 관련된 격식들이 재현되었다. 과거 사보이 호텔에서 사용되던 자기로 만든 다기들은 사라졌지만, 지하실에 보관된 먼지투성이 상자

레일웨이 티

뉴질랜드 철도는 줄곧 (철도 회사에서는 다과실이라 부르는) 티룸을 전폭적으로 후원해왔다. 증기기관차가 한창 운행되던 시절에 철도역에서 임대한 공간에 최초의 다과실이 문을 열었다. 증기기관차의 경우 엔진에 물을 공급하기 위해 주기적으로 정류해야 했고 당연히 승객들도 정류장에 머물러야 했다. 이러한 정류장은 화장실을 비롯한 고객 편의시설을 필수적으로 갖추고 있었다.[53] 데이비드 버튼은 저서 《뉴질랜드 음식과 요리 200년사》(1982)에서 1960년대에 "강화 콘크리트 찻잔"에 제공되던 차와 "케이크, 샌드위치, 파이를 사기 위해 끊임없이 사람들이 몰려들던 풍경"을 회고하기도 했다.

1899년에는 열차에 식당차가 도입되었다. 식당차에서는 빵과 버터, 비스킷, 샌드위치, 차로 구성된 모닝 티와 애프터눈 티를 비롯한 음식을 제공했으나 운영비용이 너무 많이 들어서 1917년에 운영을 중단했다.[54]

안에서 은제 티포트와 밀크 저그, 설탕 그릇 몇 개가 발견되어 복원되었다. 애프터눈 티 또한 격식을 갖춘 식기 세트와 피아노 연주, 가끔은 재즈 밴드 연주를 배경으로 열리는 티댄스와 함께 완벽하게 재현되기도 한다.[52]

최근 뉴질랜드에서는 카페 문화의 출현과 함께 새로운 변화가 관찰되었다. 차보다 커피를 선호하게 된 것이다. 1990년대 이전까지만 해도 스콘과 크림을 곁들인 전통적인 크림 티와 오이 샌드위치, 머핀과 커스터드 스퀘어를 제공하며 큰 인기를 끌던 많은 티룸이 점차 자취를 감추고 있다. 하지만 상당수의 새로운 카페들이 아프간, 앤잭 비스킷, 당근 케이크, 래밍턴 같은 티푸드를 곁들여 고전적인 뉴질랜드의 티타임을 재해석한 메뉴를 선보이고 있다.

하이 티

뉴질랜드에서 하루 중 주된 식사는 여전히 티라고 알려져 있지만, 요즘에는 많은 이들이 '저녁 식사'를 뜻하는 디너라고 칭한다. 디너는 보통 이른 저녁에 먹지만 이러한 관습에도 변화가 생겨 식사 시간이 점점 늦어지고 있다. 이러한 식사의 형식과 구성은 집집마다 다르나 기본적으로 영국에서 '하이 티'로 알려진 것과 동일하다. 저녁식사 때는 특히 다양한 종류의 고기 파이를 선호한다. 소시지 롤도 인기가 있다. 식사 준비는 재료 손질부터 직접 하기도 하지만 많은 가정에서 미리 만들어진 재료를 활용하는 추세다(가령 포장 수프나 소스 믹스). 피시 앤 칩스, 중국 음식, 피자 같은 포장판매 음식의 인기도 날로 높아지고 있다. 하지만 케이크는 여전히 많은 가정에서 직접 굽는다.

남아프리카공화국

남아프리카공화국은 다양한 인종과 수많은 문화로 이루어져 있어 종종 '무지개 국가'라고도 불린다. 이는 역사상 몇 차례에 걸쳐 일어난 식민지화와 이주의 결과였다. 17세기에 네덜란드 동인도회사는 케이프에 정착지를 세우고 토착민과 교역을 시작했다. 유럽에서 온 농민들(네덜란드, 프랑스 위그노 교도, 독일인)은 영구 정착지를 세울 수 있었다. 이들 농민과 후손들이 훗날 남아프리카공화국 태생의 백인을 가리키는 아프리카너로 알려지게 되었다. 이들은 농장과 부엌에서 부릴 강제 노동 인력을 동남아시아에서 데려왔다. 노예로 오게 된 이들은 케이프 말레이인으로 불렸다. 케이프 말레이인 1세대와 그 후손들은 케이프 말레이 요리의 기반을 닦았다. 19세기 초에는 영국이 케이프를 점령했고, 이후 사탕수수, 바나나, 차, 커피 농장에서 일할 계약 노동자들을 인도 각지에서 데려오면서 이 지역의 인종 구성은 더욱 다양해졌다. 19세기 후반에는 주로 무역업자와 사업가로 이루어진 인도인들이 대거 이주해 왔는데, 상당수가 구자라트에서 왔다. 이토록 다양한 인종이 섞여 살면서 다채롭고 흥미로운 요리들이 생겨났다. 케이프 말레이인과 인도인의 영향으로 널리 퍼진 향신료를 넣은 커리와 케밥 요리 외에도 초기 유럽 정착민들 덕분에 베이킹 기술이 확산되면서 베이킹 요리도 발달했다. 이는 티타임에 내는 다양한 제과류만 살펴보더라도 분명히 드러난다.

힐다 곤다 더킷은 남아프리카공화국을 대표하는 요리법을 최초로 수집했다. 그녀는 교회 바자회를 열어 손님들에게 대접하는 과일 설탕 조림과 처트니

chutney[과일과 식초, 향신료를 넣어 만든 인도의 걸쭉한 소스]뿐 아니라 그녀가 직접 굽는 '가벼운 케이크'로도 잘 알려져 있었다. 또한 보어 전쟁의 상이병사와 간호사들을 초대해 차와 스콘, 케이크를 대접했다.[55]

그녀의 저서 《힐다의 "어디 있지?" 레시피》는 1891년에 처음 출간되었고 그 후로도 쇄를 거듭했다. 책에는 다양한 베이킹 레시피가 수록되었다. 가령 '오후 5시 티'에 곁들이는 다양한 종류의 티 비스킷, 쇼트브레드, 스콘, 네덜란드나 독일에서 유래한 여러 종의 타르트, 힐다표 티케이크를 비롯한 여러 티케이크, 점블 쿠키, 그리고 향신료를 넣은 쫀득한 식감의 아프리카 전통 비스킷인 소엣코키 Soetkoekie 레시피 – "반 데어 리트 부인이 남긴 매우 오래된 네덜란드 요리법"이라는 설명이 달려 있다 – 가 수록되어 있다.

동명의 저자인 힐다 게르버가 편찬한 《케이프 말레이의 전통 요리》(1957)에도 티타임을 위한 다양한 케이크와 비스킷 요리법이 실려 있다. 그녀는 한 가지를 제외하면 모든 요리법이 유럽 정착민을 통해 유래했다고 말한다. "케이프 말레이인들이 만드는 퍼프 페이스트리, 쇼트 크러스트, 스펀지 반죽은 유럽 전역의 주부들이 만드는 반죽과 유사하다." 이 책에 실린 요리법으로는 애플 타르트(디저트로 낼 때는 따뜻하게 내지만 차와 낼 때는 차갑게 내기도 한다), 애플 타르틀렛, 코코넛 타르틀렛, 코코넛 타르트, '코코넛스크랩스'라는 코코넛 비스킷('스크랩스scraps'는 얇은 반죽 혹은 바삭하게 튀기거나 구운 비스킷을 뜻할 때 사용하던 크레이프라는 단어에서 와전된 것으로 보인다), 카다멈cardamom● 비스킷, 버터 비스킷, 슈거 비스킷이 있다. 또한 건포도를 넣은 레이즌 빵과 레이즌 타르틀렛, 고구마 케이크 요리법도 실려 있다. 스위트 페이스트리 크러스트에 크림을 가득 채우고 시나몬 가루를 뿌린 멜크타르트 melktert(밀크 타르트)도 인기가 많다. 라이트 크림 케이크ligte creams는 두 겹의 시트지 사이에 잼을 바르고 버터 아이싱이나 휘핑크림으로 장식한다. 말레이인들은

● 강한 맛과 향을 가진 향신료로, 인도 요리에 자주 쓰인다. 인도만이 아니라 중동, 아시아, 유럽 등에서도 베이킹에 자주 활용하는 향신료다.

밝은색으로 요리를 완성하는 것을 좋아해서 케이크도 요란한 색으로 화려하게 만든다. 케이크 윗부분이 빨간색이라면 아랫부분은 연보라색, 아이싱 장식은 녹색으로 하는 식이다. 돈커 크림 케이크Donker creams는 다크 크림 케이크로, 스펀지 케이크 반죽에 코코아를 넣어 굽는다. 속에는 잼을 넣고 버터 아이싱이나 휘핑크림으로 장식하는데, 보통은 흰색이나 밝은 분홍색 아이싱을 얹은 다음, 넉넉한 양의 말린 코코넛으로 덮는다.

힐다는 쿠시스터koesister를 만드는 세 가지 요리법을 소개한다. 쿠시스터(혹은 쿡시스터koeksister)는 네덜란드어로 쿠키를 뜻하는 쿠크여koekje에서 유래했다. 기름에 튀긴 프리터의 일종으로, 도넛과 비슷하다고 보면 된다. 쿠시스터는 기름에 튀겨 시럽에 담갔다가 먹는데, 겉은 바삭하면서도 끈적끈적하고 속은 촉촉하면서 달콤해 맛있는 티타임 간식으로 손색이 없다. 이러한 요리법 외에도 인기 있는 다른 두 가지 방법이 있다. 하나는 아프리카너 방식으로, 반죽을 땋아서 튀긴다. 다른 하나는 케이프 말레이 방식으로 꽈배기 모양으로 꼰 반죽을 튀기는데, 단맛을 줄이는 대신 향신료를 첨가하고 겉에 코코넛 옷을 입히는 것이 특징이다.

힐다 게르버는 많은 손님에게 차를 대접해야 할 경우, 티포트 대신 (관례상 사용하는) 흰색 양동이에 차를 만들라고 조언한다.

비트 에머wit emmer(흰색 양동이)에 차를 만드는 법

주머니에 담긴 찻잎을 양동이에 넣고 필요한 만큼 끓인 물을 붓는다. 여기에 설탕을 첨가하고 진한 빛깔이 될 때까지 충분히 우린 다음 주머니를 뺀다. 곱게 빻은 카다멈 씨앗을 넣는다. 취향에 따라 말린 생강을 조금 넣어도 괜찮다. 우유는 찻잎 주머니를 꺼낸 후에 넣는다. 차를 잔에 담아 내놓는다.

남아프리카공화국에 정착한 인도인들은 음식과 티타임을 비롯한 문화에 지대한 영향을 미쳤다. 줄레이카 마얏이 편집한《인도의 기쁨: 여성 문화단체의 레시피

《Indian Delights: A Book of Recipes by the Women's Cultural Group》(1961)에는 '차와 함께 내는 달콤한 음식'이라는 절이 따로 있다. 여기에는 바나나 푸리(바나나와는 아무런 관련이 없는, 켜켜이 겹쳐 튀긴 웨이퍼), 굴랍 자문(인도식 도넛), 미타이(바르피, 미타, 사모사, 코코넛 퍼지, 라두, 라스굴라, 라스말라이 같은 다양한 종류의 단 과자),[•] 난 카타이(쇼트브레드), 아이스크림을 비롯한 여러 달콤한 간식이 수록되어 있다. '뷔페 티'를 위한 메뉴도 소개하는데, 여기에는 짭짤한 요리가 포함되어 있다. 일례로 타마린드 소스를 곁들인 차나 처트푸티chana chutputti는 차나(두 조각으로 쪼개서 말린 병아리콩), 작은 흰강낭콩, 토마토, 양파, 코코넛을 주재료로 강황, 커민, 생강, 마늘로 양념한 음식이다. 그 외에도 민스파이(사모사), 허브, 마늘, 고추로 풍미를 낸 생선 커틀릿, 향신료를 넣은 패티의 일종이자 푸리에 곁들이는 푸리 파타puri patta도 있다. 남아프리카공화국에서 패티는 보통 참마속 식물인 얌의 넓은 잎으로 만든다. 병아리콩 가루, 향신료, 타마린드를 잘 섞은 반죽을 잎에 펴 바르고서 원통 모양으로 잎을 만다. 둥글게 만 파타를 찐 다음, 한 김 식히고서 자른 뒤 튀긴다. 푸리와 함께 완성

헤르초키 타르틀렛

된 파타를 낸다. '뷔페 티'에 추천하는 또 다른 메뉴로는 아차achar(인도식 피클), 소스의 일종인 처트니와 레몬, 그리고 '티파티의 필수 음식'으로 기술된 체브다chevda[◆]가 있다. 여러 가지 미타이(단 과자류), 아이스크림, 수크 무크sookh mookh(신선한 코코넛, 아몬드, 코리앤더, 참깨, 회향으로 만든 짭짤한 스낵)도 있다. 신선한 과일 음료와 청량음료, 그리고 물론 차가 제공된다.

남아프리카공화국은 헤르초키Hertzoggie로

[•] 미타이mithai는 인도에서 단 과자, 단 빵, 케이크 등 단맛을 가진 먹거리를 총칭하는 말이다.

[◆] 원주 라이스 플레이크, 튀긴 쌀, 쪼개서 말린 병아리콩, 말린 완두콩, 땅콩, 얇게 썬 양파, 그린 칠리, 신선한 코코넛, 얇게 썬 캐슈넛을 섞고 향신료로 맛을 낸 인도식 스낵.

도 유명하다. 1924년에서 1939년 사이 남아프리카공화국의 수상을 지낸 헤르초크 장군의 이름을 따서 명명된 이 가벼운 페이스트리 타르틀렛은 속에 살구 잼을 넣고 코코넛 머랭을 위에 얹은 것으로, 그가 가장 좋아한 티타임 별미였다고 한다. 헤르초크 장군은 얀 스뮈츠 장군과 정적이었다. 얀 스뮈츠의 지지자들은 헤르초키가 유명해지자 그 즉시 살구 잼을 넣되 코코넛 머랭을 얹은 게 아니라 케이크 같은 질감을 가진 '스뮈치Smutsie'라는 작은 타르트를 만들어 선보였다.

남아프리카공화국에서 유래한 또 다른 사랑받는 티푸드로는 이 지역의 선도적인 제빵 회사가 만든 테니스 비스킷이 있다. 이 비스킷은 사각형 모양에 약간의 코코넛이 들어 있어 가볍고 바삭바삭한 식감을 낸다. 초기에는 비스킷 표면에 테니스 라켓의 머리 부분이 도톰하게 돋아 올라오게 만들어서 아이들은 으레 라켓 머리만 남을 때까지 비스킷 가장자리를 갉아 먹곤 했다. 하지만 안타깝게도 1952년경 비스킷에서 테니스 라켓의 머리 부분이 사라졌다.

남아프리카공화국에서 티를 위한 외출은 세계의 다른 지역과 비슷한 양상을 띠었다. 케이프타운, 더반, 프레토리아, 요하네스버그 같은 도시에는 흥미를 끄는 다양한 애프터눈 티와 하이 티를 제공하는 상당수의 호텔과 티룸이 있다. 케이프타운의 벨몬드 마운트 넬슨 호텔에서는 밀크 타르트 같은 현지 별미나 스콘, 레몬 타르트, 키시, 샌드위치 같은 티푸드를 차와 함께 즐길 수 있다. 더반의 지라 호텔에서는 인도식 티를 맛볼 수 있다. 이곳에서는 봄베이 차이나 마살라 차이와 함께 장미 마카롱, 바르피barfi[우유로 만든 인도 디저트], 쇼트브레드, 시나몬 에클레어, 또는 파니르 치즈와 오이를 넣은 커민 샌드위치, 훈제 연어 베이글 같은 짭짤한 음식을 제공한다. 요하네스버그의 실버 티스푼 레스토랑에서는 빅토리아 시대풍의 티를 제공한다. 또한 콘테사라는 찻집에서는 차를 시음할 수 있다. 이곳에서는 코코넛 스노, 트로피컬 브리즈, 마살라 차이 같은 가향차를 비롯한 다양한 차와 함께 하이 티를 즐길 수 있다.

5장
인도와 남아시아

차는 영국이 인도의 수라트와 뭄바이[봄베이]에 교역소를 두었던 17세기 초, 인도에 거주하던 영국인들에게도 이미 알려져 있었다. 당시는 차가 아직 영국 본토에 소개되기 전이었다. 네덜란드 무역상이 중국에서 수라트로 처음 녹차를 들여왔을 때, 차는 약용 음료로 여겨졌다. 1638년 홀슈타인 공국의 파견으로 수라트를 방문한 독일인 여행가 알베르트 만델슬로는 이렇게 기록했다. "우리는 매일 일상적인 회의에서 '테Thé'라고 불리는 차만 마셨다. 차는 인도 제국 전역에서 흔히 …… 위를 세척하고 과도한 체액을 소화시키는 약으로 사용된다."[1]

1689년 수라트에 머물던 존 오빙턴 목사는 차가 소개된 초창기에 열성적인 차 애호가로서 인도를 여행하며 《1689년 수라트 여행》이라는 여행기를 남겼다. 그의 기록에 따르면, 인도에 체류하던 네덜란드 무역상들은 "습관처럼 차를 마셔서 티포트가 불에서 내려오거나 티포트를 그냥 놀리는 법이 없었다." 당시에는 차에 우유를 넣지 않고 마셨으나 설탕이나 다양한 향신료를 넣는 경우는 있었다.

하지만 이 무렵 차는 대단히 비쌌다. 영국인들은 일찍이 1774년에 중국의 차 독점 판매를 막을 방안을 강구하는 동시에 인도에서 차를 재배할 가능성을 모색했다. 그들은 인도 북동부에서 야생 차나무를 발견했다. 또한 이 지역의 산에서 사는 부족들이 찻잎을 절이거나 발효시켜 '미엥miang' 혹은 '러펫lephet'이라 불리는 음식을 만든다는 것을 알게 되었다.

하지만 아삼에 차 농장들이 들어선 것은 1830년대였고, 인도에 거주하는 영국인들이 차를 일상적으로 마시게 된 것은 사실상 19세기 중반에 이르러서였다. 이후 1860년대에 차 재배는 히말라야의 다르질링 지역, 남부의 닐기리 구릉, 실론(스리랑카)으로 확산되었다. 1870년대에 이르면 인도의 차 산업이 안정돼 마침내 양질의 차를 생산하기 시작했다.

라즈: 영국의 인도 통치

18세기 후반까지만 해도 인도 여행에 나선 영국인 여성은 극히 드물었다. 당시는 여성들이 부수적인 역할만 담당하던 남성 중심의 사회였다. 이 시기 인도에서는 영국인과 피지배층 사이에 상당한 상호작용이 이루어졌다. 놀랄 만큼 많은 수의 동인도회사 소속 남성들이 인도식 생활방식을 받아들였다. 향신료로 맛을 낸 현지 음식을 먹고 인도식 옷을 입었으며 상당수가 인도 상인들과 사업상 동반자 관계를 맺었다. 일부 영국 남성들은 인도 여성과 만나거나 결혼해 아이를 갖기도 했다.

그러나 이와 같은 인종과 문화의 혼합은 지속되지 않았다. 빅토리아 시대의 엄격한 가치관이 인도로 유입되었을 뿐 아니라 두 가지 중대한 사건이 모든 것을 뒤바꾸어놓았다. 첫 번째 사건은 1857년에 일어난 인도인들의 봉기로, 흔히 세포이 항쟁이나 제1차 인도 독립 전쟁 혹은 대반란으로 일컬어진다. 1858년에는 동인도회사를 폐지하고 영국 왕실이 인도를 직접 통치하기 시작했다. 라즈Raj(rāj는 힌디어로 '통치'라는 뜻)로 알려진 영국의 인도 통치하에서 사회 분위기가 삼엄해졌고, 인종과 종교적 경계를 넘어서는 우정이나 결혼은 거의 찾아볼 수 없었다.

두 번째 사건은 1869년 수에즈 운하의 개통이었다. 증기선으로 희망봉을 돌아서너 달씩 걸리던 여행 기간이 몇 주 정도로 단축됨에 따라 인도와 영국을 오가는 여행이 훨씬 수월해졌을 뿐 아니라 남편이나 가족을 따라 인도를 여행하는 여성들도 늘어났다. 여자 형제나 친척, 미혼 여성들도 인도를 여행할 수 있게 된 것이다.

정교하게 장식된 인도의 은제 티포트, 19세기.

　영국의 인도 통치가 최고조에 달한 시절에는 수많은 총명한 젊은이들이 행정가나 군인, 사업가로 일하기 위해 인도로 향했다. 영국 본토에 괜찮은 신랑감이 별로 남지 않자 젊은 여성들은 결혼할 상대를 찾아 인도로 떠났다. 상당수가 영국에서 교육을 마치고 가족이 있는 인도로 다시 돌아온 딸들이거나 혹은 인도에 거주하는 친척이나 친구에게 초대받은 여성들이었다. 남편감을 찾아 인도로 향하는 사회적 현상을 물고기를 낚는 일에 빗대어 이 여성들을 '어선대'로 칭하기도 했다. 이들은 무도회나 티댄스, 파티, 피크닉, 애프터눈 티, 테니스 대회, 모임gymkhana● 등 바쁜 사교 생활을 즐길 거라는 기대에 부풀어 인도로 향했다. 로맨스는 빠르

● 원주 '짐카나gymkhana'는 본래 집회 장소를 가리키는 인도식 영어 용어다. 영국의 인도 통치 시대에 뭄바이, 델리, 라호르, 카라치 등의 대도시에 설립되어 밤에 열리는 사회 행사나 학술 모임뿐 아니라 스포츠 대회 및 활동을 위한 장소를 제공했다. 영국에서 짐카나는 승마 관련 대회 종목을 가리키는 단어다.

게 진행되는 경우가 많았고 실제로 많은 여성이 남편감을 찾았다(홀로 쓸쓸히 영국으로 돌아온 불운한 여성들에게는 무정하게도 '빈손으로 돌아온 여자'라는 딱지가 붙었다). 하지만 결혼에 성공한 '어선대' 여성들의 삶은 신혼여행 이후 극적으로 바뀌었다. 유럽인은 찾아볼 수 없는 외딴 지역에 급파되는 경우가 많았는데, 이는 그들이 기대했던 것과는 전혀 다른 삶이었다. 더위는 견디기 힘들 정도였고 많은 여성이 권태와 무기력 속에서 온종일 소파에 늘어져 지냈다. 상당수의 여성이 건강을 회복하기 위해 영국으로 돌아가야 했다. 1895년에 출판된《인도의 여성》에서 메리 프랜시스 빌링턴은 이렇게 서술했다. "더위와 게으름, 지시를 내릴 수 있는 하인들의 상주라는 복합적인 영향 아래에서 무기력과 타성에 젖지 않게 돕는 것은 강인한 성격뿐이다. …… 무기력한 상태에 빠져드는 첫 번째 징조는 화장실에서 코르셋을 벗어던지고 헐렁하고 느슨한 티가운을 입은 채 누워 지내기 시작하는 것이다."

가사와 요리에 관한 다양한 책이 인도 현지에서 출판되었다. 이 책들의 출간 목적은 이제 막 인도에 도착한 백인 부인들이 겪는 어려움, 이를테면 현지 하인들을 부리는 방식이나 불결한 위생 상태에 대한 두려움, 외부에 설치된 부엌의 열악한 조건 등을 잘 이겨낼 수 있도록 돕기 위함이었다. 또한 공식적인 만찬뿐 아니라 애프터눈 티를 개최하는 데 필요한 복잡한 사교적 규율을 비롯해 손님을 환대하고 접대하는 예절을 소개했다. 많은 젊은 여성들이 만찬과 애프터눈 티 같은 전통을 그대로 가져옴으로써 이 전통이 식민지 사회에 대중화되고 뿌리를 내렸다.

애프터눈 티는 보통 티핀 이후, 늦은 오후에 준비했다(티핀tiffin은 인도의 일부 지역에서 점심을 뜻하는 인도식 영어 표현이다. 하지만 티핀은 한낮이나 혹은 저녁식사 전 오후에 먹는 가벼운 간식을 뜻하기도 한다).◆ 차는 오늘날 영국과 마찬가지로 우유와 설탕을 넣어 마셨다(정제하지 않은 인도산 흑설탕이나 대추야자 설탕이었을 것이다). 향신료를 가미

◆ 원주 과거 영국령 인도에서 티핀은 가벼운 오후 식사를 뜻했다. 티핀이라는 단어는 식사 시간이 아닌 때 먹거나 마시는 것을 뜻하는 영어 속어 '티핑tiffing'과 점심을 먹는다는 뜻의 'tiff'라는 단어에서 유래했다. 티핀이라는 단어는 특히 마드라 지역에서 오후에 먹는 간식이라는 뜻으로 사용하게 되었다. K. T. Achaya, *A Historical Dictionary of Indian Food*(Delhi, 1998), p. 252.

한 차를 즐기는 부류도 있었다. 때로는 우유와 설탕뿐 아니라 비어트리스 비에이라의 컷치 티처럼 다른 재료, 즉 아몬드, 사고, 카다멈 꼬투리, 장미수를 넣은 차를 마시기도 했다.[2]

파티 같은 사교 문화에 있어 티파티는 호화로운 디너 파티를 대체할 수 있는 실속 있는 행사였던 것으로 보인다. 애프터눈 티파티는 사교 행사가 많은 여름에는 언덕의 정원에서, 겨울에는 평지에서 열렸다. 샌드위치는 달걀이나 닭고기, 토마토, 크레스, 오이를 넣어(아마도 칠리 페퍼는 뿌려서) 전통적인 영국 방식으로 만들었을 것이다. 하지만 이러한 전통 영국 음식은 인도 현지 요리와 섞여 앤초비와 정어리, 처트니로 만든 커리 샌드위치처럼 독특한 조합의 새로운 음식으로 탄생할 때도 많았다. 늘 효율성을 강조한 케니-허버트 대령은 샌드위치와 관련해 이렇게 조언한다.

빵에 그린 버터나 좋은 품질의 버터를 바르고 잘게 썬 정어리와 피클 몇 조각, 또는 닭고기와 혓바닥 고기를 섞어 속을 채운 뒤, 상추와 마요네즈 소스를 넣어 샌드위치를 완성한다.

다져서 양념한 통조림 고기는 무엇이든 간에 버터와 후추, 약간의 겨자와 처트니와 잘 어울렸다.

햄 비프 샌드위치는 코가 얼얼할 정도로 겨자를 넣는 게 좋다. 고기에 비계가 섞여 있다면 버터를 적당히 바르는 게 좋다.

치즈 한 조각을 잘 갈고 신선한 버터를 약간 넣어 섞는다. 여기에 머스타드 1작은술, 후추 조금, 소금을 넣고 잘 섞은 뒤, 기름을 뺀 앤초비를 넣는다. 너무 걸쭉하면 약간의 버터와 함께 체에 내린 뒤 네폴Nepau[붉은 고추] 가루를 넣고 골고루 섞는다. 이렇게 만든 페이스트를 빵에 바르면 샌드위치가 완성된다.

……

뼈를 발라낸 앤초비와 잘게 썬 올리브, 으깬 삶은 달걀, 버터와 네폴 고춧가루를

살짝 뿌려 잘 섞은 페이스트를 빵에 바르면 꽤 맛있는 샌드위치가 된다.[3]

라즈 시대의 케이크 중에는 흥미롭게도 인도의 영향을 받은 것도 있다. 인도 현지에서 나는 과일과 향신료를 활용한 과일 케이크가 인기를 끌었으며 인도식 진저브레드도 인기 있었다.《인도 요리 백과》(1946)에 수록된 바틀리 부인의 소서 케이크(소시 케이트) 요리법은 이러한 경향을 잘 보여주는 사례다.

인도에서 애프터눈 티를 마시는 신사와 숙녀. 1880년 런던 주간지《그래픽》에 처음 게재된 소묘.

> 고운 밀가루 1파운드, 가루 설탕 3온스, 소금 약간, 녹인 버터 3온스를 잘 섞은 뒤 우유를 넣어 반죽을 만든다. 코코넛 2개의 하얀 과육 부분을 긁어낸 다음 얇게 썬 아몬드 1큰술, 자두의 한 품종인 화이트플럼 2큰술, 커런트 2큰술, 설탕 반 파운드, 곱게 빻은 카다멈 씨앗 6개와 잘 섞어 달콤한 필링을 만든다. 페이스트리 반죽을 얇게 밀어 양철판에 한 겹 깔고 그 위에 필링을 뿌린다. 페이스트리 반죽을 깔고 필링을 뿌리는 이 과정을 일곱 겹이 될 때까지 반복한다. 반죽을 2인치 간격으로 교차되게 자르되 끝까지 자르지 않는다. 녹인 버터 4온스 정도를 반죽 표면에 골고루 발라준다. 연한 갈색이 되도록 굽는다.

영국령 인도에서 케이크나 비스킷을 굽는 것은 어려운 도전이었다. 오븐은 원시적이었고 고운 밀가루와 양질의 버터, 이스트는 부족했다. 질 좋은 통조림 버터와 베이킹 재료는 흔히 육군이나 해군 상점에 주문해 구해야 했다. 영국의 인도 통치 시

대에 출간된 요리책에는 감자, 홉, 바나나, 보리, 토디(야자나무 수액), 마후아mahua
로 알려진 식용 꽃 등 다양한 재료를 사용해 집에서 천연효모를 배양하는 법이 실
려 있다.[4] 고도가 높은 지역에서 베이킹을 하는 것도 문제가 되었다. 이러한 온갖
어려움에도 불구하고 각 가정의 안주인들 사이에서는 베이킹을 둘러싼 보이지 않
는 치열한 경쟁이 존재했고 인도에서 '마님'으로 칭해지는 백인 부인들 상당수가
직접 베이킹을 했다. 인도 요리사들이 케이크를 굽는 데 상당히 능숙해지면서 도
움을 받을 수도 있었다. 이러한 사례는 이소벨 애벗의 저서 《인도에서의 막간 휴
식》(1960)에도 등장한다.

> 바시르는 우리가 티파티를 열 때마다 최고의 기량을 선보였다. 그가 만든 다양한
> 케이크와 스콘, 번빵, 퍼프, 달콤한 디저트는 계시와도 같았다.
>
> 　그의 오븐은 덮개가 없는 장작불 위에 올려놓은, 빈 등유 양철통이었다. 타고 있
> 는 숯 몇 개가 양철통에 열을 고루 전달했다. 적당한 온도를 유지하려면 뛰어난 기
> 술이 필요했다. 티파티가 열리는 날, 그의 부엌에서는 눈으로 보지 않고는 믿기 힘든
> 진풍경이 펼쳐졌다. 투박한 테이블 한쪽 구석에 쏟아놓은 반죽은 천천히 솟아오르
> 며 부풀고 있었고, 또 다른 구석에서는 퍼지가 식고 있었다. 테이블 아래에는 둘둘
> 말린 신문지가 산더미처럼 쌓여 있었으며, 천장에는 분홍색 아이싱 얼룩이 장식처
> 럼 묻어 있었다. 하지만 아름답게 아이싱을 입혀 장식한 레이어 케이크는 스툴에 어
> 김없이 정갈한 자태로 놓여 있었다. 진흙 바닥 위에는 으깨진 달걀껍데기가 산사나
> 무 꽃잎처럼 흩어져 있는데다 여기저기 널려 있는 믹싱 그릇이며 씻어서 말리고 있
> 는 과일 접시들, 커다란 물담뱃대를 피해 다니려면 유연한 몸놀림이 필수다. 처음에
> 는 그 혼잡한 풍경에 경악했으나 장작불과 부엌 테이블과 스툴밖에 없는 환경에서
> 그보다 더 잘할 수 없으리란 걸 깨달았다. 갓 구해온 젖은 나무 땔감에서는 늘 그렇
> 듯 연기가 많이 나는 바람에 나는 눈을 비비고 기침을 하는 것 말고는 아무것도 할
> 수 없었다.[5]

〈요리사의 주방〉, 1859년 인도의 '주둔지'에서 보낸 사회생활에 관한 G. F. 앳킨슨 대위의 회고록에 실린, 그가 직접 그린 삽화.

애프터눈 티에 내는 케이크에는 짐카나 케이크, 티핀 케이크 같은 인도식 이름을 붙였다. 일부는 티르홋 티케이크처럼 인도의 지명을 따서 이름 붙였다. 펀자브 지역 고대 마을의 이름을 붙인 페로제포레 케이크는 아몬드, 피스타치오, 그린 시트론(라임)을 넣어 만들었다. 음식 역사가 데이비드 버튼의 서술에 따르면, 너마할 케이크(너마할은 한때 케이크로 유명했다)는 "스펀지 빵 사이사이에 세 가지 다른 잼을 바르고 가운데에는 커스터드를 채우고 겉에는 달걀흰자와 설탕으로 만든 프로스팅으로 장식해 엄청난 놀라움을 선사하는, 여러 층으로 만든 케이크"다.[6]

이 케이크를 시도해볼 만큼 도전 정신이 강한 이들을 위해 E. S. 포인터가 저술한 《무엇을 그리고 어떻게》(1904)에 수록된 요리법을 소개한다.

스펀지케이크를 잘라 약 1인치 두께의 타원 모양이 4조각 나오게 한다. 이때 각 조각이 점점 작아지도록 자른다. 가장 큰 조각에 살구 잼을 두툼하게 깔고, 그 위를 두 번째로 큰 조각으로 덮고 다른 잼을 바른다. 그 위에 그다음 크기의 조각을 덮고 세 번째 잼을 바른 다음, 가장 작은 조각을 덮는다. 윗부분을 손으로 가볍게 누르고, 잘 드는 칼로 가운데 부분을 잘라내 오목하게 만든다. 잘라낸 부분을 으깨 진한 커스터드와 섞어 풍미를 더한 다음, 이것을 오목하게 파낸 가운데 부분에 채워 넣는다. 달걀 2개의 흰자를 뻑뻑해질 때까지 잘 저어 거품을 낸 다음, 케이크 전체에 붓고 중앙에는 수북하게 올린다. 그 위에 체에 내린 고운 설탕을 두툼하게 뿌린다. 그런 다음 설탕 프로스팅이 굳어질 때까지 오븐에 넣어 굽는다. 접시 바닥에 빙 둘러 과일 절임을 조금씩 올려 마무리한다. 케이크에 당의를 입히거나 장식을 해도 좋다.

애프터눈 티에 즐겨 내놓는 티푸드로는 컬 모양의 달콤한 과자류인 컬 컬kul kul이 있다. 만드는 법은 다양하지만 보통은 밀의 한 종류인 세몰리나(혹은 쌀이나 밀가루)와 코코넛 밀크, 달걀로 만든다. 반죽을 작은 구슬 형태로 빚어서 버터 바른 포크로 납작하게 누른 다음 동그랗게 만다. 이렇게 컬처럼 만 반죽을 튀긴 뒤, 설탕 시럽을 입힌다.

바틀리 부인은 장미수로 향을 낸 설탕 시럽과 아몬드로 만들고 선홍색 색소인 코치닐 몇 방울을 넣어 분홍빛을 띠는 다이아몬드 모양의 아몬드 록almond rock을 비롯해 여러 종류의 당과 요리법을 소개한다. 또한 '매스 포mass pow'라는 아몬드 당과(마지팬) 요리법도 소개한다.

공장에서 만든 비스킷을 구매할 수도 있었다. 케니-허버트 대령은《달콤한 요리Sweet Dishes》(1884)에서 "메서즈, 픽, 프린 앤 코, 헌틀리 앤 파머 덕분에 통에 든 훌륭한 품질의 비스킷을 손쉽게 구할 수 있게 되었다"고 썼다. 하지만 뒤에 덧붙이

인도의 헌틀리 앤 파머 회사의 비스킷을 광고하는 업무용 명함의 삽화, 1880년대 경. 인더스강의 요새에서
영국인들이 좋아하는 비스킷을 코끼리에 실어 공급하는 장면을 묘사. 자세히 보면 삽화 속 비스킷은 레이디핑거로
알려진 부두아르boudoir[아내의 거처, 즉 내실] 비스킷, 클럽 비스킷, 앨버트 앤 스위스 비스킷이다.

기를, 일부 비스킷은 가능하면 집에서 만드는 편이 더 낫다며 콘벤트 비스킷, 코
코넛 록 비스킷, 진저 비스킷 등 여러 비스킷 요리법을 소개했다.[7]

인도에 거주하는 수많은 백인 부인들이《인도의 완벽한 살림꾼과 요리사》라는
책을 참고했다. 1888년 플로라 애니 스틸과 그레이스 가디너가 공동 저술해 처음
출간된 이 책은 그 후로 여러 판본을 거쳤다. 인도로 여행을 온 대담한 두 여성 모
두 인도에서 공직을 수행하는 남성과 결혼해 20년 이상 인도에서 가정을 꾸리며
인도 전역을 여행한 경험이 있었다. 이 책은 인도에 거주하는 영국 여성들에게 매
우 귀중한 책으로 자리매김했고, 식민지 생활은 물론 부엌을 감독하는 책임과 파
티를 여는 절차를 비롯해 살림에 관한 모든 분야를 총망라한 실질적인 조언과 가

르침을 제공했다.

테니스 파티는 대단히 인기 있었다. 스틸 부인은 테니스 파티를 여는 방법에 관한 몇 가지 조언을 실었다.

애프터눈 티는 말하자면 테니스 파티에 밀려났다. 손님을 초대해 접대하고 싶을 때, 테니스 파티는 빠듯한 예산에 적합한 행사다. 인도의 모든 것이 서구적인 것에 동화되고 있으나 꼭 준비해야 하는 다과와 관련해 몇 가지 조언을 해줄 수는 있을 것 같다. 대규모 주둔지에는 대개 1인당 정해진 가격에 차와 식사를 만들어 보내는 케이터링 회사, 즉 음식 공급업체가 영업 중일 것이다(스위스 회사가 많다).

그러나 근검한 스틸 부인은 케이터링 서비스가 단지 '수고를 덜어줄 뿐 비용의 절감은 아니다'라고 귀띔하며 이와 같은 조언을 덧붙인다.

티포트는 적어도 2개를 사용하고 티포트 하나에 찻잎을 3티스푼 이상 넣지 않는 게 가장 좋다. 차가 '진하다'고 해서 물을 섞어 희석하는 것보다 차의 맛을 떨어뜨리는 일은 없을 것이다. 각설탕과 크림은 항상 함께 내는 게 좋다. 우유는 끓이지 않는다. 더운 날씨라고 해도 입구가 넓은 병에 우유를 담아 물을 채운 토기 용기에 넣어두면 12시간 정도는 상하지 않을 것이다. 특히 소량의 탄산소다나 붕산을 우유에 녹여두면 도움이 된다.

테니스 파티에서는 커피도 대접했지만 더운 날씨에는 클라레[프랑스 보르도산 레드와인] 컵, 호크 컵, 사이다 컵 같은 시원한 컵ᶜᵁᴾ[포도주에 과일 주스 등을 혼합한 술]이나 펀치가 인기 있었다. 갈증을 해소하는 데 좋은 그라니토와 셔벗도 큰 인기를 끌었다. 물을 섞은 클라레와 호크, 소테른을 얼려 반쯤 녹이면 간단하게 만들 수 있었다. 스틸 부인은 이렇게 조언한다.

너무 강하게만 만드는 것도 무신경한 일이다. 실제로 맛을 본다면 텀블러의 4분의 1 정도 되는 우유를 얼리고 여기에 소다수 한 병을 부어 만든 음료야말로 세계 최고의 테니스 음료임을 깨닫게 될 것이다. 추운 날씨에는 진저와인, 체리브랜디, 밀크펀치와 그 밖의 리큐어를 제공하면 좋다.

그리고 이렇게 덧붙인다.

티푸드에 대해 말하자면, 언제나 평범한 빵과 버터가 주가 되는 게 좋다. 많은 이들이 케이크를 선호하지 않음에도 차나 커피 한 잔을 마실 때는 케이크를 곁들이는 게 좋다고 생각한다. 갈색 빵과 데번셔 크림은 가장 인기 있는 티푸드이며, 달걀이나 크림을 듬뿍 넣고 갓 구워 버터를 바른 스콘도 즐겨 먹는다. 테니스 파티에 적합한 케이크와 봉봉 캔디는 수없이 많지만, 기본적으로는 끈끈하거나 겉보기와 다른 질감의 티푸드는 피하는 게 좋다. 일례로 단단해 보이는 케이크라서 한 입 베어 물었는데 갑자기 리큐어나 크림이 흘러나와 가장 좋은 드레스에 얼룩을 남긴다면 썩 유쾌하지는 않을 것이다.

......

다과 테이블은 깔끔하게 차려놓고 꽃으로 장식하는 게 좋다. 쟁반마다 수놓은 천을 깔아 우아한 분위기로 연출하고, 손님의 편의를 위해 테이블보를 씌운 작은 테이블들을 중간중간 배치해놓아야 한다. 소규모 주둔지에서 열리는 일반적인 테니스 파티에는 쟁반이 놓인 2개의 서덜랜드 테이블-하나는 커피, 다른 하나는 티를 위한 테이블-을 준비하면 안주인이 잠시 자리를 비웠을 때에도 하인을 부르지 않고 손님들이 스스로 차나 커피를 따라 마실 수 있어 틀림없이 편리하고 만족스러울 것이다. 테이블에는 빵과 버터를 담은 접시와 케이크를 담은 접시를 놓아둘 공간도 있어야 한다.

키트무트가

키트무트가는 하인을 뜻하는 인도식 영어 단어다. 이슬람교도인 하인들은 모두 정교한 제복을 착용했다. 키트무트가의 붉은색 허리띠와 높은 터번은 참으로 인상적이었다. 이들은 흔히 여러 명의 조수를 거느렸으며 애프터눈 티를 비롯해 식사 때마다 매우 세심하게 테이블을 차렸다. 키트무트가는 테이블에서 시중을 들며 차와 커피, 달걀, 우유, 토스트, 버터 등을 챙겼다. 그들은 점심과 애프터눈 티타임(시간대가 불규칙한 경우가 많았다) 사이에는 항상 집에 머물러야 했다. 플로라 애니 스틸에 따르면, 주로 은제 식기 관리에 몰두했다고 한다.

은제 식기가 광이 나도록 닦는 일은 아무리 공을 들여도 지나치지 않을 만큼 힘이 들었다. 그러다 보니 키트무트가는 은제 식기를 닦고 있다가 방문객이 평소보다 이른 시간이나 더 늦게 차를 가져다 달라고 요구해도 언제든 차를 내올 수 있었다. 주전자가 베란다의 숯불 화로에서 이미 끓고 있었다면, 차를 요청한 지 5분도 되지 않아 민첩한 하인이 쟁반에 토스트와 케이크 등을 담아 나타날 것이다. 하지만 그 짧은 시간마저도 진득하게 기다리지 못하는 손님들이 있었는데, 하인은 우직하게도 이러한 성급한 요청에 잘 응했다.

'아바스 칸, 키트무트가'(식탁에서 시중을 드는 테이블 시종) 쟁반에 다기들을 담아 가져오는 모습. 1905년경 인도 암발라의 그림엽서.

스틸 부인은 샌드위치를 내는 것에 반대하는 쪽이었다. 그녀는 티푸드에 관한 조언을 이렇게 마무리했다. "영국에서 애프터눈 티에 다양한 샌드위치를 내는 유행이 뒤늦게 불었지만, 샌드위치를 먹으면 불가피하게 저녁식사에 영향을 주기 때문에 미식가를 자처하는 사람이라면 누구도 샌드위치를 권장하지 않는다."

《인도의 방갈로》(1928)에서 밀드레드 워스 핑컴은 앞뜰의 망고나무 아래에서 열린 파티에 초대받지 않은 손님이 찾아와 진미에 눈독을 들인 장면을 묘사한다.

가장 먹음직스러운 페이스트리가 등장했다. 조앤의 상상력으로는 주문조차 하지 못했을 기막힌 조합이 돋보이는 페이스트리였다. 모든 과정이 평온하게 진행되던 중 소년이 전혀 예상하지 못했던 사건이 벌어졌다. 마님과 그녀가 초대한 손님들이 차를 홀짝이고 있는데, 거대한 독수리가 테이블을 향해 하강하더니 코코넛을 입힌 먹음직스러운 타르트 하나를 덥석 움켜쥐고는 멀리 떨어진 나무로 날아간 것이다.

《야영하는 이들을 위한 캠프 요리법》(1890)에서 초타 사입Chota Sahip은 프레지던시 케이크라고 이름 붙여진 이 타르트의 요리법을 소개한다.

적당한 크기의 코코넛을 준비해 껍질 부분이 나올 때까지 속을 긁어낸다. 긁어낸 과육에 설탕 한 컵을 넣고 물을 약간 부어 끓이면서 계속 저어준다. 그런 다음 불을 끄고 식힌다. 여기에 달걀노른자 4개를 넣고 잘 섞어 반죽을 완성한다. 잘 섞은 반죽을 얇게 펴서 작은 팬에 넣고 오븐에 굽는다. 완성한 타르트는 뜨거운 상태로 바로 내도 좋고 식혀서 내도 좋다.

마술馬術 경연대회나 자선 경기 같은 스포츠 행사에서도 티를 준비했으며(이러한 행사들은 두 차례의 세계대전 사이에 많아졌다), 티를 제공하는 막사에서는 딸기와 크림을 주재료로 한 티푸드도 함께 제공했다.

날씨가 견딜 수 없을 만큼 뜨거워져 경기를 열거나 운동을 할 수 없을 때면 혹서를 피해 마하발레슈와르 같은 언덕에 있는 조금 더 시원한 주둔지로 향했다. 이곳에서는 종일 골프를 치거나 아래의 시에서 묘사하듯 딸기와 크림을 곁들인 티를 즐길 수 있었다.

마하발레슈와르에서 숙녀들은
딸기를 곁들여 차를 마시네.
크림과 설탕은 아낌없이 넣지.
하지만 푸나! 오, 푸나에서
그녀들의 마음은 부서질 것 같네,
버터가 녹는 동안
파리들이 케이크를 먹어치우니.[8]

피크닉 파티도 인기 있었는데, 12인용 피크닉 티에 필요한 품목 리스트에서 확인할 수 있듯 꽤 공들여 준비했다.

음식 작가 제니퍼 브레넌은 자신의 저서 《커리와 뷰글》(1992)에서 1940년대 인도에서 보낸 유년기에 경험한 우아한 티타임을 이렇게 회상한다.

늦은 오후의 태양이 베란다 기둥들을 가로지르며 넓은 막대 같은 그림자를 드리우고 시멘트 바닥에 깔린 돗자리에 줄무늬를 그린다. 레이스로 덮인 트롤리에 놓인 은제 티포트와 뜨거운 물주전자가 햇빛에 반짝인다. 정원에서는 갓 물을 준 잔디와 카네이션의 짙은 향이 풍긴다. …… 샌드위치를 가져온 이는 도일리를 깐 접시에 기하학적인 형태로 각을 맞춰 샌드위치를 쌓아 올렸다. 케이크와 스콘은 은제 케이크 스탠드에 층층이 올려져 있다. 밀크 저그를 덮은 그물 캡 가장자리에는 작고 파란 유리구슬이 달려 있어 어머니가 캡을 벗겨 찻잔에 정해진 양의 우유를 따르면 가볍게

딸랑거리는 소리가 난다.[9]

《영국의 인도 통치 시대의 맛》(1997)의 저자인
팻 채프먼은 할머니의 요리책에 대한 깊이 있는
이해를 보여준다. 그는 멋진 낸시를 위한 요리법
을 선보이는데(낸시가 누구인지는 언급하지 않는다),
신선한 빵을 만들어 판매하는 빵 장수인 로티
왈라wala●가 오지 않을 때를 대비해 만들어두는,
오랜 전통을 가진 짭짤한 맛의 비스킷이었다. 그
는 로티 왈라가 어떤 식으로 갓 구운 영국식 빵
과 비스킷을 양철 상자에 담아 머리에 이고 다니
며 판매했는지 묘사한다. "특히 인기 있는 별미
가 있었다. 하루에 두 번 공급되는 우유는 마시
기 전에 항상 끓였다. 끓인 우유가 식으면 크림이
형성되었다. 티타임 때 아이들은 차례로 빵에 크
림을 바르고 잼을 듬뿍 발라 먹곤 했다." 인도 전

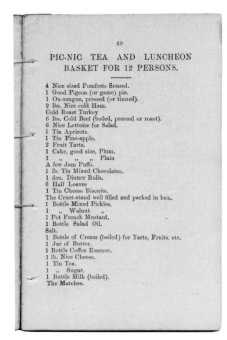

콘스턴스 이블린 고든의 《카나 키타브: 앵글로 인디언
요리》(1904)에서 발췌한 피크닉 티 바구니에 넣을 음식
리스트.

통 빵인 차파티chapati 또한 잼이나 버터를 바르고 설탕을 뿌려 먹곤 했다. 채프먼
은 영국 통치 시대에 차와 함께 자주 내던 브라운 조지(버터를 발라 뜨겁게 혹은 차갑
게 먹기도 하는 향신료 비스킷)와 시나몬 토스트 요리법도 소개한다.[10]

클럽 티

밤낮을 가리지 않고 아무 때나 편하게 다른 집을 방문하던 관습은 19세기 초에

● 왈라는 (한국어에서의 '장이'라는 말처럼) '~을 업으로 하는 사람'을 뜻하는 힌디어다.

사라졌고 이 무렵에는 선술집과 커피하우스 모두 유행에서 멀어졌다. 1835년 이후 한동안은 미국 선박을 통해 얼음이 수입되어 시들했던 무역이 되살아났고, 커피하우스에서 선보인 아이스크림과 셰리 코블러sherry cobbler(과일로 향미를 낸 달콤한 아이스 음료)가 큰 인기를 끌었다. 이 무렵에는 신사 전용 클럽이 유행을 타기 시작했다. 콜카타[캘커타], 뭄바이, 델리, 그리고 산간에 위치한 피서용 주둔지에 19세기 중반 영국에서 생겨난 상류 클럽을 모방해 회원제로 운영되는 고급 클럽이 문을 열었다. 1827년 콜카타에 인도 최초의 신사 전용 클럽인 벵골 클럽이 설립되었다. 두 번째로 오랜 역사를 자랑하는 클럽인 마드라스에 위치한 마드라스 클럽은 1832년에 문을 열었고, 뭄바이의 바이컬라 클럽은 1833년에 문을 열었다. 외떨어진 주둔지에 클럽이 등장한 것은 인도 대반란이 일어난 이후였다. 1913년 문을 연 델리의 짐카나 클럽은 비교적 늦게 생긴 클럽이었다. 차 농장 경영자들도 클럽을 설립하기 시작해 다르질링에는 다르질링 클럽, 문나르에는 하이 레인지 클럽이 있었다. 클럽은 영국인 지배계층이 모이는 장소로, 초창기에는 상인과 인도인의 출입은 금지되었다. 클럽은 공직이나 군 복무 중인 남성들에게 휴식과 오락을 제공했을 뿐 아니라 그들의 가족도 즐길 수 있는 공간을 마련해주었다. 클럽은 사교 생활의 구심점으로 자리 잡았다. 여성들은 공식적인 지위가 없었고 클럽 회원으로 등재되지 않았으나 클럽이 설립된 초창기부터 가장 큰 혜택을 누렸다. 그 전까지만 해도 여성들이 모일 수 있는 장소라고는 지역 악단이 공연하는 원형 홀인 로툰다밖에 없었던 것이다.

애프터눈 티는 나무 패널을 댄 방이나 그늘진 베란다, 혹은 깔끔하게 손질된 잔디밭에 준비했다. 차는 늘 클럽 샌드위치, (마늘, 그린 칠리, 강판에 간 치즈를 토핑으로 얹어 구운) 토스트, 그리고 파코라, 사모사, 잉글리시 케이크 같은 대표적인 앵글로 인디언 요리를 곁들여 마시곤 했다.[11]

클럽들은 스포츠(크리켓, 달리는 말 위에서 천막 말뚝을 뽑는 기마술, 짐카나, 테니스 등)에 중점을 뒀는데, 스포츠 경기가 끝난 후 열리는 파티 장소이기도 했다. 제니퍼

브레넌에 따르면 "행사가 대단히 큰 규모이거나 중대한 경우가 아니라면, 라호르의 네두스, 필레티스 또는 라랑스 같은 업체에서 케이터링을 도맡았으며 가장 기본적인 차와 음식은 각 가정의 요리사들이 실력을 발휘해 만들어 오는 식으로 준비했다." 이렇게 직접 준비하는 음식과 음료로는 "프티 브리지 토너먼트 샌드위치에서 알찬 뷔페에 이르기까지 다양하며 과일 컵과 펀치 같은 음료도 곁들였다."[12] 일례로 사르고다 클럽 테니스 컵을 비롯해 일부 펀치 음료에는 진한 인도 차를 넣었다.

앵글로 인디언 티타임

19세기 초에서 중반까지 '앵글로 인디언'이라는 용어는 인도에 거주하는 영국인을 지칭했으나, 나중에는 영국 남성과 인도 여성 사이의 공식적인 결혼 혹은 비공식적인 관계에서 태어난 혼혈 후손을 의미하게 되었다. 대다수 앵글로 인디언은 여러 교파의 기독교인이었고 영어를 사용했으며 유럽식 옷을 입고 그들의 지역사회 안에서 결혼했다. 또한 그들에게는 영국과 포르투갈 음식뿐만 아니라 인도 아대륙의 온갖 지역 음식이 혼합된 그들만의 고유한 요리 전통이 이어져왔다. 일각에서는 앵글로 인디언의 요리를 최초의 '범인도 요리'라고 부르기도 했다. 애프터눈 티는 앵글로 인디언의 전통에서 중요한 부분을 차지하게 되었는데, 인도 통치 시대의 백인 부인들이 차를 마시는 예절을 답습하는 한편, 인도와 영국 두 나라의 가장 좋은 부분을 접목해 즐기는 것이 특징이다. 가령 애프터눈 티 메뉴로는 시드케이크, 코코넛 케이크, 텔레그램 케이크(빠르게 구울 수 있는 케이크라서 전보라는 뜻의 텔레그램이라는 이름을 붙인 것으로 보인다), 당밀 번빵, 티케이크, 뜨거운 스콘, 레몬 케이크와 함께 사모사, 파코라, 세브 가티아(벵골콩 가루인 베산으로 만든 짭짤한 스낵) 같은 향신료를 넣은 인도 전통 별미도 있었다. 크리스마스는 앵글로 인디언들에게 1년 중 매우 중요한 날로, 크리스마스 케이크, 컬 컬, 섬세한 모양으로 반죽을 빚어 튀긴 바삭하고 달콤한 프리터 같은 특별한 케이크와 비스킷을 만들었다.

영국 식민지 이후 시대의 티

차를 마시는 풍습은 인도에 거주하던 영국인들과 깊은 관련이 있었다. 막상 인도인들이 일상에서 차를 마시기까지는 오랜 시간이 걸렸다. 초기에 차는 대단히 비쌌다. 차 대중화를 위한 마케팅 캠페인도 추진되었지만 제1차 세계대전 때에야 조금씩 성과가 드러나기 시작했다. 차를 파는 가판대가 공장, 탄광, 면직 공장 등에 설치되고 노동자들에게 차를 마시는 휴식 시간이 주어진 것이 차 대중화에 크게 이바지했을 것이다. 인도차협회는 도급업자와 계약을 맺고 이들로 하여금 주전자와 찻잔, 찻잎 통을 갖춘 가판대를 열어 주요 철도역에서 차를 팔도록 했다. 크고 작은 도시에도 찻집이 문을 열었지만 차는 1950년대에 이르러서야 대중적인 음료로 자리 잡았다. 오늘날 차는 인도인의 삶에서 일상적인 음료다. 인도인들은 기차역만이 아니라 버스정류장, 상점가, 사무실에서 차를 마시는데, 흔히 차이 왈라가 차를 만들어 판다. 차이 왈라는 보통 우유와 설탕을 넣어 끓인 차를 쿨라흐 kullarh라는 일회용 점토잔에 담아 판매한다.

이렇게 기차역에서 마시는 '레일웨이 티'가 인도에서 가장 흔한 차다. 마살라 차이는 향신료를 가미한 차인데, 펀자브 지역과 하리아나주, 그리고 인도 북부 및 중부 지역에서 특히 인기 있다. 인도 동부 지역 사람들은 일반적으로 향신료를 넣지 않고 차를 마신다. 차와 함께 먹기 위해 길거리에서 판매하는 사모사나 벨 푸리 bhel puri 같은 맛있는 튀긴 스낵을 구매하기도 한다. 콜카타에서 꼭 맛봐야 할 티타임 스낵으로 잘 무리 jhal muri (벵갈리 벨이라고도 한다)●가 있는데, 무리 왈라에게서

● 벨 푸리와 잘 무리 모두 튀긴 쌀을 양념한 음식이다. 잘 무리를 벵갈리 벨이라고도 부르는 데서 알 수 있듯이 서로 비슷한 음식이지만, 넣는 향신료나 소스가 조금씩 다르다.

살 수 있다. '잘jhal'은 '뜨겁다'를, '무리muri'는 이 스낵의 재료 중 하나인 쌀을 뜻해, 합쳐서 '뜨거운 튀긴 쌀'이라는 의미다. 잘 무리는 튀긴 쌀에 토마토, 오이, 병아리콩, 삶은 감자 조각을 섞고 고수, 코코넛 칩, 그린 칠리, 향신료, 소금, 겨자유, 타마린드 워터를 가미해 맛을 내서 금속 통에 한 가득 넣어두었다가 손님이 오면 신문을 접은 봉투에 담아 판다.

콜카타의 가판대에서 차를 파는 차이 왈라.

차는 집에서도 마신다. 인도 거주 영국인들에게는 '간소한 아침식사'라는 뜻의 초타 하즈리 chota hazri라는 관습이 있었다. 하인들은 이른 아침 시원한 때에 일하는 것을 선호하는 고용주를 위해 우유와 설탕을 넣은 차 한 잔에 과일이나 비스킷을 곁들여 가져다주었다. 이렇게 간단하게 요기를 한 후 9시나 10시쯤에 아침식사를 했다. 초타 하즈리 관습은 많은 인도인에게 '베드 티bed tea'라는 영어 이름으로 불리며 오늘날까지 이어지고 있다. 하교한 아이들이나 퇴근한 직장인들을 위해 차려주는 늦은 오후의 간식이나 애프터눈 티 풍습도 인도 각지에 널리 퍼져 있다. 오후에 내는 다과로는 차 한 잔(아이들은 우유 한 잔)과 함께 간단하게 튀긴 간식이나 영국식 티 샌드위치처럼 조금 더 공을 들인 간식, 또는 파코라나 사모사 같은 짭짤한 튀긴 간식, 서구식 케이크나 페이스트리, 보통 노점에서 구매하는 인도식 달콤한 간식이 있다. 특히 서벵골과 타밀나두, 우타르프라데시, 구자라트 같은 지역에서 애프터눈 티는 중요한 한 끼 식사로 자리 잡았다.

서벵골의 애프터눈 티 메뉴에는 영국 통치 시대의 잔재가 남아 있어 오이 샌드위치, 케이크, 짭짤한 맛의 티푸드, (향신료를 넣지 않는) 영국식 차를 준비한다. 벵골인들은 달콤한 음식을 좋아하는 것으로 잘 알려져 있다. 이들에게 티타임은 달콤

우타르프라데시 브린다반에서 달콤한 과자류를 판매하는 가판대.

한 과자류를 다양하게 즐길 기회다. 만드는 데 손이 많이 가는 과자류는 보통 모이라(전문적인 과자 제조업자)에게서 구입한다. 산데시sandesh, 로소굴라rosogullah, 판투아pantua, 로소말라이rosomalai를 비롯한 대다수 과자류는 설탕과 커드로 만든다. 라디카니ladikanee도 인도식 달콤한 과자로, 밀가루와 설탕, 커드를 섞은 반죽을 작은 공 모양으로 단단히 뭉쳐 뜨거운 시럽에 튀긴다. 이 과자는 19세기 중반 유명한 모이라인 빔 찬드라 낙이 당시 인도 총독의 부인이었던 레이디 캐닝의 생일을 맞아 처음 만들었다.[13]

인도 남부에서는 오랫동안 차보다 커피가 더 큰 인기를 끌었지만 '티핀'으로 알려진, 차에 가벼운 간식을 곁들이는 것은 특히 안드라프라데시와 타밀나두에서 보편적인 풍습이다. 과거 영국령 인도에서 티핀으로 시작된 식사 사이에 먹는 가벼운 음식은 인도 전역에서 큰 인기를 끌게 되었고, 특히 뭄바이에서는 인도 남부의 티핀을 하루 중 어느 때든(밤에도) 어느 곳에서나 즐길 수 있다. "점심과 저녁식사 사이 공복을 채워주는 티핀 없이는 하루가 완전하다고 할 수 없다. 마드라스 거리마다 커피와 차, 달콤한 간식과 짭짤한 간식을 파는 이동식 수레와 커피숍, 과자점, 카페가 있다."[14]

타밀에서는 손님이 방문하면 티핀을 대접하는 것이 관례다. 예의를 갖춘 손님 접대가 이루어지며, 티핀을 거절하는 것은 집주인의 접대가 충분하지 않다고 생각하는 것으로 여겨 모욕으로 받아들여질 수 있다. 따라서 손님들은 초대를 받았을 때 주인이 마련한 간단한 음식을 먹을 수 있음을 미리 염두에 두고 차려진 간식을 모두 맛봐야 한다. 티핀에 나오는 음식으로는 인도 남부의 별미인 도사 dosa(쌀가루와 검은 렌즈콩으로 만든 발효 팬케이크), 웁마upma(알갱이가 단단한 밀인 세몰리나와 콩으로 만든 짭짤한 스낵), 무루쿠murukku(병아리콩 가루와 쌀가루를 반죽해 바삭하게 튀긴 스낵으로, 무루쿠라는 단어는 꼬여 있는 형태를 뜻하는 타밀어에서 유래했다. 무루쿠에는 구자라트에서 인기 있는 차칼리나 차클리 비슷한 여러 가지 종류가 포함된다), 그리고 당연히 늘 인기가 많은 사모사와 파코라가 있다. 하지만 손님은 티핀으로 나온 음식을 남기는 게 좋다. 그러지 않으면 집주인에게 음식을 더 만들어야 한다는 부담을 줄 수 있다.

구자라트와 마하라슈트라의 애프터눈 티에서는 파르잔이라는 맛있는 스낵을 즐길 수 있다. 파르잔은 집에서 만들기도 하지만 흔히 노점이나 상점에서 구입한다. 종류는 튀겨서 말린 다음 저장한 것이나 갓 만든 것, 찐 것 등 다양하다. 가령 구자라티[구자라트 사람]의 전형적인 음식인 도클라dhokla는 발효한 쌀가루와 병아리콩 가루를 반죽해 찐 것이다. 또한 체브다chevda(영국에는 봄베이 믹스로 알려져 있다), 간시야ganthiya(향신료를 넣은 병아리콩 반죽을 바삭하게 튀긴 스낵), 파프다

차와 함께 내는 인도식 스낵, 체브다.

fafda(향신료와 병아리콩 가루 반죽을 바삭하게 튀긴 전통 스낵), 칸드비khandvi(병아리콩 가루, 커드, 향신료를 섞은 반죽을 돌돌 말아 한입 크기로 만든 스낵), 라그다ragda(튀겨서 고명을 얹은 감자 패티), 바다vada(다양한 종류의 짭짤한 튀긴 스낵을 칭하는 일반적인 용어), 마스리스mathris(라자스탄의 별미로 반죽을 얇게 겹쳐 구운 짭짤한 비스킷의 일종), 카크라스khakhras(인도산 콩인 모스 빈과 밀가루, 기름과 향신료로 만든 얇은 크래커), 바카르와디bakarwadi(반죽에 향신료를 넣은 필링을 바르고서 돌돌 만 다음 튀긴 스낵), 그리고 널리 알려진 인기 많은 사모사와 바지bhaji(채소튀김)가 있다. 구자라트는 달콤한 과자로 유명하며, 이러한 과자는 티타임 때 즐겨 먹는다. 과자 중에는 바르피처럼 우유를 주재료로 한 것이 있고, 렌즈콩으로 속을 채운 달콤한 푸리처럼 콩을 재료로 한 과자, 할와halwa처럼 병아리콩으로 만든 과자도 있다.

파르시의 티타임

파르시는 8세기에서 10세기 사이에 무슬림 침략자들의 종교적 박해를 피해 페르시아에서 인도로 이주한 조로아스터교 신도의 후손들이다. 인도 구자라트에 정착한 파르시는 인도 생활에 빠르게 동화되면서 자신들의 문화와 인도의 문화를 결합했다. 요리 문화에서도 페르시아와 인도, 앵글로 인디언 요리의 요소들이 뒤섞인 고유한 요리가 등장했다.

　파르시 티타임 스낵은 구자라티, 마하라슈트라, 유럽의 요리뿐 아니라 달콤한 요리와 짭짤한 요리를 비롯해 그들의 전통 요리를 흥미롭게 결합했다. 파르시 여성들 사이에서 특히 뭄바이를 중심으로 케이크를 구워 파는 사업이 활발하게 펼쳐지고 있다. 유지방이 풍부한 쇼트브레드 비스킷과 비슷한 난카타이nankhatai는 뭄바이에서 특히 티타임 때 먹는 음식으로 인기가 많으며 흔히 향신료를 넣은 달콤한 차(가람 마살라 차이)에 찍어 먹는다.●

　수라트, 나브사리, 푸네 같은 도시는 비스킷으로 유명하다. 수라트에서는 반죽을 얇게 겹쳐 구운 짭짤한 맛의 가벼운 비스킷인 카리 푸르 니 비스코트khari pur ni biscot가 유명하다. 또한 동그란 모양의 바삭한 바타사batasa라는 비스킷이 있는 데, 달콤한 것도 있고 커민으로 맛을 낸 짭짤한 것도 있다.《파르시 음식과 관습》(1996)을 저술한 비쿠 매넥쇼에 따르면, 푸네에 갔을 때 유명한 슈루즈버리 진저 버터 비스킷이나 튀긴 감자 스틱과 말린 코코넛, 견과류를 넣어 만든 짭짤하고 향 신료의 풍미가 가득한 바타타 체브다batata chevda를 구매하지 않고 빈손으로 돌아 간다면 반쪽짜리 방문이 되고 말 것이다.

체브다 중에는 납작하게 누른 쌀로 만든 종류도 있다. 차 한 잔에 곁들여 즐겨 먹는 간식으로는 병아리콩 가루로 만든 (간시아라고도 알려진) 가티아ghatia가 있는 데, 구자라트와 마하라슈트라의 대표적인 스낵이다. 벨 푸리는 튀긴 쌀과 렌즈콩, 다진 양파를 섞어 만든 반죽을 바삭하게 튀긴 둥근 모양의 간식으로, 파르시 사 람이라면 특히 티타임 때 누구나 즐겨 먹는다. 파르시의 티타임 때 즐겨 먹는 또 다른 대표적인 짭짤한 간식으로는 바구니에 만들어 내는 작고 부드러운 치즈인 토플리 나 파니르topli na paneer가 있다.

과자류와 달콤한 페이스트리도 티타임에 흔히 낸다. 대다수 파르시 사람들은 티타임을 비롯해 하루 중 언제든 손님이 방문하면 접대하기 위해 달콤한 간식을 가정에 준비해둔다. 인도의 여러 단 과자들은 만드는 데 시간이 꽤 걸리기 때문에 가정에서 직접 준비하기보다는 전국 각지에서 성업 중인 과자 제조업자, 할와이 halwai(벵골에서는 모이라)에게 구입한다. 파르시의 대표적인 달콤한 간식으로는 아

● 원주 페르시아어로 난카타이nankhatai는 '카타이의 빵'이라는 뜻이다. 하지만 일부 역사가들은 난카타이라는 이름에 요리법이 반영되어 있다고 주장한다. 난nan은 빵을 의미하고 카트khat는 정통 요리법에 사용되는 여섯 가지 재료, 즉 밀가루, 기ghee[인도식 정제 버터], 설탕, 야자수액 토디, 달걀, 아몬드를 가리킨다는 것이다. 나중에 토디는 취하게 할 수 있다는 이유로, 달걀은 많은 구자라트인이 먹지 않는다는 이유로 재료에서 빠졌다. 난카타이 요리법은 수라트 에 사는 한 파르시 신사가 처음 만들었다고 전해진다. 그는 자신이 운영하는 빵집에서 비스킷을 만들기 시작했는데 이 비스킷이 티타임 간식으로 구자라트인들 사이에서 인기를 끌게 되자 수라트에서 구자라트인들이 많이 사는 뭄바 이로 수출되기 시작했다. 영국의 인도 통치 시대 동안 이 비스킷은 쇼트브레드를 떠올리게 해 영국인들 사이에서도 인기 있었다.

몬드와 캐슈넛으로 바삭하게 만든 앙증맞은 둥근 마카롱이 있다. 또한 페르시아에서 유래한 바클라바baklava[견과류와 꿀 등을 넣어 파이처럼 만든 중동 음식]의 일종인 말라이 나 카자malai na khaja가 있는데, 견과류를 갈아넣는 대신 장미 향 크림으로 속을 채워 튀긴 후 설탕 시럽에 담가 만든다.

몇몇 티타임 간식은 집에서 만들기도 한다. 패트렐Patrel은 타로토란 잎에 새콤달콤하면서도 매콤한 맛이 나는 페이스트를 넣고 둘둘 감싸서 튀기거나 찐 음식이다. 이스트나 야자즙인 토디◆를 넣은 반죽으로 만든 포파치스popatjis, 바나나로 만든 케르바이kervai, 세몰리나 혹은 고구마로 만든 케르케리아kerkeria 같은 다양한 종류의 프리터를 집에서 만든다. 견과류 팬케이크인 차파트chapat, 아몬드와 피스타치오를 넣고 카다멈, 육두구, 캐러웨이 씨앗으로 가볍게 향미를 내 흔히 야자즙을 넣어 만드는 작고 동그란 케이크인 바크라bhakra도 있다. 사드나sadhna는 쌀가루와 야자즙으로 만든 별미 중 하나다. 달콤한 페이스트리에는 카다멈으로 맛을 낸 미시 파프디meethi papdi와 다르 니 포리dar ni pori(렌즈콩과 견과류로 속을 채운 것), 카주르 니 가리khajoor ni ghari(대추야자와 아몬드로 속을 채운 것)가 있다. 또 다른 달콤한 티타임 간식으로는 빻은 밀과 견과류로 만든 하이소haiso가 있으며, 강판에 간 코코넛으로 속을 채운 카만 나 라르바khaman na larva라는 만두도 있다. 또한 티타임 때 즐겨 먹는 쿠마스kumas(코코넛 워터가 들어간 세몰리나 케이크)가 있다.

짭짤한 간식으로는 패스트푸드 만두라고 할 만한 바타타 바다batata vada가 있다. 으깬 삶은 감자에 그린 칠리, 생강, 마늘, 라임즙, 강황, 신선한 고수를 섞어 만든 속을 병아리콩 가루 반죽에 싸서 튀긴 다음, 그린 처트니 소스나 튀긴 그린 칠리와 함께 낸다. 카로 라보Kharo Ravo는 짭짤한 맛의 세몰리나 스낵이며 추라choora(짭짤한 맛을 낸 납작하게 누른 쌀)와 사리아saria(쌀 크래커)도 있다.

파르시 요리는 구자라트와 마하라슈트라 요리의 영향을 받기도 했다. 일례로

◆ 원주 토디(야자주)는 대추야자와 코코넛 같은 다양한 종류의 야자나무 수액을 모아 발효시킨 음료다.

바지아bhajia, 즉 파코라(감자와 시금치 같은 채소를 넣은 요리)가 있는데, 튀김옷을 입혀 튀긴 다음 민트나 새콤달콤한 처트니 소스와 함께 낸다. 사모사도 즐겨 먹는데, 뭄바이와 하이데라바드에 거주하는 파르시들은 자연스럽게 그들만의 방식을 결합해 새로운 종류의 사모사를 만들었다. 채소나 다진 양고기로 속을 채우는 것은 비슷하지만 걸쭉하고 진한 모르네이 소스를 비롯해 전통적으로 파르시들이 사용하는 다양한 재료를 첨가하는 것으로 보인다. 바타타 푸리처럼 속을 채운 푸리 같은 음식들은 식사 시간 때 먹지 않고 티타임 때 간식으로 나오는 경우가 많다.

이라니 카페

19세기 말과 20세기 초에 조로아스터교 이민자들의 물결이 페르시아에서 뭄바이로 다시 한 번 밀려들었다. 파르시들처럼 그들 또한 페르시아에서 종교로 인해 박해를 받았고, 더 나은 생계수단을 찾아 인도로 떠났다. 그들은 도시가 아닌 예즈드 같은 페르시아[현재의 이란 지역을 가리키는 지명]의 작은 마을에서 왔으며, 부유하지도 않았다. 이라니Irani로 알려진 이란인들은 파르시처럼 차와 관련된 전통을 포함해 고유의 전통음식을 가져와 두 나라의 음식문화를 융합했다. 이란인들은 사업적 수완이 좋아 뭄바이 노동자들을 상대로 작은 노점상에서 원기를 북돋는 차와 다양한 간식을 판매하는 것이 수지맞는 장사가 될 것임을 재빨리 알아차렸다. 훗날 이러한 노점상은 카페로 발전해 이라니 카페로 알려지게 되었다. 이라니 카페는 보통 길모퉁이에 있었다. 이란인들은 힌두교 상인들에게 퍼져 있는 미신—모퉁이에 점포를 내면 운이 없다는 설—덕분에 이득을 얻었다. 사실 길모퉁이에 위치한 카페는 길 양쪽에서 보이고 자연광을 많이 받아 고객들의 발길을 끌 수 있다는 큰 장점이 있었다. 카페에는 상판이 대리석으로 된 테이블과 흰 목재로 만든 의자가 놓였고, 벽은 주로 조로아스터의 초상화와 전신 거울로 장식됐다.[15] 또한 카페 벽이나 뒤편에 마련된 손을 씻는 개수대 위쪽에는 다소 거만하게 느껴지

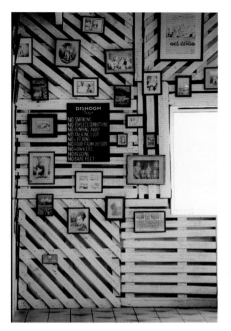

런던에 있는 이라니 카페 중 하나인 디쉬룸의 알림판.

뭄바이 남부, 주둔지의 가장 오래된 이라니 카페인 카야니 앤 코에서 브룬 마스카와 함께 파라니 쿰 차이를 즐기는 남성.

는 '카페 내 규칙' 목록이 붙어 있었는데, 그 규칙으로는 '금연, 싸움 금지, 큰 소리로 떠들지 말 것, 침 뱉지 말 것, 흥정 금지, 부정행위 금지, 도박 금지, 머리 빗지 말 것' 등이 있었다.

이라니 카페는 메뉴가 상당히 간단한 대신 신문을 읽거나 느긋하게 앉아 사람들을 구경할 수 있는 공간을 제공한다. 이라니 카페는 파니 쿰 차이paani kum chai라는 진하고 달콤한 밀크티와 차에 곁들여 먹는 브룬 마스카brun maska로 잘 알려지게 되었다. 뭄바이 전통 빵인 브룬brun(혹은 거틀리 파오gutli pao)은 겉면이 바삭하고 딱딱하며 잘 부스러지는 반면 속은 부드럽다. 이 브룬은 얇게 잘라 마스카(버터)를 듬뿍 바른 다음(설탕을 뿌리기도 한다) 차에 찍어 먹는다. 달콤하거나 짭짤한 맛의 오스마니아, 난카타이, 카리 같은 비스킷과 마와mawa 같은 케이크를 차에 곁들이기도 한다. 마와는 버터와 카다멈으로 맛을 낸 케이크로 코야khoya(우유를 졸여 만든 고형분)를 이용해 만든다. 이라니 카페는 향신료로 맛을 낸 키마keema 같은 음식과 간 고기에 향신료로 양념한 스파이시 민스, 아쿠리akoori(향신료를 넣은 스크램블드에그) 같은 파르시 별미들로 유명하다.

이라니 카페는 먼저 뭄바이에서, 얼마 후에는 하이데라바드에서도 유명해졌지만 아쉽게도 1950년대에 성업했던 약 350곳의 카페 중 오늘날까지 살아남은 건 20곳뿐이다. 카야니와 메르완 카페는 다시 문을 연 것으로 보인다.

애프터눈 티를 위한 외출

차와 간식을 즐길 수 있는 이라니 카페 외에도, 인도의 여러 지역에 위치한 호텔과 레스토랑에서 영국의 인도 통치 시대를 연상시키는 애프터눈 티를 제공한다. 주목할 만한 몇 곳을 소개하겠다.

히말라야 동부의 중심에 자리 잡은 산속 휴양지인 다르질링은 멀리 눈 덮인 산맥과 푸른 계곡, 가파른 비탈을 가로지르며 자라는 차나무들이 그림 같은 풍경을 만들어내는 인상적인 곳으로, 종종 무스카텔muscatel[단맛 나는 화이트 와인이나 건포도를 만드는 포도 품종]에 비유되고 '차들의 샴페인'이라고도 불리는 풍미가 풍부한 차로 유명하다. 이곳에서 생산된 차는 일반적으로 세계 최고의 품질로 여겨진다. 제프 퀼러는 저서 《다르질링》(2015)에서 윈더미어 호텔과 엘진 호텔에서 제공되는 애프터눈 티에 대해 유려하게 묘사한다. 1880년대에 영국 독신남들과 스코틀랜드 출신 차 재배자들을 위한 편안한 하숙집으로 세워진 윈더미어는 1939년 호텔로 개조되었다. 애프터눈 티는 이 호텔의 데이지스 뮤직 룸에서 오후 4시 정각에 제공된다.

윈더미어의 전통은 75년 전 영국의 애프터눈 티 유행을 모방해 시작되었고 그 이후로 특별한 변화 없이 계속 이어졌다. 프릴레이스가 달린 긴 앞치마와 하얀 장갑을 착용한 종업원이 은제 티포트에서 차를 따르고 마카롱, 설탕에 조린 체리를 넣은 번트Bundt 케이크, 반으로 갈라 버터와 클로티드 크림을 듬뿍 바른 스콘을 접시에 담아낸다. 은제 접시에는 톱날이 달린 긴 칼로 가장자리를 자른 빵에 오이나 삶은 달걀, 치즈를 넣어 만든 작은 삼각 샌드위치들이 가지런히 담겨 있다.

샌드위치는 원래 쿠치 베하르 마하라자[인도 토후국의 군주]의 여름 궁전으로 지어졌던 엘진 호텔의 애프터눈 티 메뉴에도 포함되어 있다. 퀼러는 호텔 풍경을 이렇게 묘사한다.

> 동판과 석판으로 장식된 아늑한 실내장식, 미얀마에서 수입한 고풍스러운 티크 가구, 오크나무 마룻바닥, 솜이 두툼하게 든 쿠션이 놓인 붉은색 소파, 겨울이면 탁탁 소리를 내며 불길이 타오르는 벽난로……. 프릴레이스가 달린 앞치마가 아닌 터번을 두르고 유니폼을 착용한 웨이터들이 자개를 박아 장식한, 윤이 나는 묵직한 목재 사이드 테이블에 애프터눈 티를 차린다. 웨이터는 고색창연한 빛깔의 얇은 천으로 덮인 모노그램 찻잔과 받침 접시, 은제 다기들과 함께 접시를 올릴 수 있도록 둥근 테가 있는 3단 티 트레이(에드워드 시대에는 큐어릿이라 불렸다)를 테이블에 내려놓는다. 티 트레이 위 접시에는 맛있는 티푸드들이 담겨 있고 맨 위에는 동그란 고리 모양의 손잡이가 있다.

그는 이어서 애프터눈 티의 메뉴에 대해 서술한다.

> 윈더미어가 촉촉한 스콘과 숟가락을 똑바로 세울 수 있을 정도로 뻑뻑한 질감의 클로티드 크림을 낸다면, 엘진은 양파나 채소, 삶은 달걀로 만든 튀김인 파코라와 함께 달콤한 맛이나 짭짤한 맛의 여러 스낵을 낸다. 또한 마가레츠 호프, 발라슨, 푸타봉(투크바)-향이 깊고 더할 나위 없이 잘 어울리는 향신료가 절묘하게 가미된 마살라 차이-를 비롯해 최상급 싱글 에스테이트[한 지역에서 한 해에 딴 찻잎으로만 만든 홍차] 다르질링 티를 제공한다.

콜카타는 인도의 전통문화와 학문의 중심지로 여겨진다. 또한 극과 극이 공존하는 도시이기도 하다. 일례로 빈민층과 부유층의 격차가 대단히 크다. 벵골 지방의 부유한 상류층은 여전히 영국의 인도 통치 시대를 연상케 하는 남성 전용 클럽에 드나들며 전설적인 플러리스 같은 티룸에서 '티'를 즐기기 위해 외출한다. 1927년 플러리스 부부가 설립한 이 티룸은 전 세대를 아우르는 사람들이 즐겨 찾는 만남의 장소가 되었다. 부유한 영국인과 풍족한 인도인 모두에게 유일한 티룸이었던 이곳은 정통 스위스 요리와 세계적인 진미로 이름을 날렸다. 최근 플러리스는 1930년대의 스타일과 실내장식을 되살려 단장했는데 이국적인 케이크, 크림이 듬뿍 든 페이스트리, 스위스 초콜릿은 여전히 메뉴에 있다. 또한 짭짤한 음식 중에는 동양과 서양의 맛이 어우러진 퍼프와 패티, 마살라 스크램블드에그, 갓 다진 칠리와 양파를 곁들여 매운맛을 가미한 베이크드 빈스를 얹은 토스트가 있다. 차또한 동서양의 차를 모두 갖춰놓고 다르질링, 녹차, 얼 그레이, 마살라 티, 레몬 아이스티를 메뉴로 선보인다.[16]

플러리스 티룸과는 분위기가 정반대인 돌리스는 아담하고 예스러운, 콜카타의 상징적인 찻집이다. 이곳은 학생과 쇼핑객에게 인기가 많다. 벽은 티크 패널로 장식하고 테이블로 이용하는 차 상자와 등나무 의자가 마련되어 있다. 이 찻집은 다양한 입맛에 맞는 음식을 제공하며 차 또한 샬리마르 티[17]와 카슈미르의 카와 같은 '돌리스의 스페셜 티'를 비롯해 뜨거운 차는 물론 아이스티까지 선택의 폭이 넓다. 짭짤한 음식으로는 오이나 치즈를 넣은 평범한 샌드위치와 내용물이 더 푸짐한 클럽 샌드위치가 있다. 차를 마실 때 달콤한 음식을 선호하는 이들을 위한 초콜릿이나 오렌지 케이크가 있으며 아이스크림을 곁들일 수도 있다.

잠무와 카슈미르

인도와 파키스탄 북부에 위치한 분쟁 지역인 잠무Jammu와 카슈미르Kashmir는 그림 같은 눈 덮인 산과 고요한 호수로 유명할 뿐 아니라 차를 마시는 문화로도 잘

카슈미르의 굴라비 차이로도 알려진 눈 차이('핑크 티').

알려져 있다. 카슈미르 사람들은 차를 마시며 하루를 시작하고 오후 4시경에는 음식을 먹으며 차를 마신다. 카슈미르에서는 세 가지 다른 방식으로 차를 준비해 마신다. 그중에서도 카와kahwa를 가장 즐겨 마시는데, 봄베이 차이라는 녹차로 만든다(영국인들이 뭄바이를 봄베이라고 했기 때문에 이렇게 부른다). 차는 전통적으로 사모바르에 우려 코스khos라는 작은 금속 컵에 낸다. 설탕이나 꿀을 넣어 단맛을 내고 카다멈과 저민 아몬드를 가미한다. 카와는 결혼식과 축제 때 대접하는 특별한 차로, 장미 꽃잎이나 현지에서 자생하는 크로커스 꽃으로 만든 사프란을 넣어 향을 내기도 한다. 다발dabal(두 배라는 뜻) 차이는 녹차로 만드는데, 이 차 또한 설탕으로 단맛을 내고 카다멈과 아몬드를 가미하지만 한 가지 다른 점은 우유를 첨가한다는 것이다. 시르 차이sheer chai(굴라비gulabi 또는 눈 차이noon chai라고도 한다)도 인기 있다. 시르 차이는 녹차나 우롱차를 끓여 여기에 소금, 중탄산소다, 우유를 넣어 만드는데, 거품이 풍부하고 진하며 탕색이 독특한 핑크빛을 띤다. 카다멈을 넣어 향을 더하며 때로는 피스타치오 같은 견과류로 장식한다. 시르 차이는 겨울철에 매점에서 쉽게 살 수 있다.

차에 곁들여 먹는 다양한 종류의 플랫브레드flatbread[효모를 사용하지 않고 밀가루에 소금과 물을 넣어 만든 납작한 빵]는 주로 제과점(칸두르kandur)에서 산다. 바키르카니bakirkhani(여러 겹으로 된 둥근 난 모양의 참깨가 뿌려진 바삭한 빵)나 쿨차kulcha(양귀비 씨앗을 얹은 효모를 넣어 부풀린 빵) 같은 빵을 손으로 뜯어 차에 찍어 먹는다. 또한 아랫부분 껍질이 바삭한 도넛 모양의 부드러운 빵인 초치워루czochworu도 차에 찍어 먹는다. 위에는 참깨나 양귀비 씨앗을 뿌린다. 초치워루는 뜨거울 때 내는 게 가장 좋은데, 특히 버터나 잼을 발라 먹으면 맛있다.[18]

초트czot(번철에 구워 만드는 빵인 로티의 일종으로 기르다girda라고도 한다)와 이스트를 넣지 않은 라바사lavasa 같은 일상적인 빵도 버터나 잼을 바르면 티타임에 아주 잘 어울린다. 또한 효모를 넣은 얇게 벗겨지는 빵인 시르말sheermal(크리페krippè로도 알려져 있다)은 반죽에 우유와 설탕을 넣고 사프란으로 향을 더해 만드는데, 이 빵 또한 티타임에 잘 어울린다. 때로는 빵 윗부분에 사프란을 우린 따뜻한 우유를 붓으로 묻혀 금빛을 띠게 한 다음 참깨를 뿌리기도 한다. 카타이khatai를 비롯해 달게 만든 쿨차도 있는데, 입안에서 살살 녹는 달콤한 맛이 특징이다.

파키스탄

파키스탄 전역에서 녹차와 홍차는 모두 인기가 있다. 보통 우유와 설탕을 넣어 마시는 홍차는 영국 통치 시대에 처음 소개되어 대중화되었다. 지역마다 차의 맛과 향은 물론 차를 마시는 방식도 다르다. 카라치에는 무슬림 이민자들인 무하자르 요리의 영향이 강하게 남아 있어 마살라 차이의 인기가 높다. 펀자브에서는 우유와 찻잎으로 번역되는 두드 파티 차이doodh pati chai를 선호하는데, 차와 우유를 섞고 설탕을 가미해 함께 끓인 것으로 찻집에서 판매된다.

파키스탄의 파슈툰 지역과 발루치스탄 지역은 그들이 마시는 녹차를 카와 또는 사브즈 초이sabz choi라고 부른다. 치트랄과 길기트의 북쪽 지역에서는 짭짤한 버터를 넣은 티베트식 차를 주로 마신다. 파키스탄 사람들은 하루에도 여러 번 차를 마시는데, 아침식사, 점심시간, 저녁때도 집에서 차를 즐긴다. 티타임 때 차에 곁들이는 가벼운 음식은 인도의 티푸드와 매우 유사하다. 케이크는 물론, 짭짤하거나 달콤한 맛의 다양한 비스킷(쿨차)에 파코라나 사모사, 스파이시 포테이토 스틱 같은 향신료를 넣은 스낵이 있으며, 때로는 판pann을 곁들이기도 한다(구장나무의 잎에 빈랑나무 열매를 섞어 만든 일종의 각성제로, 때로는 담뱃잎을 곁들이기도 한다. 판은 씹다가 뱉거나 삼킨다).

하이 티는 호텔이나 레스토랑에서 흔히 먹을 수 있는데, 보통 가벼운 음식이 나오는 뷔페식으로 제공된다. 클럽 샌드위치도 파키스탄 전역에서 흔히 볼 수 있는 메뉴다. 라호르(20세기 중반 가장 활발한 차 문화를 꽃피운 도시)에 있는 팩 티하우스는 티타임보다는 저명한 예술가와 문인들이 자주 찾는 곳으로 더 유명하다.

방글라데시

방글라데시는 중요한 차 생산국이다. 하지만 2002년까지만 해도 세계 최대 차 수출국이던 방글라데시는 오늘날 국내 수요 증가와 생산 부진으로 인해 차를 거의 수출하지 않는다. 차 산업의 역사는 유럽 무역상들이 항구도시인 치타공에 차 농장을 설립한 1840년으로 거슬러 올라간다. 차를 상업적으로 재배하기 시작한 것은 1850년대 중반 실헷의 말니케라 차 재배지에서였다. 이후 실헷 지역은 차 재배의 중심지로 떠올랐다.

방글라데시 사람들은 일상적으로 차를 마시는데, 흔히 전국 각지에 문을 연 작은 가판대에서 간식과 함께 차를 사서 마신다. 차는 주로 연유와 설탕을 넣어 만든다. 스리몽골 외곽에 위치한 니칸타 티 캐빈에는 이곳에서만 맛볼 수 있는 유명한 세븐 레이어 티가 있다. 탕색이 서로 다른 일곱 가지 차가 층층이 담겨 있는 이 차의 정확한 제조 방식은 비밀에 부쳐져 있지만, 세 종류의 홍차와 녹차 한 종을 사용한다. 시나몬, 정향 같은 향신료, 레몬즙, 식물의 한 종류인 아위asafoetida가 세븐 레이어 티의 각기 다른 층을 구성하는 것으로 알려져 있다.

달콤한 음식은 티타임 때 특히 즐겨 먹는다. 서벵골과 이웃한 방글라데시의 수도인 다카는 산데시, 로소굴라, 피타스pithas 같은 달콤한 과자류를 만들어 파는 모이라로 콜카타만큼 유명하다. 이러한 과자류에는 쌀가루와 코야, 야자즙 조당으로 만들어 튀기거나 찐 작은 케이크들이 있다.

스리랑카

인도 본토에서 불과 50킬로미터 정도 떨어진 열대 섬 스리랑카(옛 이름은 실론)는 오늘날에도 실론이라는 차를 생산한다. 실론은 훌륭한 차와 동의어처럼 쓰인다. 그러나 1869년 헤밀레이아 바스타트릭스Hemileia vastatrix라는 녹병균이 커피나무에 침투해 커피 산업을 황폐화하기 전까지만 해도 스리랑카의 주요 작물은 커피였다. 1852년에 모험심 가득한 제임스 테일러는 커피를 재배하기 위해 스코틀랜드에서 스리랑카에 왔다. 그는 1867년에 룰레콘데라 토지의 소유주에게 발탁되어 차나무의 생육 가능성을 시험해보기 위해 약 7만 7,000제곱미터의 땅에 차 종자를 심었다. 그는 개척 정신과 불굴의 인내심으로 스리랑카에서 차 산업이 번성하는 데 일조했다.

차 산업이 1870~1880년대에 급속히 확장되자 영국 대기업들이 큰 관심을 보이며 소규모 차 농장을 상당수 인수했다. 1890년에는 토머스 립턴이라는 남자가 네 곳의 차 농장을 사들였다. 글래스고의 빈민가에서 자란 가난한 아일랜드 이민자의 아들이었던 그는 차를 비롯한 식료품을 판매하는 성공한 사업가가 되었다. 립턴은 중간 상인을 거치지 않고 스리랑카에서 직접 차를 포장해 낮은 가격에 유럽과 미국으로 운송하기 시작했다. 그는 '다원에서 곧바로 티포트로direct from the tea garden to the teapot'라는 재치 있는 문구가 적힌 밝은색 포장지에 차를 담아 판매한 최초의 인물이었다.

스리랑카에서는 크리스마스, 생일 같은 모임이나 축제에서 손님들에게 포르투갈, 네덜란드, 영국의 전통이 서려 있는 현지식 케이크와 달콤한 음식을 만들어 대접한다(스리랑카는 포르투갈, 네덜란드, 영국의 식민 지배를 연이어 받게 되었고 국가들은 스리랑카 요리에 어느 정도 흔적을 남겼다). 요리법은 세대를 거쳐 전수되었다. 케이크, 타르트, 비스킷(쿠키)처럼 밀가루와 설탕, 달걀로 만든 제과류는 유럽의 영향을 받았으나 스리랑카의 달콤한 음식에 들어가는 코코넛, 쌀, 대추야자 등은 스리랑

선데 티룸의 메뉴 카드, 1930년경. 이러한 티룸들은 해군 여성 부대원이었던 캐럴 월슨이 1944년 실론 섬에 도착해 부모에게 쓴 편지에 열성적으로 묘사되어 있다. "파인애플, 바나나, 수박 등이 들어 있는 훌륭한 샐러드가 나와요. 또 라임이나 오렌지, 패션프루트 같은 과일로 만들어 커다란 얼음을 띄운 정말 훌륭한 음료도 있어요. 완전히 '반할 맛'이에요!"

카가 유럽 식민지가 되기 한참 전부터 쓰였던 전통적인 재료다.[20]

스리랑카에서 가장 사랑받는 케이크로 짐작되는 러브 케이크는 스리랑카의 전통 생일 케이크다. 이 특이한 이름이 어디서 유래했는지 밝혀진 바는 없는 듯하다. 러브 케이크가 처음 등장한 때가 15세기이며 포르투갈인들이 처음 만들었다고 추정될 뿐이다. 케이크에 들어가는 전통 재료 중 하나는 푸훌 도시puhul dosi라는 일종의 호박 설탕 절임이다. 이는 분명 포르투갈의 호박 설탕 절임인 도시 지 칠라doce de chila를 현지 요리법에 따라 변형한 것으로 보인다. 스리랑카인들은 레몬과 꿀 같은 유럽의 맛과 동양의 향신료, 캐슈넛, 장미수를 혼합한 이 이국적인 케이크를 현지 음식으로 받아들였다. 유지방이 풍부하고 달콤한 러브 케이크는 작은 네모 모양으로 자르는 게 좋다. 스리랑카에서는 생일을 성대하게 축하한다. 러브 케이크 외에도, 커리로 양념한 고기를 넣은 짭짤한 맛의 페이스트리는 패티라고 불리는데, 생일 파티에 없어서는 안 될 '필수 음식'이다. 스리랑카에서는 이 페이스트리에 코코넛 밀크를 넣어 현지 입맛에 맞게 변화를 주었다. 그리고 간식으로 인기가 있어 거의 모든 찻집에서 오븐에 갓 구워 뜨겁게 판매하는 짭짤한 맛의 번빵도 있다. 이스트를 넣은 빵 반죽에 커리로 양념한 고기로 속을 채운 이 빵은 마스 판mas paan이라고 불린다. 스리랑카 방식으로 구운 팬케이크 혹은 크레이프라 할 수 있는 호퍼hopper는 영국인 차 재배자들이 가장 좋아하는 음식이었다. 쌀가루,

코코넛 밀크, 설탕, 소금, 이스트로 만들어 잼을 듬뿍 발라 먹는 호퍼는 티타임 때 차에 곁들이는 인기 간식이었다.

그 밖에도 유지방이 많이 든 케이크로는 볼로 드 코코^{bolo de coco}(향신료를 가미한 코코넛 케이크), 전통적인 크리스마스 케이크, 네덜란드식 브로이더^{breudher}, 전통적으로 크리스마스나 새해에 준비하는 효모 케이크, 그리고 네덜란드와 포르투갈의 후손인 주민들이 자부심을 갖는, 여러 층의 케이크인 볼로 폴라도^{bolo folhado}가 있다. 비비칸^{bibikkan}은 세몰리나, 쌀가루, 당밀, 코코넛, 건포도, 향신료를 넣어 만든 과일 케이크의 일종이다. 포게츠^{foguettes}는 파인애플이나 멜론 잼에 캐슈넛과 건포도를 섞은 달콤한 필링을 넣어 튀긴 페이스트리다. 티타임에 내는 달콤한 음식은 주로 쌀이나 쌀가루로 만든다. 이러한 티푸드로는 코코넛과 야자즙 조당, 향신료를 넣어 바삭하게 튀긴 아티라사^{athirasa}, 코코넛 밀크와 야자즙 조당으로 만든 칼루 도돌^{kalu dodol}, 꿀로 만든 아르스미^{arsmi}, 당밀과 후추를 넣어 만들며 스리랑카의 촌락에서 특히 인기가 많은 아갈라^{aggala}가 있다.

과거 유럽의 식민지였으나 스리랑카에서 차를 마시기 위한 외출은 비교적 최근에 시작되었고, 찻집들도 주로 관광객을 대상으로 영업한다. 그럼에도 애프터눈 티나 하이 티를 제공하는 곳이 많이 있으며 엄선된 훌륭한 차와 다양한 종류의 티타임 별미를 메뉴로 선보인다. 가령 아시아에서 가장 오랜 역사를 자랑하는 호텔 중 하나이자 식민지 시대의 구세계적 매력을 간직한, 콜롬보의 갈레 페이스 호텔에서 제공하는 티는 러브 케이크와 호퍼, 서양식 샌드위치, 스콘, 크림으로 구성되어 있다.

6장
티로드와실크로드

차를 마시는 관습이 당나라(618~906) 때 중국에서 퍼져나가며 아시아 무역이 크게 성장했고 차 교역은 큰 사업으로 자리 잡았다. 당시 중국에서 시작되는 두 곳의 주요 교역로가 있었다. 하나는 중국 남서부에서 티베트, 미얀마, 그 너머 지역까지 이어지는 고대의 차마고도茶馬高道(차와 말의 길)다. 북쪽으로는 당대 최고의 도시였던 장안(현재의 시안)을 시작으로 중앙아시아, 중동, 지중해를 잇는 실크로드가 있었다. 그로부터 훨씬 뒤인 17세기 후반에 열린 티로드는 시베리아를 거쳐 러시아로 이어지는 또 다른 교역로였다.

차는 보통 벽돌 형태의 전차磚茶(찻잎을 압축해 벽돌 모양으로 단단하게 만든 뒤, 표면에 무늬를 새기기도 하는 긴압차)로 운반했다. 전차는 일반적인 잎차보다 부피가 작아 보관 및 운송이 더 수월했을뿐더러 육로로 이동하는 동안 손상될 확률이 적어 19세기 이전 아시아 교역에서 선호되었다. 전차를 야크 가죽으로 싸서 꿰매면 외부 충격이나 악천후로부터 보호할 수 있었다. 전차가 이 지역에서 보편화되자 전차를 화폐처럼 이용하기도 했다. 차는 사실상 어떤 물품과도 교환할 수 있는 상품이었다.

이 교역로들을 따라 위치한 여러 지역에 차를 마시는 전통이 강하게 남아 있으며, 일반적으로 따로 정해진 시간 없이 하루 중 다양한 시간대에 차를 마신다. 이 지역에서는 서양에서 간식이나 제대로 된 식사와 함께 차를 마시는 것과는 다른 방식으로 차를 즐긴다. 교역로 주변 지역들은 각기 고유한 티타임 전통을 가지고

전차는 모양과 크기가 천차만별이었다. 이것처럼 한쪽 면에는 장식적인 패턴이나 무늬가 새겨져 있고 다른 한쪽에는 차를 만들거나 화폐로 사용할 때 덩어리를 자르기에 좋은 곳을 알려주는 표시가 있는 것들도 있었다.

있는데, 그중에서도 티베트에서는 '수프'라고 할 수 있을 만큼 진하게 끓인 차를 마신다. 미얀마에는 러펫이라는 이 지역 고유의 찻잎 절임이 있고, 아프가니스탄에는 차이-에-디가chai-e-digar(애프터눈 티)와 퀴마크 차이qymaq chai(크림을 넣은 차)가 있다. 또한 차를 사랑하는 러시아에서는 사모바르로 끓인 차가 주를 이룬다.

차마고도

남쪽의 실크로드라고도 불리는 차마도[차마고도의 옛 이름]는 하나로 죽 이어진 길이 아니라 산과 정글을 종횡으로 가로지르는 여러 경로로 이루어진 길이다. 두 개의 주 경로는 티베트의 수도인 라사를 지나 네팔과 인도로 이어지는데 하나는 윈난성에서, 다른 하나는 쓰촨성에서 시작했다. 또 다른 경로는 중국과 미얀마를 연결하고 인도, 라오스, 베트남으로 이어졌으며 그중 한 경로는 베이징 북쪽까지 닿았다. 당나라와 송나라 시대에는 이 길을 따라 교역이 번성했고 20세기까지도 교역이 계속되었다. 하지만 더는 말을 군사적 수단으로 사용하지 않고 더 효율적인 새 교역로가 열리면서 차마도는 점차 쇠퇴했다. 그러나 최근에는 긴 역사를 가진 이 교역로가 관광을 장려하는 차원에서 중요한 부분을 차지하게 되면서 새롭게 주목받고 있다. 고대에 차와 말을 교역했던 이 길은 오늘날 차마고도라 불린다.

차와 말은 가장 중요한 교역품이었다. 티베트에서는 험한 기후와 추운 겨울 때문에 차를 재배할 수 없다. 그러다 보니 상인들은 차를 구하기 위해 중국까지 길고 고된 여행을 마다하지 않았다. 중국인은 북부와 서부의 적대적인 부족들과 싸우기 위해 티베트의 강인한 말들이 필요했다.

차는 중국 당나라의 원청 공주(문성 공주)가 티베트의 왕인 송첸감포松贊干布와 결혼한 641년에 처음 티베트에 소개되었다고 한다. 티베트인들은 차가 식단에 포함되는 것을 환영했다. 티베트 식단은 주로 육류와 유제품으로 구성되어 있었는데, 혹독한 기후로 인해 채소 재배가 어려워서였다. 티베트에서는 차를 마시는 중국의 방식을 따르는 대신, 영양을 더하기 위한 그들 고유의 차 만드는 방식을 고안했다. 수프라고 할 수 있을 만큼 진한 티베트의 차는 버터티(보자bo-jha 또는 포차po cha)라고 불린다. 티베트와 인접한 인도 북부의 라다크에서도 비슷한 방법으로 구르 구르 차gur gur cha라는 버터티를 만들어 마신다.

버터티는 여러 가지 방식으로 만들 수 있는데, 보통 전차로 만든다. 벽돌 모양으로 긴압한 전차에서 차 덩어리를 떼어내 그 안에 생긴 곰팡이나 곤충을 없애기위해 불에 굽는다. 그다음 찻잎을 물에 넣고 찻물이 어두운 색을 띨 때까지 진하게 우려내 나무나 대나무로 만든 교유기에 붓는다. 여기에 야크유, 야크버터, 소금을 넣고 차와 잘 섞이도록 힘차게 휘젓는다. 버터티가 완성되면 찻주전자에 담고, 나무로 만든 찻사발에 따라 대접한다. 차를 마시기 전에 차 위에 떠 있는 버터를 한쪽으로 불어 모아놓았다가 차를 다 마신 다음 참파tsampa(볶은 밀가루, 보통은 보릿가루)를 남아 있는 버터와 섞어 먹는다. 린징 도르제는 버터티에 대해 이렇게 설명한다. "아침에 적어도 석 잔에서 다섯 잔의 버터티가 모두에게 필요하다고 여긴다. 그리고 차를 마시기 전에 신성한 존재에게 공양을 올리며 기도를 한다."[1]

티베트에서는 승려를 포함해 누구나 차를 마신다. 사원은 차를 가장 많이 소비하는 곳이다. 염불을 외거나 불경을 낭독하는 사이, 공양주들은 차를 놋쇠나 구리로 만든 커다란 주전자에 담아 와 승려들 앞에 있는 낮은 테이블 위에 놓인 찻사발에 따른다. 티베트인들은 일상적으로 하루에 차 40잔 정도를 마신다. 차예절에 따르면, 손님의 찻잔을 비워두어서는 절대 안 된다. 따라서 차를 충분히 마신 손님은 찻잔 위에 손을 얹어놓아야 한다.

티베트, 라다크, 부탄 지역의 차와 관련된 관례는 오늘날에도 지속되고 있다. 비록 나무로 만든 찻사발 대신 현대적인 도자기 찻잔이나 유리잔을 사용하고, 차를 따뜻하게 유지하는 데 보온병이 사용되면서 화로와 찻주전자도 자취를 감추는 추세지만, 차는 끓여서 힘차게 휘젓는 방식으로 만든다. 축제 때면 버터티가 인기가 많지만, 인도에서 망명 생활을 하는 티베트인들은 특히 젊은 세대를 중심으로 인도 차이(물에 찻잎과 우유를 같이 넣어 끓여 흔히 설탕을 첨가하는 차)를 마시기 시작했다.[2]

중국과 이어지는 차마고도의 한 경로에 위치한 미얀마는 차를 마실 뿐 아니라 먹기까지 하는 아주 드문 나라다. 러펫으로 알려진 독특한 찻잎 절임은 전통적으로 뜨거운 차 한 잔과 함께 나오는데, 특히 기름진 식사를 한 후 입가심을 하기 위해 먹는다. 러펫은 미얀마를 대표하는 전통음식으로서 문화적으로 중요한 부분을 차지하며 전통 운문에도 등장한다.

잎 중에서 최고는 찻잎인 러펫lepet
고기 중에서 최고는 닭고기, 카이엣kyet
과일 중에서 최고는 망고, 타예트thayet[3]

역사학자들에 따르면, 찻잎을 절이는 요리 방식은 고대의 바마르 왕조(1044~1287) 시대로 거슬러 올라간다. 동아시아 혈통인 바마르족은 9세기 초 이라와디 계곡 상류 지역에 정착했다. 예로부터 사람들은 슬픔이나 기쁨을 함께하는 행사에 손님들을 초대해왔다. 저널리스트인 수 아널드는 미얀마 태생의 어머니가 전통 파티 초대장을 보내면서 말린 찻잎을 빻아 마늘과 소금으로 절인 것을 재스민 잎에 싸 풀어지지 않게 정향으로 고정시킨 의례용 러펫을 함께 보낸 것을 기억한다.[4] 바마르족의 전통문화에서 예비 신랑은 약혼을 성사시키기 위해 절인 찻잎 샐러드 한 접시를 신부의 집으로 가져가는 풍습이 있었다. 하지만 신부는 신랑 측의 선물을 거절할 수 있었다. 장례식이나 결혼식 같은 행사 때는 물론, 평상시 차에 곁들여 먹기도 하는 러펫은 현지에서 맛있는 먹거리로 여겨질 뿐 아니라 각성제 역할을 하기도 한다.

러펫은 어린 찻잎을 쪄서 흙으로 만든 통이나 큰 대나무 줄기에 단단히 눌러 채운다. 찻잎을 채운 용기를 땅에 묻어 저장하는데, 가능하면 습하고 일정한 온도를 유지할 수 있는 강바닥에서 가까운 곳이 좋다. 찻잎이 먹을 수 있게 잘 절여지면 꺼내서 소금과 참기름을 약간 넣어 찻잎이 부드러워질 때까지 무친다. 러펫은 다양한 간식과 곁들여 먹는데, 전통적으로는 특별히 고안된 옻칠한 찬합에 담아낸다(찬합 중에는 정교하게 만들어 왕실에서 사용되는 것도 있다). 찬합의 칸마다 러펫, 말린 새우, 마늘편튀김, 볶은 참깨, 바삭하게 튀긴 누에콩(페기pegyi), 볶은 땅콩, 바삭하게 말려 튀긴 완두콩(펠론pelon), 소금이 가득 들어 있다.[5]

19세기 카슈미르나 라다크에서 주로 의식 때 사용한 것으로 보이는 장식이 화려한 티베트의 찻주전자로, 공들인 은장식과 용의 모양으로 정교하게 만든 손잡이가 눈에 띈다.

러펫은 두세 가지의 다른 주전부리와 함께 세 손가락 끝으로 한 자밤을 집어먹는다. 한 입 먹을 때마다 손가락을 닦고 차를 마신다. 마지막에는 손을 닦는 그릇이 나온다. 때로는 러펫에 곁들이는 간식을 모두 섞어 샐러드처럼 먹기도 하는데, 이를 러펫 똑thoke이라 부르며, 큰 접시에 담아낸다. 러펫을 넣은 다양한 샐러드가 생겨났으며 지역마다 넣는 재료가 다양하다. 일례로 잘 익은 토마토나 다진 양배추, 다진 파파야 잎, 삶은 달걀이나 옥수수를 넣기도 한다. 소금 대신 생선 소스나 참기름, 땅콩기름을 사용하기도 하며 라임이나 레몬을 짜서 넣거나 고추를 조금 곁들일 때도 있다. 하얀 쌀밥과 함께 먹는 것을 좋

오늘날 사용되는 미얀마식 옻칠한 러펫 찬합으로, 가운데 칸에는 찻잎 절임(러펫)이 들어 있고, 가운데를 둘러싼 칸에는 전통 주전부리가 담겨 있다.

아하는 이들도 있다.

특히 여성들에게 인기가 많은 러펫 똑은 미얀마 사람들이 차를 마시고 간식을 먹으며 사람들과 만나기 위해 가는 찻집의 메뉴에도 등장한다. 낮은 테이블과 플라스틱 의자가 구비된 찻집은 원래 남자들이 정치를 논하고 소식을 주고받는 공간이었지만 오늘날에는 여자들도 자주 드나든다. 이러한 찻집에서는 녹차나 홍차를 주문할 수 있으며 달콤한 감차도 인기가 많다. 감차는 강하고 진하게 우려 연유를 넣어 단맛을 낸다. 각자 취향에 따라 '약간 달게' '약간 달고 진하게' '달고 진하게' 또는 '캬우크파다웅Kyaukpadaung(아주 달고 진하게)' 중에서 택할 수 있다. '달콤한 차'는 원래 인도 이민자들이 운영했던 노점에서도 살 수 있다. 찻집에서는 차에 곁들여 중국식 찐빵, 튀긴 국수, 푸리, 파라타, 사모사 같은 인도식 빵, 수프를 비롯한 다양한 간식을 먹을 수 있다. 특히 모힝가mohinga는 미얀마 전통음식 중 하나로, 민물고기를 삶은 육수에 쌀국수를 넣고 고명을 얹어 먹는데, 고명으로 튀김을 올리기도 한다.

베트남으로 여행을 간다면 요즘에는 커피를 마시는 사람들이 더 많이 눈에 띌 것이다. 하지만 베트남에서 차를 마신 역사는 상당히 긴 편이며 여전히 베트남 문화에서 차는 중요하게 여겨진다. 베트남인들은 수세기 동안 차를 즐겼으나 프랑스 식민지 개척자들이 1880년대에 차 재배지를 처음 조성한 이후에야 베트남에서 차가 생산되기 시작했다. 베트남에서는 가볍고 섬세한 맛이 나는 차를 선호한다. 녹차를 가장 좋아하는데, 향을 더하지 않은 녹차 본연의 맛을 즐긴다. 하지만 연꽃차(연꽃 봉오리 안에 녹차 잎을 넣고 봉인해 녹차에 연꽃 향이 배도록 한 전통 차)와 재스민차, 국화차도 인기 있다.

베트남의 다도는 일본의 다도처럼 종교적 경지에 이르지는 않았지만, 차를 만들고 대접하고 마시는 과정은 사회적으로 대단히 큰 중요성을 띤다. 차와 관련된 의식 절차는 축하나 기념을 위한 행사 때 매우 중요하다. 약혼식에서 신부 가족에게 여러 가지 음식과 함께 차를 대접하는 것이 관행이며 흔히 차를 아름다운 봉투에 포장하거나 꾸아 손qua son(옻칠한 원형 용기)에 넣어 선물한다. 결혼식과 장례식에서도 차를 대접한다. 베트남인들은 친구와 친척들이 함께 마시는 차가 서로를 결속하는 매개체가 되어 유가족을 위로하는 방식이라고 믿는다. 또한 사업 모임도 차를 마시며 시작한다. 차는 일상생활에서 필수적인 부분이며 집에서도 온종일 수시로 마신다.

베트남에서 찻집은 흔하게 볼 수 있는데, 중국식 찻집에서부터 일본식 찻집, 베트남 전통 찻집에 이르기까지 다양하다. 대다수 찻집은 단체 손님을 받을 수 있도록 큰 테이블과 의자들이 많이 놓인 전형적인 남아시아 스타일로 꾸몄다. 차는 전통 녹차에서 가향차, 허브차, 이국적인 수입차 등 선택의 폭이 넓다. 가건물에 마련된 찻집에서 차를 마시는 경우도 많은데, 이런 찻집에서도 케이크와 달콤한 과자류를 판매한다.

많은 이들이 버스터미널, 기차역, 학교, 사무실 근처에 위치한 길가의 가건물에 마련된 찻집인 꾸안 꼽quán cóc에서 뜨거운 차나 아이스티를 즐긴다. 또 다른 종류의 찻집인 꾸안 홍 짜quán hong trà(홍차 가게)가 주요 도시를 중심으로 문을 열어 꽃잎, 설탕, 꿀 또는 우유, 간 얼음을 섞어 만든 일종의 티 칵테일을 선보였는데, 거품이 날 때까지 차를 휘저어서 낸다. 젊은이들 사이에서는 찻집에서 친구들을 만나 짜 짠trà chanh(신선한 레몬을 넣은 차)을 마시는 것이 새로운 유행이다. 이때 구운 해바라기 씨를 작은 접시에 담아 곁들이기도 한다. 짜 짠의 인기는 대단해서 '같이 만나서 놀다'라는 뜻의 은어로도 사용되고 있다.

실크로드와 중앙아시아

실크로드는 중국과 극동, 중앙아시아, 인도, 중동, 지중해 지역을 연결하며 산과 사막을 가로지르는 길들이 그물처럼 뻗어간 중요한 교역로를 가리키는 이름이다.

이름에서 알 수 있듯, 비단은 이 교역로를 따라 거래된 가장 중요한 상품이었지만 옥이나 청금석 같은 진귀품도 거래되었다. 동물, 채소, 과일, 향신료, 차도 거래되었다. 차 마시는 의식을 비롯해 요리와 관련된 전통도 전파되었다.

귀중한 화물을 실은 대상들이 여행길을 시작하는 동쪽 끝에는 당나라의 도성인 웅장한 장안(시안)이 있었다. 교역품은 보통 '사막의 배'라고 불리는 쌍봉낙타의 등에 실어 운반했다. 대상들은 지친 교역상과 여행자들이 차를 마시며 휴식을 취하고 원기를 북돋을 수 있도록 적재적소에 마련된 카라반세라이, 즉 여행자 쉼터에 묵었다. 대상들은 카슈가르 같은 주요 도시를 거쳐 카슈미르나 아프가니스탄, 그리고 사마르칸트, 바그다드, 콘스탄티노플(오늘날 이스탄불) 같은 전설적인 도시로 향했다. 그러나 차 무역상들이 중앙아시아의 서부 지역까지 진입하지는 못한 것으로 보인다. 아프가니스탄 북부의 고대 도시인 발흐(옛 이름은 박트라)가 차 교역의 서쪽 종착역이었던 듯하다. 더 서쪽에 있는 이란과 중동에서는 카와qahwa(커피)를 더 선호했다. 차는 훨씬 뒤에 다른 교역로를 통해 전해져 차를 마시는 풍습도 뒤늦게 자리 잡았다.

실크로드와 접한 많은 지역에는 모두 차를 마시는 관습이 있다. 차를 매우 많이 마실 뿐 아니라 손님을 접대하거나 사업상 거래를 할 때도 차는 중요한 역할을 한다. 흔히 차는 각설탕과 함께 내는데, 각설탕을 혀 위에 올려놓은 채 차를 마신다. 찻집(차이하나chai khana)은 남자들이 차를 마시며 앉아 쉬거나 정치에 관한 이야기를 나누는 장소로 인기가 높다(이런 찻집은 남자들만 출입하는 곳으로 여자들은 집에서 차를 마신다). 차는 보통 차를 따뜻하게 유지해주는 사모바르에서 개별 티포트에 받아 작은 중국식 자기 다완이나 유리잔에 따라 낸다. 이 지역의 많은 곳에서 사용하는 자기 티포트와 티볼은 러시아의 가드너 공장에서 제조한 것으로 특히 꽃무늬가 그려진 다기가 보편적이다. 이 공장은 1766년에 영국인 프랜시스 가드너가 모스크바 근처의 베르빌키에 설립했다.

카슈가르는 실크로드의 주요 교차로였고 중요한 무역 중심지였다. 상인과 무

역상은 앞으로 남은 고된 여행을 위해 필요한 새
로운 물자를 비축하고 휴식을 취하기 위해 이곳
에 들렀다. 카슈가르는 위구르 세계의 중심부에
해당된다. 위구르족은 오래전 실크로드를 따라
주변 지대, 특히 오늘날의 신장 지역에 정착한 고
대 투르크인들이다. 그들은 녹차와 홍차를 모두
마시며 다양한 방식으로 차를 만든다. 차를 큰
사발에 따라 소금과 우유를 섞거나 크림 또는
사워크림, 버터를 넣기도 한다. 홍차에는 흔히 카
다멈, 시나몬 같은 향신료를 넣으며 사프란과 장
미 꽃잎으로 향을 내기도 한다. 페르가나 계곡

차이하나에서 네 명의 우즈베키스탄 남성이 차와 빵,
사과를 즐기는 모습을 표현한 현대적이면서도 매력적인
장식물. 관광객을 위한 기념품으로 만들어진 이것은
1990년대 우즈베키스탄 페르가나에서 구입한 것이다.

에 사는 위구르인들은 녹차를 더 좋아한다. 차는 말린 과일이나 견과류와 함께 식
사 전에 내는데, 검은 니겔라 씨앗을 뿌린 난(빵)을 곁들일 때도 있다. 기름진 식사
를 마치고 난 뒤에도 달콤한 디저트와 함께 차를 낸다.

　1890년부터 1918년까지 영국 관리의 부인으로 카슈가르에 살았던 레이디 매
카트니는 저서 《중국 투르키스탄의 영국인 부인》(1931년 첫 출간)을 통해 그곳에서
지낸 멋지고 흥미진진한 이야기를 기록에 남겼다. 그녀는 차이하나를 이렇게 묘
사한다.

　물론 어디에나 어김없이 차이하나, 즉 찻집이 있다. 사람들은 찻집에 앉아 요정이 내
　는 듯한 아주 부드러운 소리를 내는, 목이 긴 만돌린 모양의 악기 한두 개와 작은 북
　하나로 구성된 밴드가 연주하는 몽환적인 토속음악을 듣거나 직업적인 이야기꾼의
　이야기를 들으며 차를 마셨다. …… 천일야화의 이야기들도 바로 이런 분위기 속에
　서 전해진 것이리라.

커다란 사모바르가 놓여 있고 벽면을 빼곡하게 채운 티포트들이 인상적인 아프가니스탄의 차이하나를 배경으로 한 엽서, 1970년대경.

아프가니스탄에서 사용되는 황동 사모바르(러시아 제조), 그 옆에 가드너 티포트와 작은 자기 잔에 담긴 차, 노클(설탕에 절인 아몬드)이 담긴 그릇.

중앙아시아의 중심 지역이자 실크로드 교차로에 놓인 아프가니스탄에서, 차이하나는 사람들의 삶에서 큰 비중을 차지한다. 차이하나는 아프가니스탄 전역에, 심지어 벽지에도 있어 길고 고된 먼지투성이 여행 끝에 지친 여행자들은 다과로 원기를 보충할 수 있었다. 현지인들(남성)이 만남을 갖고 새로운 소식과 소문을 주고받는 곳이기도 하다. 아프가니스탄 차이하나의 기본 메뉴와 가격대는 천차만별이다. 일부 찻집의 경우 아주 기본적인 메뉴만 제공하며, 차도 녹차와 홍차 두 종류뿐이다. 규모가 큰 찻집도 있다. 이런 곳에서는 아프가니스탄 사람들이 앉는 전통 카펫과 쿠션 대신 테이블과 의자를 갖추고 있다. 아프가니스탄과 인도 음악이 녹음된 테이프를 틀어놓아 시끌벅적한 곳도 있다. 차는 기본으로 어디에나 있는데, 보통 개인 티포트에 차를 담아 작은 유리잔이나 티볼, 차 찌꺼기를 담는 그릇과 함께 낸다. 차가 나오면, 손님은 먼저 뜨거운 차로 작은 유리잔을 헹군다. 그런 다음 잔에 설탕을 먼저 넣고서(설탕을 추가하면 요금을 더 받는데도 설탕을 듬뿍 넣는 경우가 많다) 차를 따른다. 첫 번째 잔은 매우 달지만, 잔에 계속 차를 따라 마시다 보면 단맛은 줄어들고 마지막 잔은 꽤 쓸 것이다. 흔히 설탕에 절인 아몬드(노클^{noql}) 같은 달콤한 음식이 차에 곁들여 나온다. 규모가 큰 차이하나의 경우, 납작한 빵인 난이 차에 곁들여 나오며 달걀프라이, 케밥, 필라프, 수프 같은 든든한 음식을 주문할 수 있다.

차이하나뿐 아니라 집에서도 차를 마신다. 우유는 대개 넣지 않지만, 설탕은 흔히 넣으며 때로는 카다멈으로 풍미를 더한다. 차는 하루 중 수시로 마신다. 아침식사 때, 점심식사와 저녁식사 후, 간식이나 가벼운 식사를 하는 오후에도 차를 즐긴다. 이러한 오후 티타임은 특별히 차이-에-디가라고 한다. 부유한 가정에서는 특히 특별한 행사가 있거나 손님을 초대할 경우, 오후 티타임에 훨씬 푸짐한 음식을 차리곤 한다.

손님들은 언제나 차를 대접받는다. 차를 낼 때는 작은 유리잔(이스타칸istakhan)이나 중국의 다완처럼 손잡이가 없는 작은 찻사발(피알라piala)을 사용한다. 도시에서는 서양식 찻잔을 사용하기도 한다. 첫 번째 잔에는 보통 엄청난 양의 설탕을 넣어 대접하는데, 설탕이 많을수록 손님을 더욱 환대한다는 뜻이다. 또 다른 관습은 첫 잔의 차에는 설탕을 넣어 달게 마시고(차이 시린chaishireen), 두 번째 잔부터는 설탕 없이 마시는 것이다(차이 탈크chaitalkh).

손님을 초대한 집주인이 계속 차를 따라주기 때문에 차를 그만 마시고 싶을 때는 유리잔이나 찻잔을 반드시 뒤집어놓아야 한다. 그러지 않으면 찻잔에 차를 계속 채워줄 것이다. 때로는 개인용 티포트에 차를 내서 손님이 원하는 만큼 차를 마실 수 있도록 한다. 이때 차 찌꺼기를 담을 작은 그릇을 함께 낸다.

일반적으로 달콤한 음식(시린shirnee)과 짭짤한 간식을 차와 함께 낸다. 노클, 즉 설탕에 절인 아몬드나 피스타치오, 병아리콩이 전통적인 티푸드다. 설탕에 절인 아몬드인 노클-에-바도미noql-e-badomi가 가장 인기 있다. 때로는 호두, 아몬드 같은 견과류와 청건포도나 적건포도 같은 말린 과일을 섞어 내기도 한다. 케이크와 비스킷(쿨차)을 곁들이기도 하지만 오븐을 갖춘 집이 거의 없어 제과류를 가정에서 만드는 경우는 드물다. '입에서 녹는다'는 뜻의 잘 바스러지는 압-에-단돈ab-e-dandon을 비롯해 다양한 종류의 제과류가 구비된 상점에서 사곤 한다. 그러나 기름에 튀겨서 만드는 비스킷이나 페이스트리는 집에서 만들기도 한다. 특별한 행사 때는 고쉬-이-필gosh-e-feel('코끼리 귀'라는 뜻)이라는 가볍고 바삭한 페이스트리를 만든다. 반죽을 섬세한 형태로 빚어 가루 설탕을 가볍게 뿌린 쿨차-에-팬제레이kulcha-e-panjerei는 프리터와 비슷한 페이스트리로, 차와 함께 즐겨 먹는다.

손님들이 차를 마시며 가볍게 간식을 즐기는 동안, 집안의 여자와 어린 소녀들은 모두 음식을 준비하느라 바쁘다. 차이-에-디가, 즉 애프터눈 티를 위해서는 채소 소를 넣어 기름에 부친 페이스트리의 일종인 볼라니boulani를 준비한다. 보통 빵 속에 넣는 소는 간다나gandana(부추의 일종)나 파를 넣은 으깬 감자로 만든다. 티타임 때 즐겨 먹는 또 다른 짭짤한 맛의 페이스트리로 파코라(얇게 썬 감자나 가지 같은 채소에 향신료로 양념한 반죽 옷을 입혀 튀긴 음식)와 삼보사sambosa(양념한 다진 고기로 만든 속을 넣어 튀긴 페이스트리)가 있다. 샤미 케밥shami kebab(다진 고기, 감자, 양파, 쪼개서 말린 완두콩을 섞어 소시지 모양으로 뭉쳐 튀긴 것으로, 리솔rissole● 의 일종)이나 케밥-에-데이기kebab-e-daygi(양고기에 양파, 요구르트, 향신료를 넣고 고기에서 육즙이 많이 나오고 부드러워질 때까지 팬에서 천천히 익히는 요리)도 흔히 대접하는 요리다. 이러한 짭짤한 음식에는 항상 집에서 만든 처트니 소스와 신선한 난을 곁들여 내고 파나 레몬 조각, 양상추, 허브를 같이 낼 때도 많다.

종교적인 축제(가령 이드 울 피트르나 이드 울 아드하 같은 이슬람 명절)나 3월 21일 춘분을 새해의 첫날로 기리는 명절인 나우로즈Nauroz를 기념하기 위해 흔히 손님을 초대해 차를 함께한다. 이러한 행사 때는 차와 함께 쿨차-에-나우로지kulcha-e-Naurozee(쿨차-에-비리니kulcha-e-birini라고도 함)라는 쌀 비스킷을 내는 전통이 있다. 그 밖에도 달콤한 페이스트리와 케이크로는 바클라바baklava[견과류, 꿀 등을 넣어 파이처럼 만든 중동 음식], 쿼틀라마qatlama(튀긴 페이스트리), 카주르khajoor(도넛과 비슷한 모양의 튀긴 케이크)가 있다. 시르 페이라sheer payra(우유와 설탕으로 만든, 유지방 함량이

● 파이 껍질에 고기나 생선 등을 넣어 튀긴 것으로, 우리나라의 동그랑땡과 비슷한 음식.

높은 단 과자류)는 흔히 아기의 탄생을 축하할 때 차와 함께 낸다. 로트roht(달콤한 맛의 둥글고 납작한 빵)는 아기가 태어난 지 40일을 기념하는 잔치 때 만드는 전통음식이다. 약혼식 파티(시르니 코리shirnee khoree-'달콤한 음식을 먹는다'는 뜻) 때도 흔히 티타임을 갖는다. 달콤한 음식, 비스킷, 단 과자류가 차와 함께 제공되며 때로는 아브라이슘 케밥abrayshum kebab('실크 케밥'이라는 뜻)이라는 독특한 단 과자류를 만들기도 한다. 잘 저은 달걀을 뜨거운 기름을 두른 팬에 붓고 '실크 같은' 실 모양이 되도록 만든 뒤 돌돌 말고서 시럽과 갈아놓은 피스타치오를 뿌려 낸다.

이러한 행사 때는 퀴마크 차이(퀴마크는 중동의 카이마크kaymak와 비슷한 클로티드 크림의 일종)를 주로 낸다. 녹차로 만드는 퀴마크 차이에 중탄산소다를 넣고 공기와 접하는 과정을 거치게 하면 차의 수색이 검붉게 변한다. 여기에 우유와 설탕을 넣으면 보랏빛이 감도는 분홍색이 된다. 완성된 차의 맛은 진하고 풍부하며 차 위에는 퀴마크가 떠 있다.

자히르 샤(재위 1933~1973년) 전 국왕은 종종 저명한 아프가니스탄 인사나 귀빈들을 궁에 초대해 차이-에-디가, 즉 애프터눈 티를 대접했다. 그는 대단히 호화로운 환경에서 살면서도 상당히 소박한 취향을 가졌다고 전해진다. 라일라 누르는 국왕의 장녀인 빌키스 공주와 함께 왕궁에서 가진 티타임을 기억하고 있다. 손님들은 우선 퀴마크 차이를 한 잔씩 받았다. 진한 차를 마시고 나면 케밥, 볼라니, 슈르 파니르shour panir(민트를 곁들인 짭짤한 하얀 치즈) 같은 짭짤한 맛의 가벼운 음식이 난과 함께 나왔고 처트니 소스도 곁들여 먹도록 준비되었다. 이어서 플레인 스펀지케이크와 로트, 쿨차 나마키kulcha namaki(짭짤한 비스킷), 쿨차-에-자와리kulcha-e-jawari(노란 옥수숫가루로 만들어 비스킷보다는 빵에 가깝다) 등 다양한 비스킷이 나왔다. 진정한 별미라 할 수 있는 크림 롤(휘핑크림으로 속을 채우고 가루 설탕과 간 피스타치오를 뿌린 퍼프 페이스트리)도 나왔으며 당연히 차는 찻잔에 계속 채워졌다.[6]

티로드

1689년 러시아와 청나라 사이에 네르친스크 조약이 체결되면서 '티로드Tea Road' 라는 교역로가 열렸다('위대한 차의 길' 또는 '시베리아 루트'라고도 불린다). 중국 북부의 장자커우에서 시작된 이 길은 몽골과 고비사막을 거쳐 서쪽으로 이어지는 시베리아 타이가를 가로질러 마침내 러시아 제국의 국제적인 중심지에 당도했다. 이 길을 여행하는 것은 1년 이상 걸리는 길고 고된 여정이지만, 낙타 대상들이 모피를 비롯한 여러 상품을 중국으로 실어 나르는 주요 교역로가 되었다. 러시아 제국에서는 실크, 약용 식물(특히 대황), 비단, 차 같은 중국의 진귀품을 수입했다.

중국 차 견본이 처음 러시아에 들어온 때는 1616년으로, 외교 임무를 마치고 몽골에서 귀국한 튜메네츠라는 카자크 사람이 가져왔다고 전해진다. 그의 기록에 따르면 사절단은 "미지의 잎을 넣은 물에 우유와 버터를 넣은 음료를 마셨다." 2년 뒤인 1618년에 청나라 사신은 모스크바의 러시아 궁정에 차 상자 여러 개를

금속 홀더(포드스타카니크)에 끼워 유리잔에 내는 러시안티. 각설탕과 초콜릿을 함께 낸다.

선물했다. 1638년에는 몽골의 칸[황제]이 러시아 대사 바실리 스타르코프를 통해 러시아 황제 미하일 표도로비치에게 진귀한 선물인 차 200꾸러미를 보냈다. 차는 러시아 궁정에서 인기를 끌었으나 그 당시만 해도 러시아에서 중국과 차에 대해서는 거의 알려지지 않았다.

러시아로 들어오는 차 수입량은 점차 늘어났다. 차는 18세기 동안, 특히 예카테리나 2세 재임 당시 러시아 귀족층 사이에서 크게 유행했지만 일반 대중에게까지 보급된 것은 19세기에 이르러서였다. 러시아인들은 차를 마시는 고유의 관습을 발전시켰는데, 그중에서도 가장 주목할 점은 사모바르를 사용하는 것이었다.

아프가니스탄에서 사용된 러시아제 사모바르, 19세기 추정.

아이들은 뜨거운 차에 입술을 데지 않도록 과거에 그랬던 것처럼 오늘날에도 차를 받침 접시에 따라 마셔도 되며, 그런 방식이 권장되기도 한다. 오늘날 식당과 카페에서는 보통 유리잔에 차를 제공하나 집에서는 찻잔을 사용하기도 한다.[7] 차는 공연장에서도 제공되었다. 1896년 마티네 공연[낮에 펼쳐지는 공연]에 대해 글을 쓴 발레리나 타마라 카르사비나는 어느 추운 날, 상트페테르부르크의 공연장에서 제공한 따뜻한 차가 반가웠다고 전한다. "무대 출입구 밖에는 커다란 사모바르가 김을 내뿜고 있었다. …… 중간 휴식 시간에 차와 원기를 북돋는 티푸드가 극장 로비 여러 곳에서 제공되었고 웨이터들은 러시아 제국의 독수리 문양이 있는 화려한 빨간색 제복을 입었다."[8]

러시아인들은 주로 홍차를 마시는데, 최상품 홍차는 조지아와 아제르바이잔의 산비탈에서 재배된다. 차 대부분은 잎차 형태로 방습 용기에 포장해 판매하지만, 벽돌 형태의 전차로 판매하는 경우가 간혹 눈에 띄기도 한다. 차는 하루 중 수

사모바르는 러시아 고유의 물을 끓이는 용기로 여겨지나 슬라브족 국가들은 물론 중앙아시아 국가들, 이란, 아프가니스탄, 카슈미르, 터키에서도 사용된다. 일부 사람들은 사모바르가 동아시아에서 유래했다며 음식을 데우는 중국의 훠궈와 한국의 신선로가 사모바르의 전신이라고 말한다. 다른 일각에서는 사모바르의 전신이 숯이 담긴 놋쇠 풍로 위에 올려놓는 중국의 찻주전자나 이와 비슷하게 생긴 몽골의 화덕이라고 주장한다.

사모바르를 직역하면 '자체적으로 끓는 용기'라는 뜻이다. 놋쇠(은이나 심지어 금으로 만든 것도 있다)로 만든 사모바르는 물을 끓이는 휴대 가능한 도구다. 한겨울에 예카테리나 2세가 3필의 말이 끄는 트로이카를 타고 상트페테르부르크에서 모스크바까지 여행할 때, 마차 뒤에는 사모바르가 실려 있었다. 여제에게 따뜻한 차를 제공하기 위해 혹한에 물이 식는 일이 없도록 흑담비와 여우 모피로 꽁꽁 감싸인, 장식이 화려한 은제 사모바르에서 물이 계속 끓고 있었다고 한다.⁹

그러나 사모바르는 부유한 가정의 전유물은 아니었다. 최하층에 속하는 소작농의 오두막에도 사모바르는 비치되어 있었다. 아마도 놋쇠 대신 양철판으로 만든 사모바르였을 것이다. 또 러시아 전체에서 가장 정교하게 사모바르를 제작하는 곳으로 정평이 난 제조업 중심지인 툴라에서 만든 것도 아닐 것이다. 오늘날에도 러시아에서 사모바르를 볼 수 있으나 숯불을 연료로 하는 전통적인 사모바르가 아닌, 전기로 물을 끓이는 사모바르로 대체되고 있다. 시베리아 횡단 열차에는 승객을 위해 사모바르가 배치되어 있다. 기차역에도 킵자톡 kipjatok이라는 커다란 주전자를 배치해 차를 만들 수 있는 뜨거운 물을 제공한다.

차를 좋아하는 러시아인들은 사모바르가 대단히 효율적이라고 생각했다. 18세기 후반에는 일상적으로 언제나 사용할 수 있게 제작해 사모바르는 러시아인의 필수 생활용품으로 자리 잡았다. 사모바르가 항시 물을 끓이고 있어 언제든 손님들에게 따뜻한 차를 대접할 수 있었다. 도스토옙스키에서 톨스토이, 고리키에 이르기까지 수많은 러시아의 대문호들은 사모바르가 형성하는 따뜻한 친밀감을 작품에서 묘사했다.

일반적인 생각과는 달리 사모바르로 직접 차를 만드는 것은 아니다. 사모바르는 차를 우릴 수 있도록 물을 끓여 따뜻하게 유지하는 역할만 한다. 사모바르의 중앙에 상하로 통하는 관이 있어 이 관에 솔방울이나 숯으로 불을 때면 급수통에 넣은 물이 끓여진다. 차는 따로 작은 티포트에 우려 진한 차 농축액인 자바르카zavarka를 만들고, 차가 식지 않도록 티포트를 사모바르 위에 얹어놓는다. 차를 만들려면, 차 농축액을 찻잔이나 유리잔에 조금 따르고서 사모바르의 화려하게 장식된 꼭지를 틀면 나오는 뜨거운 물로 진한 차를 희석한다. 이렇게 하면 차의 진하기를 개인의 기호에 따라 조절할 수 있다.

사모바르는 러시아에서 손님을 접대할 때 없어서는 안 되는 것으로, 여자들을 위한 자기 찻잔과 남자들을 위한 유리잔에 차를 따르는 안주인의 바로 옆 테이블, 그것도 가장 좋은 자리에 항상 놓여 있었다. 유리잔은 금속이나 선 세공으로 아름답게 장식한 홀더인 포드스타카니크에 끼워 내기 때문에 손을 데지 않고 뜨거운 차가 담긴 유리잔을 들 수 있다. 귀족 가문은 고유한 디자인의 포드스타카니크를 제작해 사용하며 금으로 만들어 보석으로 장식한 것도 있다.

시로 마신다. 아침을 시작할 때는 빵과 버터, 혹은 치즈에 곁들여 차를 마시며, 그 날의 마지막 식사를 하고서 '이브닝 티'라고 불리는 차를 마시며 하루를 마무리 한다.

러시아인들은 차를 낼 때 레몬(혹은 사과) 한 조각을 곁들이는 경우가 많다. 우 유를 넣는 경우는 드물다. 하지만 뭐니 뭐니 해도 러시아인들이 좋아하는 건 설탕 을 듬뿍 넣은 진한 홍차다. 설탕이 찻잎의 향기를 더욱 끌어낸다며, 이 사이에 각 설탕을 물고 차를 마시기도 한다. 그러면 이 사이로 차를 빨아들일 때 설탕이 녹 는다. 푸시킨은 "유리잔에 가득 따른 차와 입에 문 설탕 한 조각은 지극한 기쁨"이 라고 썼다. 달콤한 맛을 대단히 좋아하는 러시아인은 차를 낼 때 다른 건 몰라도

콘스탄틴 코로빈, 〈티 테이블에서〉, 1888년, 캔버스에 유화. 가족과 친구들이 티 테이블에 둘러앉아 대화를 나누는 모습. 테이블에는 사모바르, 홀더에 끼운 티 글라스, 잼, 과일, 그리고 러시아인들이 뜨거운 차를 조금씩 따라 마시기도 하는 받침 접시가 놓여 있다.

잼은 반드시 곁들인다. 보통 과일이 통째로 들어 있을 정도로 매우 걸쭉한 농도의 잼을 로제키rozetki라는 작고 평평한 크리스털 잼 접시에 담아낸다. 작은 스푼으로 접시에 담긴 잼을 바로 떠먹거나 차에 넣어 저어 마셔도 되는데, 이렇게 잼을 곁들이면 과일의 향과 맛이 깃든 홍차를 음미할 수 있다.

티 테이블에는 러시안 티 비스킷 – 잼을 바른 플레인 비스킷에 머랭과 견과류를 얹은 비스킷 – 을 올려 티타임을 더욱 빛낼 수 있다. 러시아의 유명한 군사령관의 이름을 딴 수보로프Souvorov 비스킷은 두 개의 비스킷 사이에 잼을 두툼하게 발라 합치고서 가루 설탕을 뿌린 것이다. 바삭한 비스킷인 아몬드 링과 헤이즐넛 러스트도 있다. 페이스트리로는 설탕과 견과류로 속을 채운 로갈리키rogaliki('작은 뿔'이라는 뜻)라는 초승달 모양의 월넛 크레센트가 있다. 번빵과 케이크, 토르테, 타르트 또한 티타임 때 즐겨 먹는데, 일례로 레이즌 번빵, 반죽을 끓는 물에 데친 다음 굽는 달콤한 번빵인 부블리크bublik, 레몬 케이크, 사과 케이크, 바트루스키vatrushki라는 커드 치즈 타르틀렛, 살구 타르트, 부드러운 양귀비 씨 토르테, 진한 러시아 캐러멜 토르테 등이 있다. 은은한 사과 향이 나는 아주 가벼운 머랭 퍼프인 파스틸라pastila나 아몬드 캐러멜 또한 단맛을 좋아하는 러시아인들이 차와 함께 즐겨 먹는 달콤한 음식이다.[10]

차는 집 밖에서도 즐긴다. 음식학자인 다라 골드스타인은 러시아의 티룸에 대해 이렇게 서술한다.

대다수 도시와 마을에 티룸이 있다(그리고 대다수 티룸의 이름은 상상력과는 거리가 먼 '사모바르'나 '러시안 티'다). 티룸은 밝은색으로 칠해진 천장과 수놓은 테이블보가 깔린 고풍스러운 스타일로 장식된 경우가 많다. 그리고 일반적으로 몇 자 높이의 커다란 사모바르 한두 개가 한쪽에 비치되어 있다. 사모바르 위에는 러시아 농촌 여성의 순박한 얼굴을 한, 둥근 모양의 티코지가 씌워져 있다. 사모바르 뒤에는 진짜 러시아 여자, 푸근한 느낌의 둥실둥실한 여자들이 서서 차를 따라준다. 차를 가지고 자리

러시아 마을 사람들을 보여주는 엽서, 1906년경. 여자들이 젊은 남자의 아코디언 연주를 듣고 있고, 그중 두 여성은 받침 접시로 차를 마시고 있다.

에 앉으면 테이블에 놓인 다양한 종류의 달콤한 티푸드를 고를 수 있다.[11]

사모바르와 함께 차를 마시는 관습이 이란과 중동, 터키로 전파되었으나 여전히 많은 지역에서는 커피를 더 선호한다. 16세기 무렵 이란에 알려진 커피는 수세기 동안 특히 커피하우스를 중심으로 가장 대중적인 음료였다. 19세기 초에 상류층이 차를 즐겨 마셨지만, 당시 차는 사치품에 속했고 귀빈을 대접할 때만 내는 고가의 기호 음료였다. 차가 대중에게 널리 보급된 것은 20세기에 이르러서였다.

이란의 지배층은 커피하우스가 타락과 정치적 반대를 조장하는 온상이라고 의심했다. 이러한 이유로, 1920년대에 이란의 전 왕조의 창제자는 커피하우스 영업에 제동을 걸고 사람들이 커피 대신 차를 마시도록 장려했다. 그는 이란의 차 산업을 육성했고 중국에서 새로운 종류의 차를 수입했을 뿐 아니라 차 재배를 관장할 50여 중국인 가정을 데려오기까지 했다. 이러한 노력은 빛을 발해 커피는 주로 추도식 때 제공하는 음료로 밀려나고 차가 가장 대중적인 음료로 자리 잡았다.

차는 아침식사 때, 식사 후, 식사 사이, 그리고 밤에 마지막으로 마신다. 상점가와 가게, 사무실에서도 늘 차가 함께한다. 중요한 거래를 진행할 때도 반드시 차를 낸다. 차는 에스테칸estekan이라는 작은 유리잔에 담아 제공하는데, 우유나 설탕을 넣지 않는다. 때로는 혀에 각설탕을 올리고 차를 마시기도 한다. 그러나 흔히 설탕 대신 달콤한 과자와 페이스트리, 설탕에 절인 아몬드, 말린 과일이나 과일 시럽을 곁들인다. 손님은 도착하자마자 바로 차를 대접받는데, 격식을 차려 손님을 접대할 때는 차에 시나몬이나 장미 꽃잎을 넣어 풍미를 더한다.[12]

터키는 보통 커피를 마시는 나라로 잘 알려져 있으나 터키인들은 대단한 차 애호가이기도 하다. 차는 일찍이 12세기에 처음 터키의 아나톨리아로 들어왔다고 여겨진다. 그러나 터키 문헌에 최초로 차가 언급된 것은 1631년으로, 유명한 오스만 제국의 여행 작가인 에울리야 첼레비를 통해서였다. 그는 이스탄불의 세

보리스 쿠스토디예프, 〈차를 마시는 상인의 아내〉, 1918년, 캔버스에 유화. 잘 차려입은 상인의 아내가 파일과 여러 가지 양귀비 씨 롤빵, 말린 과일과 아몬드로 속을 채운 이스트 케이크의 일종인 쿨리치kulich 조각으로 이뤄진 풍성한 식사를 즐기고 있다. 반짝이는 사모바르와 섬세한 자기 다기 세트가 부유함을 드러낸다. 상인의 아내는 차를 식히기 위해 받침 접시에 따라놓았다.

〈사모바르 주변의 여인들〉, 1860~1875년경. 이란 화가 이스마일 잘라이르 작. 캔버스에 유화. 하렘에 사는 여자들이 음악을 연주하고 차를 마시는 모습을 묘사하고 있다. 카펫 위에는 차를 만드는 데 필요한사모바르, 찻주전자와 함께 여러 가지 신선한 과일이 놓여 있다. 그릇에는 각설탕 혹은 설탕에 절인 아몬드로 보이는 것이 담겨 있다.

관 직원들이 오스만 제국을 방문한 관리들에게 예멘에서 들여온 커피나 살렙,[•] 차 같은 음료를 제공했다고 기록했다.[13] 차는 19세기가 되어서야 오스만투르크 인들의 일상생활에서 중요한 부분을 차지하게 되었다. 술탄 압둘하미드 2세(재위 1876~1909)는 커피 중독자에 가까웠으나 차에도 깊은 관심을 보였고 차의 경제적 중요성을 깨달았다. 차나무 종자와 묘목을 러시아에서 들여왔기에 본래는 중국 이 원산지이지만 모스크바 티로 알려지게 되었다. 터키에서 차가 안정적으로 재 배되기까지는 여러 부침이 있었지만, 마침내 자급자족할 수 있게 되었다. 사실상

● 　원주 살렙saleb은 난초과 식물의 뿌리를 말려 가루로 빻아 우유와 함께 끓여 마시는 음료다.

터키에서 차는 흑해 연안의 리제 지방에서 전부 생산되었다.

사모바르는 러시아에서 터키로 전파되었고 오늘날에도 사모바르를 이용해 수많은 티하우스와 티가든, 그리고 가정에서 차를 만든다. 사모바르가 없는 경우에는 주전자(차이단르크çaydanlik)에 물을 끓여 찻잎을 넣은 티포트(데미크demlik)에 뜨거운 물을 붓는다. 그런 다음, 티포트를 주전자 위에 올려놓고 차가 우러나도록 기다린다. 차는 기호에 따라 진하거나 연하게 우린다. 대다수 터키인은 투명하면서 짙은 붉은색의 진한 차를 이상적으로 생각한다. 티포트에서 진하게 우린 차를 인세 벨리ince belli라는 튤립 모양의 유리잔이나 자기 찻잔에 따르고 여기에 찻주전자에 끓인 물을 부어 원하는 농도로 조절한다. 뜨거운 차에 손가락을 데지 않도록

장식이 화려한 이란의 티 글라스와 설탕에 절인 아몬드.

유지방이 많이 든 달콤한 맛의 바클라바와 함께 전통적인 튤립 모양의 유리잔에 내는 터키 차.

흔히 유리잔 가장자리를 잡는다. 차는 설탕을 넣어 마시거나 때로는 얇게 썬 레몬을 곁들이기도 하지만 우유는 넣지 않는다. 진정한 차 애호가는 사모바르가 항시 끓고 있는 찻집을 찾는다. 터키의 사회생활에서 중요한 부분을 차지하는 수많은 티가든에서는 차를 낼 때 보통 음식을 곁들이지 않는다. 이스탄불에는 보스포루스 해협이나 마르마라 해의 장관을 감상하며 차를 마실 수 있는 자랑할 만한 티가든이 많다.

그러나 가정에서는 흔히 오후에 짭짤하거나 달콤한 음식을 곁들여 차를 즐긴다. 음식 작가인 에일라 앨가는 "차를 마시는 특정한 오후 시간"에 함께 먹는 수많은 "티타임 별미와 선호되는 음식"에 대해 묘사한다. 그녀에 따르면, 어떤 사람들은 애프터눈 티타임에 짭짤한 음식을, 어떤 이들은 달콤한 케이크나 비스킷을 선호한다. 짭

짤한 음식과 달콤한 음식을 함께 낼 때도 많다. 예를 들어 치즈나 고기를 넣은 짭짤한 페이스트리 중 하나인 포아차pŏgaça, 치즈 롤, 참깨 캐러웨이 스틱, 헤이즐넛을 넣은 요구르트 케이크, 살구 쿠키, 아몬드 크레센트, 슈거 쿠키를 낸다.[14] 차에 곁들이는 또 다른 단 과자류로는 바클라바, 터키시 딜라이트(로쿰lokum), 카다이프 kadayif●가 있다.

● 실타래처럼 생긴 얇은 국수로 달콤한 소를 싸서 튀긴 음식.

7장
중국, 일본, 한국, 타이완

중국, 일본, 한국, 타이완에서 차를 마시는 다채로운 문화는 각 나라의 고유한 티타임 의식과 전통을 발전시켰다. 차의 역사와 차를 마시는 풍습이 수천 년 전으로 거슬러 올라가는 중국에서 대중 찻집의 전통은 일찍이 당나라 때 시작되어 얌차와 딤섬의 풍습으로 이어졌다. 일본은 정교한 다도 의식과 함께 차를 마실 때 내는 '차카이세키'라는 요리를 발전시켰다. 한국과 타이완은 각각 고유한 다도와 차를 마시는 의식을 발전시켜왔다. 또한 타이완 사람들의 차에 대한 애호는 '버블티'라는 기발한 아이디어로 이어져 전 세계적인 유행을 일으켰다.

중국

중국은 얌차와 딤섬이라는 티타임 전통을 꽃피웠다. 얌차飲茶('차를 마시다'라는 의미)는 맛있는 한입 크기의 딤섬이라는 간식을 곁들여 자그마한 자기 찻잔에 차를 내는 풍습이다. 딤섬點心을 영어로 옮기기는 쉽지 않은데, '마음(심장)을 살짝 건드린다' 혹은 '마음에 가볍게 닿는다'와 같은 여러 해석이 존재한다. 일각에서는 '마음을 따뜻하게 한다' 혹은 '마음에 점을 찍다', 시적으로 '마음의 기쁨'이라고 풀이하기도 한다. 마음이 (그리고 위가) 원할 때마다 식욕을 달래거나 채우기 위한 간단한 음식인 것이다. 딤섬과 얌차는 불가분하게 연결되어 있어 이 두 단어는 구별

없이 사용된다.

그렇다면 이러한 요리 전통은 어떻게 시작됐을까?

중국의 전설에 따르면, 아주 오래전 신농 황제 때부터 차를 마시는 전통이 시작되었다. 신농 황제가 물을 끓이고 있을 때, 찻잎이 바람에 날려 솥 안으로 떨어졌다. 찻잎이 우려진 물을 맛본 황제는 그 맛을 마음에 들어하며 이렇게 언명했다. "차는 몸에 활력을 불어넣고 마음에 만족감을 선사하며 목적을 이루고자 하는 결단력을 심어준다."

쓰촨성은 최초로 차를 재배하고 마신 지역으로 추정된다. 그 이후 이어진 중국 왕조들은 차를 마시는 다양한 방식을 고안했다. 초기에는 가공하지 않은 신선한 잎을 물에 넣어 끓이기만 하다가 나중에는 잎을 찐 다음 덩어리로 만들었다.

8세기가 되자 차는 중국인들에게 큰 사랑을 받게 되었다. 교역에서도 대단히 중요한 상품이 되어 차 무역상들은 시인이자 학자인 육우에게 차에 관한 최초의 책을 써달라고 의뢰했다. 이렇게 해서 완성된 육우의 책《다경茶經》에는 차를 어떻게 만들어야 하는지, 어떤 도구를 사용하고 어떤 물을 쓰면 좋은지, 차를 어떻게 마셔야 하는지 등 실질적이고 상세한 정보가 담겨 있다. 또한 차가 만들어내는 무수히 많은 모양에 대한 시적인 묘사도 발견할 수 있다. "차는 오랑캐의 신발처럼 오그라지거나 쭈글쭈글한 모양일 수 있다. 들소의 턱 밑에 달린 처진 살처럼 생긴 것도 있다." 차를 준비할 때 물이 끓는 모습에 대해서는 이렇게 묘사한다. "물이 끓기 시작하면, 물고기 눈 같은 물방울들이 생기면서 희미한 소리가 난다. 샘물이 거품을 일으키며 솟아나듯 보글보글 끓는 가장자리의 물방울들은 마치 셀 수 없이 많은 진주알을 엮어놓은 듯하다."[1]

이 시기에 품질이 더 좋아진 차가 등장하면서 상류층과 학자, 승려들이 원기를 북돋고 활력을 주는 음료로서 차를 마시기 시작했다. 대중 찻집이 등장하고 얌차와 딤섬의 전통이 시작된 것도 바로 이 시기였다.

얌차와 딤섬

찻집은 당나라 시대에 고대 실크로드를 따라 우후죽순 생겨나기 시작했다. 찻집은 지친 여행자들이 휴식을 취하며 원기를 되찾는 장소였다. 시안(당나라의 수도로서 옛 명칭은 장안)은 실크로드의 동쪽 끝으로, 바로 이곳에서 대규모 교역상들이 값비싼 실크, 비취, 차를 비롯한 물품을 싣고 출발했다. 딤섬과 같은 요리법은 수 세기에 걸쳐 개발된 것이다. 전통적으로 중국의 찻집은 차를 낼 때 간단한 음식을 곁들이지 않는다. 차를 마시기 시작한 초기에, 일각에서는 지나치게 살이 찔 수 있다는 이유로 차에 음식을 곁들이면 안 된다고 말했다. 그러나 차가 소화에 도움이 된다는 사실이 알려지면서 찻집들은 차와 함께 간단한 음식을 내기 시작했다. 차를 낼 때 간단한 음식을 곁들인다는 생각이 자리 잡은 것은 한 찻집 여주인이 손님들에게 매우 맛있는 음식을 만들어준 뒤 얼마 안 돼 그 음식을 찾는 손님들이 많아지자 이웃 찻집들도 경쟁하듯 손님을 끌기 위해 맛있는 음식을 만들기 시작하면서라는 설도 존재한다.

장안에 관한 기록에 당시 판매된 것으로 보이는 음식들이 등장한다. 만두와 비슷한 모양일 거라 추측되는 원툰云呑은 수가네가 만들어 길가에서 팔았다. 장안에는 깨떡―'화덕에서 나온 바삭하고 고소한 향이 나는 떡'―을 파는 큰 시장이 두 곳 있었다. 대나무 잎에 싸서 찐 찹쌀밥, 밀가루를 반죽해 만든 체리 과자를 비롯해 다양한 종류의 과자가 유가네에서 판매되었다. 장안의 다른 지역에서도 행상인들이 찌거나 튀긴 떡을 팔았다. 발효시키지 않은 반죽을 구운 샤오빙燒餠은 흔한 간식이었다. 원형 혹은 타원형으로 납작하게 만들었는데, 속을 채워 구운 뒤 참깨를 뿌린 것도 있었다. 이미 이 시기에는 간단한 간식과 함께 차를 마시는 풍습이 형성되어 있었다.[2]

송나라(서기 960~1279) 시기에는 중국 역사상 가장 찬란한 예술을 꽃피웠다. 당시 중국의 수도는 동쪽의 임안(지금의 항저우)이었다. 이 무렵에는 차를 마시는 문화와 찻집이 완전히 뿌리내려 있었다. 차를 마실 때는 다양한 종류의 간식을 곁들였다. 송나라 시대의 찻집 메뉴에는 게살이나 새우 등 다양한 재료로 속을 채운 빠오즈包子(발효시킨 찐빵), 춘권, 샤오빙, 월병이 모두 들어 있었다.[3] 항상 간식을 곁들인 것은 아니었지만 찻집의 전통은 계속 번성했다. 수많은 찻집이 예술 문화를 향유하고 정치를 논하기도 하며 차를 마시는 사교의 장으로 자리 잡았다. 흔히 서예와 회화 작품이 찻집의 벽을 장식했다. 찻집은 누구에게나 열려 있었다. 노동자와 장인, 학자와 예술가들이 고된 일과를 마치고 휴식을 취하러 찻집에 들렀다. 임안의 찻집은 특유의 학구적 분위기로 유명했으며, 쓰촨성의 중심지 청두의 찻집들은 이야기와 민요, 쿠아이반(대나무로 만든 타악기에 맞춰 부르는 운율이 있는 시가) 공연으로 잘 알려져 있었다.[4] 연극 공연을 올리거나 장기를 두는 장소로 특화된 찻집도 있었고, 매춘부와 고객이 만나는 장소로 악명 높은 찻집도 있었다. 1940년대까지 쓰촨성에서 찻집은 사교 생활의 중심지였다. 일부 찻집에는 쓰촨성의

마오쩌둥 주석의 초상화 아래에서 다과회를 하고 있는 마을 협동조합.

비밀 조직원들이 드나들며 찻잔의 배열을 정교한 암호로 이용했다. 1949년에 공산당이 집권한 이후, 대다수 사람이 노동에 동원되고 사회주의 미래를 건설하느라 대단히 분주해지면서 찻집은 쇠락의 길을 걸었다. 문화대혁명 시기에 찻집은 '체제 전복적'이라 여겨져 대다수가 문을 닫았다.

1970년대 이후 오랜 전통이 부활하기 시작하면서 전통에 대해 더 관대해지고 일부 전통이 돌아오기를 바라는 사회적 분위기가 조성되었다. 이러한 분위기 속에서 찻집이 다시 번성하기 시작했다. 물론 오늘날 대다수 찻집은 과거의 찻집과는 사뭇 달라서 더 현대적이고 중점을 두는 부분도 다르다.

중국 전역에서 얌차를 즐겼지만, 얌차 풍습이 가장 잘 알려지고 대중화된 곳은 홍콩과 중국 남부에 위치한 광둥이었다. 얌차는 차가 아니라 오히려 차에 곁들여 내는 음식(딤섬)에 중점을 둔다. 홍콩에서 얌차를 제공하는 찻집은 1840년대에 처음 문을 열었으나 영국 당국이 중국인들에게 내렸던 야간 통행 금지령이 폐지된 1897년 이후에야 번성하기 시작했다. 1920년대부터 1940년대까지 얌차를 내는 찻집이 우후죽순 생겨나면서 전후 경기 활성화에 중요한 사회적 일익을 담당했다. 찻집은 음식 값이 싸고 편리하게 이용 가능했다. 그 당시 공동 취사 시설을 사용해야 하거나 그나마 취사 시설도 없는 비좁은 거처에 살고 있던 가족들에

상하이 구시가지의 위위안豫園(예원) 정원에 위치한 찻집인 호심정湖心亭은 아홉 번 꺾여 있는 다리(구곡교九曲橋)로 유명하다. 중국 최초의 찻집으로 알려진 호심정은 엘리자베스 2세 여왕을 비롯한 수많은 유명인사를 비롯해 빌 클린턴 같은 세계 지도자들의 발길을 끌어왔다. 많은 이들이 주지하듯이, 유명인사와 일반 관광객들은 역사적 의미 때문만이 아니라 향기로운 차를 맛보기 위해 이곳을 방문한다.

게 찻집은 끼니를 해결하기에 적절한 곳이었다. 또한 손님을 접대하거나 사업을 논하기에도 유용했다.[5]

물론 간식은 하루 중 어느 때라도 먹을 수 있지만, 딤섬은 보통 서양의 전채 요리와 달리 주요리 전에 먹는 것이 아니다. 홍콩의 대다수 찻집은 허기를 달랠 필요가 있는 야간 근무자들에 맞춰 새벽 5시에 문을 연다. 출근하면서 간단하게 아침을 해결하려고 들르는 사람들도 있다. 남자들은 얌차를 하러 아침 일찍 집을 나선다. 이른바 '차 한 주전자와 딤섬 두 개'를 사이에 놓고 점심때까지 사업에 관해 이야기를 나눈다. 그러나 가장 전통적이고 바쁜 시간대는 오전 11시에서 오후 2시까지로, 이때 먹는 딤섬을 '티 런치'라고 부른다. 노동자, 사업가, 가정주부, 학생들은 간단하게 요기를 하거나 여유롭게 점심을 즐기기 위해 찻집에 간다. 딤섬은 오후 5시 이후에는 제공되지 않는다. 일요일에는 온 가족 혹은 6~8명, 많게는 12명에 달하는 무리가 점심때 얌차를 위해 대형 레스토랑을 방문해 사람들로 북적이는 커다란 원형 테이블에 둘러앉는다.

19세기에 광둥과 홍콩이 무역항으로 번화하면서 찻집은 여러 층으로 이루어진 대형 레스토랑, 즉 '티 팰리스'가 되었다. 이러한 찻집은 시끌벅적하기 마련이다. 통로를 오가는 점원들(보통은 젊은 여성 점원)이 다양한 종류의 딤섬을 따끈따끈한 카트에 실어 밀고 다닌다. 선택할 수 있는 딤섬의 폭은 매우 다양하다. 조리법은 주로 찌거나 튀기는 방식이고, 맛은 짭짜름하거나 달짝지근하다. 카트마다 각기 다른 딤섬을 싣고 다닌다. 저명한 요리사이자 음식 전문 작가인 켄 홈은 딤섬을 먹는 전형적인 방식에 대해 이렇게 서술한다.

판둥성 둥관시에 위치한 레스토랑에서 카트로 제공되는 딤섬.

차를 마실 때 딤섬을 함께 즐기는 것은 일반적인 풍습이다. 왁자지껄하면서도 느긋하고 편안한 분위기의 찻집에서 사람들이 교류하는 모습을 지켜보는 일은 흥미롭다. 손님들이 친구들과 함께 테이블에 둘러앉아 있고 웨이터는 손님이 원하는 차를 내온다. 차는 결코 대강 선택하는 법이 없다. 중국에서 5,000년이나 된 차의 역사는 이 음료에 대한 경건한 태도로 이어졌다. …… 우롱차인 철관음차, 녹차인 용정차, 백차인 백모단차 중 하나를 고르든, 혹은 특별한 풍미와 강도, 향을 가진 수많은 차 중에서 어느 하나를 고르든, 신중하게 차를 선택한다.

일단 차를 택하면 딤섬을 먹는 순서가 이어진다. 별미를 자랑하는 다양한 딤섬을 가득 실은 카트를 끌고 돌아다니며 웨이터들이 딤섬이 준비되었다고 외치면 손님들은 초롱초롱한 눈빛으로 원하는 딤섬을 가리키고, 마침내 딤섬이 테이블 위에 올라온다. 사람들은 여유롭게 딤섬을 먹는다. 전혀 서두르는 기색이 없다. 찻집을 찾는 주요 이유 중 하나는 사업과 사교를 위한 대화를 나누기 위해서다. 그런데 찻집이 워낙 시끄럽다 보니 모두 목청껏 소리를 지르듯 말한다. 손님들이 먹고 마신 음식과 차에 대한 계산은 맨 마지막에 합산한다. 신들린 것처럼 보이는 웨이터의 계산 비법은 테이블에 놓인 빈 접시를 세는 것인데, 그들은 혹여 접시 하나라도 옆 테이블에 옮겨 가지는 않았는지 매의 눈으로 살핀다![6]

오늘날 찻집이나 레스토랑에서는 카트를 사용하지 않는 편이다. 손님은 메뉴판에서 딤섬을 선택하고 요리가 다 된 딤섬이 테이블에 나오는 식이다. 딤섬은 보통 크기가 작은 서너 개가 한 접시에 나오므로 같이 온 이들과 나눠 먹기에 편해 다양한 종류를 맛볼 수 있다.

요리사들이 딤섬을 만드는 기술을 배우려면 수년이 걸린다. 딤섬은 대체로 만드는 과정이 복잡해 공을 들여야 하며 손놀림도 민첩해야 한다. 딤섬의 가짓수는 셀 수 없이 많으며, 한 레스토랑에서 수십 가지의 딤섬을 선보이는 게 다반사다. 또한 속에 넣는 재료를 새롭게 조합한 딤섬이 늘 선보인다. 몇 가지 딤섬을 살펴보도록 하자.

찜통에 찐 종류 중에서 기발한 모양으로 만들어 작은 대나무 바구니에 담겨 나오는 딤섬은 사오마이燒賣다. 주로 돼지고기나 새우, 혹은 이 두 가지를 섞은 것에 죽순, 버섯, 파 같은 채소를 잘게 썰거나 다져 소를 만들어 얇고 둥그런 밀가루 피에 채우고 끝을 밀봉하지 않은 만두다. 하가우蝦餃는 밀 전분과 옥수수 전분을 사용해 속이 비치는 얇은 피로 만든다. 새우로 속을 채워 초승

대나무 용기에 담긴 다양한 딤섬.

달 모양으로 빚고서 한쪽 면에 여러 개의 섬세한 주름을 잡는다(주름 장식이 달린 모자인 보닛과 비슷해 새우 보닛으로 많이 알려져 있다). 가이빠오자이雞包仔라는 닭고기 찐빵은 반죽 속에 닭고기와 광둥 소시지를 넣고 윗부분을 꼬아서 붙인다. 이 찐빵은 중국 남부에서 유래한, 크기가 큰 빠오包 계열의 딤섬으로, 피가 두툼하고 속을 두둑하게 많이 넣는 게 특징이다. 광둥에서 유래한 빠오는 광저우 찻집에서 처음 선보였고 훗날 홍콩에서도 판매됐다. 전설에 따르면, 빠오는 1,800년 전 삼국시대의 위대한 전략가 제갈공명이 처음 생각해냈다. 제갈공명과 그의 군대는 물살이 거센 강에 당도했는데, 원혼이 진노해 강에 풍랑을 일으켰으니 사람 머리 49개를 바쳐 달래야 강을 건널 수 있다는 것이었다. 병사들을 더는 희생시키고 싶지 않았던 제갈공명은 부하들에게 고기로 속을 채운 머리 모양의 만두를 만들게 했다. 이 만두를 쪄서 강의 정령에게 바치자 정령이 노여움을 풀고 강물이 잠잠해져 그들은 강을 건널 수 있었다.[7]

차슈빠오叉燒包도 밀가루로 만든 찐빵으로, '차슈'라는 돼지고기 바비큐를 속에 넣는다. 청편腸粉도 쪄서 만드는데, 문자 그대로 옮기면 '내장 국수'라는 뜻이다. 크고 얇은 찹쌀 피에 고기나 새우를 넣고 말아서 찌면 번들거리는 느낌이나 모양이 마치 내장처럼 보여 그러한 이름이 붙여졌다고 한다. 청편은 부드럽고 매끈한 질감 때문에 인기가 많다. 청편은 잘라서 단맛이 가미된 간장을 뿌린 뒤에 테이블

에 낸다.

영어권에서 팟스티커potsticker라고 부르는 꿔티에는 중국 북부식 만두다. 얇고 둥근 피에 보통은 다진 고기와 양배추 소를 넣어 초승달 모양으로 만든 뒤, 팬에 물을 넣고 찌다가 튀긴다. 이때 만두 아랫면이 갈색이 되면서 팬에 들러붙기 때문에 팟스티커라는 이름이 붙여졌다. 일각에서는 팟스티커를 광둥에서 유래한 전통적인 딤섬으로 여기지 않는다.

만두에는 보통 단맛과 신맛이 나는, 찍어 먹는 소스가 함께 나온다.

만두 외에도 돼지갈비 비슷한 찜 요리가 있는데, 돼지갈비를 네모나게 썰어 검은콩 소스와 매실 소스로 맛을 낸다. 귤의 향미를 가미해 찐 소고기 완자도 있다. 일부 딤섬 중에는 소 곱창이나 닭발처럼 맛보다는 질감 때문에 즐겨 먹는 것도 있다. 춘권, 타로토란 크로켓, 함수이곡咸水角[찹쌀 피에 돼지고기 바비큐를 넣고 튀긴 것]처럼 튀긴 딤섬도 즐겨 먹는다. 이러한 딤섬은 살짝 단맛 나는 찹쌀가루로 만든 동그란 만두로 고기, 말린 새우, 채소 같은 재료를 되는대로 채워 넣고 육즙 소스를 가볍게 바른 다음 양 끝을 모은다. 끝부분이 부드러운 형태가 되도록 긴 타원형으로 만들어 기름에 노릇노릇하게 부풀 때까지 튀긴다.

오리구이 같은 구운 고기도 즐겨 먹는다. 광둥식 오리구이는 보통 이등분 또는 사등분한 오리고기가 나온다. 다양한 방식으로 요리한 오리구이가 있지만 어떤 방식이든 대체로 껍질은 바삭하고 속살은 분홍색이다. 뼈는 그대로 두고 큼직하게 자른 고기를 다시 합쳐 오리 형태로 낸다. 짭짤하고 육즙이 많은 오리고기와 대비되는 달콤한 매실 소스를 함께 내곤 한다.

닭발을 찐 펑자우鳳爪는 중국인들에게 인기가 있는데, 서양인이라면 익숙해져야 맛을 알게 되는 음식일 것이다. 발톱을 제거한 닭발을 기름에 튀긴 다음, 육질이 부드러워질 때까지 진한 검은콩 소스에 푹 삶아 만든다.

딤섬 메뉴에는 무, 타로토란, 마름으로 만든 떡도 있다. 무 혹은 순무 떡이라고 불리는 이 딤섬은 으깬 무와 말린 새우, 돼지고기 소시지를 섞어 찐 다음, 얇게 썰

월병과 차.

어 팬에 볶은 것이다. 바삭한 마름으로 만든 떡은 속이 들여다보이는 게 특징이다.

딤섬에는 영국이나 포르투갈의 영향을 받은 것으로 보이는 달콤한 종류도 있으며 망고 푸딩, 커스터드 타르트도 있다. 단맛 나는 찹쌀가루 반죽을 동그랗게 빚어 참깨 고물을 묻혀 튀긴 참깨 경단 같은 중국식 딤섬도 있다. 이 딤섬은 중국에서 인기 있는 새해맞이 별미다. 월병은 보름달이 뜨는 중국의 중추절을 기념해 특별히 만들어 먹는 음식이다. 월병에는 다양한 종류가 있는데, 광둥식 월병은 팥이나 연꽃 씨앗으로 만든 달콤하고 알찬 속을 페이스트리 반죽에 가득 넣어 진한 맛이 느껴지는 과자다. 전통 월병은 윗면에 행운을 상징하는 문양을 찍는다.

젓가락은 딤섬을 먹는 데 사용하는 전통적인 도구다. 딤섬 요리는 젓가락으로 먹기 편하도록 작게 만든다. 차를 마시는 것은 딤섬만큼 중요하다. 딤섬이 나오는 찻집이나 식당에서는 고객에게 먼저 어떤 차를 마실지 묻는다. 용정차 같은 녹차, 철관음차 같은 우롱차, 흑색을 띠는 보이차, 그리고 국화, 장미, 재스민 같은 꽃향

차를 비롯해 다양한 차를 선보인다. 얌차 레스토랑에서 가장 인기 있는 차를 꼽자면 재스민차일 것이다.

찻집과 레스토랑에서 통용되는 차를 마시는 관습 혹은 예절이 있다. 상대방의 찻잔에 차를 먼저 따라주고 나서 자신의 찻잔을 채우는 것이 바른 예절로 여겨진다. 광둥에서는 차를 따르는 사람에게 고맙다는 표현을 하기 위해 (미혼의 경우) 검지를 구부려 테이블을 가볍게 두드리거나 (기혼의 경우) 검지와 중지로 두드린다. 이는 인사를 뜻하는 손짓으로, '손가락 고두叩頭'로 알려져 있다. 이것의 유래는 청 제국의 황제인 건륭제 시대로 거슬러 올라간다. 건륭제는 신분을 숨기고 여행을 하곤 했는데, 전해지는 이야기에 따르면, 황제가 중국 남부를 방문했을 당시 동행한 이들과 찻집에 들렀다. 황제는 신분을 감추기 위해 일행들에게 직접 차를 따라주었다. 이는 대단한 영광이었다. 차를 받은 이들은 대단히 놀랐으나 사람들 앞에서 고개를 숙여 인사해 황제의 정체가 드러나게 할 수는 없었다. 마침내 그들 중 한 명이 세 손가락으로 테이블을 두드렸고(한 손가락은 앞으로 숙인 머리, 다른 두 손가락은 땅에 닿도록 납작 엎드린 팔을 뜻한다) 영리한 황제는 손짓의 의미를 이해했다. 그때부터 이 손짓이 관행이 되었다. 식사 때 차를 따르는 횟수를 고려한다면, 손짓으로 감사를 표시하는 것은 실용적인 방법이기도 하다. 시끌벅적한 레스토랑에서 말을 걸어야 하거나 혹은 입안에 음식이 있을 때 손짓을 이용하면 시간을 절약할 수 있다. 식사 중에 차를 더 가져다주길 바라지 않는다면 손가락을 흔들거나 정중하게 거절하면 된다. 차를 채워달라는 신호를 보내고 싶을 때는 티포트의 뚜껑을 살짝 열어놓는다.

차찬텡: 차와 음식을 파는 식당

딤섬은 대부분 중국에서 유래한 음식이고 함께 내는 차도 전통적인 중국 차다. 하지만 1950년대 이후 홍콩은 차를 제공하는 또 다른 형태의 식당으로 유명해졌다.

식민지 초기의 홍콩에서 서구식 음식은 고급 음식으로 여겨져 일류 레스토랑에서만 제공되었고, 대다수 현지인은 접할 기회가 없었다. 제2차 세계대전 이후, 홍콩은 점점 국제화되었다. 서구화된 중산층은 미각을 넓혀 새로운 음식에 눈을 떴다. 차찬텡茶餐廳이 생겨나 홍콩, 마카오, 타이완, 광둥의 일부 지역을 중심으로 인기를 끌었다. 이러한 식당은 다양한 국적을 가진 단기 체류 인구의 요리를 결합한 퓨전식 메뉴를 통해 다양한 맛을 선보였다. 이곳의 메뉴는 '저렴한 서양식 음식'으로 여겨졌는데, '소이 소스 웨스턴soy sauce Western'이라는 별명으로 불리기도 했다. 식당의 서비스는 홍콩의 바삐 돌아가는 생활방식과 비슷하게 빠르고 효율적이며, 아침 7시부터 밤 11시까지 영업한다.

손님이 자리에 앉으면 먼저 차가 나온다(주로 저가의 홍차로 우리며 '맑은 차'로 불리는 연한 차가 나온다). 차는 마시기 위한 것이지만 일부 고객은 음식을 먹기 전에 차에 식기를 헹군다. 이러한 식당에서 가장 인기 있는 차는 홍콩식 밀크티로, 홍콩이 영국의 식민지였던 당시에 전해진 것이다. 홍차에 우유와 설탕을 넣는 영국의 애프터눈 티 전통이 홍콩에서 인기를 얻게 된 것이다.

그러나 홍콩식 차는 다양한 종류의 홍차를 섞고(홍차를 섞는 비율은 영업 비밀이다) 일반 우유 대신 연유와 설탕을 넣는데, 설탕은 주로 손님의 취향에 따라 양을 조절한다. 우유를 넣지 않는 중국 차와 구별하기 위해 홍콩식 차는 밀크티라고 한다. 밀크티를 '실크 삭' 또는 '실크 스타킹' 밀크티로 부르기도 하는데, 이는 차를 우린 다음 '티 삭tea sock'이라는 양말처럼 생긴 커다란 헝겊 여과기에 찻잎을 거르기 때문이다. 티 삭으로 찻잎을 거르면 차가 훨씬 부드러워진다는 속설이 있다. 차를 우리는 시간이 길어지면 찻물이 점점 진한 갈색이 되어 실크 스타킹과 비슷한 색을 띤다(원래 실크 스타킹을 이용해 차를 걸렀다는 설도 있다). 일부 밀크티는 무당연유와 설탕 대신 가당연유를 넣어 더 풍부하고 부드러운 맛을 내는데, 이것을 '차 차우cha chow'라고 부른다. 밀크티는 시원하게 내기도 하지만 얼음을 넣지는 않는다. 밀크티가 담긴 유리잔을 얼음물이 담긴 용기에 넣어두면 얼음이 녹아 차가 희석

되는 일 없이 시원하게 즐길 수 있다. 이러한 차를 '아이스 배스ice bath' 밀크티라고
한다.

홍콩에서 유래된 또 다른 음료로 원앙차鴛鴦茶(또는 음양陰陽 커피)라는, 커피와
차를 섞은 것이 있다. 한의학에 의하면 커피는 '뜨겁고' 차는 '차가운' 성질이 있어
서 섞어 마시면 최고의 조합을 이룬다. 그 밖에도 홍콩의 차찬텡에서 제공하는 음
료로 레몬티, 커피, 청량음료가 있다.

차찬텡의 메뉴는 다른 식당과는 비교가 안 될 정도로 무척 다양하다. 사방에
메뉴가 휘갈겨져 있거나 거울에 쓰여 있고 혹은 테이블 위 플라스틱 홀더에 메뉴
판이 끼워져 있다. 음식은 간단한 토스트(그래도 위에는 연유나 땅콩버터, 잼, 버터가 발
려 있다)에서 프렌치토스트, 마카로니, 스파게티, 에그 타르트까지 다양하다. 프렌
치토스트는 '홍콩 스타일'로 선보이는데, 여러 종류가 있다. 가장 흔한 스타일은
땅콩버터를 바른 샌드위치를 넉넉한 기름에 구워 시럽을 듬뿍 뿌린 것이다. 빵 사
이에 소고기 사테satay[동남아시아의 꼬치 요리]를 얇게 썰어 채운 프렌치토스트도 있
다. '카야kaya'라는 단 과자는 빵 두 개 사이에 달콤한 코코넛 잼을 듬뿍 바르고서
튀기듯 굽는다. 클럽 샌드위치를 비롯한 홍콩식 샌드위치는 대부분 빵 껍질이 없
는 하얀 빵을 살짝 구워 만들며 달걀, 참치, 햄, 고기 같은 다양한 재료를 속에 넣
는다. 볶음밥과 (라면을 비롯한) 면 요리는 셀 수 없이 다양하며 수프 등 국물 요리
도 제공된다. 차찬텡의 또 다른 특징으로는 세트 메뉴를 들 수 있다. 온종일 다양
한 식사를 할 수 있는 세트 메뉴가 준비되어 있어 아침식사, 점심식사, 애프터눈
티, 저녁식사 모두를 다양한 구성으로 즐길 수 있다. 그 외에도 '영양 세트' '기본
세트' '패스트 세트'(즉시 나오는 세트) 같은 메뉴가 있다. 이러한 세트에는 수프와 메
인 코스, 음료가 포함되어 있다. 광둥에서 유래한 음식 이름에는 시를 애호하는
문화가 반영되어 있다. 일례로 닭발 요리에는 '봉황의 발톱'이라는 이름을 붙였다.
파인애플 번빵은 겉이 딱딱한 달콤한 페이스트리로 위를 덮은 평범한 번빵으로,
파인애플이 전혀 들어 있지 않은데도, 막연히 닮았다는 이유로 그런 이름이 붙여

졌다.

최근 들어 홍콩의 차찬텡 식당은 사라지는 추세다. 한정된 토지와 비싼 임대료가 주요 원인이다. 차찬텡이 자취를 감추고 점차 체인 레스토랑이 늘어나고 있다.

일본

차를 마시는 것과 그와 관련된 의식은 일본인의 생활방식에서 중요한 부분을 차지한다. 일본인은 그들만의 특별한 티타임을 '차노유茶の湯'라는 의식의 형태로 진화시켰다. '뜨거운 물에 담근 차'라는 뜻의 차노유는 '차를 추구하는 길'을 의미하는 '차도茶道'를 칭하기도 한다.

다도가 일본 문화에서 고유한 역할을 하게 된 것은 8세기와 9세기에 차를 마시는 의식을 만들고 이 의식을 불교 철학의 매개체로 승화시킨 선종 승려들 덕분이었다. 승려들은 달마도 앞에서 공용 찻사발에 담긴 가루차를 마셨다. 15세기에 선종 승려인 무라타 주코村田珠光가 다도를 창시해 위대한 다인으로 이름을 남겼다. 그는 차를 준비하고 마시는 의식과 겸손과 평온이라는 정신 수양을 결합했다. 다도는 자연환경을 기리고 음미하는 하나의 방식으로서 자연에 대한 시적인 감응을 특징으로 한다. 16세기 선종 승려이자 차의 명인, 센노 리큐는 다도의 원칙을 집대성해 오늘날 행해지는 일본 다도를 정립했다. 그의 다도는 복잡한 절차를 줄이고 조화, 존중, 순수, 평온을 뜻하는 화경청적和敬清寂의 정신을 강조한다. 다도의 가장 심오한 본질은 온 마음을 다해 차를 만들고 대접하면서 정신적인 수양을 추구하는 것이다. 다도에서 지켜야 할 가장 중요한 것이 무엇이냐는 제자의 물음에 그는 오늘날 '리큐 칠칙'으로 알려진 일곱 가지 규칙을 설파했다.

차는 마시기 좋게 만들고

숯은 찻물이 잘 끓도록
꽃은 들에 피어 있는 것처럼
여름에는 시원하게, 겨울에는 따뜻하게
시간은 일찍 서두르며
맑은 날에도 우산을 준비하고
손님에게 마음을 기울여라.

다도는 정원 설계, 꽃꽂이, 건축, 서예, 회화, 옻칠, 도예를 비롯한 일본의 모든 예술에 영향을 미쳤다. 특별하게 지어진 다실茶室이 일본식 전통 정원 한가운데에 자리 잡았다. 다실에는 가구 없이 일본식 돗자리인 다다미만 깔아놓아 소박한 단순미를 추구했다. 미닫이문 형식에 출입문의 높이가 약 90센티미터밖에 되지 않

긴카쿠지(은각사), 교토.

아 들어가려면 몸을 숙여야 하는데, 이는 차 앞에서는 신분의 구분 없이 누구나 대등함을 마음에 새기라는 뜻이 담겨 있었다. 다실에는 제철 꽃과 계절을 기리는 시가 적힌 족자를 걸어 장식했다. 차와 함께 내는 음식 또한 제철에 나는 재료로 만들었으며 그 모양새에서도 계절을 느낄 수 있었다. 일례로 가을에는 밤 모양으로 만주를 빚었고 봄에는 죽순 모양으로 떡을 만들었다.

일본 최초의 찻집은 15세기에 8대 쇼군인 아시카가 요시마사가 교토에 지은 긴카쿠지銀閣寺, 즉 은각사였다. 요시마사는 은퇴 후 말년에 바로 이곳에서 차노유라는 다도를 행했다.

다도에는 두 종류가 있다. 하나는 가장 단순한 일본식 다도인 '차카이茶会'로, 보통 1시간 이

〈그해 처음 딴 차〉, 화가 가쓰시카 호쿠사이의 일본 목판화, 1816년. 두 명의 여성이 다회를 열고 있는데, 한 여성이 다관을 들고 있고 옆에는 아이가 있다. 그해 봄에 처음 딴 차를 봄의 향기가 가득한 신차^{新茶}라고 한다. 차의 수확 시기에 따라 차 재배 농가는 차를 세 종류, 즉 신차, 그해에 두 번째로 딴 차인 니반차^{二番茶}, 세 번째 딴 차인 산반차^{三番茶}로 분류했다.

하로 진행된다. 말차(일본의 가루 녹차)로 만든 묽은 차인 우스차薄茶와 차의 쓴맛
을 상쇄하기 위해 먹는 '와가시和菓子'라는 달콤한 과자가 함께 나온다. 다른 하나
는 가장 격식을 차린 다도인 '차지茶事'로, 길게는 4시간에 걸쳐 진행된다. 빈속에
'옥액의 거품'이라고도 표현되는 말차를 마시는 것은 바람직하지 않기 때문에–가
루 녹차인 말차는 우려 마시는 게 아니라 차완茶碗에 넣고 뜨거운 물을 부어 대나
무로 만든 차센茶筅으로 휘저어 거품을 내 마신다–차를 마시기 전에 음식을 먼저
내는 관행이 생겼다. 이러한 다도 음식을 차카이세키라고 한다.●

　　다도는 산길을 상징하는 구불구불하게 낸 정원의 길을 지나 다다르는 특별한
다실(차시쓰茶室)에서 진행되며, 차카이세키로 시작한다. 따뜻하게 준비한 요리가
여러 번에 걸쳐 나온다. 먼저 밥 한 공기와 미소된장국, 초절임한 생선이나 채소
한 접시, 또는 생선회 한 접시가 쟁반에 담겨 나온다. 주최자가 사케(술)를 따라주
면, 이어서 니모노煮物(조림요리)가 나온다. 사용되는 양념(청주, 간장, 달걀노른자, 생강,
미소된장)에 따라 다양한 종류의 니모노가 있으며 채소와 생선을 요리하는 주된
방식 중 하나다. 뒤이어 야키모노燒き物(생선구이 같은 구이요리)가 나온다. 다음에는
밥과 '젓가락을 헹구기 위해' 스이모노吸い物라는 맑은 국물요리가 나온다. 육지
와 바다의 풍요로움을 상징하는 진귀한 별미가 이어지고 마지막으로 고노모노香
の物라는 절임 채소가 유토湯桶(식후에 밥공기에 따라 헹궈 마실 따뜻한 물을 담아놓는, 손
잡이가 없는 주전자처럼 생긴 칠기)와 함께 나온다.[8] 식사가 끝나면 다도 주최자는 달
콤한 나마가시(생과자)를 내온다

　　차카이세키를 마친 손님들은 정원으로 자리를 옮긴다. 그 사이에 주최자는 식
사 뒷정리를 하고 다도의 주요 부분인 차노유를 준비한다. 다도 예절은 상당히 복
잡하고 정교하다. 찻사발인 차완을 비롯해 (차바코茶箱라는 상자에 보관하는) 차를 만

● 　원주 두 종류의 카이세키가 있다. 카이세키는 종종 결혼식의 '피로연 음식'을 의미한다. 피로연은 전채요리와 함께 맥
주와 청주가 나오는 주연酒宴으로 시작해 생선회와 야키모노 같은 다양한 일본 전통요리가 나온다. 두 번째 종류의
카이세키는 피로연 음식을 뜻하는 카이세키会席와 발음만 같을 뿐 다른 한자를 사용한다. 두 단어를 구분하기 위해
보통은 차카이세키茶懐石라고 칭한다.

와가시

여러 가지 와가시.

와사시는 일본의 과자, 케이크, 쿠키, 사탕을 총칭하는 말이다. 와가시는 다도 의식에서 음미하는 과자이기도 하지만 보통은 아무 때나 녹차에 곁들여 즐기는 전통 간식이다.

와가시는 일본어로 과자를 뜻하는 카시菓子에서 유래한 단어이다('와和'는 일본을 상징하는 한자이고 연탁이 적용되어 달콤한 과자를 뜻하는 '카시'를 '가시'로 읽는 것이다). 원래 카시는 문자 그대로 '과일과 견과류'를 의미했는데, 이는 일본에서 최초의 간식이었다. 이러한 간식으로는 곶감, 밤, 비자나무 열매

가 있었다. 고대(기원전 3세기부터 서기 3세기 중반까지 해당하는 야요이 시대)에는 식사 사이에 먹었으나 그 이후 1500년대에는 다도에서 '단맛이 나는 과자'로 제공되었다.

일본의 과자류는 일본이 대외무역의 문호를 열기 시작한 시대에 크게 발전했다. 포르투갈, 스페인과의 무역은 와가시의 발전을 비롯해 새로운 음식 재료와 요리법을 일본에 전파했다. 포르투갈을 통해 설탕이 대중화되고 과자를 만드는 데 설탕을 재료로 하는 요리법이 전파되면서 짭짤한 맛의

일본 전통 간식들이 단맛을 갖게 되었다.

와가시는 특히 과거 일본의 수도였던 교토에서 절묘한 예술 작품에 가깝게 진화해, 와가시를 통해 일본의 아름다움과 일본 문화의 정수를 표현하는 경지에 이르렀다. 모양, 색깔, 디자인은 일본의 문학과 회화, 섬유에서 영감을 얻으며, 자연을 떠올리게 하는 이미지를 표현할 때도 많다. 와가시는 말 그대로 눈을 즐겁게 하는 향연이다. 미묘한 향기와 질감과 외양, 먹을 때 나는 소리에 이르기까지 높이 평가받는다. 고전 산문이나 운문에서 유래한 예술적인 이름을 붙이고, 꽃이나 동물 같은 자연의 다양한 모습을 반영해 붙여진 이름도 있다.

와가시는 다양한 재료(일본 전통 식단의 주재료인 다양한 콩과 곡물을 주로 사용)와 여러 조리 방법(찌기, 굽기, 튀기기 등)으로 만든다. 향기가 그윽하고 정교하게 만든 와가시의 질감은 부드러운 정도에서 촉촉함, 바삭함까지 다양하다. 색과 모양에 변화를 주어 다양한 종류의 와가시가 만들어졌고 지금도 계속해서 새로운 종류의 와가시가 만들어지고 있다.

와가시의 종류로는 나마가시生菓子, 한나마가시半生菓子, 히가시干菓子가 있다. 나마가시는 말 그대로 생과자다. 수분 함량이 높아 '촉촉한' 과자로 분류된다. 정제된 설탕 외에도 곱게 간 쌀가루를 사용하며 전분을 함유한 콩류와 설탕을 넣어 만든 앙금이 부드러운 식감을 선사한다. 섬세하고 아름다운 나마가시의 형태는 손으로 정교하게 만들며 일본의 사계절에서 접할 수 있는 자연을 소재로 한다. 2월은 매화, 3월은 복숭아, 4월은 벚꽃을 모티브로 만드는 식이다. 가을에는 금빛으로 물든 나뭇잎의 아름다움을 표현하고 국화와 감의 형태를 본떠 만들기도 한다. 겨울에는 매화를 모티브로 만든다.

한나마가시는 말 그대로 반생과자로, 수분 함량이 중간 정도여서 촉촉한 느낌이 덜한 편이다. 히가시는 쌀가루, 설탕, 전분 반죽으로 만든, 수분 함량이 거의 없는 건과자다. 반죽을 틀에 눌러 만든다. 이러한 과자들이 다도에서 많이 사용되지만 히가시는 토피 사탕처럼 수분 함량이 없는 모든 종류의 과자류를 칭하기도 한다.

예술에 가까운 와가시의 형태를 감상하는 것은 이러한 과자를 즐기는 데 있어, 특히 다도에서 중요한 한 부분이다.

드는 다구뿐 아니라 다실의 장식도 와비侘び(절제된 아름다움이라는 뜻) 미학의 관점에서 신중하게 선택하고 조화를 이루도록 한다.

　주최자는 필요한 모든 다기를 조심스럽게 다룬다. 방 한가운데 둔 숯 화로에 주전자를 올려 물을 끓인다. 모든 준비를 마치면 손님들을 다시 다실로 불러들여 말차를 대접한다. 우선 말차를 물에 개서 매우 진하고 반죽처럼 걸쭉한 '고이차濃茶'를 만든다. 주최자는 마시지 않고 손님 한 명 한 명에게 연달아 차를 대접하는데, 같은 차완을 헹궈서 재사용한다. 손님은 차완의 무늬가 주최자 쪽을 향하도록 양손으로 차완을 들어야 한다. 차는 맛이 쓰고 강해서 한 번에 들이켠다. 또한 손님은 의례적으로 다실의 정갈한 아름다움이나 다기에 대해 칭찬하는 말을 하는 게 좋다. 다도는 말차의 양을 적게 하고 물을 더 넣어 거품을 내 묽게 만든 우스차에 이어 손님들에게 달콤한 과자(나마가시)를 대접하는 것으로 마무리된다. 옻칠한 차 상자나 차이레茶入라는 캐디에 보관한 말차를 특별히 고안된 스푼 또는 국

안도 히로시게安藤広重, 목판화, 〈무코지마의 히라이와 찻집〉, 1835~1837. 벚꽃 구경을 하고 돌아오는 세 명의 여성과 여성들의 관심을 끌어보려는 두 남성을 묘사하고 있다.

자인 차사쿠茶杓로 떠서 차완에 담고 뜨거운 물을 붓는다. 그런 다음, 대나무로 만든 거품기인 차센으로 힘차게 휘저어 표면에 가벼운 거품이 이는 옅은 초록빛 차를 완성한다.

다도를 진행하는 법을 배우려면 길고 긴 훈련 과정이 필요하다. 다도 강사들도 제대로 된 자격을 갖춘 스승이 되기까지 수년간 견습생 생활을 해야 한다.

오늘날에도 다도가 행해지고 있지만 현대적인 일본의 생활 속에서 다도를 구현하기에는 분명 여러 어려움이 따른다. 다도는 정원을 배경으로 특정한 자재를 사용해 일정한 규모로 지어진 전용 찻집에서만 진행할 수 있다. 그러나 일반적인 가정의 안주인이 다도를 위한 방을 특별히 마련해놓았다면 집에서도 다도를 행할 수 있다. 서면으로 3, 4주 전에 미리 손님을 초대해 벚꽃 개화 축제 같은 행사를 함께 축하하거나 마을에 온 친구를 환영하거나 혹은 달을 감상하며 다회를 열 수 있다.[9]

네 명의 사업가가 참여한 다도 의식.

〈벚꽃 나무 아래에서 티타임〉, 박엽지에 인쇄한 목판화, 헬렌 하이드, 1914년경.

아다치 긴코安達吟光, 다도를 표현한 목판인쇄, 메이지 시대(1890). 다도에 참석한, 아름다운 기모노를 입은 여성들.

킷사텐

많은 일본인이 여전히 '킷사텐喫茶店(문자 그대로 끽다점, 차를 마시는 가게를 가리킨다)이라 불리는 전통 찻집에 가는 것을 좋아한다. 하지만 젊은 세대는 이러한 찻집을 고리타분하고 구식으로 여기는 터라 킷사텐은 점차 사라지는 추세에 있다.

킷사텐의 실내 장식은 20세기 초반에서 중반, 혹은 1970년대 중반의 스타일을 고수한다. 고풍스러운 분위기의 찻집도 있고, 복고풍이거나 다소 허름해도 독특한 매력을 풍기는 찻집도 있다. 이러한 찻집은 일본 문화의 중요한 한 부분으로, 차(녹차나 홍차)뿐 아니라 커피도 제공한다. 메뉴로는 흔히 부드러운 껍질이 있는 하얗고 폭신한 식빵으로 만든 예스러운 사각 샌드위치처럼 서구의 영향을 받은 일본식 음식이 있다. 이러한 샌드위치 중 하나로 카쓰산도(달고 짭짤한 소스를 넣은 돈가스 샌드위치)가 있다. 나폴리탄(케첩, 양파, 햄, 토마토퓌레를 넣고 볶은 일본식 스파게티), 오므라이스, 카레라이스 같은 가벼운 식사를 할 수도 있다. 카스텔라처럼 여러 세대에 걸쳐 일본에서 알려지고 사랑받은 서구식 디저트도 맛볼 수 있다. 카스텔라는 16세기에 포르투갈을 통해 일본에 소개된 달콤한 스펀지케이크다. 당시 일본에는 오븐이 없어 임시변통으로 비슷하게 만든 기구를 사용했기 때문에 찐 케이크의 질감이 느껴진다. 푸딩(캐러멜 커스터드 또는 플랑)도 인기가 높다.

오늘날 킷사텐은 사라지는 추세인 데 반해 카페는 점점 더 많은 인기를 끌고 있다. 킷사텐과 카페 사이에는 뚜렷한 차이가 있다. 카페는 세련되고 현대적인 실내 장식과 유행하는 메뉴로 젊은 고객을 끌어들이며 모던한 이미지를 구축하는 것으로 보인다. 킷사텐에서는 여전히 예스러운 드립 커피만을 고수하는 반면, 카페에서는 에스프레소나 카푸치노 같은 근래에 유행한 다양한 커피 메뉴를 선보인다. 또한 차 메뉴로는 우롱차나 홍차를 선호하는 경향이 있다. 최근 유행하는 차로는 프랑스에서 수입한 가향차, 즉 꽃이나 과일의 향을 가미한 차가 있는데, 프렌치 티로 통용되기도 한다.

현재 일본에서는 다양한 종류의 차를 마신다. 주로 녹차를 마시지만 홍차도 스리랑카와 인도에서 수입하고 있으며 유명 호텔과 레스토랑의 메뉴로 인기 있다. 또한 블렌딩을 위해 차를 재배하는 콘월의 트레고스넌 영지를 비롯해 영국에서 생산되는 차를 수입하기도 한다. 홍차는 항상 서구식 찻잔에 마시지만, 녹차는 일본 전통 찻잔에 마시며, 가루 녹차의 경우 차완으로 마신다.

한국

한국에는 다채로운 차를 마시는 문화가 살아 있다. 선덕여왕(재위 632~647) 시대에 당나라에서 녹차가 전래되었으나 흥덕왕(재위 826~836) 시대에 들어서야 직접 차를 재배하게 되었다. 당시 당나라에 사신으로 갔던 김대렴이 신라로 돌아오며 차나무의 종자를 가지고 왔다. 왕은 해가 잘 드는 지리산 자락에 차나무 종자를 심게 했고, 이곳은 오늘날에도 한국에서 차 재배 중심지로 이름이 높다.

초반에는 왕족, 무인 같은 특권층과 차를 명상의 보조 도구로 활용한 불교의 고위 승려가 차를 마셨다. 한국에서는 차에 함유된 약효 성분 때문에 차를 소중히 여겨서 특별한 날을 위해 따로 아껴두거나 귀한 손님에게 대접했다. 차는 심신을 수양하는 방편으로 여겨지기도 했다. 차를 예술의 경지로 끌어올린 철학, 즉 다도는 이미 이 시기에 발전했다. 차를 마시는 행위는 완전한 깨달음까지는 아니라 하더라도 더 높은 수준의 내적 각성으로 이어지는 정신적이며 종교적인 활동으로 여겨졌다. 승려들은 중요한 의식 때는 물론, 매일 세 번씩 부처님께 차를 공양했다. 사찰에서는 불자들에게 곡주 대신 차를 대접했다. 사찰에서 소비하는 많은 양의 차를 공급하기 위해 사찰 주변에는 문자 그대로 '차 마을'이라는 뜻의 다촌茶村들이 생겨나 차를 재배했다.

차는 국가 의식의 필수적인 부분이 되었다. 차와 관련된 모든 일을 전담하는 다방茶房을 따로 설치해 왕실 혼례, 장례식, 대관식, 외교와 관련된 연회 같은 중요한 국가적 행사에서 다례 의식을 주관하도록 했다.

왕족은 차를 마시는 것과 관련된 정교한 의식을 발전시켰다. 궁중에서 차 의식은 정교하고 예를 갖춘 엄숙한 다례로 발전했으며 왕이나 왕세자가 차를 마실 때는 음악을 연주했다. 궁중 신하들을 불러 모아 다회茶會나 시회詩會를 열기 위해 궁궐 안에 별궁과 정자를 지었다.

귀족이나 관료 같은 상류층은 경치 좋은 곳에서 다회를 열어 더 편안한 분위기에서 차를 즐기는 풍습을 발전시켰다. 이러한 다회에서는 음악과 무용, 시를 즐겼고 술을 곁들이기도 했다. 차를 찬미하는 시를 짓는 전통은 이 무렵에 시작되었다.[10] 차를 마시는 의식은 다도로 알려진 풍속으로 발전했다. 물을 끓이는 화로, 잔, 숟가락, 다관 등 전문 다구들이 만들어졌다. 물맛의 등급을 세분화하는 체계뿐 아니라 차의 종류와 품질도 발전했다. 다도에서 지켜야 하는 예절도 중요하지만, 다도에서 가장 중요한 것은 물과 차의 조화다. 유명한 승려이자 다성茶聖으로 추앙된 의순(초의선사)은 이렇게 썼다. "물을 끓일 때는 섬세하게, 저장할 때는 건조하게, 우릴 때는 깨끗하게 해야 한다. 섬세함, 건조함, 깨끗함은 다도에서 지극히 중요하다."[11] 다도에서는 차의 쓴맛을 상쇄하기 위해 다식茶食(차에 곁들이는 음식)이라는 과자를 낸다. 다식은 한 입 크기의 과자로, 두 가지 주재료, 즉 쌀가루나 녹두 전분 같은 식물을 원료로 한 가루와 꿀로 만든다. 다식은 나무나 자기 틀에 눌러 둥근 모양으로 만들고 위에 장수와 부, 건강, 평화를 뜻하는 한자 문양이나 꽃 무늬를 찍는다. 다식은 세상을 이루는 다섯 가지 요소를 상징하는 오방색, 즉 적, 청, 황, 백, 흑색으로 만드는데, 색을 내기 위해 꽃 추출물 같은 천연 성분을 사용한다. 고가의 첨가제인 송홧가루는 다식을 노란색으로 물들인다.[12]

한국에서 인기 있는 또 다른 '차'는 진정한 의미에서 차가 아니다. 이러한 '차'의 종류로는 인삼이나 생강으로 만든 한방차, 대추나 유자, 매실, 모과 등 과일로 만든 과일차, 보리 같은 곡물로 만든 차가 있다. 오미자차는(오미자는 '다섯 가지 맛', 즉 단맛, 신맛, 쓴맛, 짠맛, 매운맛이 난다는 뜻) 오미자나무의 열매로 만든 과일차의 일종으로, 따뜻하게 또는 차갑게 낸다. 이러한 차들 모두 약효를 기대하며 마신다. 볶은 보리를 물에 넣고 끓여 만드는 보리'차'는 식사를 할 때 마시는 일반적인 음료로, 뜨겁게 또는 차갑게 낸다.

최근 수년 사이 한국은 커피 문화를 적극적으로 받아들이고 있으나 오늘날에

1910년, 대한민국, 서울의 낙동선교관 밖에서 차를 마시는 한국인 여성들과 서양 여성들. 서양 여성은 복음 전도 협회의 선교사들이다.[그러나 여성들의 의복과 머리 모양으로 보아 조선에 체류하던 일본인으로 추정된다-옮긴이]

도 서울의 북촌이나 인사동 같은 지역의 여러 찻집에서 다양한 종류의 차를 맛볼 수 있다. 차에 곁들이는 다양한 간식, 가령 호박 증편이나 팥죽을 주문할 수도 있다. 인사동의 다원은 한국의 전통 가옥인 한옥에 문을 연 유명한 전통 찻집이다. 다양한 '차'가 갖은 떡, 유과(기름에 튀긴 달콤한 쌀 과자)와 함께 제공된다.

타이완

타이완(옛 이름은 포르모자)은 전 세계에서 큰 인기를 누리는 여러 종의 차를 생산하는 지역 중 하나지만 가장 잘 알려진 차는 독특한 맛과 향을 가진 우롱차다. 가장 유명하고 진귀한 우롱차 중 하나는 '오리엔탈 뷰티東方美人'다(영국인 차 상인에게 이 우롱차의 견본을 선물 받은 엘리자베스 2세 여왕이 이 이름을 하사했다고 전해진다). 이 차는 샴페인 포르모자로도 알려져 있으며, 탕색은 진한 붉은빛이 도는 금색을 띤다. 무엇보다 풍부하고 부드러운 맛은 감식가들로부터 높은 평가를 받는다. 이 외에 유명한 우롱차로는 우롱 임페리얼, 그랜드 우롱 팬시, 둥딩 우롱, 장미나 재스민으로 향을 내 가볍게 발효시킨 포종차包種茶가 있다.

16세기 포르모자 해안에 상륙한 최초의 유럽인은 포르투갈 선원이었다. 그들은 섬의 아름다움에 깊은 감명을 받아, '아름다운 섬'이라는 뜻의 '이슬라 포르모자'라는 이름을 섬에 붙였다. 이 섬은 지리적 위치, 산악 지형, 아열대 기후 덕분에 차를 재배하기에 이상적인 조건을 갖추고 있었다. 하지만 1850년대 중반에 이르러서야 중국 푸젠성에서 이주한 정착민들이 처음으로 차나무 묘목을 가져와 대규모로 차를 재배하기 시작했다. 그들은 차를 재배하고 가공하는 기술뿐 아니라 차 문화도 함께 가져왔다.

차를 좋아하는 타이완 사람들은 다도와 찻집 등 차와 관련된 다채로운 문화를 꽃피웠다. 차는 타이완에서 사회 구조의 한 부분을 이룰 정도로 중요하다. 사업

협상, 결혼 피로연, 장례식에서 차는 중요한 역할을 한다. "들어와서 차 한잔하고 가세요"라는 말은 손님에게 일반적으로 하는 인사다. 정부가 주도적으로 차 박물 관을 개관하고 차 품평 대회를 개최하며 차를 테마로 한 축제를 연다.

타이완 사람들은 그들만의 고유한 다도 문화를 발전시켰다. 중국이나 일본의 다도와 마찬가지로 타이완의 다도 또한 차를 음미할 수 있도록 고요한 환경에서 행해져야 한다. 그리고 매우 경건한 마음으로 다도의 여러 단계를 수행해야 한다. 1970년대에는 문향배聞香杯라는 찻잔이 만들어졌다. 문향배는 차향을 즐기기 위 해 고안된 찻잔으로, 가늘고 길쭉하게 생긴 형태가 특징이다. 문향배는 차를 따라 마시는 작은 찻잔인 다배茶杯와 한 벌을 이룬다. 차를 만드는 방식은 타이완에서 생산된 향긋한 우롱차들의 향기를 음미하기 위해 특별히 고안되었다.

문향배, 다배, 개완蓋碗(크기가 크고 뚜껑이 딸린 1인용 다기 찻잔)에 뜨거운 물을 부 어 예열한다. 찻주전자에 찻잎을 넣고 뜨거운 물을 따른 다음, 잠시 우려낸다. 그 렇게 만들어진 차를 문향배에 따르고서 다배를 뒤집어 문향배에 뚜껑처럼 덮으 면 버섯과 닮은 모양이 된다. 문향배와 다배를 한 손의 엄지손가락과 가운뎃손가 락으로 들어올려 재빨리 뒤집어 문향배에 담겨 있던 차를 다배에 옮겨 담는다. 다 배 위에 얹힌 문향배를 들어 잠시 향이 퍼지게 기다린 다음, 향을 맡으며 음미하고 마지막에 다배에 담긴 차를 마신다.

최근에 이러한 의식을 행하는 사람들은 줄어든 편이다. 많은 이들이 차를 우리 는 차호나 개완의 뚜껑에 남아 있는 향을 맡는다.[13] 대다수 타이완 사람들은 숨 가 쁘게 돌아가는 도시 생활에서 한숨 돌려 평온한 분위기에서 휴식을 취할 수 있게 고안된 수많은 찻집에서 차를 즐긴다. 찻집은 외부로 난 창 없이 안뜰에 둘러싸인 구조로 설계되어 있고 보통은 물고기가 있는 큰 연못이 있다. 이곳을 찾은 손님들 은 맛있는 우롱차가 담긴 차호를 연신 다시 채우며 잡담을 나누거나 물고기를 물 끄러미 보기도 하면서 오랜 시간을 머문다. 찻집은 문화 시설이기도 해서 전통 예 술을 알리기 위해 사용될 때도 많다. 서예와 그림을 전시하거나 일부 찻집에서는 전통음악 공연을 열기도 한다.

타이베이에는 훌륭한 품질의 차에 역사와 향수를 결합한 유명한 찻집인 자등려紫藤廬차관이 있다. 과거 일본 식민지 시대의 고풍스러운 목조 건물은 1920년에 해군 숙소로 지어졌다. 1981년에 찻집으로 개조된 이곳은 당시 반체제 인사들이 모이는 만남의 장소가 되었다. 그 후로도 이곳은 예술가와 작가들이 계속해서 즐겨 찾는 장소로 남아 있다. 1930년대 실내 장식을 그대로 살린 자등려차관에서는 다양한 종류의 녹차와 우롱차뿐 아니라 몇 가지 종류의 진귀한 보이차도 메뉴로 제공한다. 차에 곁들여 먹는 여러 종류의 간식도 선보이고 있는데, 녹두 케이크, 코코넛 볼, 양 끝이 날카로운 봉황의 눈을 닮았다고 해서 봉황의 눈이라 이름 붙여진 펑옌까오鳳眼糕(설탕과 찹쌀로 만든 케이크), 차에 절인 매실 등이 있다.

타이완, 타이중臺中시에 위치한 무위초당無爲草堂 찻집. 찻집 이름인 '무위'는 도가사상에서 말하는 인위적인 행위를 하지 않는다는 뜻이다. 무위초당은 '고전적인' 중국 찻집을 표방한다. 2층으로 된 목조 건물이 물고기 연못 가운데 세워져 있다.

타이완 사람들의 차에 대한 사랑은 '버블티bubble tea'라는 대중적인 유행을 만들었고, 이는 북미나 필리핀 등 중국 인구가 많은 지역뿐 아니라 영국 등 다른 나라에서도 크게 유행했다. 버블티는 원래 1980년대 말, 하교하는 아이들이 학교 밖에 늘어선 노점에서 시원하게 목을 축이기 위해 사 마시는 특별한 음료에서 시작되었다. 한 노점상 주인이 어린 손님들의 입맛에 더 잘 맞도록 아이스 밀크티에 다양한 과일 향을 첨가하고 잘 섞이도록 힘차게 흔드는 기발한 생각을 떠올렸다. 그러자 음료 위에 버블, 즉 거품이 생겼다. 시원한 차에 달콤한 맛이 섞이자 아이들 사이에서 큰 인기를 끌었고 다른 상인들도 새로운 유행을 따랐다. 그중 또 다른 상인은 차에 타피오카 펄tapioca pearl[열대작물인 카사바의 뿌리에서 채취한 녹말로 만든

젤리의 일종]을 첨가하는 아이디어를 떠올렸다. 펄이 컵 바닥으로 가라앉으며 바닥에도 거품을 만들었다. 버블티는 보통 투명한 플라스틱 컵이나 용기에 담기며, 여기에 부드럽고 쫀득한 식감이 특징인 펄을 빨아올릴 수 있게 폭이 넓은 빨대를 꽂아준다. 흥미롭게도 아이들은 빨대로 펄을 끌어올려 표적을 정해 쏘기도 하고 심지어 서로에게 펄을 쏘기도 한다! 버블티는 별명도 여러 개 갖고 있는데 그중에는 보바boba, QQ(중국어로 쫀득하다는 뜻) 같은 익살스러운 이름도 있다. 서구에서는 '부부booboo'라고 불리기도 한다.

버블티는 홍차, 녹차, 백차 등 다양한 종류의 차로 만들 수 있다. 망고, 딸기, 리치, 코코넛 같은 과일 향이나 초콜릿, 보리, 아몬드, 생강, 장미 같은 다른 향을 첨가하기도 한다. 커피로 만든 버블티도 있다. 홍콩에서 유래된 버블티 중에는 홍차와 커피를 반반 섞은 것도 있다. 오늘날 우유는 선택사항이다. 일부 카페에서는 유제품을 기피하는 사람들을 위해 두유 같은 비유제품 우유를 사용한다.

버블티는 타이완에서 유래했지만, 인도의 사프란과 카다멈 같은 향신료, 페르시아의 장미수, 멕시코의 히비스커스 꽃 등 다른 나라 요리의 풍미를 활용한 다양한 버블티 조합이 인기를 얻고 있다. 타피오카 펄 대신 작은 주사위나 별 모양, 가

다양한 색깔과 맛이 나는 버블티.

느다란 조각처럼 생긴 젤리를 넣기도 한다. 차나 커피를 전혀 넣지 않는 버블티도 있다. 향료를 베이스로 해 얼음을 갈아 슬러시 비슷한 음료를 만들고 여기에 타피오카 펄을 넣은 것인데, 이러한 음료는 흔히 '스노 버블snow bubble'이라고 불린다. 다양한 변화를 준 버블티의 종류는 끝도 없이 많으며 분명 앞으로도 전 세계인이 즐기는 음료로 사랑받을 것이다.

8장
그 밖의 세계 다른 나라들의 티타임

차를 준비하는 방식이 나라마다 제각각인 것처럼 차를 마시는 것이나 티타임과 관련된 의식 절차는 전 세계적으로 다양하다. 차는 동양에서 전래되었지만 차를 마시는 풍습은 자국 문화의 영향을 받으며 다양한 방식으로 발전했고 차를 활용하는 방법도 나라별로 달랐다. 또한 티타임의 의식 절차와 관련된 관습, 이를테면 차를 내는 방식이나 차와 곁들여 먹는 음식도 다양하다. 이번 장에서는 아프리카에서 인도네시아, 남아메리카에 이르는 여러 지역의 티타임에 대해 간략하게나마 살펴보도록 한다.

모로코와 북아프리카

북아프리카에서 자체적으로 차를 생산하는 나라는 없다. 모로코의 차를 마시는 역사와 관련해서는 논란의 여지가 있다. 《차: 세상을 바꾼 음료》(2007)를 쓴 존 그리피스를 비롯한 일부 저자들의 의견에 따르면, 1854년 중국에서 수입한 녹차를 실은 영국 선박들이 스칸디나비아와 발트해 국가에서 하역 허가를 거부당했다. 다른 시장을 찾아 나선 영국의 무역상들은 모로코 항구에 도착해 마침내 차를 판매하게 되었다. 이때부터 모로코에서 차를 마시는 문화가 뿌리내렸다. 이미 수세기 동안 허브를 우려내 마셔왔던 모로코인들은 녹차에 열광했다. 녹차(보통은 건파우더 녹차)에 신선한 민트 – 원래 우려 마시던 자생 허브 – 와 설탕을 가득 넣고 풍미를 더해 모로코 고유의 원기를 북돋는 음료를 만들었다. 차에 첨가하는 민트는 학명이 멘사 비리디스Mentha viridis인 스피어민트로, 많은 이들이 차에 넣기에 좋은 유일한 품종이라 생각한다.

하루 중 다양한 시간대와 식사 후에 마시는 '샤이 빌 나나shai bil nana'(민트를 넣은 차)라 불리는 이 차는 절차에 따라 우려내며 차를 준비하는 방식은 일종의 기예로 여겨진다. 차는 보통 한 집안의 가장이 만드는데, 전통적으로 화려한 장식이 새겨진 은제 티포트를 사용한다. 먼저 티포트에 찻잎을 넣고 사탕수수로 만든 막대 설탕 덩어리와 함께 민트를 한 줌 넣은 뒤, 끓는 물을 부어 몇 분간 우린다. 티포트를 매우 높은 위치에서 들고 화려한 색채의 작은 유리잔에 차를 따르는 기예에 가까운 방식은 표면에 거품(케시쿠샤keshkusha)을 내기 위해서다. 차는 공들여 장식된 은쟁반에 담아낸다. 전통적으로 석 잔의 차를 마시는데, 차를 우리는 시간에

모로칸 민트티는 장식이 된 유리잔에 담아 페이스트리, 대추야자와 함께 낸다.

따라 각각 독특한 풍미를 느낄 수 있다. 마그레브 지방에는 이를 절묘하게 표현한 유명한 속담이 전해진다.

첫 잔은 생명처럼 순하고

두 번째 잔은 사랑만큼 진하며

세 번째 잔은 죽음처럼 씁쓸하다.

차와 달콤한 페이스트리를 곁들이기도 하는데, 일례로 아몬드와 시나몬으로 속을 채워 가젤 뿔 모양으로 만든 쿠키나 아몬드를 넣고 만든 작고 둥근 비스킷인 고리바ghoriba를 낸다. 속을 채운 대추야자도 인기 있다.

민트를 함께 우린 차를 마시는 풍습은 모로코에서 알제리, 튀니지, 리비아, 사하라의 유목민족인 베르베르족, 투아레그족에 이르기까지 널리 퍼졌다. 진하게 우려 우유 없이 설탕만 넣은 홍차도 마시는데, 홍차에 민트를 넣기도 한다. 차를 '샤이shai'라 부르는 이집트에는 꽤 최근에 녹차가 전래되었으나 큰 인기를 얻지는 못했다. 이집트에서는 설탕을 넣은 진한 홍차를 선호하는데, 우유는 넣지 않지만 민트로 향을 내는 경우는 많다. 카페에서는 허브차나 티잔tisane[말린 잎이나 꽃을 넣어 달인 약탕]도 흔히 제공된다.

민트로 향을 낸 차는 더운 기후에서 원기를 북돋는 효과가 있어서 이라크 같은 다른 아랍 국가에서도 인기가 높다. 차는 흔히 아랍 지역의 연회 마지막에 나온다. 페르시아만 연안 국가들에서는 초대한 손님을 맞이할 때 사프란을 넣어 함께 우린 연하고 섬세한 풍미의 차를 항아리 모양의 병에 담아 대접한다. 지역별로 차의 풍미는 다양하다. 차에 향을 내기 위해 시나몬이나 말린 라임 등 여러 종의 향신료와 허브를 사용할 때가 많다.

파타고니아의 티타임

웨일스의 티타임 전통은 파타고니아에서도 찾아볼 수 있다. 파타고니아는 아르헨티나와 칠레 두 나라에 접해 있는 남아메리카 대륙의 최남단이다. 1865년에 153명의 웨일스 출신 남성과 여성, 그리고 아이들이 리버풀에서 '미모사Mimosa'라는 티 클리퍼에 탑승해 무려 8,000마일의 항해에 나섰다. 이들은 문화·종교적 박해에서 벗어나 그들만의 방식으로 예배를 올리고 웨일스 언어를 사용하며 민족적 정체성을 지킬 수 있는 새로운 터전을 찾을 수 있기를 희망했다.

그들은 8주 후에 파타고니아 북동부의 누에보 만에 상륙했다. 그들은 웨일스처럼 푸르고 비옥한 땅을 기대했지만 정작 맞닥뜨린 것은 사람이 살기 어려운 초원과 불모지였다. 웨일스인들은 혹독한 겨울과 홍수, 흉작, 물과 식량 부족, 거처가 될 만한 숲이 전혀 없다는 문제들과 맞서야 했다. 하지만 그들은 불굴의 의지로 추부트 계곡에 관개와 물 관리를

위한 시설을 갖춘 정착지를 건설했고, 작은 무리의 웨일스 정착민들이 살아남았다. 약 150년이 지난 오늘날, 파타고니아의 이 지역에는 웨일스 혈통을 주장하는 5만 명 이상의 사람들이 살고 있다. 가이만 마을에는 웨일스의 전통 티룸들이 밀집해 있는 주요 명소가 있다. 이러한 '카사스 데 테casas de té'에서는 견과류, 설탕에 조린 과일, 당밀, 향신료, 술을 넣어 만든 진한 과일 케이크인 토르타 갈레사torta galesa(다른 이름으로는 토르트 네그라torta negra)와 함께 최고급 애프터눈 티를 제공한다. 다른 티타임 별미로는 파타고니아 크림 타르트와 파타고니아 당근 푸딩이 있다. 또한 배라 브리스bara brith[차, 말린 과일, 향신료 등을 넣어 만든 빵], 달콤한 스콘과 짭짤한 스콘, 버터를 바른 뜨거운 토스트, 홈메이드 잼과 설탕 절임이 있으며 그리고 당연히 티포트에 담겨 나오는 완벽하게 우린 차가 있다.

아프리카 동부

에티오피아는 주로 커피를 생산하고 커피를 마시는 나라지만 차 또한 온종일 마신다. 향신료를 넣은 통밀빵이나 튀긴 페이스트리를 차에 곁들여 먹기도 한다. 케냐에서 차는 주요 수출품 중 하나로, 영국으로 많이 수출된다. 티타임은 영국 식민지 시절의 영향이 남아 있지만 차를 마시는 방식은 인도 스타일로, 우유와 설탕을 넣어 만들며 이름도 '차이'라고 부른다. 차이에 시나몬이나 카다멈, 생강 같은 향신료로 풍미를 더하기도 한다. 우간다에서는 차가 국민 음료이자 주요 수출품이다. 차 마시는 풍습은 영국과 동인도, 아랍의 영향을 고루 받았다. 우간다 부유층은 우유와 설탕을 넣은 영국식 홍차를 만들어 자기로 만든 찻잔과 받침 접시를 사용해 홀짝홀짝 마신다. 동인도 문화에 영향을 받은 우간다인들은 우유와 설탕을 넣은 차이도 만들어 마신다. 일부 우간다인들은 설탕을 듬뿍 넣은 홍차를 마시는데, 이는 아랍의 영향을 받은 것이다. 차와 함께 내는 티푸드로는 사모사, 땅콩, 빵 등이 있다.

인도네시아

차는 인도네시아의 많은 지역에서 재배되고 있다. 인도네시아 차는 가볍고 향기롭다. 최상급 차는 일본, 북미, 유럽으로 수출되어 블렌드 티에 배합하거나 티백을 만드는 데 사용한다.

차는 인도네시아인들이 가장 많이 마시는 주된 음료로, 차를 마시는 관습은 지역마다 다르다. 일부 인도네시아인들은 설탕을 넣지 않은 차('쓴 차'라는 뜻의 테 파히트teh pahit 또는 테 타와르teh tawar)를 마시지만, 사탕수수 농장이 있는 자와에서는 테 마니스teh manis(설탕을 넣은 차)를 마신다. 우유나 가당연유를 넣기도 하는데, 이를 '테 수수teh susu'라고 한다. 차는 점토로 만든 잔이나 유리잔에 마신다. 티타임은 사실상 정해진 시간이 따로 있지 않고 하루 중 어느 때나 즐긴다. 많은 레스토랑에서 따로 비용을 받지 않고 차를 제공한다. 일부 지역에서는 실제로 물 대신 차를 마시는데, 이는 부분적으로 건강상의 이유와 관련이 있다. 식수의 질이 좋지 않아 물을 끓여 차를 만드는 것이다. 기차역이나 버스터미널 같은 번잡한 공공 장소에서 노점상들은 설탕을 듬뿍 넣은 향긋한 차나 아이스티(테 에스teh es)를 판매하는데, 특히 아이스티는 무더운 날씨에 환영받는 음료다. 가정에서는 흔히 오후 4시 30분쯤에 차와 간식을 먹는다. 차에 곁들이는 간식으로는 떡이 인기가 높은데, 바나나를 넣은 떡인 나가사리nagasari, 갈아놓은 코코넛에 굴린 작은 떡인 온데온데ondée ondée 등 수많은 종류의 떡이 있다. 바나나를 튀긴 피상 고랭pisang goring도 차에 곁들여 먹는 티푸드로 인기가 있다. 또한 야자수의 수액으로 만든 종려당 시럽인 옹골옹골ongol-ongol을 곁들인 달콤한 사고 롤sago roll, 그리고 판단 pandan 잎을 넣은 반죽에 달콤한 코코넛 필링을 채운, 크레페와 유사한 다다르 굴링dadar guling도 즐겨 먹는다.

남아메리카

오늘날 남아메리카의 많은 나라가 차를 생산하지만, 일반적으로 차를 많이 마시는 편은 아니다. 세계 최대 커피 생산국인 브라질에서는 주로 커피를 마신다. 하지만 1970년대 초부터 중산층 사이에서 차의 인기가 높아지고 있다. 대도시에 찻집(카사 데 차case de cha)들이 문을 열었고 여성들은 이곳에서 친구들과 만나 케이크나 비스킷, 초콜릿, 빵과 함께 차를 즐긴다. 일부 찻집에서는 샐러드와 샌드위치, 가벼운 음식을 제공한다. 차는 취향에 따라 우유와 설탕을 넣은 종류와 넣지 않은 종류를 주문할 수 있다. 녹차뿐 아니라 아이스티도 인기가 있다.

이와는 대조적으로 안데스산맥의 반대편인 칠레에는 티타임 전통이 확고하게 자리 잡고 있다. '온세once'라고 불리는 티타임은 1800년대에 초석을 채굴하기 위해 칠레에 정착한 영국인들에게서 물려받은 전통이다. 오후 늦게, 보통 4시에서 8시 사이에 즐기는 온세는 1세기 전만큼이나 오늘날에도 칠레에서 흔히 볼 수 있는 풍습이다. 온세는 비스킷이나 케이크를 곁들여 간단하게 즐기는 차 한 잔에서 든든한 음식을 곁들인 티에 이르기까지 다양하다. 가령 구운 마라케타marraqueta('거품을 낸 빵'이라는 뜻의 판 바티도pan batido 혹은 '프랑스 빵'이라는 뜻의 판 프란세pan francé로 불리기도 하는 칠레의 전통 빵)를 곁들이기도 하는데, 마라케타는 소프트롤 두 개를 붙인 빵에 버터나 으깬 아보카도, 잼, 치즈, 만사르manjar(밀크캐러멜)를 바르고 그 위에 다시 소프트롤 두 개를 붙인 빵을 덮어 만든다. 튀긴 페이스트리 혹은 빵인 소파이피야sopaipilla에 아보카도나 치즈, 만자르, 찬카카chancaca라는 달콤한 소스 등 다양한 소스나 재료를 얹어 차와 함께 먹기도 한다. 만사르나 캐러멜로 속을 채우고 가루 설탕을 뿌린 칠레의 전통 웨이퍼인 칠레니토Chilenito도 달콤한 음식을 좋아하는 칠레인들에게 인기가 높다.

오늘날에는 집 밖에서 온세를 즐기기도 한다. 크고 작은 도시에 카페들이 생겨나 그곳에서 친구들이 모여 담소를 나누거나 그날의 뉴스에 관해 이야기하며 함께 온세를 즐긴다.

요리법

차 음료

차는 다양하게 활용 가능한 음료로, 차의 종류(백차, 황차, 우롱차, 홍차, 퍼플 티,● 보이차), 지역, 행사, 개인의 취향에 따라 차를 만드는 방식이 다양하다. 영국과 아일랜드에서는 주로 우유를 넣은 홍차를 선호한다. 러시아에서는 차에 우유는 넣지 않지만 레몬 한 조각을 곁들인다. 미국에서는 아이스티를 좋아한다. 인도와 중앙아시아에서는 차에 주로 향신료를 가미한다. 북아프리카에서는 민트를 첨가한다. 중국인과 일본인은 녹차를 선호한다. 이러한 다양한 종류의 차는 앞서 자세히 살펴봤다.

차를 만들 때에는 물의 질과 온도도 중요하다. 어떤 이들은 병에 든 생수와 온도계를 사용한다. 차의 종류에 따라 짧게 우려야 좋은 것이 있고 오래 우려야 더 좋은 것이 있다.

차는 뜨겁거나 차가운 펀치 혹은 프루트 컵fruit cup[주스에 과일 조각을 넣은 음료]을 만드는 재료로 흔히 사용된다.

● 식물 색소의 일종인 보라색 안토시아닌이 함유된 새로운 교배종 차.

러시아식 차

19세기 중반 미국에서는 러시아식 차가 유행했다. 매리언 할랜드(1886)가 러시아식 차 만드는 법을 소개했다.

신선하고 즙이 많은 레몬을 얇게 썰어 껍질을 잘 벗긴 다음, 찻잔에 레몬 조각을 한 개씩 놓는다. 그 위에 흰 설탕을 뿌리고, 아주 뜨겁고 진한 차를 따른다.

　혹은

얇게 썬 레몬을 찻잔과 함께 손님들에게 돌려 각자 취향에 따라 레몬즙을 짜서 넣도록 한다. 껍질의 쌉쌀한 풍미를 좋아해 껍질을 벗기지 않은 레몬을 넣는 이들도 있다. 사실 이렇게 (현재) 유행하는 음료에 대한 기호는 전적으로 그 맛에 익숙해져야 좋아하게 되는 것이어서 껍질을 그대로 둘지 벗길지는 손님들에게 맡기는 게 좋다. 아무리 유행이라 해도 레몬 껍질이 뜨거운 물과 만났을 때 풍기는 독특한 향을 견디지 못하는 이들도 있다.

러시아식 차는 크림 없이 마시는 게 일반적이지만 설탕은 많이 넣는다. 러시아식 차는 '하이 티'와 요즘 한창 유행 중인 '케틀드럼'에서 매우 인기 있다. 냉소가들은 차가 여성들을 가볍게 취하게 하는 음료라고 말하면서 여성들이 저녁 만찬과 그 이후에 마시는 블랙커피로 인해 차의 즐거움을 빼앗겨서는 안 된다고 비꼰다.

마살라 차이

인도에서 마살라 차이(향신료를 가미한 차)는 대중적인 음료로, 다양한 방식으로 만들 수 있다. 하지만 몇 가지 주재료가 있고 기본적인 방식이 있다. 주재료는 진한 인도산 홍차, 감미료(설탕, 당밀, 꿀 또는 인공 감미료), 우유나 크림, 연유, 그리고 카다멈, 시나몬, 아니스, 정향, 후추, 생강, 고수 같은 향신료다. 이러한 재료는 기호에 따라 첨가한다.

마살라 차이를 만드는 기본적인 방식은 물에 향신료와 감미료를 넣고 끓인 뒤, 차와 우유를 넣고 다시 끓이는 것이다. 그러고서 차가 우러나도록 몇 분간 놓아두면 매우 진한 차가 완성된다.

다음의 방식으로 대여섯 잔의 마살라 차이를 만들 수 있다.

정향 4개

카다멈 꼬투리 2개

시나몬 스틱 2개

갈아놓은 후추 조금

물 1ℓ(4컵)

우유 180㎖(3/4컵)

꿀 3TS*(클로버나 오렌지 꿀) 또는 설탕

홍찻잎 3TS

향신료를 잘게 부순 다음 후추와 함께 냄비에 넣는다. 물을 넣고 끓인다. 불에서 내려 향신료가 우러나도록 5분간 기다린다. 우유, 꿀 또는 설탕을 넣고 다시 끓인다. 불을 끄고 차를 넣는다. 잘 저은 다음, 냄비 뚜껑을 덮고 약 3분간 차가 우러나도록 기다린다. 예열한 티포트에 차를 따르거나 바로 찻잔에 따라서 낸다.

● 1TS(tablespoon): 1테이블스푼=15㎖, 1ts(teaspoon): 1티스푼=5㎖.

퀴마크 차이
(클로티드 크림을 곁들인 차)

이 차는 아프가니스탄에서 약혼식 같은 특별한 행사를 위해 준비한다. 카슈미르의 시르 차이(굴라비 또는 눈 차이)와 매우 유사하다.

중동의 카이마크와 비슷한 크림인 퀴마크는 클로티드 크림과 비슷하다. 물론 맛과 질감이 완전히 같지는 않지만 클로티드 크림으로 대체할 수 있다.

퀴마크	전유 450㎖
	옥수숫가루 1/2TS
	더블 크림● 75㎖

냄비에 우유를 넣고 끓인다. 불을 줄이고 크림 상태가 된 우유를 젓는다. 체에 내린 옥수숫가루를 잘 섞은 다음 거품이 생길 때까지 휘젓는다. 불은 약하게 유지한다. 그러면 우유 위에 두툼한 막이 생길 것이다. 냄비에 소량의 우유가 남을 때까지 이 막을 한 번씩 걷어서 다른 냄비에 모은다. 퀴마크가 담긴 냄비를 다시 약한 불에 올려 한두 시간 졸인다. 시원한 곳에 놓았다가 필요할 때 사용한다.

차	물 680㎖, 녹차 6ts
	중탄산소다 1/4ts
	우유 280㎖
	기호에 따라 설탕 4~8ts
	간 카다멈 1~2ts, 퀴마크 8ts
	사각 얼음

● 유지방이 많은 걸쭉한 크림.

냄비에 물을 넣고 끓인다. 녹차를 넣고 찻잎이 퍼질 때까지 5분 정도 끓인다. 중탄산 소다를 넣고 2분간 더 끓인다. 끓이다 보면 차가 냄비 위까지 끓어오르는데, 그때마다 온도를 낮추기 위해 얼음을 넣는다. 냄비를 불에서 내리고 찻잎이 가라앉도록 기다린다. 찻잎을 걸러내 버린다.

다른 냄비에 얼음 한 개를 넣고서 차가 공기와 접하도록 높이 들어 올려 따른다 (국자를 이용해 차가 공기와 접하게 해도 된다). 냄비에서 냄비로 여러 번 높은 곳에서 따르는 과정을 반복한다. 이때 차의 수색이 검붉게 변할 때까지 매번 얼음을 한 개씩 넣는다.

냄비를 다시 불에 올리고 우유를 넣는다. 차는 보랏빛이 감도는 분홍색이 될 것이다. 끓기 바로 직전까지 천천히 가열한 다음, 기호에 따라 설탕과 카다멈을 넣고 젓는다.

찻잔에 차를 따른다. 쿼마크 2티스푼을 차 위에 띄운다.

티컵과 펀치

티컵과 펀치를 마시는 전통은 동인도회사 관리들을 통해 인도에서 영국으로 전해졌다. 당시 이러한 상쾌한 음료는 흔히 티파티에서 큰 인기를 끌었다.

'펀치'라는 이름은 '다섯'을 뜻하는 페르시아어 '판지panj' 또는 힌디어 '판치 panch'에서 유래한 것으로 여겨지는데, 이 음료에 다섯 가지 재료, 즉 설탕, 스피리트[증류주], 레몬즙 또는 라임즙, 물과 향신료가 들어가기 때문이다. 훗날 다양한 종류가 더 생겨났다. 그중에는 사르고다 클럽 테니스컵 같은 녹차나 홍차를 넣은 펀치도 있었다. 펀치는 북아메리카, 특히 남부 주에서 매우 인기 있었다. 흔히 대규모 티파티에서 제공되었고 찰스턴은 오트란토 클럽 펀치(강한 녹차에 레몬, 복숭아 브랜디, 자메이카 럼, 브랜디 또는 호밀 위스키 같은 알코올을 다량 넣고 만든 펀치)와 세인트 세실리아 펀치(다크 럼, 샴페인, 클럽 소다에 브랜디로 절인 레몬과 파인애플 조각, 녹차를 우려 만든 심플 시럽●을 섞어 만든 펀치)로 특히 유명해졌다.

모든 펀치에 알코올이 들어가지는 않는데, 일례로 찰스턴에서 유래한 딕시 티(차와 레몬, 오렌지를 넣고 정향을 가미한 펀치)와 차와 신선한 파인애플, 포도 주스, 오렌지, 레몬, 바나나, 설탕, 체리 몇 개, 탄산수, 얼음으로 만든 페어리 펀치(《옛 남부의 레시피》, 1961)가 있다. 하지만 아래에서 소개하는 티 펀치는 굴 K. 샤바크샤의 《타임 앤 탤런트 클럽 요리책》(1962)에서 소개된 인도식 방식이다.

물 4컵(1ℓ)

홍찻잎 4ts

설탕 8ts

시나몬 스틱 2개

정향 6개

민트 잎 10장

진저에일 또는 레모네이드

장식용 민트 잔가지

사과, 딸기, 복숭아 등 잘게 썬 과일(선택사항)

물을 끓여 찻잎에 부은 뒤 2분 정도 차가 우러나도록 기다린다. 큰 주전자에 차를 따라 뜨거운 상태일 때 설탕을 넣는다. 시나몬, 정향, 민트 잎을 모슬린 주머니에 넣어 묶고 이것을 찻주전자에 넣어 6시간 정도 식도록 놓아둔다. 차를 낼 때 기호에 따라 진저에일이나 레모네이드를 첨가하고 원한다면 잘게 자른 과일도 넣는다. 잘 저어 사각 얼음을 넣은 키가 큰 유리잔에 따르고 민트 잔가지로 장식한다.

네 잔을 만들 수 있다.

● 보통 설탕과 물로 만드는 진한 감미액으로, 주로 각종 청량음료 따위에 첨가하는 향료의 베이스로 쓴다.

티타임에 어울리는 짭짤한 티푸드

티 샌드위치

티 샌드위치는 애프터눈 티에 곁들이는 작고 앙증맞은 샌드위치다. 전통적으로 흰 빵을 사용하지만, 갈색 빵, 호밀 흑빵, 발효한 빵 반죽으로 만든 사워도 빵, 호밀 빵으로도 만들 수 있다. 빵은 결이 조밀한 게 좋고, 얇게 썰어야 한다. 빵에 버터를 얇게 펴 발라 속 재료의 수분이 빵에 스며들지 않게 한다. 샌드위치 속은 빵의 양에 비례해 가볍고 섬세해야 한다. 빵에 바르는 데 사용하는 스프레드로는 크림치즈와 마요네즈 혼합물이 있다. 속 재료는 매우 다양하다. 인기 있는 재료로는 달걀, 크레스, 오이, 토마토, 아스파라거스, 치즈, 훈제 연어, 햄, 치킨이 있다. 빵 사이에 속 재료를 넣어 완성하면 빵 가장자리를 자른 뒤, 원하는 모양으로 자른다. 길고 가느다랗게 잘라 '핑거' 샌드위치를 만들 수도, 반으로 잘라 삼각 샌드위치를 만들 수도 있다. 혹은 비스킷 커터로 모양을 내 자른다. 애프터눈 티에 곁들이는 샌드위치는 손으로 들고 먹기 쉽게, 그리고 우아하게 두 입에 다 먹을 수 있게 만드는 게 좋다.

오이 샌드위치

오이 샌드위치는 애프터눈 티에서 필수적인 샌드위치로 여겨진다. 티 샌드위치의 앙증맞은 외양은 여유와 특권의 상징으로, 영국의 귀족과 상류층과 관련이 있다. 일부 작가들은 소설이나 영화에서 상류층임을 드러내기 위해 오이 샌드위치를 활용했다. 오스카 와일드의 《진지함의 중요성》(1895)에서 앨저넌 몬크리프라는 등장인물은 고모 오거스타(레이디 브랙널)가 방문할 때 대접하려고 준비한 오이 샌드위치를 게걸스럽게 전부 먹어치운다. 그는 집사의 묵인하에 "오늘 아침 시장에 오이가 없었다. …… 게다가 수중에 돈도 없었다"고 거짓말을 한다.

오이 샌드위치의 인기는 에드워드 시대에 최고조에 달했다. 당시에는 값싼 노동력과 풍부한 석탄 덕분에 유리 온실에서 일 년 내내 오이를 재배할 수 있었다. 오이 샌드위치는 여름철에 격식을 차린 애프터눈 티나 크리켓 티, 소풍 때 여전히 인기 있는 메뉴다.

전통적으로 오이 샌드위치는 빵 가장자리를 자르고 버터를 가볍게 바른 흰 빵 두 개 사이에 종이처럼 얇게 썬 오이를 넣어 만든다. 오늘날에는 갈색 빵을 사용할 때도 많으며 크림치즈와 다진 허브(딜이나 민트), 향신료 같은 재료를 추가한다.

크고 가는 오이 1개

소금

식초 약간

얇게 썬 갈색 빵 8조각

얇게 썬 흰 빵 8조각

신선한 무염 버터, 연화시킨 것 110g

백후추 한두 자밤

잘게 썬 신선한 민트나 딜 1~2ts(선택사항)

빵은 구운 지 하루 정도 지난 게 좋다. 갓 구운 빵은 자르기 어렵다.

오이는 껍질을 벗기고 종이처럼 얇게 둥근 모양으로 썬다. 자른 오이에 소금과 식초를 살짝 뿌려 15분간 체에 담아놓는다. 오이에 생긴 물을 버리고 남은 물기는 종이 타월로 가볍게 두드려 말린다.

얇게 썬 빵에 버터를 바른다. 아랫단 빵에 자른 오이를 두 겹으로 놓고 기호에 따라 소금과 백후추를 살짝 뿌린 다음, (사용할 경우) 민트나 딜을 올린다. 버터를 바른 다른 빵을 위에 얹고 손바닥으로 가볍게 누른다.

잘 드는 칼로 빵 가장자리를 자른 후, 4개의 삼각형이나 3개의 직사각형 모양으로 샌드위치를 자른다. 접시에 갈색 빵과 흰 빵이 번갈아 놓이도록 가지런히 배열한다. 테이블에 내기 전까지 젖은 천으로 덮어놓는다.

달걀과 크레스 핑거 샌드위치

이 요리법의 출처는 헬렌 그레이브스의 《101가지 샌드위치: 전 세계 최고 샌드위치 요리법 모음》(2013)이다. 물론 취향에 따라 샌드위치를 삼각형 모양으로 자르거나 갈색 빵을 사용해도 된다. 크레스의 양을 늘려도 되고 장식을 위해 완성된 샌드위치 위에 크레스를 뿌려도 좋다.

식힌 삶은 달걀 2개

마요네즈 1TS

송송 썬 신선한 차이브* 1ts

샐러드용 크레스 세 자밤

기호에 따라 바닷소금과 백후추 조금

얇게 썬 흰 빵 4개

껍데기를 벗긴 삶은 달걀을 포크로 으깨고서 마요네즈, 차이브, 크레스를 넣어 잘 섞는다. 소금과 백후추로 간한다. 빵 2개에 속을 펴 바른 다음, 남은 빵을 각각 얹는다. 빵 가장자리를 자르고서 핑거 샌드위치 모양으로 자른다. 바로 테이블에 낸다.

6개를 만들 수 있다.

● 부추속의 여러해살이풀로, 골파라고도 한다.

훈제 연어와 크림치즈 미니 핀휠 샌드위치

음식 저술가이자 저널리스트이며, 《샌드위치의 지구사》의 저자인 비 윌슨이 특별한 애프터눈 티파티에 완벽하게 잘 어울리는 작고 우아한 샌드위치 만드는 법을 내게 알려줬다.

중간 크기의 빵 한 덩어리 400g (흰 빵 혹은 통밀빵, 가벼운 호밀 빵을 쓰기도 한다)

차이브를 넣은 가벼운 크림치즈 170g

얇게 썬 훈제 연어 280g

얇게 썬 빵의 가장자리를 자르고 밀대로 빵을 눌러 펴서 얇고 유연한 상태로 만든다. 촉촉한 천으로 덮어 빵이 마르지 않게 한다. 크림치즈를 빵에 바른다. 빵 한 면을 다 덮을 만큼 훈제연어 조각들을 얹는다. 연어 위에 크림치즈를 더 바른다. 샌드위치를 단단하게 돌돌 말 수 있도록 칼날의 무딘 가장자리를 이용해 빵 끝 가까운 쪽에 움푹 팬 부분을 만든다. 빵 한 쪽을 들어 올려서 한 번 말았을 때 움푹 팬 부분에 맞닿는 빵을 단단히 접어넣는다. 그 상태에서 샌드위치를 단단하게 만다. 완성된 샌드위치를 플라스틱 필름에 개별적으로 싸서, 자를 수 있을 만큼 차갑고 단단해지도록 냉장고에 넣어둔다. 테이블에 낼 때 냉장고에서 꺼내 필름을 제거한 뒤 잘 드는 칼을 이용해 5mm 두께가 되도록 대각선 방향으로 자른다. 접시에 자른 샌드위치를 배열하고 파슬리 잔가지로 장식한다.

약 48개를 만들 수 있다.

델리 샌드위치

영국의 인도 통치 시대에 애프터눈 티파티를 위한 샌드위치는 인도의 향신료와 영국의 전통적인 재료를 결합해 만드는 경우가 많았다. 많은 영국인이 이러한 '퓨전' 음식을 본국인 영국에 소개했다. 델리 샌드위치도 대표적인 퓨전 음식 중 하나였다. 이 요리법은 C. F. 레이엘과 올가 하틀리의 《섬세한 요리 기술》(1929)에서 소개된 것이다.

앤초비 6마리, 정어리 3마리, 처트니 소스 1ts

달걀 1개, 버터 1온스, 커리 가루 1ts

정어리와 앤초비의 뼈를 발라낸다. 생선살에 커리 가루, 처트니 소스, 버터를 넣고 빻는다. 달걀을 깨서 노른자만 넣고 붉은 고춧가루를 조금 넣는다. 이것을 불에 올려 부드러운 페이스트 상태가 되도록 젓는다.

완성된 페이스트는 토스트에 발라 먹기 좋은 스프레드가 된다. 토스트는 두툼하게 자르는 것이 좋으며 빵을 둘로 갈랐을 때 부드러운 면에 버터를 바른다.

웰시 래빗

웰시 래빗(또는 레어빗)은 과거부터 오늘날까지 하이 티에 자주 오르는 짭짤한 음식이다. 어떻게 해서 이런 이름을 갖게 되었는지는 불분명하며 실제로 이 음식이 웨일스 지방에서 유래했다는 증거도 없다. 고기를 쉽게 구할 수 없었던 시절에 자주 해 먹던 요리로 처음 등장했을 것으로 추정된다. '레어빗rarebit'이라는 단어는 나중에 생겼는데(1785년에 처음 문헌에 등장했다) 이 요리에 더 적절한 이름을 붙이려는 시도로 보인다.

웰시 래빗은 사용하는 치즈와 음료(맥주, 에일 또는 와인)의 종류에 따라 다양한 종류가 있다. 치즈 혼합물은 토스트와 함께 내거나 토스트 위에 부어 노릇노릇해지며 거품이 일 때까지 구워서 내기도 한다. 위에 수란을 얹은 버크 래빗, 베이컨과 수란을 함께 얹은 요크셔 래빗처럼 약간의 변화를 준 종류도 있다.

깍둑 썰거나 간 체더치즈 225g

시판용 영국산 머스터드 2ts

우스터 소스 약간

버터 25g

브라운 에일 3~4TS

카엔 고추 조금(선택사항)

토스트

(토스트를 제외한) 모든 재료를 팬에 넣는다. 치즈가 부드럽게 녹을 때까지 아주 천천히 가열한다. 녹은 치즈를 토스트에 곁들이거나 위에 얹어 바로 낸다.

아이리시 포테이토 케이크

아일랜드에서 감자는 주식으로서 많은 사랑을 받았기 때문에 박스티, 챔프, 콜캐넌, 스탬피 등 다양한 감자 요리가 있다. '태티'나 '팔리'로도 알려진 아이리시 포테이토 케이크는 아일랜드 전역에서 아침식사나 티타임 때 즐겨 먹는다. 으깬 감자 남은 것을 활용하는 일반적인 방식이기도 하다. 이 요리법은 리자이나 섹스턴의 《아일랜드 음식의 작은 역사》(1998)에 소개된 것이다.

감자 여러 개 총 450g(골든 원더나 커스 핑크스 품종이 좋다)

소금 1ts, 갓 갈아놓은 후추 약간

버터 25~55g

중력분 110g

버터나 베이컨 지방 소량(팬에 튀기듯 부칠 경우)

감자는 씻으면서 문지르되 껍질을 벗기지 않는다. 소금을 약간 넣은 끓는 물에 감자가 부드럽게 익도록 삶는다(물의 양은 감자가 잠길 만큼 충분해야 한다). 손으로 만질 수 있을 만큼 감자가 식으면 물을 버리고 감자는 껍질을 벗긴다. 하지만 맛있는 포테이토 케이크를 만들려면 뜨거운 상태의 감자를 사용하는 게 중요하다. 감자는 덩어리가 없도록 부드럽게 으깬다. 소금과 갓 갈아놓은 후추로 간을 한 다음, 녹인 버터를 붓는다. 밀가루를 충분히 넣고 잘 치대서 요리하기 쉽도록 유연한 반죽을 만든다(반죽을 너무 치대면 완성된 케이크가 질기거나 묵직하게 느껴질 것이다).

밀가루를 가볍게 뿌린 작업대 위에 반죽을 약 0.5~1cm 두께로 밀어 펴서 둥근 모양으로 만든다. 둥글게 민 반죽을 삼각형이나 둥근 모양으로 자르거나 처음부터 작은 둥근 케이크 모양을 만든다. 기름을 두르지 않고 뜨겁게 달군 마른 번철에 반죽 양면이 노릇노릇해질 때까지 굽는다. 또는 뜨겁게 달군 팬에 버터를 녹이거나 베이컨 지방을 넣어 튀기듯 부쳐도 된다.

버터와 꿀 또는 설탕을 펴 바르고 간 생강을 뿌려 뜨거울 때 낸다. 혹은 케이크를 반으로 갈라 버터를 조금 바르고 훈제 베이컨과 즙이 많은 버섯을 팬에 볶아 곁들여 먹는다.

파코라

이 맛있는 간식은 인도 북부, 파키스탄, 아프가니스탄 전역에서 즐겨 먹는다. 나와 콜린 센이 함께 쓴 전자책《강황: 기적의 향신료》에 수록된 콜린 센의 요리법에서처럼 얇게 썬 감자, 가지, 피망, 양파, 콜리플라워 등 다양한 채소를 넣어 만든다.

작은 콜리플라워 1개, 꽃 부분을 잘게 떼어낸 것

반죽   병아리콩 가루 120g(1컵)

칠리 가루 1/4ts

강황 1/2ts

베이킹파우더 1/4ts

소금 1/2ts

필요에 따라 식물성 기름 225~450㎖(1~2컵)

그릇에 반죽 재료를 섞은 뒤 반죽의 점도가 묽고 부드러워질 때까지 천천히 물을 붓는다(스푼으로 반죽을 떠 올렸을 때 잘 흘러내리는 정도가 좋다). 웍이나 깊은 프라이팬에 기름을 붓고 중불에서 강불로 올린다. 잘게 떼어낸 콜리플라워의 꽃 부분에 반죽을 입히고 기름에 살짝 떨어뜨려 노릇노릇하고 아삭하게 튀긴다. 케첩이나 처트니 소스, 또는 각자 좋아하는 소스를 함께 낸다.

주의사항: 옷에 반죽이 떨어지지 않도록 주의한다. 지우기 힘든 얼룩이 남을 수 있다.

아쿠리
(향신료를 넣은 스크램블드에그)

아쿠리는 파르시 별미로, 인도의 대도시에 있는 이라니 카페에서 흔히 제공된다.

달걀 6~8개

소금과 후추

식물성 기름 1TS

파 6대, 곱게 다진 것

그린 칠리 1~2개, 씨를 빼고 곱게 다진 것

신선한 생강, 간 것 1ts

강황 1/4~1/2ts

갈아놓은 커민 1/4~1/2ts

토마토 1개, 껍질을 벗겨 잘게 썬 것(선택사항)

신선한 고수, 잘게 썬 것 1TS

볼에 달걀을 풀고 소금과 후추로 간을 한 다음, 한쪽에 놓아둔다.

큰 프라이팬에 기름을 넣고 중불로 가열한다. 파를 넣어 자주 저으면서 파가 부드러워질 때까지 볶는다. 칠리, 생강, 강황, 커민, 그리고 사용할 경우 토마토까지 모두 넣어 섞어주면서 2분 정도 볶는다.

프라이팬에 담긴 파를 비롯한 볶은 재료 위에 달걀 물을 넣어 섞는다. 잘게 썬 고수를 반만 넣고 약한 불에서 달걀이 두툼하게 익기 시작할 때 골고루 뒤적이며 볶는다. 너무 익히지 않도록 유의한다. 남은 고수로 장식하고 차파티나 파라타, 혹은 구운 빵과 함께 바로 낸다.

달콤한 티푸드: 케이크와 페이스트리

베드퍼드 공작부인 티 케이크

이 레시피는 레이디 홀라노버의《좋은 요리의 기본 원칙》(1867)에서 발췌한 것이다.

고운 밀가루 2파운드, 곱게 빻은 설탕 3온스, 신선한 버터 4온스, 잘 휘저은 달걀
4개, 밤[barm](독일산 효모) 1TS 또는 1/2온스, 우유 1파인트를 준비한다.
반드시 따뜻하게 데운 우유에 버터를 녹이고 남은 재료를 모두 섞어 잘 저은 뒤 1시
간 동안 숙성시킨다. 버터를 바른 작고 둥근 틀에 반죽을 넣은 다음, 반죽이 부풀도
록 발효시킨다. 240℃ 오븐에서 20분간 굽는다.

빅토리아 샌드위치

빅토리아 샌드위치는 두 장의 케이크 사이에 잼을 바른 가벼운 스펀지케이크다.
19세기 중반에 빅토리아 여왕의 이름을 따서 명명된 이 케이크를 여왕이 티타임
때 즐겨 먹었다고 전해진다. 하지만 이러한 스펀지 '샌드위치'는 원래 어린이를 위
한 너서리 티타임 별미로 처음 만들어졌다는 설도 있다. 훗날에는 쐐기 모양의 조
각 케이크로 자르기 편한 둥근 모양의 빅토리아 스펀지케이크가 보편화되었다. 오
늘날에는 케이크 사이에 채우는 필링도 다양하게 사용한다. 잼은 물론 버터크림
이나 생크림을 두툼하게 바르기도 한다. 케이크 위에는 보통 가루 설탕을 뿌린다.
비턴 부인은《비턴 부인의 가정관리》(1861) 초판에서 요리법을 소개했다.

달걀 4개, 달걀과 동량의 곱게 빻은 설탕, 버터, 밀가루
소금 1/4 솔트스푼•, 잼이나 마멀레이드

버터를 저어 크림 상태로 만든다. 밀가루와 곱게 빻은 설탕을 넣고 재료들을 잘 섞는다. 미리 잘 휘저어 거품을 낸 달걀을 넣는다. 약 10분간 반죽을 잘 치댄다. 버터를 바른 요크셔 푸딩 틀에 반죽을 붓고 180°C 오븐에서 20분간 굽는다. 케이크가 식으면 가로로 이등분한다. 한쪽 빵에 잼을 바르고 그 위에 다른 빵을 포개 살짝 눌러 주고서 기다란 손가락 모양으로 자른다. 유리 접시에 가로로 쌓아 올려 낸다.

밸모럴 케이크와 타르틀렛

어떤 경로와 이유에서 밸모럴 케이크와 타르틀렛에 이러한 이름이 붙여졌는지는 정확히 밝혀지지 않았다. 하지만 스코틀랜드에 있는 빅토리아 여왕의 저택인 밸모럴과 관련이 있는 것으로 보인다.

밸모럴 케이크와 밸모럴 타르틀렛을 혼동해서는 안 된다. 빅토리아 여왕이 좋아하는 케이크는 반원형 막사 모양과 비슷한 특별한 틀로 만들었다. 이 틀은 독일의 레뷔켄 케이크 틀과 상당히 비슷한데, 이는 캐러웨이로 향을 낸 밸모럴 케이크가 빅토리아 여왕의 남편인 앨버트 공[독일 출신]을 위해 만들어졌음을 보여준다. 케이크는 굽기 전에 여러 조각으로 얇게 잘랐다. 다음 요리법은 로버트 웰스의 《빵, 비스킷 제빵사와 달콤한 디저트 요리사의 조수》(1890)에서 발췌한 것이다.

밸모럴 케이크

밀가루 3과 1/2파운드, 버터 1파운드, 설탕 1파운드, 달걀 5개, 우유 약 1쿼트
캐러웨이 씨 약간, 탄산소다 1과 1/2온스
타르타르산, 탄산소다와 타르타르산의 비율을 1대 3/4으로 한다.

● 1솔트스푼saltspoon은 1/4ts 또는 1㎖ 조금 넘는 양이다.

탄산소다와 타르타르산을 밀가루와 잘 섞은 다음, 버터와 설탕을 넣고 치댄다. 밀가루를 한쪽으로 몰아넣고 캐러웨이 씨와 달걀을 깨 넣은 뒤 우유를 넣어 반죽을 만든다. 버터를 바른 팬에 크기에 맞춰 넣고 가루 설탕을 뿌린 뒤 180°C 오븐에서 굽는다.

밸모럴 타르트나 타르틀렛은 1850년대 중반에 처음 등장한 것으로 추정된다. 엘리자베스 크레이그는 저서《왕실이 사랑한 음식》(1953)에 1850년에 소개된 밸모럴 치즈케이크의 레시피를 수록했는데, 이는 1954년 10월, 잡지《굿 하우스키핑》에 등장한 밸모럴 타르트의 요리법과 매우 비슷하다. 여기에서 소개하는 요리법은 약간 변화를 준 것이다.

달콤한 쇼트크러스트 페이스트리 175g

버터 25g

캐스터 설탕● 25g

달걀 1개, 노른자와 흰자 분리

케이크 부스러기 10g

설탕에 절인 과일 껍질과 설탕 절임 체리(잘게 자른 것) 25g

옥수숫가루 20g

브랜디 1ts(선택사항)

오븐을 190°C로 예열한다.

파이 틀에 페이스트리를 10~12개 넣고, 장식에 사용할 페이스트리는 조금 남겨 둔다. 버터와 설탕을 저어 크림 상태로 만든다. 달걀노른자를 휘젓는다. 남은 재료를

● 입자가 고운 흰 설탕인 정제당.

넣는다. 달걀흰자가 뻑뻑해질 때까지 휘저은 다음 반죽에 넣는다. 페이스트리에 위의 혼합물을 채우고, 얇은 페이스트리 조각을 얹는다. 오븐에서 20분 정도 굽는다.

리치 프루트 스콘

스코틀랜드에서 유래한 스콘이다. 스콘이라는 단어는 '질 좋은 흰 빵'이라는 뜻의 중세 네덜란드어 '스쿤브로트schoonbrot'에서 유래했다고 여겨진다. 스콘은 밀가루로 만든 작고 부드럽고 납작한 여러 케이크를 망라한다. 보통은 베이킹파우더나 중탄산소다, 혹은 발효시킨 우유나 버터밀크를 넣어 발효시키며, 번철이나 오븐에서 굽는다. 일부 종류는 (흔히 허브나 치즈를 넣어) 짭짤한 맛이 난다. 감자를 넣은 스콘은 스코틀랜드와 아일랜드에서 인기 있다. 말린 과일을 넣어 달콤한 맛이 나는 스콘 종류도 있다. 스콘은 전통적인 애프터눈 티에 잼과 클로티드 크림 또는 휘핑크림을 곁들여 내는 티푸드로 잘 알려져 있다. 아래에 소개하는 레시피는 내 어머니가 사용한 방식이다. 가벼운 식감의 맛있는 스콘을 만들기 위해서는 굽기 전에 반죽을 너무 많이 치대지 않는 게 비결이라고 한다. 어머니는 오븐에서 갓 구운 스콘에 버터나 크림, 딸기잼을 곁들여 내는 것을 좋아했다.

베이킹파우더가 든 밀가루 200g

소금 1/2ts

버터 50g

설탕 25g

레이즌 또는 술타나 2TS

잘 저은 달걀 1개와 1/4 파인트 정도의 충분한 우유

오븐을 220°C로 예열한다.

밀가루와 소금을 섞는다. 버터를 밀가루에 비비듯 섞는다. 설탕과 과일을 넣고 잘 젓는다. 달걀과 우유를 넣되 윗부분에 바를 양은 남긴다.

밀가루를 뿌린 작업대 위에서 반죽을 가볍게 치대고 1cm 두께로 밀어준다. 둥근 모양으로 자르고 남은 가장자리 반죽을 합쳐 다시 밀어준 뒤 둥근 모양을 몇 개 더 만든다.

기름칠한 베이킹 트레이에 둥글게 자른 반죽을 올리고 위에 잘 저어준 달걀과 우유를 바른다. 210℃ 오븐에서 10분 정도 굽는다.

클로티드 크림이나 생크림, 잼을 곁들여 갓 구운 상태로 낸다.

약 10개의 스콘을 만들 수 있다.

메이드 오브 오너

메이드 오브 오너maid of honour는 아몬드 풍미가 나는 작은 타르트다. 여러 가지 방식의 요리법뿐 아니라 이 타르트와 관련된 다양한 이야기가 존재한다. 메이드 오브 오너는 엘리자베스 1세가 가장 좋아하는 타르트로, 여왕은 리치먼드의 제 빵사가 만든 타르트를 가져오라고 시녀들을 보냈다고 전해진다. 또 다른 이야기에 따르면, 앤 볼린이 헨리 8세의 첫 번째 왕비인 아라곤의 캐서린의 시녀였을 당시 만들었다고 한다. 헨리 8세가 이 타르트를 무척 좋아하며 메이드 오브 오너라는 이름을 붙였다고 한다(메이드 오브 오너는 왕비의 시중을 드는 미혼의 시녀를 뜻한다). 그러나 이 타르트에 대한 기록이 최초로 등장한 때는 1769년으로, 《퍼블릭 애드버타이저》 3월 11일자에 "아몬드와 레몬 치즈케이크, 메이드 오브 오너, 스위트미트 타르트"라고 실렸다. 이 타르트는 리치먼드(리치먼드의 한 마을에서 처음 만들어진 것으로 보인다)에 있는 옛 궁전이나 큐에 있는 궁전과 밀접한 관련 속에서 유래했을 가능성이 크다.

오늘날 큐 가든 건너편에 있는 오리지널 메이드 오브 오너 티숍에서 사용하는

(영업 비밀에 부쳐진) 요리법은 19세기 중반에 현재 소유주인 뉴언스Newens 가家에 전수되었다. 당시 뉴언스 가의 한 선조가 리치먼드의 메이드 오브 오너 찻집에서 견습생으로 일했다고 한다. 다음은 내가 사용하는 요리법이다.

퍼프 페이스트리 200g

커드 치즈 50g

연화 버터 25g

달걀 2개, 풀어놓은 것

등화수 또는 브랜디 1TS

레몬 1/2개, 즙과 곱게 간 껍질

시나몬 그리고/또는 육두구 약간

간 아몬드

고운 밀가루 10g

캐스터 설탕 25g

커런트 몇 개(선택 사항)

오븐을 200°C로 예열한다.

　밀가루를 뿌린 작업대 위에서 페이스트리 반죽을 매우 얇게 민다. 7.5cm 페이스트리 커터를 사용해 둥근 모양으로 자른다. 필링을 만드는 동안 둥글게 자른 반죽을 패티나 타르틀렛 틀에 줄지어 넣은 다음 냉장고나 다른 시원한 곳에 둔다.

　커드 치즈와 버터를 섞어 크림 상태로 만든다. 달걀을 깨서 등화수나 브랜디를 넣고 잘 섞는다. 여기에 치즈와 버터 혼합물을 넣는다. 레몬즙과 껍질, 아몬드, 밀가루, 캐스터 설탕과 향신료를 넣고 잘 저어 필링을 완성한다.

　필링을 약 1티스푼 떠서 페이스트리 반죽의 반 정도를 채운다. 원한다면 커런트 몇 개를 위에 뿌린 다음, 잘 부풀어 오르고 노릇노릇해질 때까지 20~25분 정도 오

븐에서 굽는다. 오븐에서 꺼내 몇 분 동안 식힌 후, 조심스럽게 틀에서 꺼내 와이어
랙에 옮겨 식힌다.

18개 정도를 만들 수 있다.

퀸 케이크

퀸 케이크는 유지방이 많이 든 작은 케이크로, 최소 18세기 이후부터 인기를 끌었
다. 밀가루, 버터, 설탕, 달걀을 주재료로 해 만들고, 커런트를 첨가하며, 등화수와
메이스로 풍미를 낸다. 작은 틀이나 패티 팬patty pan[과자나 파이를 굽는 팬]으로 만
들었다. 훗날 등장한 요리법에서는 갈거나 잘게 썬 아몬드, 레몬 껍질, 장미수가
재료로 사용된다. 퀸 케이크는 미국에서 인기를 끌었고,《미스 레슬리의 새 요리
책》(1857)에 수록된 요리법에서는 레몬이나 장미향이 나는 아이싱으로 장식하는
것을 추천했다. 다음은 내가 사용하는 요리법이다.

버터 100g

설탕 100g

달걀 2개

베이킹파우더가 든 밀가루 100g

간 메이스 약간(선택사항)

등화수 1ts

커런트 50g

오븐을 190°C로 예열한다.

볼에 버터와 설탕을 넣고 가볍게 부풀어 오르며 크림 상태가 될 때까지 섞는다.
한 번에 달걀을 하나씩 깨뜨리되 밀가루를 조금씩 섞는다. 밀가루와 (사용할 경우)

메이스를 체로 내려 혼합물에 부드럽게 섞는다. 등화수와 커런트를 넣는다. 유산지 케이스나 기름칠한 틀을 혼합물로 반쯤 채워 노릇노릇하고 단단해질 때까지 15분에서 20분 동안 오븐에서 굽는다.

오븐에서 꺼내 틀에서 몇 분 동안 식힌 뒤 와이어 랙으로 옮긴다. 원한다면 아이싱으로 장식하거나 가루 설탕을 가볍게 뿌려서 낸다.

12~16개 정도 만들 수 있다.

진저브레드 맨

진저브레드의 역사는 오래전으로 거슬러 올라가며 다양한 종류와 요리법이 있다. 이 간단한 요리법은 아이들을 위한 티파티에 적합하다.

베이킹파우더가 든 밀가루 350g

중탄산소다 1/2ts

간 생강 3ts

버터 100g

부드러운 황설탕 100g

당밀 3TS

우유 3TS

커런트, 체리

장식을 위한 아이싱

오븐을 190℃로 예열한다.

밀가루, 중탄산소다, 생강을 먼저 섞고, 버터를 비비듯 섞어준 뒤 설탕을 넣어 젓는다. 이어 당밀과 우유를 넣어 섞은 다음, 마른 재료를 추가한다. 잘 섞고 저은 뒤 반죽을 손으로 치댄다.

밀가루를 뿌린 작업대 위에서 반죽을 밀어 편 다음, 진저브레드 맨 커터로 모양을 찍어낸다. 반죽은 너무 두껍지도 너무 얇지도 않게 중간 정도로 밀어야 한다. 기름 칠한 베이킹 트레이 위에 자른 반죽을 놓고 원한다면 커런트나 체리로 장식한 후 오븐에서 약 15분간 굽는다.

다 굽고 난 뒤, 아이들은 직접 색깔 있는 아이싱으로 다양한 머리 스타일과 옷 등을 꾸미며 이 사람 모양 쿠키를 장식하는 것을 좋아한다.

슈루즈버리 케이크

슈루즈버리Shrewsbury 케이크는 1561년 처음 문헌에서 언급되었다. 이 케이크와 관련된 이야기는 1938년에 '슈루즈버리 케이크: 유명한 별미에 관한 이야기'라는 제목으로 펴낸 팸플릿에 실렸다. 케이크, 사실 케이크 자체보다는 18세기 후반과 19세기 초반 슈루즈버리에서 과자 가게를 운영했던 페일린이라는 제빵사가 향신료와 장미수를 넣은 특별한 케이크 반죽으로 널리 알려졌는데, 그 남자와 그가 만든 케이크는 《잉골즈비 전설Ingoldsby Legends》에 실려 유명해졌다.

페일린, 케이크 제조계의 왕자!
그 이름만 들어도 입에는 군침이 돈다.

요리책에 수록된 요리법들은 저자에 따라 사용하는 재료와 재료의 비율, 향신료가 제각각 다양했다. 마사 브래들리는 시나몬과 정향, 엘리자베스 래폴드는 캐러웨이 씨, 해나 글래스는 장미수, 런델 부인은 다음의 요리법에서처럼 시나몬과 육두구, 장미수를 사용했다.

설탕 1파운드, 곱게 빻은 시나몬, 간 육두구를 체로 쳐서 내리고, 가장 고운 입자의 밀가루 3파운드와 섞는다. 달걀 3개에 장미수를 조금 넣어 잘 저은 다음, 밀가루에 넣고 섞는다. 버터를 충분히 넣어 녹이고서 적당히 두툼하게 밀대로 민다. 반죽을 잘 다져 얇게 민 다음, 원하는 모양으로 자른다.●

패트 라스칼

패트 라스칼fat rascal은 스콘과 록 케이크를 섞어놓은 듯한 스콘 식감의 쿠키다. 터프turf 케이크로도 알려져 있다. 터프 케이크는 요크셔 북부의 황야지대에서 밀가루, 돼지비계를 정제한 라드, 소금, 베이킹파우더, 크림이나 우유로 간단하게 만들어 먹던 케이크다. 수확기(즉 돼지를 도축하는 시기)에는 커런트와 설탕을 첨가했다. 뚜껑이 있는 커다란 프라이팬에 1cm 두께로 반죽을 크게 하나로 붓고 구우면서 한 번만 뒤집는다. 이 케이크의 미덕은 예기치 못한 방문객이 도착해도 빨리 만들 수 있다는 것이었다. 케이크에 붙여진 다른 이름으로는 '따뜻한 케이크', '턴 케이크', '소드 케이크', '백스톤 케이크' 등이 있다. 잉글랜드 북동부에서 만들어지고 티타임 때 인기 있는 이와 유사한 케이크로 싱잉 히니singin' hinny가 있다. 히니는 애정을 표현하는 말이고, 싱잉은 유지방이 많이 든 반죽을 구울 때 라드나 버터가 지글지글 끓으며 내는 소리를 뜻한다.

오늘날 패트 라스칼은 1인용으로 만들어지며 오븐에 굽는다. 요크셔의 베티스 카페 덕분에 유명해졌다. 베티스의 요리법은 영업 비밀이지만 다음에서 소개하는 요리법과 크게 다르지는 않을 것이다.

● 원주 런델 부인은 실제 베이킹에 대한 지침은 알려주지 않았다. 비스킷은 170˚C 오븐에서 노릇노릇하고 단단해질 때까지 12분에서 15분 정도 굽는 게 좋다. 따뜻할 때 캐스터 설탕을 뿌린 후, 와이어 랙에 옮겨 식힌다.

중력분 225g

소금 1/2ts

베이킹파우더 수북하게 1ts

시나몬 1/2ts(선택사항)

버터 100g

설탕 50g, 가급적 골든 캐스터 설탕(황설탕)

커런트 50g

작은 오렌지나 레몬 1개의 껍질

잘 저은 달걀 1개

지방 성분이 그대로 있는 일반 우유 4~5TS

글레이즈●를 위해 달걀노른자 1개와 물 1TS를 섞은 것

장식용   설탕 절임 체리나 레이즌

오렌지 껍질 및/또는 통아몬드

오븐을 220°C까지 예열한다. 밀가루, 소금, 베이킹파우더, 시나몬을 체에 내린다. 반죽이 보슬보슬한 빵가루처럼 될 때까지 버터를 비비듯 섞어준다. 설탕, 커런트, 오렌지 또는 레몬 껍질을 넣고 젓는다. 잘 저은 달걀과 우유를 넣어 부드러운 반죽을 만든다. 밀가루를 뿌린 작업대에 약 2.5cm 두께로 밀어준다. 7~8cm 크기로 둥글게 잘라 기름칠한 베이킹 트레이에 놓는다. 달걀노른자와 물을 섞은 글레이즈를 반죽에 바른다. 둥근 패트 라스칼 반죽에 얼굴 형태를 만든다. 취향에 따라 눈은 커런트나 설탕 절임 체리로, 입은 오렌지 껍질, 이는 아몬드로 꾸민다. 노릇노릇해질 때까지 약 15분간 구운 뒤 와이어 랙에서 식힌다.

● 케이크 표면을 윤기 나게 코팅하기 위해 바르는 것으로, 이러한 조리법을 '글레이징glazing'이라고 한다.

사용한 커터 크기에 따라 5~8개를 만들 수 있다.

페티코트 테일

페티코트 테일petticoat tail은 둥글게 반죽해 굽는, 스코틀랜드의 쇼트브레드 비스킷이다. 치마가 퍼지도록 종 모양의 버팀살이 들어 있는 크리놀린 페티코트와 모양이 비슷하다. 굽기 전에 비스킷은 같은 크기로 칼집을 내 표시하는데, 보통은 비스킷 조각의 뾰족한 부분이 깔끔하지 않게 부서지는 일이 없도록 중앙에 작은 원 모양을 잘라낸다.

　이 비스킷의 유래에 관련해서는 여러 가지 설이 있다. 도러시 하틀리는《잉글랜드 음식》(1954)에서 이 비스킷이 원래 12세기부터 만들어졌고 '페티 코츠 탤리스petty cotes tallis'라고 불렸다고 서술했다. 페티는 작다는 뜻, 코츠는 작은 우리, 탤리스는 유럽 중세시대에 수를 세기 위해 막대기에 새기는 길고 짧은 금 표시를 뜻한다. 이 시대부터 가운데 둥근 모양이 사라지고 비스킷이 여성의 페티코트 모양으로 만들어지면서 페티코트 탤리스로 발전했다는 것이다. 그러나 다른 일각에서는 비스킷의 이름이 작은 프랑스 케이크인 '프티 가토 테일즈petits gateaux tailes'에서 와전된 것으로 추정한다. 이 케이크는 1560년에 메리 여왕이 프랑스에서 스코틀랜드로 가지고 왔다고 전해진다. 그리고 얼마 안 되어 프랑스 이름이 페티코트 테일로 와전됐다는 것이다.

　1826년 미스트러스 마거릿(멕) 도즈라는 필명으로《요리사와 가정주부 편람》을 집필한 크리스천 이소벨 존스톤은 페티코트 테일에 대해 이렇게 썼다. "스코틀랜드 요리 용어는 다양하게 변형되었지만, 페티코트 테일이라는 이름은 정확히 예전 왕실의 레이디들이 착용했던 종 모양의 페티코트와 매우 유사한 모양 때문에 붙여진 것으로 생각한다."

중력분 250g

캐스터 설탕 75g(원한다면 위에 뿌릴 분량도 준비)

버터 175g

캐러웨이 씨(선택사항)

볼에 밀가루와 설탕을 넣고 버터를 비비듯 섞어준다. 원한다면 캐러웨이 씨를 약간 넣어 잘 치대 부드럽고 단단한 반죽을 만든다. 1cm 두께의 원형으로 반죽을 밀고 가장자리를 손가락으로 잘 다듬는다.

작은 원형 커터를 중앙에서 찍어 작은 원 조각을 잘라낸다. 모양이 잡힌 반죽을 정확히 8등분한다. 동그란 반죽의 가장자리에 주름을 잡거나 손가락으로 다듬어 레이스 모양으로 잡아준 다음, 전체 면을 포크로 찍어 장식적인 효과를 준다.

기름칠한 베이킹 트레이 위에 얹고 160°C 오븐에서 노릇노릇해질 때까지 25~30분 정도 굽는다. 원한다면 설탕을 조금 뿌린 뒤 와이어 트레이에서 식힌다.

시드 케이크

시드 케이크는 빅토리아 시대에 특히 인기 있었으며 캐러웨이 씨의 톡 쏘는 풍미로 인해 티 테이블에서도 사랑받았다. 하지만 시드 케이크의 역사는 수세기 전으로 거슬러 올라가며 일찍이 스코틀랜드에서 만들어졌다. 전통적으로 수확기나 축제 같은 사회적 행사 때, 그리고 농작물을 파종할 때도 시드 케이크를 만들었다. 캐러웨이 씨를 처음 케이크에 넣을 때만 해도 설탕에 절여 사용했다. 17세기 후반 혹은 18세기 초에 이르러서야 아무런 조미도 하지 않은 캐러웨이 씨앗을 사용했다. 제2차 세계대전 이후 시드 케이크는 구식으로 여겨져 사람들의 관심에서 멀어졌다. 촉촉하고 맛있으며 며칠간 상온보관이 가능한데도 오늘날에는 시드 케이크를 거의 만들지 않는다. 차 한 잔과 함께 옛날식 케이크를 즐기고 싶거나 특별한 티파티 때 선보이고 싶은 이들을 위해 1861년에 소개된 비턴 부인의 요리법을 싣는다.

아주 훌륭한 시드 케이크

버터 1파운드, 달걀 6개, 체에 내린 설탕 3/4파운드
취향에 따라 곱게 빻은 메이스와 간 육두구, 밀가루 1파운드
캐러웨이 씨 3/4온스, 브랜디(와인 잔으로 하나 가득)

버터를 저어 크림 상태로 만들어 밀가루에 넣는다. 설탕, 메이스, 육두구, 캐러웨이 씨를 넣고 잘 섞는다. 달걀을 잘 저어 브랜디와 섞은 다음, 케이크 반죽에 넣고 10분간 젓는다. 버터를 바른 유산지를 깐 틀에 반죽을 넣은 뒤 1시간 반에서 2시간 정도 굽는다. 캐러웨이 씨를 빼고 커런트를 넣어도 매우 훌륭한 케이크를 만들 수 있다.

던디 케이크

던디 케이크는 스코틀랜드의 전통 과일 케이크로, 풍부한 맛과 진한 황금빛 갈색을 자랑하는데, 특히 하이 티나 크리스마스 같은 특별한 행사에 잘 어울린다. 일반적으로 케이크 위에 아몬드를 여러 개의 동심원으로 박아 아름답게 장식한다. 이 케이크는 1800년대 후반 던디에 위치한 케일러스 마멀레이드 제과 공장에서 처음 만들어졌는데, 당시 생산라인이 마멀레이드와 잼에서 겨울 크리스마스 시즌을 위한 제과로 옮겨 갔다. 마멀레이드 제조 공정에서 나온 세비야 오렌지 껍질을 사용해 유지방이 풍부한 과일 케이크를 만들었고, 케이크에 마을 이름을 붙였다. 어디까지나 스코틀랜드 케이크이므로 풍미를 위해 위스키를 첨가하는 것도 추천한다. 취향에 따라 셰리주나 브랜디를 사용해도 좋다.

연화 버터 250g

캐스터 설탕 250g

오렌지 1개와 레몬 1개의 갈아놓은 껍질

잘 저은 중간 크기 달걀 5개, 중력분 280g

술타나(또는 여러 가지 말린 과일) 450g

위스키 2TS

퓌레처럼 으깬 껍질 마멀레이드 1TS

수북하게 위를 장식할, 껍질을 벗긴 하얀 아몬드 50g

오븐을 160°C로 예열한다.

　20.5cm 깊이의 둥근 케이크 틀에 기름을 칠하고 반죽이 들러붙지 않게 유산지를 깐다.

　버터에 설탕, 갈아놓은 오렌지와 레몬 껍질을 넣어 가볍고 부드러운 크림 상태가 되도록 저어준다. 달걀을 한 개씩 넣어 잘 섞어준다. 밀가루를 체에 내려 섞은 뒤 가볍게 저은 다음, 술타나나 여러 과일을 넣고 섞는다. 위스키와 퓌레처럼 으깬 마멀레이드를 넣고 부드럽지만 꼼꼼하게 섞는다. 반죽의 농도는 부드럽게 떨어지는 정도가 좋다.

　반죽을 케이크 틀에 붓고, 가운데가 약간 비도록 양쪽으로 반죽을 펼친다. 껍질을 깐 아몬드를 여러 개의 동심원 형태로 배열한다. 케이크의 형태를 잘 유지하려면 두꺼운 갈색 종이를 케이크보다 조금 더 올라오는 높이로 잘라 케이크 틀을 감싼 뒤 줄이나 테이프로 고정한다.

　1시간 정도 굽는다. 케이크를 확인하고, 윗부분이 너무 빨리 갈색으로 변한다면 기름이 배지 않는 내유성 종이로 케이크를 덮고 150°C로 오븐 온도를 낮춰 1시간 30분 정도 더 굽는다. 혹은 케이크가 진한 황갈색으로 변하고 금속으로 된 꼬치로 가운데를 찔러보아 반죽이 묻어나지 않을 때까지 굽는다.

케이크를 오븐에서 꺼내 선반에 놓고 틀에 넣은 채로 식힌다. 케이크를 밀폐된 통에 넣어두면 신선하게 보관할 수 있다.

바라 브리스

티로프는 차 한 잔과 함께 먹는 빵으로 매우 좋다. 지역마다 다양한 종류가 있다. 그중에서도 바라 브리스는 웨일스의 전통 티로프로, 유지방이 풍부하고 과일과 향신료를 넣어 만든 빵이다. 바라 브리스는 '얼룩이 빵'이라는 뜻으로 과일이 점점이 박혀 있다.

화학적인 발효제가 등장하기 전에는 바라 브리스도 원래 다른 전통 케이크와 빵처럼 이스트를 넣어 만들었다. 버터와 라드를 사용하기도 하며, 아래에서 소개하는 요리법처럼 말린 과일을 차에 적셔 사용하는 경우가 흔하다. 웰시 브루 티를 사용하거나 색다른 풍미를 살리기 위해 재스민 같은 다른 차를 사용해도 괜찮다. 완성된 티로프에 웰시 가염 버터를 바르면 더욱 맛있다.

이 레시피는 visitwales.com에 소개된 요리법에 약간 변화를 준 것이다.

여러 가지 말린 과일 450g

차가운 티 300㎖

비정제 흑설탕 175g

중간 크기의 방사란 1개

오렌지즙 2TS

오렌지 껍질 1TS

꿀 1TS

베이킹파우더가 든 밀가루 450g

혼합 향신료 1ts

글레이징을 위한 여분의 꿀

말린 과일을 믹싱 볼에 넣고 차를 붓고서 밤새 뚜껑을 덮어둔다. 다음 날 설탕, 달걀, 오렌지즙, 껍질, 꿀을 잘 섞은 뒤 위의 믹싱 볼에 넣는다. 밀가루와 향신료를 체에 내려 잘 섞는다. 버터를 바른 로프 틀에 반죽을 붓는다. 160℃로 예열된 오븐에서 1시간 45분 정도 굽는다. 색은 노릇노릇하고 가운데 부분이 만졌을 때 단단해야 한다. 따뜻할 때 빵에 꿀을 바른다. 케이크 통에 보관하기 전에 완전히 식힌다.

레몬 드리즐 케이크

레몬 드리즐 케이크는 카페, 티룸, 가정에서 많은 사랑을 받는 티타임 간식으로 자리 잡았다. 오렌지즙으로도 만들 수 있으므로 레몬 대신 작은 오렌지 2개를 준비해도 된다.

연화 버터 175g

캐스터 설탕 175g

왁스 처리하지 않은 레몬 2개의 껍질과 즙

달걀 3개

베이킹파우더가 든 밀가루 175g

우유 약간, 그래뉴당 100g

오븐을 180℃로 예열한다. 1kg 로프 틀에 기름칠하고 왁스 페이퍼를 깐다.

버터, 캐스터 설탕, 레몬 한 개의 곱게 간 껍질을 잘 저어 크림 상태로 만든 뒤 가벼운 거품같이 될 때까지 휘젓는다. 달걀을 한 번에 하나씩 넣되 충분히 풀어서 잘 섞은 후에 다른 달걀을 넣는다.

밀가루를 체에 내린다. 우유를 충분히 넣어 반죽을 스푼으로 떠올렸을 때 흘러내릴 정도로 농도를 맞춘 후, 윗부분을 평평하게 한다. 40~50분 정도 굽다가 너무 빨리 갈색으로 변하면 온도를 170°C로 낮추고, 꼬챙이로 가운데를 찔러보아 반죽이 묻어나지 않을 때까지 굽는다.

남은 레몬 껍질과 레몬즙을 그래뉴당과 섞어 레몬 드리즐을 만든다. 케이크가 따뜻할 때 꼬챙이로 윗부분 곳곳에 구멍을 뚫어 드리즐을 붓는다. 한 번에 다 붓지 말고 케이크가 흡수할 때까지 기다렸다가 몇 번에 나눠 붓는다. 틀 속에서 식힌 다음 꺼낸다.

마들렌

이 요리법은《제럴딘 홀트의 케이크》(2011)에서 발췌한 것이다. 그녀는 서문에서 이렇게 말한다. "프랑수아즈가 굽고 콩브레의 레오니 아주머니가 어린 마르셀 프루스트에게 주었던 아주 유명한 작은 케이크인 마들렌은 루이-외스타슈 오도트가 쓴, 19세기 인기 요리책인《샴페인과 도시의 요리사》에 실린 요리법으로 만들었을 것이다. 흥미로운 견해인 것이, 요리책에 수록된 방식은 간단하면서도 마음에 든다. 물론 마들렌은 갓 구웠을 때 라임티와 함께 낸다." 나는 테이블에 내기 바로 직전에 아이싱 설탕을 아주 가볍게 뿌려주는 것을 좋아한다.

180°c

굽는 시간   15분

요리 도구   가리비 모양의 마들렌 틀,

가급적 들러붙지 않는 틀이 좋으며 정제 버터를 발라놓는다.

버터 60g

캐스터 설탕 150g

레몬 1/2개, 곱게 간 레몬 껍질

달걀 3개, 노른자와 흰자 분리

등화수 1ts

중력분, 화이트 케이크용 고운 밀가루 120g(가급적 프랑스산)

정제 버터 1TS(녹여서 케이크 틀에 바를 것)

버터를 따뜻한 볼에 넣어 크림 상태로 만들고 설탕을 레몬 껍질과 함께 조금씩 넣어 잘 섞어준다. 등화수에 노른자를 넣고 저어준다. 흰자가 뻑뻑해질 때까지 휘저은 후, 체에 내린 밀가루와 교대로 볼에 넣어 반죽을 완성한다.

마들렌 모양 틀에 정제 버터를 바른다. 12구로 된 마들렌 틀에 둥근 스푼으로 한 스푼씩 반죽을 넣어 윗면을 평평하게 편다.

예열된 오븐에서 마들렌이 노릇노릇해지며 부피가 막 작아지기 시작할 때까지 굽는다. 틀에서 1분간 식힌 후 와이어 랙으로 옮긴다. 틀은 뜨거운 물로만 씻은 후, 물기를 잘 닦고서 정제 버터를 발라 남은 반죽으로 마들렌을 한 번 더 굽는다.

24개를 만들 수 있다.

티 키스

이 섬세한 작은 머랭은 티 테이블에 예쁘게 잘 어울려 유럽과 북미 두 지역 모두에서 큰 인기를 끌었다. 미국에서는 일찍이 《미스 레슬리의 새 요리책》(1857)을 통해 요리법이 소개되었다. 저자는 머랭의 밑 부분을 파내고 젤리를 채운다. "그런 다음, 두 개를 포개서 남은 머랭을 촉촉하게 발라 밑부분을 합친다."

티 키스를 만들기 위한 머랭은 (아래 요리법에서처럼) 가향차나 레몬, 장미수, 등화수, 바닐라로 향을 내도 좋다. 색소를 몇 방울 섞어도 되고 취향에 따라 반죽의 절반에만 색소를 넣어도 된다(일례로 장미 향이 가미된 차를 사용한다면 핑크색 색소, 가향 홍차인 레이디 그레이를 사용한다면 연한 푸른색 색소 등). 말차를 사용하면 녹색을 낼 수 있을 뿐 아니라 특별한 풍미를 선사한다. 키스의 한쪽 면에 생크림을 발라 키스 2개를 포갤 수도 있다. 키스의 종류는 수없이 많다.

로즈 포총이나 재스민 등 차 1TS

캐스터 설탕 110g

큰 달걀흰자 2개

식용 색소(선택사항)

생크림(선택사항)

차를 모슬린 주머니에 넣어 설탕에 묻어둔다. 최소 2~3시간 이상, 오래 둘수록 좋다. 밀봉된 용기에 넣어두면 최대 2주까지 보관할 수 있는데, 수시로 흔들어준다. 설탕을 사용하기 전에 모슬린 주머니를 제거한다.

오븐을 130°C로 예열한다. 철판에 반죽이 잘 들러붙지 않도록 유산지를 깐다. 달걀흰자를 뻑뻑해질 때까지 휘젓는다. 차향이 가미된 설탕을 넣고 매우 뻑뻑하고 두툼하며 윤이 나는 머랭이 될 때까지 계속 저어준다. 이 시점에서 머랭 반죽을 나눠 원하는 대로 색소를 넣어 반죽에 색을 입힐 수 있다. 반죽을 짤주머니에 넣어 유산지 위에 소용돌이나 별 모양으로 짠다. 50분간 굽는다. 유산지 위에서 식도록 둔 후 조심스레 유산지를 제거한다. 원한다면 생크림을 발라 머랭 2개를 포개도 된다. 작고 예쁜 종이 케이스에 넣어 낸다.

러시안 스노볼

맛있고 가벼운 식감의 '스노볼'은 눈 뭉치처럼 둥근 모양에 하얀 가루가 묻어 있고 입안에서 살살 녹아 이러한 이름으로 불린다. 점블 쿠키와 형태가 비슷하며 중세 영국에서 흔히 만들었던 페이스트리/비스킷의 일종이다. 요리법은 간단하며 일반적으로 밀가루, 버터, 갈아놓은 견과류, 가루(아이싱) 설탕으로 만들고 바닐라를 첨가한다.

미국에서는 크리스마스 시즌에 흔히 만든다. 사용하는 견과류로는 호두나 아몬드, 헤이즐넛 또는 피칸이 있다. 스노볼 외에도 다양한 이름을 갖고 있다. 그중에서도 러시안 티케이크라는 이름은 다소 오해의 소지가 있다. 케이크보다는 쿠키나 비스킷에 더 가깝기 때문이다. 또한 러시아와 어떤 관련이 있는지도 밝혀지지 않았다. 그 외에도 버터볼, 멜트어웨이라고 부르기도 하며, 피칸을 넣을 때는 피칸 퍼프나 피칸 볼이라고 한다.

전 세계 여러 나라에 스노볼과 비슷한 쿠키가 있는데, 일례로 멕시코의 웨딩 케이크(또는 쿠키), 이탈리아의 웨딩 쿠키, 폴란드의 크리스마스 크레센트, 스페인의 폴포론이 있다.

피칸 110g (또는 호두나 아몬드, 헤이즐넛)

연화 버터 110g

캐스터 설탕 2TS 수북이

바닐라 추출물 1ts (또는 럼주나 위스키, 브랜디 1TS 사용 가능)

(다목적용) 중력분 125g

코팅용 아이싱(가루) 설탕

오븐을 170°C로 예열한다.

견과류를 매우 곱게 다지거나 푸드 프로세서로 간다. 버터를 크림 상태로 만든 다음, 설탕을 넣고 가벼운 거품같이 될 때까지 젓는다. 바닐라를 넣은 다음, 밀가루를 넣고, 이어서 견과류를 넣는다. 밀가루가 모두 흡수될 때까지 골고루 잘 섞는다. 반죽을 호두 크기만큼 떼어내 두 손바닥으로 굴려서 공 모양을 만든다. 공 모양의 반죽을 기름을 바르지 않은 베이킹 트레이 위에 간격을 두고 놓는다. 옅은 황갈색이 될 때까지 오븐에서 20~25분 정도 굽는다.

그 사이에 설탕을 체에 내려 깊은 접시에 담는다. 오븐에서 쿠키를 꺼내고 설탕에 굴린다. 와이어 랙으로 옮겨 식힌 후, 아이싱 설탕을 다시 뿌려 전체를 코팅해준다. 밀폐 용기에 보관한다.

뉴펀들랜드 티 번

레이즌 번빵이라고도 불리는 이 작은 번빵은 티 케이크와 스콘의 특징이 섞인 것으로, 다양한 종류가 있다. 모든 가정마다 고유의 '비밀' 요리법을 가지고 있으며, 상당수 요리법에 럼주가 들어간다. 19세기에 캐나다 상인들은 카리브해 지역에서 소금에 절인 대구를 럼주와 맞교환했다. 번빵은 허기진 채로 하교한 아이들을 위한 간식으로 흔히 주었고(럼주는 넣지 않았을 것이다) 하이 티에도 나왔다. 최고의 레이즌 번빵은 농축 우유로 만든다고 하지만 신선한 우유를 사용해도 된다. 뉴펀들랜드 사람들은 퍼셀사에서 통조림에 넣어 판매하는 되직한 크림과 함께 내는 것을 좋아한다.

다음은 캐나다 관광청에서 제작한 요리 카드의 요리법을 약간 변형한 것이다.

레이즌 150g

럼주 1TS

중력분 300g

베이킹파우더 2와 1/2ts

소금 1/4ts

설탕 110g

무염 버터 100g

달걀 1개, 110㎖의 농축 우유를 섞어 저어준 것

몇 시간 또는 하룻밤 동안 레이즌을 럼주에 담가둔다.

　오븐을 200℃로 예열한다.

　밀가루, 베이킹파우더, 소금, 설탕을 큰 볼에 넣고 섞는다. 반죽이 보슬보슬한 빵가루처럼 될 때까지 버터를 비비듯 섞는다.

　럼주에 담가놓았던 레이즌을 넣은 후, 달걀과 충분한 우유를 넣어 마른 재료와 잘 섞어 부드러운 반죽을 만든다. 밀가루를 뿌린 작업대에 반죽을 놓고 네다섯 번 잘 치댄다. 1cm 두께로 밀어 펴서 원형 커터로 둥글게 잘라낸다.

　들러붙지 않는 케이크 팬 위에 반죽을 붓는다. 노릇노릇해질 때까지 10~15분간 굽는다. 랙에서 식힌 다음, 버터(또는 되직한 크림)와 잼을 곁들여 낸다.

　12개를 만들 수 있다.

너나이모 바

너나이모 바(축약해서 NB)는 캐나다에서 사랑받는 과자류 중 하나다. 과자의 이름은 브리티시컬럼비아주의 도시인 너나이모에서 따왔다. 이 과자의 정확한 유래는 알려지지 않았다. 처음 만들어진 때는 1930년대로 추정되나 당시에는 초콜릿 프리지 케이크나 초콜릿 스퀘어 또는 슬라이스로 불렸다. '너나이모 바'라는 이름을 사용한 요리법이 최초로 인쇄물에 등장한 것은 1953년으로, 수상 경력이 있는 에디스 애덤스의 요리책(14번째 판)에서였다.

이 굽지 않는 세 겹의 바는 바삭한 밑부분, 가벼운 커스터드 버터크림으로 된 가운데 부분, 너무 달지 않은 초콜릿으로 윤기 나게 마무리한 윗부분으로 이루어진 맛있는 과자다. 요리법은 다양하다. 실제로 1985년 너나이모 시장인 그레임 로버츠가 '최고의' 너나이모 바 요리법을 찾기 위해 경연대회를 열었을 때, 100여 명의 참가자가 지원했다. 너나이모시에 사는 조이스 하드캐슬이 우승해 그녀의 요리법이 '공식' 너나이모 바 요리법이 되었다.

아래의 요리법은 약간 변형된 버전으로, 노린 하워드가 알려준 것이다. 그녀는 1965년 몬트리올에 있는 시댁을 방문했을 때 가정학을 전공한 시어머니 메리 하워드가 저녁식사 전까지 허기를 달랠 수 있도록 매일 오후 4시쯤에 바와 쿠키, 스퀘어와 함께 차를 냈다고 기억한다.

1층

버터 또는 마가린, 녹인 것 110g

황설탕 50g

코코아 분말 4TS

잘 저은 달걀 1개

그레이엄 웨이퍼 빵가루(또는 부스러뜨린 다이제스티브 비스킷 사용)

말린 코코넛 75g

잘게 다진 호두 50g

바닐라 에센스 1ts

모든 재료를 섞어 23cm 사각 팬에 넣고 30분 정도 냉장고에서 차갑게 식힌다.

2층

아이싱 설탕, 체에 내린 것 250g

연화 버터 50g

크림 또는 우유 60㎖

모든 재료를 섞어 부드럽게 풀어질 때까지 휘저은 다음, 첫 번째 층 위에 조심스레 펴 바른다.

3층   너무 달지 않은 초콜릿 스퀘어 3개(75g)

버터 50g

초콜릿과 버터를 함께 녹이고서 두 번째 층 위에 넓게 바른 후, 냉장고에서 차갑게 식힌다. 이 너나이모 바는 유지방이 풍부하고 맛이 진하기 때문에 2.5cm 작은 정사각형으로 자른다.

아프간

아프간은 뉴질랜드와 오스트레일리아에서 인기 있는 전통적인 비스킷이다(쿠키라고 칭할 때도 있다). 이 비스킷의 유래는 수수께끼인데, 많은 사람이 아프가니스탄이나 아프가니스탄 사람들과 전혀 관련이 없다고 말한다. 그러나 일부에서는 이 비스킷이 19세기 후반(1878~1880) 제2차 영국-아프가니스탄 전쟁 당시, 아프가니스탄에서 복무하던 영국 군인에게 처음 보내졌다고 말한다. 다른 일각에서는 이 비스킷이 아프가니스탄 남자와 닮아서 이러한 이름이 붙여졌다고 말한다. 비스킷의 색이 검은 피부를 닮았고, 초콜릿 프로스팅은 머리, 위에 얹은 호두는 모자(아마도 터번) 같다는 것이다. 또 다른 설에 따르면, 이 비스킷이 뉴질랜드를 방문한 아프가니스탄 신사를 기리기 위해 만들어졌다는 하는데, 도대체 어떤 신사를 말하는 것인가? 아무도 모른다. 유래가 어떠하든 간에 이 비스킷은 맛있으면서 만들기도 쉽다.

이 요리법은 뉴질랜드에서 영향력 있는 《에드먼즈 요리책》의 여러 판본에 등장했으며, 아래에 소개한 요리법은 1955년 호화판에서 약간 변형한 것이다.

연화 버터 200g

설탕 75g

중력분 175g

코코아 분말 1TS

콘플레이크 50g

초콜릿 아이싱(아래 요리법 참조)

호두 반쪽

오븐을 180°C로 예열한다.

버터와 설탕을 섞어 크림 상태로 만든다. 밀가루와 코코아를 넣고 잘 섞는다. 콘플레이크가 너무 잘게 부서지지 않게 섞는다.

기름칠한 오븐 트레이에 반죽을 한 스푼씩 가득 떠서 작은 덩어리를 여럿 배열해 놓고 15분 정도 굽는다. 오븐에서 꺼내 식혀둔다.

식으면 초콜릿 아이싱으로 장식하고 위에 호두 반쪽을 얹는다.

초콜릿 아이싱

버터 1디저트용 스푼

끓는 물 1디저트용 스푼

곱게 간 초콜릿 50g

설탕 225g

바닐라 에센스

버터를 팬에 녹인다. 초콜릿을 물에 녹이고 버터를 넣은 다음, 아이싱 설탕을 체에 내려 부드럽고 윤기가 날 때까지 휘젓는다. 바닐라 에센스 몇 방울을 떨어뜨려 향을 낸다.

앤잭 비스킷

이 요리법은 뉴질랜드에서 유년기를 보낸 로저 애트웰이 내게 알려준 방식으로, 그는 어머니와 할머니가 만들던 방식을 기억해 (약간 변형을 가해) 《에드먼즈 요리책》에 수록하기도 했다.

밀가루 50g

설탕 75g

코코넛 50g

납작 귀리 50g

버터 50g

당밀 1TS

중탄산소다 1/2ts

끓는 물 2TS

오븐을 180°C로 예열한다.

밀가루, 설탕, 코코넛, 납작 귀리를 섞는다. 버터와 당밀을 함께 녹인다. 끓는 물에 중탄산소다를 녹이고 버터와 당밀에 넣는다. 밀가루 가운데를 우묵하게 파고 그 안에 액체 혼합물을 넣어 잘 저어 섞는다. 기름칠한 차가운 트레이 위에 반죽을 1티스푼 정도씩 떠놓는다(둥근 티스푼으로 반죽을 떠서 공 모양으로 만들고 약간 납작하게 편다). 노릇노릇해질 때까지 15분~20분간 굽는다. 오븐에서 꺼내 베이킹 트레이에 5분간 식힌 후 와이어 랙으로 옮긴다.

루이스 케이크

루이스 케이크는 뉴질랜드에서 많은 사랑을 받은 전통적인 얇은 케이크나 비스킷으로, 라즈베리 잼을 바른 후(다른 잼을 발라도 된다) 코코넛 머랭을 얹어 오븐에서 굽는다. 뉴질랜드인이 권위 있는 요리책인 《에드먼즈 클래식》은 루이스 케이크를 뉴질랜드에서 가장 좋아하는 10대 요리법 중 6위로 평가했다. 아래 요리법은 《에드먼즈 요리책》 1955년판에 실린 것을 약간 변형한 것이다.

버터 50g

중력분 150g(1과 1/2컵)

설탕 25g(2TS) + 캐스터 설탕 125g(1/2컵)

달걀 2개, 노른자와 흰자 분리

베이킹파우더 1ts 평평하게 깎아서

라즈베리 잼

말린 코코넛 50g(1/2컵)

오븐을 170°C로 예열한다. 버터와 설탕을 가벼운 거품같이 될 때까지 저어 크림 상태로 만들고 달걀노른자를 넣은 다음, 밀가루와 베이킹파우더를 체에 내린다. 기름 칠한 베이킹 트레이나 틀에 반죽을 밀어서 펴거나 납작하게 누른다(나는 20cm 정사각형 틀을 사용했다). 라즈베리 잼을 바른다. 달걀흰자가 뻑뻑해질 때까지 휘저은 다음, 캐스터 설탕과 코코넛을 넣는다. 잼 위에 달걀흰자로 만든 머랭을 얹는다. 머랭이 노릇노릇하고 단단해질 때까지 약 30분간 굽는다.

틀에서 식도록 둔다. 사각형이나 손가락 모양으로 길게 잘라서 낸다.

헤르초키

헤르초키는 남아프리카공화국의 전통적인 티타임 별미다.

중력분 250g

캐스터 설탕 25g

베이킹파우더 2ts

소금 1/4ts

버터 125g

크기가 큰 달걀의 노른자 3개

찬물 1TS

필링   살구 잼

달걀흰자 3개

설탕 250g

말린 코코넛 160g

밀가루, 설탕, 베이킹파우더, 소금을 체에 내려 볼에 담는다. 버터를 마른 재료에 넣고 손끝으로 가볍게 비비듯 섞어준다. 달걀노른자에 물을 섞어 휘젓는다. 휘저은 노른자를 반죽에 넣어 잘 섞은 다음, 부드럽게 될 때까지 치댄다. 필요하다면 찬물을 조금 더 넣는다. 뚜껑을 덮고 서늘한 곳에 둔다.

오븐을 180℃로 예열하고 베이킹 틀에 기름을 약간 바른다.

밀가루를 뿌린 작업대에 밀가루 반죽을 매우 얇게(약 5mm) 펴고 페이스트리 커터로 둥글게 자른다. 기름칠한 틀에 자른 반죽들을 배열한다. 타르틀렛 반죽 위에 살구 잼을 스푼으로(1/2스푼 정도) 떠 넣는다.

달걀흰자를 뻑뻑해질 때까지 휘젓는다. 설탕을 조금씩 섞어 거품이 생길 때까지 휘젓는다. 코코넛을 넣고 잘 섞는다. 이렇게 만든 혼합물을 스푼으로 떠서 잼 위에 얹는다.

오븐에 넣고 20~25분간 굽는다. 틀에서 살짝 식힌 후 조심스럽게 꺼내 와이어 랙에서 식힌다.

시나몬 토스트

시나몬 토스트는 겨울에 내기 좋은 따뜻한 간식으로, 내가 찾을 수 있었던 가장 오래된 시나몬 토스트 요리법은 로버트 메이의 《기량이 뛰어난 요리사》(1660)에 있었다. 이 책에 소개된 시나몬 토스트를 차와 함께 냈는지는 알려지지 않았지만, 당시는 영국에 차가 막 소개된 무렵이었다. 그의 요리법은 간단하다. "토스트를 얇게 썰어 석쇠에 굽고 접시에 차례대로 늘어놓는다. 설탕과 약간의 클라레, 시나몬을 잘 섞어 토스트에 얹은 다음, 토스트를 다시 불에 데워 뜨거울 때 낸다."

시나몬 토스트는 영국 통치 시대의 인도에서 애프터눈 티에 함께 내는 흔한 티 푸드였으나 클라레는 넣지 않았다.

시나몬 가루 1ts

설탕 1TS

(무염) 버터 2TS

빵 4조각

시나몬 가루와 설탕을 섞어 따로 둔다. 빵은 살짝 굽고, 빵이 뜨거울 때 버터를 듬뿍 바른다. 시나몬 가루와 설탕을 뿌리고, 설탕이 녹을 때까지 오븐의 그릴 아래에 몇 분간 둔다. 바로 낸다.

토스트 4장을 만들 수 있다.

러브 케이크

이 요리법은 일리노이주 리버티빌에 있는 나폴리어나 티스를 통해 폴린 홀싱어에게서 구한 것이다. 이 요리법은 폴린이 태어난 스리랑카 집안에서 100년 넘게 이어져온 방식이다. 누와라 엘리야에 있는 가족의 차 재배지에서 손님들을 대접할 때 내는 러브 케이크는 티타임 때 즐겨 내는 단골 티푸드다. 폴린에 따르면, "요리 비법은 적당한 팬에 천천히 굽는 것이다." 유지방이 풍부하고 달콤한 러브 케이크는 작은 사각형으로 잘라내는 게 가장 좋다.

세몰리나 110g

무염 버터 225g

레몬 껍질 1개

생캐슈넛 450g

바닐라 10g

아몬드 에센스 1/2ts

장미수 30㎖(1/8컵)

호박 설탕 절임 450g

달걀노른자 10개

부드러운 황설탕 150g(3/4컵)

육두구와 시나몬 각각 1/4ts

꿀 40g(1/8컵)

달걀흰자 4개, 뻑뻑해질 때까지 휘저은 것

세몰리나를 살짝 볶는다. 약간 갈색이 되면서 뜨거운 상태가 되면, 버터와 레몬 껍질을 넣고 섞은 다음 따로 둔다.

캐슈넛을 나무망치로 빻고(갈지 않는다), 바닐라, 아몬드 에센스, 장미수를 넣어 섞은 다음 뚜껑을 덮어 1시간 동안 간이 배게 놓아둔다.

호박 설탕 절임을 다진 후, 거품이 생길 때까지 젓는다. 달걀노른자와 설탕을 섞어 가벼운 거품이 생길 때까지 저은 다음, 육두구와 시나몬을 섞는다. 꿀과 세몰리나, 캐슈넛 혼합물을 모두 섞어 젓는다.

달걀흰자 4개를 뻑뻑해질 때까지 휘저은 다음, 천천히 위의 반죽에 섞는다.

기름칠한 25×30cm 유산지를 깐 팬에 반죽을 붓고 윗부분이 노릇노릇해질 때까지 150°C에서 굽는다(팬에 유산지를 까는 전통적인 방법은 먼저 신문을 두 겹 깔고 그 위에 기름칠한 유산지를 한 겹 깔아 반죽을 붓는 것이다).

식힌 후 2.5cm 정사각형으로 자른다. 이 케이크는 잘라서 냉동하면, 최대 3개월까지 보관할 수 있다.

실론티와 함께 낸다.

식료품점이나 슈퍼마켓에서 호박 설탕 절임을 구하기는 쉽지 않다. 몇몇 아시아 슈퍼마켓에서는 '푸훌 도시'라는 이름의 상품을 찾으면 구할 수 있을지 모른다. 하지만 일부 러브 케이크 요리법에는 호박 설탕 절임을 재료로 사용하지 않는다는 점을 참고하길 바란다.

쿨차-에-팬제레이
(로즈, 로사, 또는 로제트 쿠키라고도 알려져 있다)

이란과 아프가니스탄에서 흔히 차와 함께 곁들여 먹는, 기름에 튀겨 바삭바삭하고 섬세한 모양의 이 프리터는 정교하게 디자인된 철제 프리터 틀을 사용해 만든다. 보통은 꽃 모양 틀을 많이 사용한다. 철제 틀을 고온의 기름에 넣어 가열했다가 밀가루, 달걀, 우유로 만든 반죽(바닐라나 장미수로 가볍게 단맛을 내거나 향을 가미한)에 담갔다가 다시 뜨거운 기름에 담그면 반죽이 튀겨지면서 틀 주변에 바삭바삭한 프리터가 만들어진다. 틀을 기름에서 꺼내 프리터와 틀을 분리한 후 접시에 담는다. 프리터에 가볍게 아이싱 설탕을 뿌린다.

프리터는 전 세계 다양한 나라에서 발견된다. 인도에서는 포르투갈인들을 통해 프리터가 소개된 것으로 여겨진다. 인도에 거주하는 영국인 사회에서는 로즈 혹은 로사 쿠키로 알려져 있다. 기독교 사회에서는 전통적으로 크리스마스와 특별한 행사 때 이 프리터를 만든다. 인도 서남부의 케랄라에서는 아차팜achappam으로 알려져 있다. 보통 코코넛 밀크를 사용해 만든다. 스리랑카에서 이 프리터는 코키스kokis로 불리는데, 쌀가루와 코코넛 밀크로 만들며 네덜란드에서 유래한 것으로 여겨진다.

스웨덴, 노르웨이, 핀란드에서는 로제트로 알려져 있다(로제트는 미국에서 스칸디나비아 혈통을 가진 주민 사이에서 인기 있다). 멕시코에서는 부뉴엘로buñuelo, 콜롬비아에서는 솔테리타solterita라고 불린다. 터키에서는 데미르 타트르스demir tatlısı라고 불린다. 아래에서 소개하는 요리법에 해당하는 이란과 아프가니스탄의 프리터는 쿨차-에-팬제레이('창문' 비스킷이라는 뜻)라고 한다.

중간 크기 달걀 2개

설탕 1ts

소금 1/4ts

중력분 110g

우유 225㎖

녹인 버터 2ts

튀김용 기름

겉에 뿌리기 위한 아이싱 설탕

볼에 달걀을 넣고 잘 섞일 때까지 휘젓는다. 설탕과 소금을 넣고 잘 섞은 후, 밀가루를 서서히 넣어준다. 우유와 녹인 버터를 번갈아가며 넣고 잘 저어준다. 반죽이 부드러워질 때까지 치댄다.

기름을 충분히 넣고 200°C까지 가열한다. 우선 뜨거운 기름에 철제 틀을 충분히 담갔다가 반죽에 담그는데, 반죽이 틀의 윗부분을 덮지 않게 주의한다. 반죽에 담갔던 틀을 재빨리 뜨거운 기름에 약 20~30초간 담근다. 거품이 사라지고 프리터가 노릇노릇해지면 틀을 기름에서 꺼내 조심스럽게 프리터와 틀을 분리한다. 필요하다면 포크를 사용해 분리해도 된다. 프리터는 기름이 빠지도록 키친페이퍼에 올려둔다. 반죽을 다 사용할 때까지 위의 과정을 반복한다. 프리터가 식으면 아이싱 설탕을 뿌린다. 바로 내는 게 가장 좋다.

크리스마스 트라이플

트라이플은 일 년 내내 인기 있는 티타임 별미로, 특히 여름의 티파티나 한겨울 티파티 때 빛을 발한다. 크리스마스 티 테이블은 반드시 트라이플이 있어야 완성된다.

신선한 크랜베리 250g

캐스터 설탕 100g

작은 스펀지케이크 또는 마들렌 8~12개

드람뷰이Drambuie● 같은 오렌지 리큐어 5TS

신선한 만다린 또는 탄제린 귤의 즙 5TS

● 위스키와 허브로 만드는 스코틀랜드 술.

래터피어 비스킷 12~16개

커스터드	더블 크림 565㎖
	캐스터 설탕 2TS
	달걀노른자 6개
	옥수숫가루 2ts
	바닐라 에센스 1ts (선택사항)

실러버브[와인크림]	레몬 1개의 껍질과 즙
	화이트 와인 3TS
	등화수 2ts
	캐스터 설탕 75g
	더블 크림 280㎖
마무리 장식	크랜베리, 안젤리카angelica, • 은색 드라제dragée ◆

물 150㎖를 채운 팬에 크랜베리를 넣는다. 크랜베리는 장식용으로 몇 개 남겨둔다. 물이 끓으면 불을 줄이고 뚜껑을 닫지 않은 채 5분 정도 더 끓인다. 설탕을 넣는다. 크랜베리가 부드러워질 때까지 10분 정도 뭉근히 더 끓인다. 불에서 내리고 조금 식힌다.

스펀지케이크를 트라이플 전용 유리그릇에 넣는다. 오렌지 리큐어와 귤즙을 섞어 스푼으로 케이크 위에 골고루 뿌려 스며들게 한다. 크랜베리를 위에 얹고 부순 래터피어 비스킷을 뿌린다. 서늘한 곳에 둔다.

그 사이에 커스터드를 만든다. 더블 크림을 냄비에 넣고 가열한다. 달걀노른자, 설

● 달콤한 향이 나는 식물의 줄기. 설탕에 조려 케이크 장식용으로 쓴다.
◆ 케이크 장식용으로 쓰는 은색 또는 금색의 작은 알갱이.

탕, 옥수숫가루를 깊은 그릇에 넣어 섞은 뒤, 뜨거운 상태의 크림을 혼합물에 넣어 계속 저어준다. 혼합물을 다시 냄비에 넣고 약한 불에서 커스터드가 되직해질 때까지 계속 저어준다. 그런 다음 불에서 내리고 약간 식게 놓아둔다(커스터드가 굳기 시작하면 다시 원래대로 될 때까지 힘차게 저어준다).

크랜베리를 올린 케이크 위에 커스터드를 붓는다. 커스터드가 식으면서 굳도록 놓아둔다.

그런 다음, 와인 크림인 실러버브를 만든다. 레몬 껍질을 레몬즙에 두세 시간 담가둔다. 크림이 뻑뻑해질 때까지 휘젓는다. 레몬즙에 설탕, 와인, 등화수를 넣고 모든 재료가 잘 섞이도록 저으면서 가벼운 거품이 나는 크림을 만든다. 이렇게 만든 실러버브를 커스터드 위에 펴 바른다.

미리 준비해놓은 크랜베리, 안젤리카, 은색 드라제로 장식하거나 각자의 개성을 살려 꾸민다.

미주

1 영국

1 Sam Twining, *My Cup of Tea: The Story of the World's Most Popular Beverage* (London, 2002), p. 18.

2 William H. Ukers, *The Romance of Tea: An Outline History of Tea and Tea-drinking Through Sixteen Hundred Years* (London, 1936), p. 80.

3 Kim Wilson, *Tea with Jane Austen* (London, 2004), p. 44.

4 Edward Bramah, *Tea and Coffee* (London, 1972), p. 132.

5 John Griffiths, *Tea: The Drink That Changed the World* (London, 2007), p. 359.

6 Jane Pettigrew, *A Social History of Tea* (London, 2001), p. 102.

7 더 자세한 역사적 설명은 다음을 참조. Bee Wilson, *Sandwich: A Global History* (London, 2010).

8 Pettigrew, *A Social History of Tea*, p. 120.

9 Laura Mason, 'Everything Stops for Tea', in *Luncheon, Nuncheon and Other Meals: Eating with the Victorians*, ed. C. Anne Wilson (Stroud, 1994), p. 72.

10 Dorothy Hartley, *Food in England* (London, 1954), p. 281.

11 Alan Davidson, *North Atlantic Seafood* (Totnes, 2003), p. 466.

12 Mason, 'Everything Stops for Tea', pp. 77–79.

13 Catherine Brown, *Broths to Bannocks: Cooking in Scotland 1690 to the Present Day* (London, 1990), p. 69.

14 S. Minwel Tibbott, *Domestic Life in Wales* (Cardiff, 2002), p. 10.

15 Pettigrew, *A Social History of Tea*, p. 105.

16 Peter Brears, *A Taste of Leeds* (Derby, 1998), p. 53.

17 Peter Brears, 'Of Funeral Biscuits', in *Petits Propos Culinaires*, 18 (1984), p. 10; J. Nicholson, *Folk Lore of East Yorkshire* (London, 1988), p. 8.

18 Personal communication with food historian Gillian Riley.

19 'Were Cream Teas "Invented" in Tavistock?', bbc News, 17 January 2004.

20 'The Tea Rooms of London', www. edwardianpromenade.com, 28 December 2009.

21 From William Cowper's *The Task* (1784). 이는 19세기 중반 금주운동과 관련해 술을 대신하는 음료로서 차를 홍보하는 슬로건으로 사용되었다.

22 Perilla Kinchin, *Taking Tea with Mackintosh: The Story of Miss Cranston's Tea Rooms* (Fullbridge Maldon, 1998), p. 68.

23 Catherine Brown, *Feeding Scotland* (Edinburgh, 1996), p. 55.

24 위의 책, p. 56.

25 Susan Cohen, *Where to Take Tea* (London, 2003), p. 41.

26 Elizabeth Crawford, 'walks/Suffrage
Stories: Suffragettes and Tea Rooms:
The Criterion Restaurant, Kate Frye, and
the Actresses' Franchise League', http://
womanandhersphere.com, 5 September 2012.

27 Beatrice Crozier, *The Tango and How to Dance
It*(London, 1914), quoted in Cohen, *Where to
Take Tea*, p. 28.

28 Elizabeth Casciani, *Oh, How We
Danced!: History of Ballroom Dancing in
Scotland*(Edinburgh, 1994), quoted in Hamish
Whyte and Catherine Brown, *A Scottish Feast:
Anthology of Food in Scottish Writing*(Argyll,
1996), p. 33.

29 Cohen, *Where to Take Tea*, p. 36.

30 Fiona Robinson, 'Teatime in the Trenches',
www.ghostsof1914.com, 27 October 2011.

31 'Wartime Children's Meals',
www.theoldfoodie.com, 18 June 2015.

32 Quoted from Pettigrew, *A Social History of Tea*,
p. 148.

33 위의 책, p. 149.

2 유럽

1 Dawn L. Campbell, *The Tea Book* (Gretna, la,
1995), p. 155.

2 Gaitri Pagrach-Chandra, *Windmills in My
Oven: A Book of Dutch Baking* (Totnes, 2002), p.
113.

3 N. Hudson Moore, *Delftware: Dutch and
English* (New York, 1908), p. 16.

4 Campbell, *The Tea Book*, p. 155.

5 Pagrach-Chandra, *Windmills in My Oven*, p.
113.

6 Campbell, *The Tea Book*, p. 157.

7 *The Book of Tea*(Paris, nd), p. 146.

8 English translation of Heine's poem from
www.lieder.net, accessed 26 June 2016.

9 Nick Hall, *The Tea Industry*(Cambridge, 2000),
p. 63.

10 William H. Ukers, *The Romance of
Tea*(London, 1936), p. 65.

11 위의 책, p. 66.

12 위의 책, p. 67.

13 런던의 월리스 컬렉션은 가장 훌륭한 세브르
자기를 소장하고 있다.

14 Carole Manchester, *French Tea: The Pleasures of
the Table*(New York, 1993), pp. 12~13.

15 *The Book of Tea*, p. 190.

16 Claire Joyes, *Monet's Cookery
Notebooks*(London, 1989), translation of *Les
Carnets de cuisine de Monet*(Paris, 1989), p. 102.

17 From the definitive French Pleiade edition
translated by CK, Scott Moncrieff and
Terence Kilmartin(New York, n.d.), pp.
48~51.

18 *The Times*, 13 February 1935, p. 14.

19 Michael Krondl, *Sweet Invention: A History of
Dessert*(Chicago, il, 2011), pp. 234~235.

20 Quoted in Annie Perrier-Robert, *Book of Tea*,
English edn(London, 2004), p. 69.

21 Manchester, *French Tea*, pp. 53~54.

22 From the recipe box of Hartson Dowd's
Sligo-born grandmother, quoted in
Bridget Haggerty, 'Memories of Tea Time',
www.irishcultureandcustoms.com, accessed
28 June 2017.

23 'List of Countries by Tea Consumption by
Capita', https://en.wikipedia.org, accessed 28
June 2017.

24 Tony Farmar, *The Legendary Lofty Clattery Café: Bewleys of Ireland*(Dublin, 1988), p. 13.

25 위의 책, p. 15.

26 위의 책, p. 22.

27 위의 책, p. 28.

28 Haggerty, 'Memories of Tea Time'.

29 Myrtle Allen, *The Ballymaloe Cookbook*(Dublin, 1987), p. 168.

30 위의 책, p. 146.

31 Monica Sheridan, *The Art of Irish Cooking*(New York, 1965), p. 120.

32 Florence Irwin, *The Cookin' Woman: Irish Country Recipes*(Belfast, 1949), p. 5.

33 Regina Sexton, *A Little History of Irish Food*(Dublin, 1998), p. 84.

34 Susette Goldsmith, *Tea: A Potted History of Tea in New Zealand*(Auckland, 2006), pp. 45–47.

35 Campbell, *The Tea Book*, pp. 158–160.

3 미국

1 Jane Pettigrew and Bruce Richardson, *A Social History of Tea*(Danville, ky, 2014), pp. 51, 76.

2 위의 책, p. 47.

3 *The Cliffside Inn: Tea and Breakfast Cookbook*(Newport, 2000), p. 15.

4 Susan Williams, *Savory Suppers and Fashionable Feasts: Dining in Victorian America*(Knoxville, tn, 1996), pp. 187~188.

5 Marion Harland, *Breakfast, Luncheon and Tea*(New York, 1886), pp. 360–361.

6 Williams, *Savory Suppers and Fashionable Feasts*, p. 127.

7 위의 책, pp. 127–128, from Eliza Leslie,

The Ladies Guide to True Politeness and Perfect Manners; or, Miss Leslie's Behaviour Book(Philadelphia, pa, 1864), pp. 41–42.

8 Harland, *Breakfast, Luncheon and Tea*, p. 362.

9 Mrs T. J. Crowen, *Mrs Crowen's American Lady's Cookery Book*(New York, 1847), pp. 401~402.

10 Williams, *Savory Suppers and Fashionable Feasts*, pp. 186~187.

11 Harland, *Breakfast, Luncheon and Tea*, pp. 356-358.

12 *The Cliffside Inn*, pp. 22–23.

13 위의 책, p. 21.

14 Lucy G. Allen, *Table Service*(Boston, ma, 1920), pp. 74-75.

15 John Drury, *Dining in Chicago*(New York, 1931), pp. 147, 186.

16 Jan Whitaker, *Tea at the Blue Lantern Inn: A Social History of the Tea Room Craze in America*(New York, 2002), p. 146.

17 Mildred Huff Coleman, *The Frances Virginia Tea Room Cookbook*(Atlanta, ga, 1981), pp. 5~7, 94.

18 Whitaker, *Tea at the Blue Lantern Inn*, pp. 172~173.

19 위의 책, p. 173.

20 위의 책.

21 Drury, *Dining in Chicago*(New York, 1931), pp. 228~229.

22 Whitaker, *Tea at the Blue Lantern Inn*, pp. 169~171.

23 위의 책, p. 182.

4 캐나다, 오스트레일리아, 뉴질랜드, 남아프리카공화국

1 *Hudson's Bay* archives, A.24/2, p. 76, quoted in Frances Hoffman, *Steeped in Tradition: A Celebration of Tea* (Ontario, 1997), p. 11.

2 위의 책, pp. 11–12.

3 위의 책, p. 12.

4 위의 책, p. 13, quoted from Charles Francis Hall, *Arctic Researches and Life Among the Esquimaux* (New York, 1866), pp. 161–162.

5 Personal communication with Noreen Howard.

6 Personal communication with Gail Bowen.

7 Personal communication with Noreen Howard.

8 Thomas Lymer Papers, Archives of Ontario, mu 4573– F1035, in Hoffman, *Steeped in Tradition*, pp. 62–63.

9 위의 책, p. 63.

10 위의 책, p. 64.

11 'Queen Elizabeth Cake: A Uniquely Canadian Cake', www.cooksinfo.com, accessed 28 June 2017.

12 Lee Jolliffe, ed., *Tea and Tourism* (Clevedon, 2007), p. 239.

13 위의 책.

14 Jacqueline Newling, 'A Universal Comfort: Tea in the Sydney Penal Settlement', *Locale*, 1(2011), p. 19. localejournal.org/issues.

15 Nicholas Martland, 'Milk and Two Sugars: Why Australians Switched from Chinese to Indian Tea', http://britishlibrary.typepad.co.uk/untoldlives, 23 January 2012.

16 G. Earnest, *Two Years Adrift: The Story of a Rolling Stone* (Brighton, 1870), p. 50, quoted in *Eat History: Food and Drink in Australia and Beyond*, ed. Sofia Erikkson, Madeleine Hastie and Tom Roberts (Cambridge, 2014), p. 113.

17 Francis Lancelott quoted in Barbara Santich, *Bold Palates* (Kent Town, 2012), p. 156.

18 See http://trove.nla.gov.au, accessed 29 September 2017.

19 Barbara Santich, 'Sponges, Lamingtons, and Anzacs', *Journal of Gastronomy*, iv/2(Summer 1988), pp. 97–99.

20 Santich, 'Sponges, Lamingtons, and Anzacs', p. 99.

21 Santich, *Bold Palates*, pp. 206–208.

22 Janet Clarkson, 'Anzac Biscuits: A Brief History', www.theoldfoodie.com, 25 April 2014.

23 Victoria Heywood, *Possum Pie, Beetroot Beer and Lamingtons: Australian Family Recipes 1868 to 1950* (Victoria, 2011), p. 233.

24 Published for free distribution by the Joint Publicity Committee, representative of the Dried Fruits Industry throughout Australia.

25 Hal Porter, *The Watcher on the Cast-iron Balcony: An Australian Autobiography* (London, 1963), quoted in Santich 'Sponges, Lamingtons, and Anzacs', p. 99.

26 Michael Symons, *One Continuous Picnic: A Gastronomic History of Australia* (Victoria, 1984), p. 64.

27 Santich, *Bold Palates*, pp. 100, 107.

28 위의 책, p. 104; quoted from Agnes Littlejohn, *The Silver Road, and Other Stories* (Sydney, 1915).

29 *Bold Palates*, p. 101.

30 Symons, *One Continuous Picnic*, p. 83.

31 위의 책, p. 84.

32 Susette Goldsmith, *Tea: A Potted History of Tea in New Zealand*(Auckland, 2006), pp. 15–17.

33 위의 책, p. 53.

34 위의 책, pp. 57–59.

35 G.R.M. Devereux, *Etiquette for Women: A Book of Modern Modes and Manners*, revd edn(London, 1920), p. 32, quoted in Helen Leach, *The Pavlova Story: A Slice of New Zealand's Culinary History*(Dunedin, 2008), p. 66.

36 Leach, *The Pavlova Story*, p. 87.

37 Goldsmith, *Tea: A Potted History of Tea in New Zealand*, p. 75.

38 위의 책, p. 71.

39 Leach, *The Pavlova Story*(Dunedin, 2008), p. 67.

40 Tony Simpson, *A Distant Feast: The Origins of New Zealand's Cuisine*(Auckland, 1999), p. 137, quoting Julie Park, ed., *Ladies a Plate: Change and Continuity in the Lives of New Zealand Women*(Auckland, 1991), from the chapter 'Women and Food', p. 145.

41 Jock Philips, Nicholas Boyack and E. P. Malone, eds, *The Great Adventure: New Zealand Soldiers Describe the First World War*(Wellington, 1988), p. 97.

42 Leach, *The Pavlova Story*, p. 88.

43 Personal communication with Sybille Ecroyd.

44 Goldsmith, *Tea: A Potted History of Tea in New Zealand*, p. 134.

45 위의 책, pp. 131–132.

46 위의 책, pp. 88–91.

47 위의 책, pp. 92–93.

48 위의 책, pp. 94–95.

49 위의 책, p. 95.

50 위의 책, pp. 96–97.

51 위의 책, p. 98.

52 위의 책, p. 134.

53 위의 책, pp. 149.

54 위의 책, pp. 150–151.

55 *Hildegonda Duckitt's Book of Recipes*, selected by Mary Kuttel (Cape Town, 1966), pp. 6–7.

5 인도와 남아시아

1 *The Voyages and Travels of J. Albert de Mandelslo*(홀슈타인 공국의 파견으로 대사관 소속인 그가 모스크바 대공국의 공작과 페르시아 왕, 동인도를 방문하는 여행을 떠났다. 1638년에 출발해서 1640년에 마무리된 여행을 3권의 책으로 묶어 냈다) Rendered into English by John Davies of Kidwelly, 2nd edn(London, 1669).

2 Beatrice A. Vieyra, *Culinary Art Sparklets: A Treatise on General Household Information and Practical Recipes for Cooking in All Its Branches*(Madras, 1915), p. 224.

3 Colonel Kenney-Herbert, *Culinary Jottings for Madras* [1878], facsimile edn(Totnes, 1994), pp. 192–193.

4 David Burton, *The Raj at Table: A Culinary History of the British in India*(London, 1993), p. 197.

5 Isobel Abbott, *Indian Interval*(London, 1960), p. 95.

6 Burton, *The Raj at Table*, p. 198.

7 Colonel Kenney-Herbert, *Sweet Dishes*(Madras, 1884), p. 199.

8 Dennis Kincaid, *British Social Life in India, 1608–1937*(Newton Abbot, 1974), p. 283.

9 Jennifer Brennan, *Curries and Bugles: A Memoir*

and a Cookbook of the British Raj (London, 1992),
pp. 179–180.

10 Pat Chapman, Taste of the Raj: A Celebration
of Anglo- Indian Cookery (London, 1997), pp.
93–95.

11 Carole Manchester, Tea in the East: Tea Habits
Along the Tea Route (New York, 1996), p. 104.

12 Brennan, Curries and Bugles, p. 197.

13 Chitrita Banerji, Bengali Cooking: Seasons and
Festivals (London, 1997), p. 31.

14 Rani Kingman, Flavours of Madras: South
Indian Cookbook (Reading, 1995) p. 124.

15 Suketu Mehta, Maximum City: Bombay Lost
and Found (New York, 2005), p. 261.

16 For the history of Flurys see Bachi Karkaria,
Flurys of Calcutta (Kolkata, 2007).

17 살리마르 티 브로셔에 따르면, "중국과
스리랑카에서 생산한 녹차와 홍차를 섬세하게
블렌딩해 바닐라, 베르가못, 시나몬, 라벤더,
카다멈의 천연 향을 가미한 차다."

18 '9 Kinds of Breads You Have to Try in
Kashmir', http://dialkashmir.com, 7 July 2015.

19 Colleen Taylor Sen, 'South Asia', in The
Oxford Companion to Sugar and Sweets (New
York, 2015), p. 635.

6 티로드와 실크로드

1 Rinjing Dorje, Food in Tibetan Life (London,
1985), p. 53.

2 John Clarke, 'Tibet and the Himalayas', in
Tea: East and West, ed. Rupert Faulkner (London,
2003), pp. 69–70.

3 Mi Mi Khiang, Cook and Entertain the Burmese
Way (Ann Arbor, mi, 1978), p. 156.

4 Sue Arnold, review of Tea: A Global History, in
Asian Affairs, xliii/1 (March 2012), pp. 113–115.

5 Khiang, Cook and Entertain the Burmese Way,
pp. 156–157.

6 Personal communication with Laila Noor.

7 Darra Goldstein, A Taste of Russia: A Cookbook
of Russian Hospitality (London, 1985), p. 210.

8 Tamara Karsavina, Theatre Street: The
Reminiscences of Tamara Karsavina (London,
1930), p. 76, quoted in Faulkner, ed., Tea: East
and West, p. 79.

9 Arnold, review of Tea: A Global History, pp.
113–115.

10 Goldstein, A Taste of Russia, pp. 213–227.

11 위의 책, pp. 210, 211–212.

12 Margaret Shaida, The Legendary Cuisine of
Persia (Henley-on-Thames, 1992), pp. 270–
271.

13 O. S. Göökyay, ed., Evliya ÇCelebi
Seyyahatnamesi, vol. i (Istanbul, 1996), p. 261.

14 Ayla Algar, The Complete Book of Turkish
Cooking (London, 1985), p. 307ff.

7 중국, 일본, 한국, 타이완

1 Lu Yüu, The Classic of Tea, trans.,
with introduction by Francis Ross
Carpenter (Boston, ma, 1974), pp. 70–72, 107.

2 Margaret Leeming and May Huang Man-
hui, Dimsum: Chinese Light Meals, Pastries and
Delicacies (London, 1985), p. 8.

3 위의 책, pp. 8–9.

4 Carole Manchester, Tea in the East: Tea Habits
Along the Tea Route (New York, 1996), p. 12.

5 Fuchsia Dunlop, Shark's Fin and Sichuan Pepper:

A Sweet-sour Memoir of Eating in China (London, 2008), p. 190.

6   Ken Hom, *The Taste of China* (New York, 1990), pp. 155–156.

7   Carolyn Phillips, 'The Beginner's Field Guide to Dim Sum', http://luckypeach.com, accessed 26 June 2017.

8   Richard Hosking, *At The Japanese Table* (Oxford, 2000), p. 58.

9   Gilles Brochand in 'Time for Tea', *The Book of Tea* (Paris, nd), pp. 116, 119–120.

10 Suk Yong-un, 'History and Philosophy of Korean Tea Art', *Koreana*, xi/4 (Winter 1997), pp. 4–11.

11 Michael J. Pettid, *Korean Cuisine: An Illustrated History* (London, 2008), pp. 124–127.

12 Chun Su jin, 'Sweet Treats for Teatime Snacks', http:// koreajoongangdaily.joins.com, 26 November 2007.

13 Bon Teavant, 'How to Use a Tea Aroma Cup', http:// bonteavant.com, 17 November 2010.

참고문헌

Aitken, Rhona, *The Memsahib's Cookbook: Recipes from the Days of the Raj* (London, 1989)

Allen, Ida Bailey, *When You Entertain: What to Do, and How* (Atlanta, GA, 1932)

[Allen, M.] *Five O'Clock Tea* (London, 1890)

Blofeld, John, *The Chinese Art of Tea* (Boston, MA, 1985)

——, *The Book of Tea* (Paris, n.d.)

Bramah, Edward, *Tea and Coffee: Three Hundred Years of Tradition* (London, 1972)

Brown, Catherine, *Broths to Bannocks: Cooking in Scotland 1690 to the Present Day* (London, 1990)

——, *Feeding Scotland* (Edinburgh, 1996)

——, *A Year in a Scots Kitchen* (Glasgow, 1996)

Brown, Patricia, *Anglo-Indian Food and Customs* (New Delhi, 1998)

Burnett, John, *Liquid Pleasures: A Social History of Drinks in Modern Britain* (London, 1999)

Burton, David, *The Raj at Table: A Culinary History of the British in India* (London, 1993)

Campbell, Dawn L., *The Tea Book* (Gretna, LA, 1995)

Chapman, Pat, *Taste of the Raj: A Celebration of Anglo-Indian Cookery* (London, 1997)

Chrystal, Paul, *Tea: A Very British Beverage* (Stroud, 2014)

Cohen, Susan, *London's Afternoon Teas* (London, 2012)

——, *Where to Take Tea* (London, 2003)

Collingham, Lizzie, *Curry: A Biography* (London, 2005)

Craig, Elizabeth, *1500 Everyday Menus* (London, n.d. [c. 1941])

Culinary Landmarks, or, Half-hours with Sault Ste Marie Housewives, 3rd edn (Sault Ste Marie, 1909)

Davidson, Alan, *The Oxford Companion to Food*, 2nd edn, ed. Tom Jaine (Oxford, 2006)

Day, Ivan, ed., *Eat, Drink and Be Merry: The British at Table, 1600–2000* (London, 2000)

Drury, John, *Dining in Chicago* (New York, 1931)

Duncan, Dorothy, *Canadians at Table: Food, Fellowship, and Folklore: A Culinary History of Canada* (Toronto, 2006)

——, *Feasting and Fasting: Canada's Heritage Celebrations* (Toronto, 2010)

Ellis, Markman, Richard Coulton and Matthew Mauger, *Empire of Tea: The Asian Leaf That Conquered the World* (London, 2015)

Farmar, Tony, *The Legendary Lofty Clattery Café: Bewleys of Ireland* (Dublin, 1988)

Faulkner, Rupert, ed., *Tea: East and West* (London, 2003)

Forrest, Denys, *Tea for the British: The Social and Economic History of a Famous Trade* (London, 1973)

Freeman, Michael, and Selena Ahmed, *Tea Horse Road: China's Ancient Trade Road to*

Tibet(Bangkok, 2011)

Gay, Lettie, ed., *Two Hundred Years of Charleston Cooking*(Columbia, SC, 1976)

Gin, Margaret, and Alfred E. Castle, *Regional Cooking of China*(San Francisco, CA, 1975)

Goldsmith, Susette, *Tea: A Potted History of Tea in New Zealand*(Auckland, 2006)

Goldstein, Darra, *A Taste of Russia: A Cookbook of Russian Hospitality*(London, 1985)

——, *The Oxford Companion to Sugar and Sweets*(New York, 2015)

Griffiths, John, *Tea: The Drink That Changed the World*(London, 2007)

Grigson, Jane, *English Food*(London, 1979)

Hardy, Serena, *The Tea Book*(Weybridge, 1979)

Harland, Marion, *Breakfast, Luncheon and Tea*(New York, 1886)

Hartley, Dorothy, *Food in England*[1954](London, 1975)

Heiss, Mary Lou, and Robert J. Heiss, *The Story of Tea: A Cultural History and Drinking Guide*(Berkeley, CA, 2007)

Hoffman, Frances, *Steeped in Tradition: A Celebration of Tea*(Toronto, 1997)

Hopley, Claire, *The History of Tea* (Barnsley, 2009)

Huxley, Gervas, *Talking of Tea* (London, 1956)

Isles, Joanna, *A Proper Tea: An English Collection of Recipes and Anecdotes*(London, 1987)

Jameson, Mrs K., *The Nursery Cookery Book*(London, c. 1929)

Jolliffe, Lee, ed., *Tea and Tourism*(Clevedon, 2007)

Joyes, Claire, *Monet's Cookery Notebooks*(London, 1989), translation of *Les Carnets de Cuisine de Monet*(Paris, 1989)

Kenney-Herbert, Colonel A. R., *Culinary Jottings for Madras*[1878], facsimile edn (Totnes, 1994)

Kinchin, Perilla, *Taking Tea with Mackintosh: The Story of Miss Cranston's Tea Rooms*(Fullbridge Maldon, 1998)

Koehler, Jeff, *Darjeeling: A History of the World's Greatest Tea*(London, 2015)

Leach, Helen, *The Pavlova Story: A Slice of New Zealand's Culinary History*(Dunedin, 2008)

Lee, Rhoda, *Dim Sum*(San Francisco, CA, 1977)

Leeming, Margaret, and May Huang Man-hui, *Dimsum: Chinese Light Meals, Pastries and Delicacies*(London, 1985)

Leslie, Eliza, *Miss Leslie's New Cookery Book*, facsimile edn (Philadelphia, PA, 1857)

Lovell, Sarah, *Meals of the Day: A Guide to the Young Housekeeper*(Montreal, 1904)

Mair, Victor H., and Erling Hoh, *The True History of Tea*(London, 2009)

Manchester, Carole, *French Tea: The Pleasures of the Table*(New York, 1993)

——, *Tea in the East*(New York, 1996)

Manekshaw, Bhicoo, J., *Parsi Food and Customs*(New Delhi, 1996)

——, *Mariage Frères: The French Art of Tea*(Paris, 1997)

Mason, Laura, 'Everything Stops for Tea', in *Luncheon, Nuncheon and Other Meals: Eating with the Victorians*, ed. C. Anne Wilson(Stroud, 1994)

——, with Catherine Brown, *Traditional Foods of Britain: An Inventory*(Totnes, 1999)

Masset, Claire, *Tea and Tea Drinking*(Oxford, 2012)

McKee, Mrs, *The Royal Cookery Book*(London, 1983)

Moon, Rosemary, and Janie Suthering, *Fortnum & Mason: A Fine Tradition of Tea*(London, 1998)

Nicey and Wifey, *Nicey and Wifey's Nice Cup of Tea and a Sit Down*(London, 2004)

O'Connor, Sharon, *Afternoon Tea Serenade*(Emeryville, CA, 1997)

Okakura, Kakuzo, *The Book of Tea*[1906](New York, 1964)

Palmer, Andrew, *Movable Feasts*(London, 1952)

Patten, Marguerite, *The Complete Book of Teas*(London, 1989)

Perrier-Robert, Annie, *Book of Tea*(London, 2004), translation of *Le Thé*(Paris, 1999)

Pettigrew, Jane, *Afternoon Tea*(Andover, 2004)

——, *Jane Pettigrew's Tea Time: A Complete Collection of Traditional Recipes*(London, 1986)

——, *A Social History of Tea*(London, 2001)

——, and Bruce Richardson, *A Social History of Tea*(Danville, KY, 2014)

R. Twining & Co., *The Book of the Tea Pot*(London, 1899)

——, *The Raj Cookbook*(Delhi, 1981)

Repplier, Agnes, *To Think of Tea!*(London, 1933)

Richardson, Bruce, *The Great Tea Rooms of America*, 3rd edn (Perryville, 2006)

——, *The Great Tea Rooms of Britain*, 5th edn (London, 2008)

Saberi, Helen, *Tea: A Global History*(London, 2010)

Santich, Barbara, *Bold Palates*(Kent Town, 2012)

——, 'Sponges, Lamingtons, and Anzacs', *Journal of Gastronomy*, iv/2(Summer 1988)

Scott, I. M., *The Tea Story*(London, 1964)

Simpson, Helen, *The Ritz London Book of Afternoon Tea*(London, 1986)

Smith, Andrew F., ed., *The Oxford Companion to American Food and Drink*(New York, 2007)

Smith, Michael, *The Afternoon Tea Book*(New York, 1986)

Spry, Constance, *Come Into The Garden, Cook*(London, reprint 1952)

Steel, F. A., and G. Gardiner, *The Complete Indian Housekeeper and Cook*(London, 1921)

Stella, Alain, *Mariage Freres French Tea: Three Centuries of Savoir-faire*(Paris, 2003)

Symons, Michael, *One Continuous Picnic: A Gastronomic History of Australia*(Victoria, 1984)

Tenison, Marika Hanbury, *Book of Afternoon Tea*(Newton Abbot, 1986)

Twining, Sam, *My Cup of Tea: The Story of the World's Most Popular Beverage*(London, 2002)

Ukers, William H., *The Romance of Tea: An Outline History of Tea and Tea-drinking Through Sixteen Hundred Years*(London, 1936)

Whitaker, Jan, *Tea at the Blue Lantern Inn: A Social History of the Tea Room Craze in America*(New York, 2002)

White, Florence, *Good Things in England*[1932](London, 1968)

Whyte, Hamish, and Catherine Brown, *A Scottish Feast: Anthology of Food in Scottish Writing*(Argyll, 1996)

Wild, Jonathan, *Hearts, Tarts and Rascals: The Story of Bettys*(Harrogate, 2005)

Williams, Susan, *Savory Suppers and Fashionable Feasts: Dining in Victorian America*(Knoxville, TN, 1996)

도판 출처

찾아보기

Index

405

Index

옮긴이 후기

이 책을 읽기로 선택한 독자 중에는 당연히 차 애호가도 있을 테고, 혹은 음식을 통해 세계의 역사와 문화를 읽어내는 것에 관심이 많은 이들도 있을 것이다. 어쩌면 '티타임'이라는 말에서 풍기는 따뜻하고 다정한 느낌, 혹은 '세계'라는 단어에서 풍기는 어떤 그리움 때문에 이 책을 선택했을지도 모르겠다. 그 이유가 무엇이든 간에,《티타임 – 세계인이 차를 즐기는 법》을 집어 든 순간, 기억 속에 남아 있는 향기로운 차 한 잔의 추억에 마음이 따뜻해지고, 차 한 잔에 담긴 흥미로운 이야기가 펼쳐지는 책장을 넘길 때마다 여행을 앞둔 설렘을 느끼게 될 것이다.

이미 차의 역사나 세계의 차 문화를 다룬 입문서가 꽤 많이 출간되어 있다. 이 책을 옮기며 입문서를 비롯해 차를 소재로 풀어낸 가벼운 에세이집도 함께 읽어보았는데, 그 과정에서 이 책의 장점과 즐거움을 더욱 뚜렷하게 알게 되었다. 음식 역사학자로서 음식과 관련된 여러 권의 책을 저술했던 전문가의 글답게, 헬렌 세이버리는 차를 마시게 된 역사와 나라마다 다른 티타임 문화를 해박한 지식으로 풀어낸다. 하지만 저자의 설명은 학술적인 딱딱한 언어에 갇혀 있지 않고, 자신이 직접 겪거나 보고 들은 일화를 통해, 그리고 적재적소에 등장하는 흥미로운 문헌 인용을 통해 친근하게 펼쳐진다.

저자가 '서문'에서 소개하듯이, 그녀는 티타임에 관한 추억들을 소중하게 간직하고 있다. 그러한 애정 어린 시선 속에서 시대와 장소별로 다른 티타임의 순간들이 마치 차의 향기가 퍼지듯 책 전반에서 생생하게 전달된다. 이는 티타임이 묘사된 문학 작품을 비롯해 차가 일상에 파고들던 당시의 분위기를 느낄 수 있는 언론 기사와 광고, 유행가 가사 등 매우 다양한 장르의 인용문, 그리고 지인들의 내밀한 추억담과 일화까지 풍성하게 소개되기 때문일 것이다.

이 책의 중국 편에서 자세히 소개하고 있듯이, 인류가 차를 마시게 된 유래는 전설 속 신농 황제까지 거슬러 올라간다. 이후 중국에서 이웃 아시아 국가들로 차가 전래되고, 17세기에 이르러 유럽에 차가 전파돼 서양에서도 차를 마시는 문화가 꽃피운다. 하지만 자국의 문화에 따라 차를 준비하는 방식이나 티타임과 관련된 절차, 관습 그리고 차를 마실 때 곁들이는 음식은 참으로 다양한데, 이를 비교해보는 재미도 쏠쏠하다.

이 책의 즐거움 중 하나는 이토록 다양한 세계의 티타임 문화를 나라별로 여행하듯 살펴볼 수 있다는 것이다. 영국을 시작으로 유럽의 국가들과 미국, 캐나다, 호주, 뉴질랜드, 남아프리카공화국을 거쳐 인도와 남아시아, 차가 전해진 티로드와 실크로드 주변 국가들, 우리나라를 비롯한 아시아 국가들, 그리고 차를 마시는 전통이 남아 있는 전 세계 다른 지역들의 차 문화를 세세하게 다룬다.

사실 영국을 비롯한 유럽의 티타임 문화를 떠올리면, 소설이나 영화 속에서 자주 등장하는 우아한 분위기의 응접실에서 애프터눈 티를 즐기는 모습이 먼저 떠오를 것이다. 한국을 비롯한 일본에서 차를 마시는 문화는 또 어떠한가. 다소곳한 자세로 앉아 명상하듯 차를 음미하는 다도 의식이 떠오를지도 모르겠다. 하지만 차와 관련된 문화가 이렇게 정적이기만 했다고 생각하면 큰 착각이다.

역사의 흐름을 뒤흔들 만큼 격동의 시기에도 차는 늘 함께했다. 윈스턴 처칠은 제2차 세계대전 동안, 차가 군인들의 사기를 진작하는 데 중요한 역할을 한다며 차가 탄약보다 더 중요하다고 말하기도 했다. 또 20세기 초 일어난 여성참정권 운동의 집결지는 차를 마시는 공간인 티룸이었다. 당시 여성들은 가정에서 벗어나 티룸에서 차 한 잔을 앞에 두고 여성의 독립과 해방을 꿈꾸며 의견을 나눴다.

저자는 친절한 여행가이드처럼 유럽 귀부인들의 우아한 애프터눈 티에서 아이들의 방에서 편안하게 준비되는 너서리 티, 춤과 함께 즐기는 탱고 티, 샌드위치에서는 모래가 씹히고 차에는 말벌이 빠진다 해도 포기하지 못했던 피크닉 티에 이르기까지 다채롭고 흥미진진한 티타임의 순간들로 우리를 안내한다. 그리고 전장의 포화 속에서 마시는 차 한 잔과 길고 고된 여행 끝에 실크로드의 찻집에서 목을 축이는 차 한 잔, 혹은 눈보라 치는 북극을 탐험하던 이가 에스키모의 외딴집에서 접대받은 차 한 잔에 이르기까지, 전혀 예상치 못했던 곳에서 만나는 차 한 잔의 기쁨과 소중함을 음미하도록 이끈다. 저자의 안내에 따라 책장을 넘기다 보면, 차가 어째서 세계에서 두 번째로 많이 마시는 음료가 되었는지, 그리고 어떻게 차를 마시는 문화가 세계 곳곳의 일상 속에 깊숙이 파고들 수 있었는지 깨닫게 될 것이다.

이 책의 또 다른 즐거움은 100컷을 훌쩍 넘는 아름다운 도판들이다. 차를 마시는 풍경을 포착한 회화 작품과 앙증맞은 티푸드, 아름다운 티웨어들이 오래오래 눈길을 사로잡는다. 직접 차를 우리고 티푸드를 만드는 데 관심이 있는 독자라면, 부록으로 실린 요리법도 반갑게 느껴지리라 생각된다.

지금 이 글을 쓰고 있는 시점에 전례 없는 바이러스의 확산으로 전 세계 사람들이 이동을 자제하면서 '방구석 여행'이 유행하고 있다. 유명 관광지의 주민들이 SNS에 멋진 풍경 사진을 올려 여행을 꿈꾸는 이들의 헛헛한 마음을 달래고 있고, 온라인으로 다른 나라를 체험하는 '비대면 여행' 콘텐츠도 등장했다. 하지만 방구석 여행 중에 가장 역사가 길고 그 효과가 확실히 보장된 것은 다름 아닌 책 속으로의 여행이 아닐까. 답답한 현실을 잊고 잠시 낯선 시대, 낯선 장소로 자신을 데려가는 작은 사치를 누리고 싶은 누구에게나 이 책을 권한다. 물론 좋아하는 차 한 잔을 준비하는 것도 잊지 않길 바란다.

마지막으로 몸과 마음을 따뜻하게 위로해주는 티타임의 추억을 선물하고 싶은 딸 태이에게, 작업하는 동안 엄마를 기다리고 이해해줘서 고맙다는 말을 전하고 싶다.

2021년 6월, 정서진

Teatimes: A World Tour by Helen Saberi
First published by Reaktion Books, London, UK, 2018
Copyright ⓒ Helen Saberi 2018
All rights reserved

Korean Copyright ⓒ Tabi Books 2021
Published by arrangement with Reaktion Books, London, UK
Through Bestun Korea Agency, Seoul, Korea
All rights reserved

티타임
세계인이 차를 즐기는 법

초판 1쇄 발행 2021년 6월 30일

지은이   헬렌 세이버리
옮긴이   정서진

펴낸곳   도서출판 따비
펴낸이   박성경
편집   신수진
디자인   민혜원

출판등록   2009년 5월 4일 제2010-000256호
주소   서울시 마포구 월드컵로28길 6(성산동, 3층)
전화   02-326-3897
팩스   02-6919-1277
메일   tabibooks@hotmail.com
인쇄·제본   영신사

ISBN   978-89-98439-93-4 03380
값   35,000원

— 잘못 만들어진 책은 구입처에서 바꾸어 드립니다.